Uni-Taschenbücher 819

UTB

Eine Arbeitsgemeinschaft der Verlage

Birkhäuser Verlag Basel und Stuttgart
Wilhelm Fink Verlag München
Gustav Fischer Verlag Stuttgart
Francke Verlag München
Paul Haupt Verlag Bern und Stuttgart
Dr. Alfred Hüthig Verlag Heidelberg
Leske Verlag + Budrich GmbH Opladen
J. C. B. Mohr (Paul Siebeck) Tübingen
C. F. Müller Juristischer Verlag – R. v. Decker's Verlag Heidelberg
Quelle & Meyer Heidelberg
Ernst Reinhardt Verlag München und Basel
K. G. Saur München · New York · London · Paris
F. K. Schattauer Verlag Stuttgart · New York
Ferdinand Schöningh Verlag Paderborn
Dr. Dietrich Steinkopff Verlag Darmstadt
Eugen Ulmer Verlag Stuttgart
Vandenhoeck & Ruprecht in Göttingen und Zürich

Werner Koller

Einführung in die Übersetzungswissenschaft

Quelle & Meyer · Heidelberg

CIP-Kurztitelaufnahme der Deutschen Bibliothek

Koller, Werner:
Einführung in die Übersetzungswissenschaft/
Werner Koller. – Heidelberg: Quelle und
Meyer, 1979.
 (Uni-Taschenbücher; 819)

© Quelle & Meyer, Heidelberg 1979. Alle Rechte vorbehalten. Die Vervielfältigung und Übertragung auch einzelner Teile, Texte, Zeichnungen oder Bilder, wenn sie auch lediglich der eigenen Unterrichtsgestaltung dienen, sind nach dem geltenden Urheberrecht nicht gestattet. Ausgenommen sind die in §§ 53, 54 URG ausdrücklich genannten Sonderfälle, wenn sie mit dem Verlag vorher vereinbart wurden. Im Einzelfall bleibt für die Nutzung fremden geistigen Eigentums die Forderung einer Gebühr vorbehalten. Das gilt für Fotokopie genauso wie für die Vervielfältigung durch alle anderen Verfahren einschließlich Speicherung und jede Übertragung auf Papier, Transparente, Matrizen, Filme, Bänder, Platten und sonstige Medien.
Printed in Germany.
Satz und Druck: Druckhaus Darmstadt GmbH
Umschlagentwurf: Alfred Krugmann, Stuttgart
ISBN 3-494-02089-2

Dank

Diese »Einführung in die Übersetzungswissenschaft« ist hervorgegangen aus sprach- und übersetzungswissenschaftlichen Vorlesungen und Seminaren an der Fachgruppe Angewandte Sprachwissenschaft der Universität Heidelberg. Ich danke den Studenten, Kolleginnen und Kollegen, die mir mit kritischen Hinweisen, Ergänzungen und Beispielen behilflich waren. Mein besonderer Dank gilt den Kolleginnen und Kollegen, die das Manuskript ganz oder in Teilen kritisch gelesen haben: Klaus Brockhaus, Karl Ekroll, Axel Fritz, Christa Hauenschild, Edgar Huckert, Gustav Korlén, Marianne Krause, Robert Maier, Klaus Mudersbach, Birgit Müller, Heiner Must, Frédéric Seauve, Dieter Stein, John Webster und Wolfram Wilss. Ganz besonders möchte ich Käthe Henschelmann danken, deren kritische Bemerkungen mir von größtem Nutzen waren. Hermann Klippel, Lektor im Verlag Quelle & Meyer, möchte ich schließlich für die ebenso geduldige wie bestimmte Betreuung danken.

Heidelberg und Bergen, im Dezember 1978

W. K.

Inhalt

0. **Vorbemerkungen** 10

1. **Grundsätzliche Aspekte** 13
    1.1. Übersetzen als Praxis 13
    1.2. »Kleine« und »große« Sprachen 14
    1.3. Zur Geschichte der Übersetzung 15
    1.4. Sprachen, Bücher und Übersetzungen 16
    1.5. Möglichkeiten der Überwindung von Sprachbarrieren 20
    1.5.1. Welthilfssprachen und Sprachenregelungen 21
    1.5.2. Internationale Verkehrssprachen 24
    1.5.3. Automatisierung des Übersetzens 26
    1.6. Linguistische Grundprobleme und -begriffe 27

2. **Die Übersetzerausbildung: Notwendigkeit, Inhalte und wissenschaftliche Fundierung** 40

3. **Übersetzen als Problem: Ansätze, Entwicklung und Stand der Übersetzungstheorie** 47
    3.1. Rolle und Wert des Übersetzens 47
    3.2. Aphorismen, Sprüche und Vergleiche 48
    3.3. Rechenschaftsberichte von Übersetzern und Reflexion über die Übersetzungsmethoden 51
    3.4. Vor- und Nachworte zu Übersetzungen, grundsätzliche Probleme, Übersetzungsfälle, Haupttypen der Übersetzung 55
    3.5. Textgattungsbezogene Übersetzungstheorien 70
    3.5.1. Kloepfers und Levýs Theorien der literarischen Übersetzung 70
    3.5.2. Jumpelts Theorie der naturwissenschaftlichen und technischen Übersetzung 76
    3.6. Linguistische Übersetzungstheorie 78
    3.7. Übersetzen als Kommunikationsakt 83

4. **Gegenstand, Aufgaben und Aufbau der Übersetzungswissenschaft** 89
    4.1. Die Relativität des Übersetzungsbegriffs 89
    4.1.1. Übersetzung im eigentlichen Sinn und Bearbeitung 89
    4.1.2. Bearbeitungsstufen der Übersetzung 93
    4.2. Aufgaben und Gliederung der Übersetzungswissenschaft 95
    4.3. Engere und weitere Bestimmungen des Aufgabenbereichs der Übersetzungswissenschaft 102

5. **Der Übersetzungsprozeß und seine Darstellung: Definitionen und Modelle** 106
    5.1. Der Begriff ›Übersetzen‹ 106
    5.2. Definitionen des Übersetzens 108

5.3.	Modellhafte Darstellungen des Übersetzungsprozesses	114
5.4.	Faktoren und Bedingungen der Übersetzungskommunikation	123

6. Übersetzbarkeit und Herstellung von Übersetzbarkeit mittels Übersetzungsverfahren ... 134

6.1.	Die Übersetzbarkeitsproblematik in philosophisch-sprachtheoretischer Sicht	135
6.1.1.	Vorüberlegungen	135
6.1.2.	Inhaltbezogene Sprachauffassung und sprachliches Relativitätsprinzip	139
6.1.3.	Kritik der These der Unübersetzbarkeit und Begründung der relativen Übersetzbarkeit	143
6.1.4.	Prinzipielle Übersetzbarkeit	148
6.2.	Die Übersetzbarkeitsproblematik in sprachlich-stilistischer Sicht; Übersetzungsverfahren	157
6.2.1.	Zur Eins-zu-eins-Entsprechung	160
6.2.2.	Zur Eins-zu-viele-Entsprechung	161
6.2.3.	Zur Viele-zu-eins-Entsprechung	162
6.2.4.	Zur Eins-zu-Null-Entsprechung	162
6.2.5.	Zur Eins-zu-Teil-Entsprechung	166
6.2.6.	Einbezug der konnotativen und stilistischen Dimensionen	168
6.2.7.	Sprachspiel	170
6.2.8.	Literarisch-ästhetische Formen	175

7. Das Problem der Äquivalenz ... 176

7.1.	Äquivalenz in der kontrastiven Linguistik	176
7.2.	Korrespondenz und Äquivalenz	183
7.3.	Äquivalenz in der Übersetzungswissenschaft	186

8. Aspekte der Übersetzungskritik ... 192

8.1.	Krise der Übersetzungskritik und Krise der Übersetzung	192
8.2.	Übersetzungsvergleich und Übersetzungskritik	195
8.3.	Die übersetzungskritischen Ansätze von A. Popovič, W. Wilss und K. Reiß	196
8.4.	Ausgangstextunabhängige Übersetzungskritik	206
8.5.	Arten der Übersetzungskritik	209
8.6.	Zur Methodik einer wissenschaftlichen Übersetzungskritik	210
8.6.1.	Übersetzungsrelevante Textanalyse	211
8.6.2.	Übersetzungsvergleich	215
8.6.3.	Übersetzungsbewertung	216

9. Anmerkungen ... 217

Zu Kapitel 0	217
Zu Kapitel 1	217
Zu Kapitel 2	224
Zu Kapitel 3	226
Zu Kapitel 4	230

Zu Kapitel 5 232
Zu Kapitel 6 235
Zu Kapitel 7 239
Zu Kapitel 8 241

10. Literaturverzeichnis 243

10.1. Bibliographien zur Übersetzungswissenschaft 243
10.2. Sammelwerke zur Übersetzungsproblematik 243
10.3. Verwendete bzw. zitierte Literatur 245

11. Namenregister 274

12. Sachregister 280

0. Vorbemerkungen

Eine »Einführung in die Übersetzungswissenschaft« zu verfassen muß dem, der in diesem Bereich arbeitet, als waghalsiges Unternehmen erscheinen. Zwar hat sich diese Wissenschaft in den letzten 10 bis 15 Jahren als eigene Disziplin an einigen Universitäten mehr oder weniger etabliert, vor allem an den Universitäten, die Institute für Übersetzen und Dolmetschen und für Angewandte Sprachwissenschaft haben. Es ist aber nicht zu übersehen, daß das Selbstverständnis wie auch das Verständnis von dieser Wissenschaft in anderen Disziplinen keineswegs eindeutig, gefestigt und problemlos ist. Die *Legitimationskrise,* in der sich die Übersetzungswissenschaft sowohl im Blick auf die Übersetzungspraxis als auch im Blick auf andere Wissenschaftszweige (vergleichende/kontrastive Sprachwissenschaft/Stilistik, vergleichende Literaturwissenschaft, Textwissenschaft, Kommunikationswissenschaft, linguistische Datenverarbeitung, automatische Sprachanalyse) befindet, ist (noch) nicht überwunden.

Welche Aufgaben die Übersetzungswissenschaft zu bearbeiten hat, mit welchen Methoden sie dies tun soll, worin die Wissenschaftlichkeit vieler Beiträge zur Übersetzungswissenschaft tatsächlich besteht, wie sie abzugrenzen ist gegen andere Wissenschaften, die sich auch mit Übersetzen und Übersetzungen beschäftigen: diese Fragen sind entweder ungeklärt oder werden widersprüchlich beantwortet. Man könnte darum dem Verfasser dieser »Einführung« den Vorwurf machen, daß er in etwas einzuführen versucht, was es noch nicht in einer Form gibt, die eine einführende Darstellung erlauben würde. Dieser Vorwurf würde am Tatbestand vorbeisehen, daß im Bereich der Auseinandersetzung mit Übersetzung (Übersetzung als Prozeß und als Produkt) heute eine kaum mehr überschaubare Literatur vorliegt, die, mindestens in Teilen, den Anspruch erhebt, Übersetzungs*wissenschaft* zu sein. Es sei hier auf die Hunderte, ja Tausende von Titeln umfassenden Bibliographien zur Übersetzungswissenschaft hingewiesen (s. Literaturverzeichnis, S. 243 ff.).

Der Vorwurf würde außerdem den Gesichtspunkt außer acht lassen, daß eine Einführung in die Übersetzungswissenschaft dringend notwendig ist. Notwendig für die Studenten und Lehrer an den Übersetzerinstituten, notwendig und nützlich für andere Disziplinen, die sich einen Überblick verschaffen möchten, nützlich und von Interesse für Übersetzer und von Interesse schließlich für alle, die sich in der einen oder anderen Weise mit dem Phänomen Übersetzung beschäftigen. Die Hoffnungen und Ansprüche, die der Titel »Einführung in die Übersetzungswissenschaft« weckt, so gut und so umfassend wie möglich zu befriedigen, ist der Wunsch des Verfassers.

So sehr ich mich in dieser Arbeit auf die übersetzungswissenschaftlichen Untersuchungen von W. Wilss, R. W. Jumpelt, K. Reiß, J. Levý, O. Kade, G. Jäger, A. Neubert, G. Mounin, E. A. Nida und anderen stützen konnte, machte es der Stand der Übersetzungswissenschaft erforderlich, daß in recht großem Umfange eigene Ansätze und Überlegungen entwikkelt und dargestellt werden mußten[1]. Bei einer Reihe von Problemen und Aspekten konnte nur auf die Notwendigkeit weiterer intensiver Forschungs- und Denkarbeit hingewiesen werden. Die Arbeit an dieser »Einführung in die Übersetzungswissenschaft« hat immer wieder erkennen lassen, wie viel in der Übersetzungswissenschaft noch zu tun ist, wie viele Fragen ungeklärt, wie viele Ergebnisse vorläufig und wie viele methodische Probleme ungelöst sind. Wenn gelegentlich apodiktisch und abschließend argumentiert und dargestellt wird, so soll sich der Leser dadurch nicht täuschen lassen: jene Abschnitte sind bisweilen am diskussionswürdigsten, um nicht zu sagen am diskutabelsten. Ich verstehe dieses Buch als Aufforderung zur wissenschaftlichen Diskussion und zur Weiterarbeit. Es sei in diesem Zusammenhang auf das Sachregister, das Literaturverzeichnis und die Anmerkungen hingewiesen, die Kritik und Weiterarbeit erleichtern sollen.

Die Absicht, übersetzungsrelevante Probleme, Fragestellungen und Theorien einem breiteren Leserkreis nahezubringen, verpflichtet mich, in Darstellungsweise und Sprache verstehbar und verständlich zu sein. Ich habe versucht, den Vorwurf, daß sich die Übersetzungswissenschaft durch zunehmende Abstraktheit immer weiter von den mit Übersetzen und Übersetzungen praktisch und theoretisch Beschäftigten entfernt hat, ernst zu nehmen. Ob mir eine solche leserfreundliche, zugleich aber wissenschaftlichen Ansprüchen genügende Darstellung gelungen ist, sei dem Urteil des Lesers überlassen.

Dem Sachverhalt, daß es so etwas wie *eine* Übersetzungswissenschaft mit einem Kanon von Fragestellungen, Methoden und Inhalten nicht gibt und wahrscheinlich auch nie geben wird, ist in dieser »Einführung« dadurch Rechnung getragen, daß sie – ohne daß dies in der äußeren Gestaltung kenntlich gemacht wird – aus zwei Teilen besteht: den Kapiteln 1 bis 4, in denen ein Gesamtbild der Übersetzungswissenschaft vermittelt werden soll, wobei auch praktische Aspekte der übersetzerischen Tätigkeit und die Komponente Übersetzungswissenschaft in der Übersetzerausbildung diskutiert werden. Die Übersetzungswissenschaft wird in mir wichtig scheinenden Ausschnitten in ihrer Entwicklung dargestellt. Die Kapitel 5 bis 8 behandeln dagegen eine Reihe von Grundfragen und -problemen, die in der Übersetzungswissenschaft eine zentrale Rolle spielen: Übersetzungsprozeß, Übersetzbarkeit und Übersetzungsverfahren, Äquivalenz und Übersetzungskritik.

Es ist dies eine Einführung in die *Übersetzungs*wissenschaft, nicht in die

Translationswissenschaft[2], die sowohl das Übersetzen wie auch das Dolmetschen behandeln müßte. Unter *Übersetzung* wird die schriftliche, schriftgebundene Wiedergabe eines schriftlich vorliegenden Textes in einer anderen Sprache verstanden. *Dolmetschen* dagegen geht aus von einem mündlichen Text, der mündlich in einer anderen Sprache wiederzugeben ist[3]. Mit dem Dolmetschen beschäftigt sich die *Dolmetschwissenschaft*. Die Unterscheidung Übersetzungswissenschaft/Dolmetschwissenschaft scheint mir gerechtfertigt, weil es sich – trotz sich überschneidender linguistischer Bereiche (zwei Sprachen sind beteiligt, der *Sprachwechsel* ist entscheidendes Kennzeichen) – beim Übersetzen und Dolmetschen um zwei Tätigkeiten handelt, deren Vollzug unter unterschiedlichen Bedingungen erfolgt[4]. Die äußere (Kommunikations-)Situation ist beim Übersetzen und Dolmetschen verschieden (Empfänger der Übersetzung ist nicht präsent, ein Feedback ist nicht möglich / Dolmetschen erfolgt in Präsenz des Empfängers, ein Feedback ist oft möglich), ebenso die Verarbeitungsweise (Übersetzen ist – im Idealfall – nicht zeitgebunden, Dolmetschen erfolgt unter Zeitdruck), wie auch die Textpräsentation und damit die Bedingungen des Textverständnisses (Übersetzen: ganzer Text liegt vor / Simultandolmetschen: der Text wird sukzessive produziert bzw. präsentiert). Diese Bedingungen und Faktoren zeigen, daß die Dolmetschwissenschaft bei der Analyse und Beschreibung des prozessualen Aspekts in wesentlichen Teilen *psycholinguistisch* ausgerichtet sein muß[5].

In diesem Buch sind zwei Abkürzungen erklärungsbedürftig:
AS = Ausgangssprache, ausgangssprachlich;
ZS = Zielsprache, zielsprachlich.
Zum Beispiel:
AS-Text = ausgangssprachlicher Text, d. h. Text, der übersetzt wird oder werden soll.
ZS-Text = zielsprachlicher Text, d. h. die Übersetzung.

1. Grundsätzliche Aspekte

1.1. Übersetzen als Praxis

Es ist unbestritten, daß Übersetzen (schriftliche Vermittlung eines Textes in einer anderen Sprache) und Dolmetschen (mündliche Vermittlung) als *Praxis* notwendige und unentbehrliche menschliche Aktivitäten sind. Daß man Übersetzungen braucht und daß es immer mehr Übersetzungen gibt (»nous sommes à l'âge de la traduction«)[1], die so selbstverständlich verwendet werden wie Texte in der Muttersprache oder in von den betreffenden Lesern verstandenen Fremdsprachen, dürfte ebenfalls kaum strittig sein. Dies ganz einfach darum, weil man in den verschiedensten Bereichen des menschlichen Lebens, in den zwischen- und innerstaatlichen Beziehungen, in Wissenschaft und Technik, im internationalen Geschäfts- und Handelsverkehr, in der schönen Literatur, darauf angewiesen ist oder das Bedürfnis hat, Texte anderer als nur der eigenen Sprache zu kennen oder kennenzulernen, zu rezipieren wie auch zu produzieren[2].

Es gibt zwar vereinzelte Stimmen, die im Zusammenhang mit der Behauptung, literarische, insbesondere poetische Texte ließen sich grundsätzlich nicht adäquat übersetzen, geltend machen, daß man nicht übersetzen solle, ja eigentlich nicht übersetzen dürfe, weil der *negative Effekt* durch die »verfälschende« Übersetzung größer sei als der positive Gewinn, einen sonst unzugänglichen Text lesen zu können[3]. Es ist dies die Auffassung, daß man eben Latein und Griechisch beherrschen müsse, wenn man die antiken Klassiker lesen wolle. Diese Einstellung ist oft gepaart mit Geringschätzung und Abwertung der Leistungen literarischer Übersetzer, aber auch mit der Überschätzung der tatsächlichen sprachlichen und formalen Hindernisse beim Übersetzen[4]. Goethe nahm diesbezüglich eine großzügigere und realistischere Haltung ein. In den »Gesprächen mit Eckermann« ist überliefert, daß er in einem Gespräch mit einem englischen Ingenieur-Offizier dessen Landsleuten empfiehlt, Deutsch zu lernen[5]:

Denn nicht allein, daß unsere eigene Literatur es an sich verdient, sondern es ist auch nicht zu leugnen, daß, wenn einer jetzt das Deutsche gut versteht, er viele andere Sprachen entbehren kann. Von der französischen rede ich nicht, sie ist die Sprache des Umgangs und ganz besonders auf Reisen unentbehrlich, weil sie jeder versteht und man sich in allen Ländern mit ihr statt eines guten Dolmetschers aushelfen kann. Was aber das Griechische, Lateinische, Italienische und Spanische betrifft, so können wir die vorzüglichsten Werke dieser Nationen in so guten deutschen Übersetzungen lesen, daß wir ohne ganz besondere Zwecke nicht Ursache haben, auf die mühsame Erlernung jener Sprachen viele Zeit zu verwenden. (10. Januar 1825)

Übersetzungen braucht man, weil man *aktiv oder passiv* im allgemeinen nur *eine oder zwei Fremdsprachen beherrscht*. Die in einer bestimmten gesellschaftlichen oder privaten, beruflichen oder wissenschaftlichen Praxis relevante Literatur kann jedoch in Sprachen abgefaßt sein, die man gerade nicht beherrscht. Aber selbst wenn einem die betreffende Fremdsprache geläufig ist, heißt das nicht, daß diese Kenntnisse für das Verständnis von *allen* Texten der betreffenden Sprache (selbst in eingeschränkten Text- und Sachbereichen) ausreichend sind. Man denke etwa an die Schwierigkeiten, die ein Kant-Text im Original Franzosen auch mit guten Deutschkenntnissen bereiten muß. Man vergegenwärtige sich die stark differenzierten Sprachschichten – etwa Slang oder dialektale Einschläge –, die einem in der betreffenden Fremdsprache nicht geläufig sind. Man denke an ältere Sprachstufen: während das Frühneuhochdeutsche einem Deutschen vielleicht noch mehr oder weniger (häufig aber eher weniger) direkt zugänglich ist, stellt es den Fremdsprachigen vor große Probleme. Hinzu kommt das Kriterium des effizienten Lesens und Verstehens: einen Text in der eigenen Sprache versteht und rezipiert man im allgemeinen rascher und besser als einen fremdsprachigen Text – dies gilt selbst für den, der über beachtliche Kenntnisse der betreffenden Sprache verfügt. Hierin liegt übrigens ein Argument für das Übersetzen im fremdsprachlichen Unterricht (mindestens auf einer höheren Stufe): das Übersetzen in die eigene Sprache zeigt, ob man einen Text verstanden hat, wo Verstehensschwierigkeiten liegen[6] – Verstehensschwierigkeiten oft auch für den Muttersprachler, über die dieser aber, gerade weil es die Muttersprache ist, hinwegliest. Übersetzung kann damit auch als *Kritik des ausgangssprachlichen Textes* fungieren: der Übersetzer macht immer wieder die Erfahrung, wie ungenau oder vage, ja wie unlogisch Originaltexte oft sein können, und zwar in sprachlicher und inhaltlicher Hinsicht. Hier stellt sich dann die entscheidende Frage, wie weit der Übersetzer den Text in der Übersetzung »verbessern« soll[7].

1.2. »Kleine« und »große« Sprachen

In ganz besonderem Maße auf Übersetzungen angewiesen sind die Angehörigen »kleiner« Sprachen oder Sprachgemeinschaften. Selbstverständlich nicht nur auf Übersetzungen: eine ebenso große Rolle spielt hier zweifellos der Fremdsprachenunterricht, die Aneignung mindestens einer »Weltsprache«. Denn in den »großen« Sprachen gibt es wiederum Übersetzungen von jenen Texten, deren Herausgabe in einer »kleinen« Sprache unökonomisch, oft auch unrationell wäre. In diesem Zusammenhang sind die Bemühungen in den nordischen Ländern zu sehen, in den Schulen mindestens eine Weltsprache so früh und so gut wie möglich zu lehren[8].

Umgekehrt gilt natürlich auch, daß wissenschaftlich-technische ebenso wie literarische Texte dieser »kleinen« Sprachen in die »großen« übersetzt werden müssen, wenn sie international zur Kenntnis genommen werden sollen. Kein Wunder übrigens, daß immer mehr Wissenschaftler, deren Muttersprache eine »kleine« Sprache ist, ihre Aufsätze in einer Weltsprache abfassen. Die literarische Produktion »kleiner« Sprachen kann nur mit Übersetzungen an der Weltliteratur teilnehmen, zur Weltliteratur werden[9]. Bedenklich ist dabei, daß das, was uns aus »kleinen« Sprachen in Übersetzungen vermittelt wird, oft so zufällig und willkürlich ist, daß sich kein adäquates Bild von der betreffenden nationalen Literatur gewinnen läßt[10].

Es war von dem Verhältnis »kleiner« zu den »großen« Sprachen die Rede. Probleme stellen sich aber auch bei sogenannten »großen« Sprachen: russische, chinesische, japanische, aber auch spanische und italienische Fachliteratur ebenso wie die schöne Literatur dieser Sprachen müssen ins Deutsche, Englische oder Französische übersetzt sein, wenn sie etwa in Deutschland rezipiert werden wollen. Mindestens sollten sie in Form von Zusammenfassungen in den Fachzeitschriften dieser Sprachen referiert sein. Daß hier große Lücken bestehen, zeigt – um ein beliebiges Beispiel zu wählen – die Forschungslage zur Phraseologie[11]: die deutsche Sprachwissenschaft hat die sowjetische Phraseologie-Linguistik kaum rezipiert, nicht repizieren können, weil die betreffenden Arbeiten fast ausschließlich in russischer Sprache erschienen sind[12].

1.3. Zur Geschichte der Übersetzung

Wenn auch in unserem Jahrhundert erst dem Übersetzen sowohl in quantitativer wie in qualitativer Hinsicht eine Bedeutung zukommt wie nie zuvor, wenn vielleicht auch erst in diesem Jahrhundert Notwendigkeit, Wert und Funktion des Übersetzens, die Wichtigkeit des Übersetzerberufs und die Rolle der Übersetzung in Wissenschaft, Technik, Handel, Diplomatie, Literatur usw. erkannt und anerkannt sind, so zeigt die *Geschichte der Übersetzung* (als Geschichte des Übersetzens und der Übersetzungen), daß Übersetzen und Dolmetschen menschliche Tätigkeiten sind, denen man in allen Menschheitsepochen begegnet. Überall dort, wo Menschen verschiedener Sprachen miteinander zu tun hatten und zu tun haben, brauchte und braucht es – zunächst im mündlichen, dann auch im schriftlichen Verkehr – Dolmetscher und Übersetzer, die mitteln und vermitteln. Die Geschichte der Übersetzung, der übersetzerischen und dolmetschenden Tätigkeit in den verschiedenen Menschheitsepochen und in den verschiedenen Kultur- und Sprachräumen, ist bei weitem noch nicht ausreichend erforscht und dokumentiert. Hier liegt eine Aufgabe für die Übersetzungswissenschaft: nämlich die Geschichte des Übersetzens (und in der Dolmetschwissenschaft des Dolmetschens) von den Anfängen bis zur Gegenwart zu untersuchen. Diese Komponente der Übersetzungswissenschaft nenne ich die *übersetzungsgeschichtliche Komponente* (s. u., S. 101). Es kann hier nicht darum gehen, die Geschichte des Übersetzens vom ägyptischen Alten Reich bis ins zwanzigste Jahrhundert zu skizzieren, es muß der Hinweis auf die in der Anmerkung genannte Literatur genügen[13]. Auf den biblisch-mythologischen Ausgangspunkt für die Notwendigkeit des Übersetzens und Dolmetschens weist der Titel von G. Steiners Buch »After Babel. Aspects of Language and Translation« (1975). In der Tat: in der Erzählung vom Turmbau zu Babel sind die Vielsprachigkeit der Menschheit und die damit verbundenen Verständigungsprobleme »mythologisch verdichtet«[14].

1.4. Sprachen, Bücher und Übersetzungen

Das Ausmaß der *Vielsprachigkeit der Menschheit* ist unfaßbar und letztlich auch irgendwie »ärgerlich«: man ist geneigt, die Fähigkeit, sich sprachlich mitzuteilen und sprachlich Mitgeteiltes zu verstehen, als spezifisch menschliche Fähigkeit aufzufassen – und muß dann sogleich die Einschränkung machen, daß dies zunächst nur innerhalb *einer* Sprachgemeinschaft gilt, und zwar einer von Tausenden. H. F. Wendt (1977) spricht von »über 2500 auf der Erde gesprochenen Sprachen« (S. 355); K. Katzner (1975) drückt sich noch unbestimmter aus, wenn er sagt, daß die Zahl der Sprachen in die Tausende gehe (S. VIII). Nach K. Katzner gibt es über tausend Indianersprachen, knapp tausend afrikanische Sprachen, auf Neuguinea allein gebe es 700 verschiedene Sprachen. Indien weist über 150, die Sowjetunion 130, China mehrere Dutzend Sprachen auf.

Allerdings muß man sich vor Augen halten, daß die überwiegende Mehrzahl dieser Sprachen kleine und Kleinstsprachen sind (mit z. T. weniger als 100 bis zu einigen tausend Muttersprachlern). Von den Tausenden von Sprachen werden weniger als 100 von über 95% der Weltbevölkerung gesprochen. Außerdem hängen Definition und damit die Zählung von Sprachen entscheidend davon ab, wie man Sprache und Dialekt unterscheidet[15]. Aber selbst wenn man die Sprachen nicht mitzählt, die gegenseitig verstehbar (*mutual intelligibility*) sind – etwa Schwedisch, Norwegisch und Dänisch oder Spanisch und Portugiesisch (mit Einschränkungen, vor allem im mündlichen Bereich), vielleicht auch Italienisch und Spanisch – ist die Zahl der Sprachen und damit der *potentiellen Sprachbarrieren* unglaublich hoch, wenn wir von der hypothetischen Annahme ausgehen, daß alle Menschen mit allen kommunizieren möchten.

Tab. 1 führt einige »große« Sprachen mit ihren Sprecherzahlen an[16]:

1. Chinesisch 780 Mill.
2. Englisch 300 Mill.
3. Spanisch 200 Mill.
4. Hindi 180 Mill.
5. Russisch 142 Mill. als Muttersprache und 42 Mill. als Zweitsprache
6. Bengali 120 Mill.
7. Arabisch 115 Mill.
8. Portugiesisch ca. 110 Mill.
9. Japanisch über 100 Mill.
10. Deutsch 100 Mill.

Weitere Sprachen:
Französisch 75 Mill.
Italienisch 60 Mill.
Haussa 25 Mill.
Suaheli 1 Mill. als Muttersprache und mind. 10 Mill. als Zweitsprache

Tab. 1

Die Reihenfolge der Sprachen hinsichtlich der Zahl ihrer Sprecher sagt allerdings wenig aus über ihren *Status als Übersetzungssprache* (im doppelten Sinne: als Sprache, in die übersetzt und als Sprache, aus der übersetzt wird). Der Status einer Sprache als Übersetzungssprache hängt mit anderen Faktoren zusammen: mit der ökonomischen, politischen, kulturellen, wissenschaftlich-technischen Position der Staaten, in denen eine bestimmte Sprache gesprochen wird[17]. Das gilt auch, wie zu zeigen sein wird, bei der Lösung der Sprachenfragen in internationalen Organisationen und in der Diplomatie.

In Tab. 2 folgen Angaben zur *Buchproduktion* überhaupt. In der Statistik für 1974 berücksichtigt das »Statistical Yearbook 1975« der Unesco 99 Länder (China ist nicht aufgeführt)[18].

USA	81 023
UdSSR (für das Jahr 1973)	80 196
BRD	48 034
Japan	32 378
Großbritannien	32 133
Frankreich	26 247
Spanien	24 085
Jugoslawien	13 063
Indien	11 647
Niederlande	11 440
Rumänien	11 258

einige weitere Länder (außerhalb der Reihenfolge):

Brasilien (für das Jahr 1973)	9 948
Italien	9 443

Schweiz	9 310
Schweden	9 014
Türkei (für das Jahr 1973)	7 479
Norwegen	6 520
Mexiko	5 733
DDR	5 546
Österreich	5 519

Tab. 2

Von größerem Interesse in unserem Zusammenhang sind die Angaben zu den *Übersetzungen*[19]. In Tab. 3 sind die 10 die meisten Übersetzungen herausgebenden Länder angeführt. Die Unesco-Statistik berücksichtigt 80 Länder, die Angaben gelten für das Jahr 1973, China ist nicht aufgeführt[20].

Gesamtproduktion in den 80 Ländern:
47 038 Übersetzungen, davon:

BRD	6 458
Spanien	4 489
UdSSR	4 402
Japan	2 284
Italien	2 095
USA	1 968
Frankreich	1 934
Niederlande	1 816
DDR	1 765
Brasilien	1 684

weitere Länder (außerhalb der Reihenfolge):

Schweden	1 599
CSSR	1 437
Dänemark	1 415
Ungarn	1 083
Finnland	1 030
Norwegen	1 004
Indien	676

Tab. 3

Die *Übersetzungsproduktion* verteilt sich 1973 auf folgende *Bereiche* (ich beschränke mich auf die Angaben für die Weltgesamtproduktion und für die Übersetzungsproduktion in der BRD)[20]:

	Total	*BRD*
	47 038	6 458
Generalities	327	34
Philosophy	2 263	253

Religion	2 657	408
Social Sciences	5 966	572
Pure Sciences	2 953	360
Applied Sciences	3 984	371
Arts	2 407	305
Literature	22 906	3 676
Geography/History	3 575	479

Tab. 4

Die Statistik gibt auch Aufschluß darüber, *aus welchen Sprachen* übersetzt wurde[21]: Gesamtzahl der Übersetzungen im Jahre 1973 = 47 038, davon Übersetzungen aus dem

Englischen	18 350	Tschechischen	598
Französischen	5 993	Chinesischen	184
Russischen	5 113	Japanischen	176
Deutschen	4 277	Arabischen	156
Spanischen	1 368	Ukrainischen	134
Italienischen	1 136	Portugiesischen	124
Schwedischen	1 006	Bengali	80
Polnischen	626	Hindustani	56
Dänischen	604		

Tab. 5

Tab. 5 zeigt das große *Übergewicht des Englischen* als Originalsprache. Das belegt auch Tab. 6 (für das Jahr 1973), die die *Originalsprachen nach Land der Übersetzung* aufschlüsselt. Ich beschränke mich auf 5 Länder[22].

	Total	BRD	Frankr.	Schweden	Japan	USA
Englisch	18 350	3 937	1 132	1 068	1 411	21
Französisch	5 993	783	39	106	312	444
Deutsch	4 277	188	267	127	273	425
Russisch	5 113	252	73	19	150	239
Italienisch	1 136	189	110	12	29	91
Skand. Sprachen	1 907	295	28	190	21	98
Spanisch	1 368	51	55	7	17	103
Klass. Sprachen	798	128	49	6	21	87
Arabisch	156	6	7	1	–	14
Japanisch	176	18	6	1	–	67
Chinesisch	184	21	12	8	–	34
Andere Sprachen	7 580	590	156	54	50	345
Total:	47 038	6 458	1 934	1 599	2 284	1 968

Tab. 6

Welches sind die *meistübersetzten Autoren?* Auch hierüber gibt das Unesco-Jahrbuch Auskunft (die Angaben gelten für das Jahr 1972)[23]:

Autor	Land, in dem der Originaltext erschienen ist	Anzahl Übersetzungen 1972	Anzahl übersetzende Länder
Die 10 meistübersetzten Autoren:			
W. I. Lenin	UdSSR	307	17
K. Marx	Deutschland	138	23
J. Verne	Frankreich	128	23
E. Blyton	Großbritannien	111	13
F. Engels	Deutschland	109	22
A. Maclean	Großbritannien	96	15
A. Christie	Großbritannien	93	19
G. Simenon	Belgien	92	18
F. M. Dostojewski	UdSSR	83	25
L. N. Tolstoi	UdSSR	82	23
Weitere Autoren (außerhalb der Reihenfolge):			
K. May	Deutschland	65	10
A. Lindgren	Schweden	53	15
J./W. Grimm	Deutschland	48	15
J. W. von Goethe	Deutschland	38	19
H. Böll	Deutschland	25	12
B. Brecht	Deutschland	25	16

Tab. 7

1.5. Möglichkeiten der Überwindung von Sprachbarrieren

Können *Sprachbarrieren,* die immer zugleich (auch innerhalb einer Sprache) Sozial-, Kultur- und Wissenschaftsbarrieren sind, auf andere, vielleicht effizientere und ökonomischere Weise überwunden werden als mit Übersetzen und Übersetzungen? Zwei Möglichkeiten, zwei Wege der »Entbabelisierung«[24] wurden und werden diskutiert: die Möglichkeit einer universalen *Mittlersprache* (einer internationalen künstlichen Hilfssprache, 1.5.1.) und die Möglichkeit der *Konzentration auf eine (oder zwei) Weltsprachen,* die in den Schulen intensiv und früh vermittelt würden und in denen alle relevante, d. h. übereinzelsprachlich interessante Literatur abgefaßt oder in Übersetzungen greifbar wäre (1.5.2.). Eine dritte Möglichkeit geht davon aus, daß, wenn schon auf Übersetzungen nicht verzichtet werden kann, das Übersetzen selbst effektiver, schneller und vielleicht auch kostensparender gemacht werden müßte durch den Einsatz des Computers: *durch die maschinelle oder automatische Übersetzung* (1.5.3.).

1.5.1. Welthilfssprachen und Sprachenregelungen

Seine historische Legitimation und sein Vorbild hat das Projekt einer *künstlichen Weltsprache* u. a. in den Universalsprachen, mit denen sich Descartes (1596–1650) und Leibniz (1646–1716) beschäftigten[25]. Ausgangspunkt der Idee einer *philosophischen Universalsprache* ist die These, daß der Einheit der Wissenschaft und des Wissens die Einheit der Sprache entsprechen müßte. E. Cassirer (1953) charakterisiert diesen Ausgangspunkt folgendermaßen:

> Wie in allen Erkenntnissen, die auf diesen Namen wirklich Anspruch haben, immer nur die Eine identische Grundform der Erkenntnis, der menschlichen Vernunft, wiederkehrt, so muß allem Sprechen die eine, allgemeine Vernunftform der Sprache überhaupt zugrunde liegen, die von der Fülle und Verschiedenheit der Wortformen zwar verhüllt wird, aber durch sie nicht völlig unkenntlich gemacht werden kann. Denn wie zwischen den Ideen der Mathematik, z. B. zwischen den Zahlen, eine ganz bestimmte *Ordnung* besteht, so bildet überhaupt das Ganze des menschlichen Bewußtseins samt allen Inhalten, die in dasselbe jemals eingehen können, einen streng geordneten Inbegriff. Wie daher aus relativ wenigen Zahlzeichen das ganze System der Arithmetik sich aufbauen läßt, so müßte sich auch durch eine begrenzte Zahl sprachlicher Zeichen, wenn diese nur nach bestimmten allgemeingültigen Regeln verknüpft werden, die Gesamtheit der Denkinhalte und ihre Struktur erschöpfend bezeichnen lassen. (S. 68)

Während Descartes selbst seinen Plan nicht ausführt, versuchen in seiner Nachfolge G. Dalgarno (1626–1687) und J. Wilkins (1614–1672), solche künstlichen Universalsprachen auszuarbeiten. In ihrem Grundgedanken und im Prinzip des Aufbaus stimmen diese Universalsprachen weitgehend miteinander überein:

> Immer wird davon ausgegangen, daß es eine begrenzte Zahl von Begriffen gibt, daß jeder von ihnen zu den anderen in einem ganz bestimmten sachlichen Verhältnis, in einer Beziehung der Zuordnung, der Über- oder Unterordnung stehe, und daß das Ziel einer wahrhaft vollkommenen Sprache darin bestehen müsse, diese natürliche Hierarchie der Begriffe in einem System von Zeichen zum adäquaten Ausdruck zu bringen. (E. Cassirer, 1953, S. 69)

Der Gedanke einer Universalsprache taucht übrigens in der generativen Grammatik bzw. in den philosophischen und sprachtheoretischen Grundlagen der generativen Grammatik wieder auf. N. Chomsky selbst hat sich in seinem Buch »Cartesian Linguistics. A Chapter in the History of Rationalist Thought« (1966) mit der rationalistischen Sprachphilosophie beschäftigt. Die Einzelsprachen sind nach dieser Theorie in ihrer tiefsten Schicht, in der Tiefenstruktur, repräsentiert in einer *lingua universalis,* einer formalen logisch-semantischen Sprache. Geht man davon aus, daß alle Sprachen, ungeachtet der Unterschiedlichkeiten an der »Oberfläche«, in einer tieferen Schicht universelle, für alle Menschen identische Begriffe und logische Zusammenhänge repräsentieren, so hat dies Konsequenzen bei der Beantwortung der Frage nach der Übersetzbarkeit: Übersetzbarkeit ist dann ein primäres Kennzeichen von Sprache und Sprachen überhaupt (s. Kap. 6).

Seine historische Legitimation findet der Gedanke einer internationalen künstlichen Hilfssprache auch im *Latein des europäischen Mittelalters,* das bis ins 16./17. Jahrhundert nicht nur Schul- und Hochschulsprache sowie Sprache der Wissenschaften war, sondern auch Sprache der Diplomatie, teilweise sogar der Dichtung (Kirchensprache ist das Latein z.T. heute noch)[26]. Die Fachlexik vieler Wissenschaften (Medizin, Zoologie, Botanik, aber auch Chemie und Technik) zeugt noch heute von der Bedeutung dieses internationalen Kommunikationsmittels, das freilich als solches nur für die dünne Schicht der Gebildeten, besonders der Theologen und Juristen, existierte. Seit der Reformation, dem aufkeimenden Nationalismus und der Erfindung des Buchdrucks setzten sich in allen diesen Bereichen nationale Standardsprachen mehr und mehr durch – insbesondere mit den volkssprachlichen Bibelübersetzungen, die entscheidend zur Konsolidierung von Standardschriftsprachen beitrugen.

Von den fünf mehr oder weniger anerkannten Plan- oder Intersprachen (mit denen sich eine eigene Wissenschaft, die Interlinguistik, beschäftigt)[27], die in den letzten hundert Jahren als radikale Lösungen der mit der Vielfalt der natürlichen Sprachen verbundenen Kommunikationsprobleme entwickelt worden sind[28], ist *das Esperanto* die bekannteste und verfügt über die größte Anhängerschaft[29]. Die anderen vier, die »ihre Brauchbarkeit in Wort und Schrift« bewiesen haben (sollen)[30] sind: Ido, Occidental, Novial und Latino sine flexione. Alle bisher entwickelten Universalsprachen sind übrigens Systeme, die auf der Basis indo-europäischer oder noch eingeschränkter: romanischer und der englischen Sprache(n) aufgebaut sind[31].

Die *Argumente für die Einführung einer internationalen künstlichen Hilfssprache* sind z.T. die gleichen wie diejenigen, die für die Notwendigkeit des Übersetzens und der Übersetzung gelten: Erleichterung, ja Ermöglichung von Kommunikation in allen Bereichen menschlicher Aktivitäten über die Sprachbarrieren hinweg. Zum Teil gehen sie aber gerade von der (behaupteten) begrenzten Reichweite und Realisierbarkeit des Übersetzens und Dolmetschens aus: wieviel leichter wären etwa internationale Konferenzen durchzuführen, wenn sich Referenten und Diskussionsteilnehmer einer Weltsprache bedienten; wieviel problemloser zugänglich wären die neuesten Erkenntnisse der Wissenschaften, wenn sich die wissenschaftlichen Zeitschriften und Publikationen dieser verbindenden und verbindlichen Universalsprache bedienten; wieviel ökonomischer und effektiver könnte der Verwaltungsapparat in mehrsprachigen Ländern arbeiten, der seine Verordnungen in einer gemeinsamen Sprache, die keine der Landes- (und vielleicht Minoritäten-) sprachen benachteiligt, abfassen würde.

So einleuchtend viele dieser Argumente sind und so brauchbar sich das Esperanto, mindestens bei seinen Anhängern, als Kommunikationsmittel erwiesen hat[32] – die Chancen, daß eine solche Sprache sich international einführen läßt, sind gering zu veranschlagen. Auf die vielen linguistischen, lernpsychologischen, kultur- und bildungspolitischen, gesellschafts- und machtpolitischen, aber auch ökonomischen Gründe, die in der Fachliteratur gegen die Weltsprachenidee angeführt werden, brauche ich hier nicht einzugehen[33]. Ein wichtiges, ja vielleicht das wichtigste Argument, das für die Einführung einer Weltsprache angeführt wird, kann indessen als durch die Praxis widerlegt gelten: daß nämlich das Übersetzen und Dolmetschen im ständig wachsenden internationalen Verkehr vor immer größeren, quantitativ wie qualitativ (viele neue Sprachen in internationalen Organisationen und Kommissionen) immer schwerer zu bewältigenden Aufgaben stünde[34]. Gerade die internationalen Organisationen zeigen, daß und wie die sprachlichen Probleme einerseits mit Übersetzen und Dolmetschen, andererseits mit der Verwendung von einigen wenigen *international relevanten Sprachen* bewältigt werden können. In H. Haarmanns Darstellung der *Sprachenregelung in supranationalen Organisationen* (1975, S. 125 ff.) wird die Möglichkeit einer künstlichen Welthilfssprache nicht einmal erwähnt[35].

Wie sehen diese Sprachenregelungen aus? H. Haarmann nennt drei grundsätzliche Möglichkeiten der Sprachenregelung:
(a) Eine einzige Sprache wird Amtssprache (*präsidiales Prinzip*).
(b) Einige wenige Sprachen werden als Amtssprachen gewählt (*kollegiales Prinzip*).
(c) Alle Amtssprachen der Mitgliedstaaten haben gleichen Rang (*egalitäres Prinzip*).

Es wird unterschieden zwischen *Amtssprachen* und *Arbeitssprachen*: Verhandlungen werden in der (den) Amtssprache(n) geführt, und alle Schriftstücke werden in ihr (ihnen) abgefaßt. Für Arbeitssprachen gilt, daß Verhandlungen, die in den Amtssprachen geführt werden, in diese Sprachen gedolmetscht werden, sie werden jedoch im Schriftverkehr nicht verwendet.

Beispiele für Sprachenregelungen:
1. *UNO, UNESCO, Europarat*
    Regelung nach dem kollegialen Prinzip:
    UNO: Amtssprachen = Englisch + Französisch (= »Weltsprachen mit der größten Reichweite«).

Arbeitssprachen = Spanisch + Russisch + Chinesisch.
UNESCO: Amtssprachen = Englisch + Französisch. Arbeitssprachen = Spanisch + Russisch + Arabisch.
Europarat: Amtssprachen = Englisch + Französisch. Arbeitssprache = Deutsch.
2. *Europäische Gemeinschaft*
Regelung nach dem egalitären Prinzip:
Sechsergemeinschaft: 4 Amtssprachen = Französisch + Italienisch + Niederländisch + Deutsch.
Neunergemeinschaft (seit 1973): zusätzlich Englisch + Dänisch[36].
H. Haarmann betrachtet diese Lösung des Sprachenproblems auf längere Sicht als nicht praktikabel. Er befürwortet den Übergang zur kollegialen Lösung, wie sie im Europarat (seit 1960) durchgeführt ist.

1.5.2. Internationale Verkehrssprachen

Die zweite Möglichkeit, Übersetzen und Übersetzungen wenn nicht überflüssig zu machen, so doch auf einige *wenige internationale Verkehrssprachen* einzuschränken, hat wesentlich bessere Zukunftsaussichten. Gegen diese Möglichkeit haben sich, was nicht verwundert, gerade die Anhänger der Welthilfssprachenidee mit Vehemenz ausgesprochen – mit Argumenten, die die Praxis (etwa in den supranationalen Organisationen) widerlegt hat. Zwar wird es wohl nie eine einzige internationale Sprache geben, die zugleich nationale Sprache ist[37], aber mit zwei oder drei Amts- und einer geringen Zahl von Arbeitssprachen wird sich der internationale Verkehr relativ problemlos abwickeln lassen.

Welche Sprachen sich als internationale Verkehrssprachen etablieren, hängt mit machtpolitischen, wirtschaftlichen, historisch-kulturellen Faktoren zusammen. 1891 vertrat G. Meyer folgende Auffassung:

Man kann sich danach die zukünftige Entwicklung der Sprachenwelt so vorstellen, daß die großen Weltsprachen den Umfang des ihnen botmäßigen Gebietes immer mehr erweitern, so daß die Zahl der an dem Kampfe um die Hegemonie Beteiligten immer mehr eingeschränkt wird. Das wird natürlich mit der politischen Gestaltung der Erdoberfläche aufs engste zusammenhängen. Und wenn die Prophezeiung wahr ist, daß den endgültigen Kampf um den Besitz der Welt dereinst England und Rußland auszufechten haben, so mag man auch daran denken, daß einmal Englisch oder Russisch die wirkliche und einzige Weltsprache sein wird. (S. 39 f.)

Zur Zeit sieht es so aus, als ob dieser engere Kreis der Weltsprachen (internationalen Verkehrssprachen) das Englische, Französische, Russische, Spanische, Arabische und Chinesische umfassen würde, wobei Englisch und Französisch[38] besonders in der Diplomatie immer noch eine Vorrangstellung haben. W. Porzig (1971) schränkt die Zahl der Verkehrssprachen auf drei ein[39]:

Alle internationalen Verkehrssprachen überflügelt seit dem 18. Jahrhundert das Englische, das überall auf der Welt gesprochen und verstanden wird und Nordamerika, Südafrika und Australien völlig beherrscht. Es hat heute überhaupt nur zwei ernsthafte Nebenbuhler, die aber beide nur auf beschränktem, wenn auch weitem Raum Geltung haben: das Chinesische in ganz Ostasien und das Russische in Osteuropa und Nordasien. (S. 232)

Die *Lösung des Sprachenproblems* mittels internationaler Verkehrssprachen würde bedeuten:
– daß international relevante Texte in einer der etablierten internationalen Verkehrssprachen abgefaßt werden, wenn möglich mit Zusammenfassungen in einer oder zwei weiteren Weltsprachen (so müßte ein englischer Text eine kurze Zusammenfassung z. B. in russischer und spanischer Sprache enthalten),
– daß international relevanten Texten in anderen als den etablierten Verkehrssprachen ausführliche Zusammenfassungen in mindestens drei Weltsprachen beigefügt werden,
– daß international relevante Texte sich an der internationalen Terminologie orientieren und/oder die Fachlexik in einem mehrsprachigen terminologischen Anhang explizieren.

Insbesondere verlangt diese Lösung, daß der *Fremdsprachenunterricht* entschieden gefördert wird, wobei großes Gewicht gelegt wird auf den Erwerb dieser internationalen Verkehrssprachen[40]. Daß sich bei einer solchen Lösung in mehrsprachigen Ländern große Probleme ergeben, liegt auf der Hand. Für einen Schweizer etwa stellt sich die Frage, was wichtiger ist: ob er sich das Italienische und Französische oder das Englische aneignen soll. Im Lande selbst ist die Notwendigkeit, Französisch bzw. Italienisch zu sprechen, wesentlich größer, in internationalen Zusammenhängen ist zweifellos Englisch wichtiger.

Welches sind die *Konsequenzen* dieser Lösung für das Übersetzungswesen? Der Bedarf an Übersetzern und Dolmetschern wird bei der ständigen Ausweitung der internationalen Kommunikationsbedürfnisse keineswegs abnehmen; er wird sich freilich vermehrt an diesen internationalen Sprachen ausrichten. Im großen und ganzen unberührt von dieser Entwicklung dürfte die Situation im Bereich literarischer Texte sein: hier wird die Übersetzung immer eine entscheidende Rolle spielen, obgleich eine größere Kompetenz etwa im Englischen dazu führen könnte, daß englische und amerikanische Trivialliteratur auch von Fremdsprachigen vermehrt im Original gelesen wird.

1.5.3. Automatisierung des Übersetzens

Die dritte Möglichkeit ist die *Automatisierung des Übersetzens*. In den fünfziger und beginnenden sechziger Jahren war der Optimismus bezüglich der Realisierbarkeit der automatischen Sprachübersetzung groß; eine Zäsur stellte dann der sogenannte ALPAC-Bericht im Jahre 1964 dar[41]. Während eine *Teilmechanisierung* des Übersetzungsprozesses durch den Einsatz von automatisierten Wörterbüchern (textbezogenen Fachwortlisten), die der Übersetzer bei terminologischen Problemen benutzen kann, durchaus realisierbar ist und auch realisiert worden ist[42], sind die Chancen einer vollautomatisierten Übersetzung in absehbarer Zukunft beim gegenwärtigen Stand der Forschung als nicht allzu hoch zu veranschlagen. Die von Übersetzern gelegentlich geäußerte Angst, daß sie durch die Entwicklung der automatischen Übersetzung überflüssig würden, hat sich als unbegründet erwiesen. Es zeigte sich, daß die *linguistischen Probleme des Übersetzens* wesentlich komplizierter sind, als man es in der Zeit der Übersetzungsmaschineneuphorie geglaubt hatte[43]. Was sich zunächst als überwiegend technologisches Problem darzustellen schien, d. h. als Speicher- und Verarbeitungsproblem des Computers, erwies sich immer mehr als linguistisches Problem. Qualitativ befriedigende Übersetzung setzt eine Qualität der Sprach- und Textanalyse voraus, die bis heute (noch?) nicht erreicht ist[44]. So schreibt R. Maier (1976) zum Forschungsstand der automatischen Übersetzung:

Die mangelnde Leistungsfähigkeit bisheriger Sprachbeschreibungstheorien sowie das hierdurch bedingte Fehlen jeder den Anforderungen der automatischen Übersetzung genügenden grammatischen Beschreibung auch nur eines einigermaßen umfassenden Fragmentes einer natürlichen Sprache und nicht Schwierigkeiten im Bereich der Computertechnologie und der Programmierverfahren sind daher die entscheidenden Ursachen für das Scheitern aller bisherigen Versuche, ein hohen Anforderungen genügendes System zur automatischen Übersetzung natürlicher Sprachen zu realisieren. Neben diesen linguistischen Problemen bleiben allerdings auch noch zahlreiche Probleme im Bereich effizienter Informationsverarbeitung wie Optimierung von Zugriffszeiten, Organisation von Datenbasen mit geeigneten Verfahren zur Eingliederung neuer Information, Erstellung effizienter Beweisfindungsverfahren zu lösen, die unmittelbar in den Bereich der Artificial-Intelligence-Forschung hineinreichen, in deren Rahmen mittlerweile ebenfalls Untersuchungen zu Fragen der automatischen Übersetzung angestellt werden, da der enge Zusammenhang z.B. zum Problem der Konstruktion von automatischen Frage-Antwort-Systemen erkannt wurde. (S. 5f.)

Einzelne Projekte zur automatischen Übersetzung orientieren sich heute gar nicht mehr an einer unmittelbaren praktischen Verwertbarkeit der Ergebnisse (mindestens nicht kurz- und mittelfristig), sondern sehen ihre Aufgabe in der anspruchsvollen *syntaktischen und semantischen Analyse natürlicher Sprachen,* wobei die automatische Übersetzung unter Umständen nur noch dazu dient, die Gültigkeit der beschreibungstheoretischen Grundlagen und der praktischen Beschreibung von sprachlichen Teilbereichen zu überprüfen. Diese Konzentration auf die Sprachbeschreibung hängt mit der Einsicht zusammen, »daß eine vollautomatische Übersetzung hoher Qualität für natürlichsprachliche Texte in unmittelbarer Zukunft nicht realisierbar ist und auch auf längere Sicht nur approximativ und parallel zur Weiterentwicklung leistungsfähiger Sprachenbeschreibungstheorien möglich ist, die sich nur aus der engen Zusammenarbeit von Linguisten mit Sprachphilosophen, Logikern und Informatikern ergeben kann« (R. Maier, ebd., S. 6).

In seinem Bericht weist R. Maier auch darauf hin, daß neben dieser theoretischen, langfristig orientierten Arbeit an dem Projekt einer hochqualifizierten automatischen Sprachübersetzung (wobei anzumerken ist, daß die Frage, ob man dieses Ziel für erreichbar hält, mit der Definition der Begriffe »hohen qualitativen Ansprüchen genügende« bzw. »einwandfreie« Übersetzung zusammenhängt) durchaus eine »praxisorientierte Forschung« denkbar ist, die das Ziel hat, »die Möglichkeiten einer maschinenunterstützten menschlichen Übersetzung zu erforschen, d. h. zu untersuchen, welche Form der Arbeitsteilung zwischen menschlichem Übersetzer und Computer angesichts des derzeitigen Standes der Forschung optimal ist« (R. Maier, ebd., S. 6 f.)[45]. In diesem Bereich sind praktische Resultate erzielbar, ja es liegen konkrete Resultate und Anwendungen schon vor[46].

1.6. Linguistische Grundprobleme und -begriffe

Im folgenden sollen jene *linguistischen Probleme* behandelt werden, die bei der automatischen Sprachanalyse besondere Schwierigkeiten bereiten. Dabei sollen einerseits einige linguistische Grundbegriffe eingeführt werden, andererseits wird jeweils gezeigt, wo Schwierigkeiten der automatischen Analyse zugleich auch Schwierigkeiten des menschlichen Übersetzers bei der Analyse des AS-Textes sein können.

Automatische Übersetzung setzt die *eindeutige Identifizierung* der sprachlichen Elemente des AS-Textes voraus. Eindeutige Identifizierung heißt, daß einer bestimmten *Form,* etwa der Buchstabenfolge *v-a-t-e-r,* eindeutig eine *Bedeutung* zugeordnet werden können muß, in diesem Fall ›Mann, der ein oder mehrere Kinder gezeugt hat‹[47]. Dieser Bedeutung muß dann in der ZS wiederum eine Form zugeordnet werden, die im Französischen die Buchstabenfolge *p-è-r-e* oder im Englischen *f-a-t-h-e-r* wäre. Die Probleme der maschinellen Sprachanalyse, und damit auch der automatischen Übersetzung, wären minimal, wenn bestimmten Formen in der AS immer und an jeder Stelle ihres Vorkommens eine und nur eine Form in der ZS mit der gleichen lexikalischen und grammatischen Bedeutung entsprechen würde.

Lexikalische Bedeutung[48] meint hier den Bezug des sprachlichen Zeichens auf einen außersprachlichen Sachverhalt oder einen Bewußtseinsinhalt; *grammatische* (oder strukturelle) *Bedeutungen* sind Wortklassenbedeutungen wie Substantiv, Adverb, Verb, Bedeutungen der flexivischen Merkmale (Singular, Plural, beim Verb 1., 2., 3. Person), Bedeutungen wie transitiv, intransitiv, Aktiv, Passiv, Konjunktiv, Indikativ, und schließlich Bedeutungen, die sich aus den Unter-, Über- und Nebenordnungsverhältnissen im Satz ergeben. Die sprachliche Bedeutung eines Satzes oder Syntagmas (unter *Syntagmen* versteht man formal und/oder bedeutungsmäßig zusammengehörige Wörter, z. B. *in Zweifel ziehen, der kalte Krieg, freiheitlich-demokratische Grundordnung*) ergibt sich dann aus der *Summe (nicht der Addition) der lexikalischen und grammatischen Bedeutungen.*

Zwischen Formen und Inhalten verschiedener natürlicher Sprachen besteht nun allerdings *kein Eins-zu-eins-Verhältnis;* deshalb sind automatische Übersetzungsverfahren, die auf dem Wort-für-Wort-Prinzip basieren, ungenügend und führen zu qualitativ unbefriedigenden Resultaten. Das Hauptproblem der automatischen Analyse liegt in der Mehr- und Vieldeutigkeit sprachlicher Formen, oft auch in ihrer Undeutlichkeit[49]. Ein Beispiel:

(1) (a) Er hat den Schlüssel *ins Schloß* gesteckt.
    (b) Kommst du mit *ins Schloß?*

Der menschliche Übersetzer wird intuitiv feststellen, daß *Schloß* in Beispiel (1a) etwas anderes als in (1b) bedeutet, und er wird *Schloß* im ersten Fall mit frz. *serrure* bzw. engl. *lock,* im zweiten mit frz. *château* bzw. engl. *castle* übersetzen:

(1) (c) frz. Il a mis la clé dans la serrure.
       engl. He has put the key in the lock.
   (d) frz. Viens-tu au château avec moi?
       engl. Will you come to the castle with me?

Qualifizierte maschinelle Übersetzung bedeutet bei diesem Beispiel, daß die Maschine der Wortform *Schloß* in (1a) und (1b) im Englischen und Französischen nicht einfach zwei Wortformen mit unterschiedlichen Bedeutungen zuordnet, sondern *entscheiden* kann, welche der beiden Wortformen und Bedeutungen im betreffenden Satz die zutreffende ist. Die Maschine braucht also zusätzliches *Wissen,* wenn sie die mehrdeutigen

Formen eindeutig machen soll. Noch mehr Wissen müßte der Maschine verfügbar sein beim Satz:

(1) (e) Er hat den Schlüssel im Schloß gelassen.

Hier kann die Entscheidung, ob die frz. und engl. Übersetzungen (1f) oder (1g) zutreffen, nur im weiteren Textzusammenhang getroffen werden:

(1) (f) frz. Il a laissé la clé dans la serrure.
    engl. He left the key in the lock.
   (g) frz. Il a laissé la clé au château.
    engl. He left the key in the castle.

Die Maschine müßte hier also den weiteren Textzusammenhang über die Satzgrenze hinaus verarbeiten können, was beim jetzigen Stand der Forschung noch nicht realisierbar ist.

Ich behandle die beiden *grundsätzlichen Fälle von Mehrdeutigkeit:* die lexikalische und die grammatische Mehrdeutigkeit. Dabei sollen auch Möglichkeiten und Grenzen ihrer *Aufhebung* bzw. *Aufhebbarkeit* diskutiert werden[50].

I. Lexikalische Mehrdeutigkeit

(2)

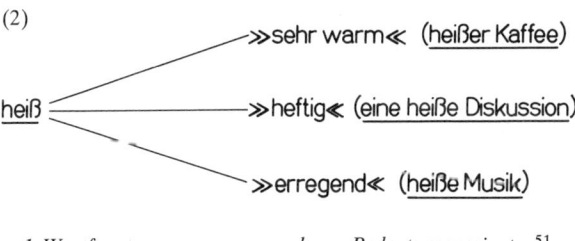

= *1 Wortform*   = *mehrere Bedeutungsvarianten*[51]

Die isolierte Wortform *heiß* ist mehrdeutig, d. h. sie weist mehrere Bedeutungsvarianten auf[52]. Im *Sprachvergleich* stellt man fest, daß die Art dieser Mehrdeutigkeit oft einzelsprachspezifisch ist: keineswegs können an allen Stellen, wo im Dt. *heiß* in einer der Bedeutungsvarianten verwendet wird, die Standardentsprechungen frz. *chaud* oder engl. *hot* eingesetzt werden:

dt.	*frz.*	*engl.*
heißer Kaffee	*un café chaud*	*hot coffee*
heiße Diskussion	*une discussion âpre*	*a heated discussion*
	une chaude discussion	

heiße Musik	*une musique terrible*	*hot music*
heißer Kopf[53]	*une tête brûlante*[53]	*a burning head*[53]

einige Phraseologismen (feste Wortverbindungen) mit *heiß*:

heiße Zone	*zone tropicale*	*tropical zone*
(das ist) *ein heißes Eisen*	(c'est) *un problème difficile*	(that's) *a delicate problem/a hot potato*
heißer Krieg	*la guerre chaude*	*hot war*
(↔ kalter Krieg)	(↔ la guerre froide)	(↔ cold war)

Erst im Zusammenhang weiterer Wörter (Lexeme) wird *heiß* eindeutig (wird es disambiguiert). Den Zusammenhang, in dem das Einzelwort *heiß* steht, nennt man *Kontext*. Das heißt: im Kontext von *Kaffee* (man sagt auch: in der *Umgebung* von *Kaffee*) bedeutet *heiß* ›sehr warm‹, im Kontext von *Diskussion* bedeutet es ›heftig‹. Man spricht davon, daß eine der *potentiellen* Bedeutungsvarianten *aktualisiert* wird; im Kontext wird die *aktuelle Bedeutung* realisiert[54]. Wenn dieser Kontext – wie in diesen Beispielen – aus weiteren sprachlichen Einheiten besteht, spricht man vom sprachlichen Kontext (im folgenden *Kotext*).

Der Umfang des sprachlichen Kotextes, der zur Disambiguierung einer sprachlichen Einheit notwendig ist, kann unterschiedlich groß sein: er kann vom Einzelwort über das Syntagma bis zum Satz oder Textabschnitt gehen. Beispiele (der disambiguierende Kotext ist kursiv gedruckt):

(a) eindeutig machender (disambiguierender) Kotext = ein weiteres Lexem:

   (3) (a) blaue *Farbe*
      (b) blauer *Montag*

(b) disambiguierender Kotext = mehrere Lexeme (Syntagma oder Satz):

   (4) die Mutter *lockert sich*
   (5) *als sie die Prüfung nicht bestand,* warf *sie* die Flinte ins Korn *und gab ihr Studium auf.*

(c) Aufhebung der Mehrdeutigkeit innerhalb der Satzgrenze nicht möglich, weiterer Kotext ist notwendig:

   (6) *???* er legte die Birne *auf den Tisch. ???*
   (7) *???* Sie legte die Hände in den Schoß. *???*

Bisweilen ist aber gar kein Kotext da, der die Disambiguierung leisten könnte; in diesem Fall ist es der *situative Kontext* bzw. die Kenntnis des situativen Kontexts/der Situation, in der eine Äußerung getan wird, die disambiguierend wirken. *Unterlagen* in

(8) Geben Sie mir die Unterlagen!⁵⁵

kann je nach Situation bedeuten:

(a) ›Aktenstücke‹ oder
(b) ›Unterlegteile‹.

Wenn jemand in der Situation des Kaffeetrinkens

(9) Heiß!

(frz. *C'est chaud! Ça brûle!;* engl. *It's hot!*) sagt, bedeutet es etwas anderes, als wenn diese Äußerung im Zusammenhang des Musikhörens erfolgt (frz. *Terrible!;* engl. *It's hot stuff!*).

II. Grammatische Mehrdeutigkeit

Hier sind drei Fälle zu unterscheiden, wobei der dritte der interessanteste und schwierigste ist.

1. Morphologische Mehrdeutigkeit innerhalb eines Paradigmas

Die Form *denken* hat innerhalb des Flexionsparadigmas folgende syntaktische Bedeutungen:

(10) *denken*
Infinitiv: Er liebt es *zu* denken.
1./3. Person Plural Präsens Indikativ: *Wir* denken./ *Die Leute* denken zu wenig.
1./3. Person Plural Konjunktiv I: *Er sagt, wir/sie* denken zuviel.
Imperativ: Denken *Sie* nicht so viel!

Die Mehrdeutigkeit wird in der grammatischen Verknüpfung aufgehoben (siehe kursiv gedruckte Formen).

2. Wortklassen-Mehrdeutigkeit

Eine Wortform kann verschiedenen Wortklassen (Wortarten) angehören:

(11) *während*
    temporale Konjunktion   ›zur Zeit‹
                                        Während *wir schliefen,* wurde bei uns eingebrochen.
    adversative Konjunktion   ›im Gegensatz‹
                                        Karl gefiel es gut in Heidelberg, während *sich seine Frau überhaupt nicht wohlfühlte.*

Verb Partizip Präsens	›dauern‹ *der Streit war lange während*[56].
Präposition	›im Verlauf‹ *Während der Vorlesung* spielte ich Schach

Auch die Wortklassen-Mehrdeutigkeit wird im allgemeinen im Kotext aufgehoben.

3. Syntaktische Mehrdeutigkeit

Unter syntaktischen Bedeutungen seien hier jene grammatischen Bedeutungen verstanden, die sich aus den *Relationen sprachlicher Einheiten* zueinander ergeben. So steht der Genitiv *des Vaters* in

(12) der Hut des Vaters / le chapeau du père / the father's hat

in einer bestimmten Abhängigkeitsrelation zum Bezugssyntagma *der Hut*. Ausgedrückt wird eine Besitzrelation; der Genitiv wird als possessiver Genitiv bezeichnet. Syntaktische Mehrdeutigkeit resultiert nun daraus, daß mit denselben sprachlichen Formen unterschiedliche Relationen ausgedrückt werden:

(13) ein Mann mittleren Alters / un homme d'âge moyen / a middle-aged man[57]

Hier bezeichnet der Genitiv eine Eigenschaft (genitivus qualitatis), während er in

(14) die Hälfte meines Vermögens / la moitié de ma fortune / half of my fortune

eine Ganzes-Teil-Relation ausdrückt (genitivus partitivus).

Einer syntaktischen Form bzw. einer syntaktischen Beziehung entsprechen also verschiedene syntaktische Bedeutungen[58] – genau so, wie eine Wortform verschiedene lexikalische Bedeutungen tragen kann. Umgekehrt gilt allerdings auch, daß für den Ausdruck *einer* syntaktischen Relation verschiedene syntaktische Möglichkeiten zur Verfügung stehen: die possessive Relation kann etwa auch mit einem Dativ oder einer Präpositionalkonstruktion ausgedrückt werden:

(15) er schneidet die Fingernägel seines Sohnes →
er schneidet seinem Sohn die Fingernägel →
er schneidet die Fingernägel von seinem Sohn

Auch hier gibt es die Parallele im lexikalischen Bereich, und zwar in der *Synonymik:* statt *Kopf* kann man auch *Haupt* sagen, statt *essen* auch *spei-*

sen, statt *Bild* auch *Gemälde* – wobei sich allerdings die Frage stellt, inwieweit diese Formen tatsächlich gleichbedeutend sind (s. dazu Kap. 6 und 7).

Mehrdeutigkeiten, wie sie hier mit dem Genitiv exemplifiziert wurden, löst der Mensch aufgrund seiner intuitiven Sprachkenntnisse und seines »Wissens von der Welt« mehr oder weniger automatisch und unbewußt auf. Er weiß, daß mit

(16) die Bilder des Bankiers X

im allgemeinen etwas anderes gemeint ist als mit

(17) die Bilder des Malers X.

In (16) drückt der Genitiv – im allgemeinen – ein Besitzverhältnis aus (genitivus possessivus), in (17) – im allgemeinen – die Produktrelation, das Hervorgebrachte. Ich füge hinzu *im allgemeinen:* denn wenn der Bankier X selbst malt, kann der Genitiv durchaus die Produktrelation bezeichnen. Eine dritte Interpretation ist auch noch möglich: daß es sich nämlich um Bilder handelt, die den betreffenden X darstellen (Porträts).

Solche Mehrdeutigkeiten stellen für die automatische Übersetzung nur dann ein Problem dar, wenn die ZS für die Bezeichnung der Relationen in (16) und (17) je unterschiedliche formale Mittel einsetzt. Das ist z.B. im Frz. nicht der Fall: *die Bilder von Winston Churchill (Winston Churchills)* ist im Dt. und Frz. 3-deutig:

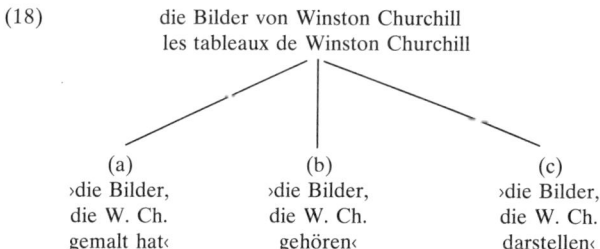

Im Standard-Engl. würde man es dagegen vorziehen, die drei möglichen Relationen mit unterschiedlichen Formen zu realisieren[59]:

(18a) the pictures by Churchill
(18b) the pictures of Churchill's
(18c) the pictures/portraits of Churchill

Schwieriger sind die Probleme beim sogenannten *Genitivus subjectivus* und *Genitivus objectivus,* wo eine inhaltliche Interpretation über die Syntagmagrenze hinaus erforderlich ist. Ist mit

(19) die Liebe der Kinder

gemeint, daß die Kinder jemanden lieben *(die Liebe der Kinder zu den Eltern* → *die Kinder lieben die Eltern* = Genitivus subjectivus), oder ist die Liebe gemeint, die sich auf die Kinder richtet *(die Liebe der Kinder ist Elternpflicht* → *jemand liebt die Kinder* = Genitivus objectivus)? Das Frz. und das Engl. verwenden für die Varianten von (19) verschiedene Konstruktionen:

(18) (a) frz. l'amour des enfants (pour leurs parents)
    engl. childrens' love for/of their parents
(b) frz. L'amour des parents envers leurs enfants est un devoir.
    engl. Love for one's children is a parental duty.

Syntaktische Mehrdeutigkeit resultiert insbesondere daraus, daß die *Abhängigkeits- und hierarchischen Beziehungen* in Syntagma oder Satz nicht eindeutig sind[60]. Diese syntaktische Ambiguität, die unterschiedliche syntaktische Interpretationsmöglichkeiten öffnet, nützt folgender Witz aus:

(20) »Könnte ich wohl das rote Kleid im Schaufenster anprobieren?« fragt die Kundin.
»Gern, gnädige Frau«, sagt die Verkäuferin zaghaft, »aber wir haben auch Kabinen zum Anprobieren«[61].

Das Syntagma *das rote Kleid im Schaufenster anprobieren* läßt zwei, die internen Abhängigkeiten unterschiedlich festlegende syntaktische Analysen zu[62]:

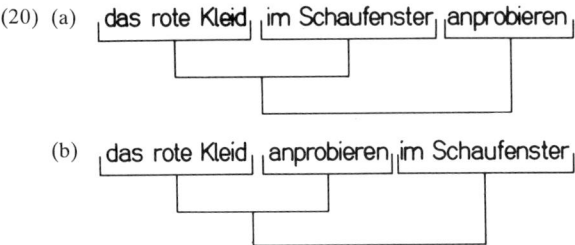

Im allgemeinen werden wir – falls man im Kommunikationsakt die Mehrdeutigkeit überhaupt bemerkt, was den Ausnahmefall darstellt, weil Kotext und Kontext Bedeutungen von vornherein festlegen – aufgrund unserer Kenntnis der Alltagswelt die Analyse (20a) vollziehen – der Witz ergibt sich daraus, daß die Verkäuferin, die die Welt des Kleidergeschäfts besonders gut kennen sollte, gerade die unwahrscheinliche Analyse (20b) vornimmt. Zur Aufhebung solcher Mehrdeutigkeiten führt E. Agricola (1968) aus:

Im natürlichen Kommunikationsvorgang werden nahezu die meisten syntaktisch-strukturellen Undeutlichkeiten, wenn sie nicht geradezu eine beabsichtigte Funktion erfüllen, durch den Kontext im engeren und im weiteren Sinne und durch das enzyklopädische Wissen des Perzipienten aufgehoben oder durch sein aktives Ergänzungs- und Entscheidungsvermögen überbrückt. (S. 45)

Eine Übersetzungsmaschine müßte, wenn eine qualitativ befriedigende Übersetzung gefordert ist, entscheiden können, ob die Interpretation (20a) *oder* (20b) gemeint ist[63]. Die Übersetzungen würden im Engl. und Frz. mit eindeutigen Interpretationen folgendermaßen aussehen:

(21) Könnte ich das rote Kleid im Schaufenster anprobieren?

Interpretation (a):

engl. Can I try the red dress in the window on?
frz. Puis-je essayer la robe rouge qui est dans la vitrine?

Interpretation (b):

engl. Can I try the red dress on in the window?
frz. Puis-je essayer dans la vitrine la robe rouge?

Wichtig beim Typ der Mehrdeutigkeit, wie ihn Beispiel (21) repräsentiert, ist, daß kein Kotext da ist, der es erlaubt, zu einer eindeutigen syntaktischen Analyse zu kommen. Außersprachliches »Weltwissen« ist für die Aufhebung der Mehrdeutigkeit notwendig. Die Maschine müßte in diesem Fall über das Wissen verfügen, daß man Kleider im allgemeinen nicht im Schaufenster, sondern in Kabinen anprobiert. Dabei ist es keineswegs so, daß Sätze mit der Struktur von Beispiel (21) in jedem Fall in der Form von (20a) analysiert werden müssen, man vergleiche nur folgenden strukturgleichen Fall:

(22) Könnte ich das rote Kleid im Schaufenster ausstellen?

Dieser Satz erlaubt wieder zwei syntaktische Analysen – nur haben hier *beide* Analyse- und Interpretationsmöglichkeiten in unserer Welt ihre Realisierungsmöglichkeit (die Möglichkeit (b) ist, wie mir scheint, die plausiblere):

Zweideutig im gleichen Sinne ist auch die frz. Übersetzung mit:

(21) (c) Puis-je exposer la robe rouge dans la vitrine[64]?

Hinsichtlich der *Aufhebbarkeit der syntaktischen Mehrdeutigkeit* sind zwei Fälle zu unterscheiden:
1. die Informationen, die der sprachliche Kontext liefert, lassen eine eindeutige Aufhebung der syntaktischen Mehrdeutigkeit zu;
2. die Aufhebung kann nur mit Hilfe des Situations- und Weltwissens des Lesers erfolgen (falls eine Aufhebung überhaupt möglich ist).

Fall 1:

(23) 24 Tote haben Überschwemmungen gefordert, die kürzlich den indischen Staat Kerala heimsuchten[65].

Syntaktische Analyse (mehrdeutige Formen sind kursiv gedruckt):

24 Tote	(=E_1) Subjektsnominativ/*Akkusativobjekt*
haben	
Überschwemmungen	(=E_2) *Subjektsnominativ*/Akkusativobjekt
gefordert,	
die[66]	Bezug auf (E_1)/*Bezug auf* (E_2)
kürzlich den indischen Staat Kerala heimsuchten.	

Die zutreffende syntaktische Analyse ist kursiv gedruckt; die Aufhebung der Mehrdeutigkeit ist innerhalb der Satzgrenze möglich.

(24) More than half the women interviewed married men who already had a drinking problem [...][67]

Syntaktische Analyse (mehrdeutige Formen sind kursiv gedruckt):
More than half the women

interviewed	finites Vollverb/*Part.Perf. als nachgestelltes Attribut zum Subst.* ›women‹
married	*finites Vollverb*/Part.Perf. als vorangestelltes Attribut zum Subst. ›men‹
men who already had a drinking problem [...]	

Die zutreffende syntaktische Analyse (kursiv) ergibt sich erst aus dem weiteren, hier nicht angeführten Kotext. Der Satz ist also wie (24a) und nicht wie (24b) ins Dt. zu übersetzen:

(24) (a) Mehr als die Hälfte der befragten Frauen heiratete Männer, die schon ein Alkoholproblem hatten [...]
(b) Mehr als die Hälfte der Frauen befragte verheiratete Männer, die schon ein Alkoholproblem hatten [...]

Fall 2:

Schwieriger sind Fälle, wo der Kotext für die Ermittlung der zutreffenden syntaktischen Analyse fehlt oder nicht ausreichend ist. Zunächst ein relativ leicht lösbares Mehrdeutigkeitsproblem dieser Art:

(25) Die Regierung forderte, daß Kinder, alte Männer und Frauen von den Luftpiraten freigelassen werden mußten.

Mögliche syntaktische Analysen des Syntagmas *Kinder, alte Männer und Frauen:*

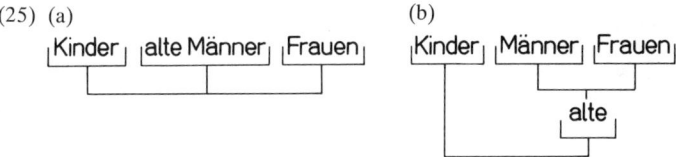

Aufgrund unseres Wissens von sozialen Konventionen werden wir uns ohne weiteres für die Interpretation (25a) entscheiden: Kinder und Frauen jeden Alters werden in solchen Zusammenhängen als eine Gruppe betrachtet, zu denen alte Männer treten können[68].

Sachwissen ist dagegen für die Aufhebung von Mehrdeutigkeit in folgendem Beispiel nötig:

(26) Der Bodenimpfstoff besteht aus Wasser und Luftstickstoff bindenden Bakterien[69].

– hier muß man wissen, daß *bindende Bakterien* sich nur auf *Luftstickstoff* bezieht (der Text wäre deshalb besser, wenn formuliert würde: [...] *aus Wasser und aus Luftstickstoff bindenden Bakterien*).

Noch mehr Wissen würde folgende Stelle aus einem Frankreich-Reiseführer erfordern:

(27) [...] zu dem [...] Palast, in dem lange Wandteppiche von Angers hingen[70].

Für die Übersetzung ins Frz. beispielsweise hätte es Konsequenzen, ob *lange* aufgefaßt wird als adjektivisches Attribut zum Substantiv *Wandteppiche* oder als Adverb[71]:

(27) (a) [...] le palais dans lequel de longues (grandes) tapisseries d'Angers étaient exposées.
(b) [...] le palais dans lequel des tapisseries d'Angers avaient longtemps été exposées.

Der Übersetzer wird sich hier, weil der weitere Kotext keine Informationen liefert, für die eine oder die andere Interpretation entscheiden müssen – auf die Gefahr hin, gerade die falsche zu wählen[72]. Wenn bei solchen Fällen aber schon der menschliche Übersetzer auf Grenzen stößt, wie soll dann erst eine formal-syntaktisch analysierende Maschine in der Lage sein, diese Mehrdeutigkeiten zu lösen? In der Tat ist, so stellt E. Agricola (1968) fest, mit solchen Fällen – gemeint sind die Beispiele vom Typ (21)ff. – »eine Schranke erreicht, die von manchen Wissenschaftlern als Begrenzung der automatischen Sprachanalyse und -übersetzung insgesamt gewertet wird« (S. 75). Eine Maschine, die solche Fälle lösen will – und eine vollautomatisierte Übersetzung mit qualitativ befriedigenden Resultaten sollte diese Fälle lösen können – muß über einen Speicher verfügen, in dem Welt-, Sach- und Erfahrungswissen abrufbar sind. Es wäre eine Maschine, die nicht nur auf formal-syntaktischer, sondern auch auf semantischer Basis (von stilistischen Kategorien ganz zu schweigen) Texte be- und verarbeiten kann. Bis dahin ist aber noch ein weiter Weg – wenn es überhaupt einen Weg dahin gibt.

Mit der Darstellung der lexikalischen und grammatischen Mehrdeutigkeiten und den Bedingungen und – bisweilen unsicheren – Möglichkeiten ihrer Aufhebung ist ein Teil der *Initialphase* des Übersetzungsprozesses beschrieben: die *AS-Text-Analyse,* die zur Feststellung einer *eindeutigen Textbedeutung* führt, wobei diese Textbedeutung aus der Summe (verstanden als Synthese, nicht als Addition) der aktuellen lexikalischen und grammatischen Bedeutungen besteht. Dieser Analysevorgang hat das Ziel, den *Textinhalt* eindeutig zu ermitteln. Wenn Übersetzen nur in der zielsprachlichen Wiedergabe eines AS-Textinhalts bestünde (und es gibt durchaus Übersetzungssituationen, wo dies der Fall ist), wäre damit die Initialphase des Übersetzungsprozesses vollständig erfaßt. Zur Inhaltsanalyse muß aber auch die stilistische und die pragmatische Analyse treten, die von den Fragen ausgeht: welche sprachlichen Mittel werden verwendet, um den betreffenden Inhalt wiederzugeben? Welchen Stellenwert haben diese Mittel im Ausdruckspotential einer Sprache? Und: an wen richtet sich der AS-Text – und an wen soll sich der ZS-Text richten (Empfänger- oder pragmatischer Bezug). Auf diese Aspekte wird zurückzukommen sein: bei der Darstellung der Faktoren des Übersetzungsprozesses und bei den Erörterungen zum Begriff der Äquivalenz (Kap. 5 und 7).

Der Begriff *eindeutige Textbedeutung* darf hier nicht mißverstanden werden: auch wenn sehr viele Texte – etwa im wissenschaftlichen und technischen Bereich – auf diese Eindeutigkeit hin angelegt sind, so gibt es andere Texte, für die die *Mehrdeutigkeit* gerade konstitutives Element ist. Die Textbedeutung des Witzes (20) liegt gerade in seiner nicht aufgelösten Mehrdeutigkeit. Und solche Mehrdeutigkeiten verschiedenster Art gibt es in der schönen Literatur, in der Werbung, in der politischen Sprache in Hülle und Fülle. Daß daraus ganz besondere Übersetzungsprobleme resultieren, liegt auf der Hand.

Während die Übersetzung des Witzes (20) ins Engl. keine Schwierigkeiten bereitet, weil

(27) Can I try on the red dress in the window?

grundsätzlich genau so unauffällig zweideutig ist wie die dt. Entsprechung, ist dies anders im Frz. Wer die dem Dt. strukturähnliche Entsprechung

(28) Puis-je essayer la robe dans la vitrine?

gebraucht, macht entweder bewußt einen Witz oder drückt sich auffallend umgangssprachlich-unkorrekt aus. Damit ist aber die Witzfortsetzung nicht in der Weise möglich wie im Dt., wo die Pointe gerade darin liegt, daß die Verkäuferin[73] die Mehrdeutigkeit bemerkt und den Satz in ihrer Antwort auf die unwahrscheinliche Interpretationsmöglichkeit festlegt.

2. Die Übersetzerausbildung: Notwendigkeit, Inhalte und wissenschaftliche Fundierung

2.1. Relativ unbestritten ist die Notwendigkeit der Ausbildung von Übersetzern. Nur *relativ* unbestritten, weil es viele Übersetzer gibt – und unter diesen vielen eine große Zahl sehr qualifizierter Übersetzer –, die nie eine institutionalisierte Ausbildung absolviert haben. Dies gilt sowohl für den Bereich literarischer als auch für wissenschaftlich-technische, juristische etc. Übersetzungen, die nicht selten von Schriftstellern bzw. von Fachleuten der betreffenden Gebiete angefertigt werden[1]. Aufgabe der Ausbildungsinstitute für Übersetzen ist es, den zukünftigen Übersetzern jene Fähigkeiten systematisch und zielgerichtet zu vermitteln, die sich der »autodidaktische Übersetzer« in der Praxis selbst aneignen konnte und mußte.

Für die *Notwendigkeit einer systematischen Ausbildung* sprechen die sprachlich-stilistischen und sachlich-inhaltlichen Schwierigkeiten, die viele zu übersetzende Texte bieten, und die von dem Übersetzer wesentlich mehr verlangen als nur ausreichende Kenntnisse der betreffenden Fremdsprache und Beherrschung der Sprache, in die übersetzt wird. Die *Kompetenz des Übersetzers* geht über die rein fremdsprachliche Kompetenz hinaus, wie man sie sich im Fremdsprachenstudium erwirbt. Übersetzungskompetenz als die Fähigkeit zu einem AS-Text (= Text, der übersetzt werden soll) einen bestimmten Forderungen, sog. Äquivalenzforderungen, entsprechenden ZS-Text (d. h. die Übersetzung) herzustellen, ist etwas *qualitativ* anderes als die Beherrschung der betreffenden Sprachen, die reine Sprachkompetenz also. Diese an sich triviale, in der Praxis sich immer wieder bestätigende Einsicht wird gestützt durch die Tatsache, daß Bilingualismus, d. h. die ganz oder annäherungsweise gleiche Beherrschung zweier Sprachen, nicht zugleich bedeuten muß, daß auch Übersetzungskompetenz gegeben ist[2].

Übersetzungskompetenz bedeutet nicht nur *mehr* Sprachkompetenz in AS und ZS: man denke etwa an die Anforderungen im Bereich der Fachterminologien, der Syntax und Stilistik der Wissenschaftssprachen, der Spezifik der Werbesprache, der ästhetischen Qualitäten literarischer Texte. Sie bedeutet auch die Fähigkeit, die *Kompetenzen* in zwei Sprachen so miteinander zu *verbinden,* daß adäquate Übersetzungen entstehen.

Für eine systematische Ausbildung von Übersetzern spricht aber auch die mangelnde Qualität vieler Übersetzungen in den verschiedensten Bereichen, die nicht selten auf die mangelnde Qualifikation ungeschulter und überforderter Übersetzer zurückgeführt werden muß. Das gilt freilich keineswegs immer: der Zeit- und ökonomische Druck, unter dem viele Übersetzer arbeiten müssen, führt auch bei qualifizierten Übersetzern bisweilen zu kaum zu rechtfertigenden Resultaten (s. dazu Kap. 8 zur »Krise der Übersetzung«).

2.2. Unbestritten sind bestimmte *generelle Inhalte* der institutionalisierten Übersetzerausbildung[3]:

A. *Sprachlich-übersetzerischer Aspekt der Ausbildung:* Vermittlung der fremd- und muttersprachlichen wie auch übersetzerischen Fähigkeiten, die es erlauben, einen Text in einer vertretbaren Frist in Kenntnis und Anwendung vorliegender Hilfsmittel (Wörterbücher, Fachbücher, Lexika etc.) so in die betreffende ZS zu übersetzen, daß er seine Übersetzungsfunktion erfüllt (d. h. zum Beispiel, daß der Benutzer der übersetzten Gebrauchs- oder Reparaturanleitung das betreffende Gerät bedienen bzw. reparieren kann). Wir sprechen bei dieser Komponente der Übersetzerausbildung von der *sprachlichen Übersetzungskompetenz.* Sie bedeutet, daß der Übersetzer in der Lage sein muß,

1. einen AS-Text hinsichtlich der verwendeten sprachlichen Mittel auf den Ebenen der Lexik, der Syntax und des Stils zu analysieren;

2. den Text hinsichtlich der sprachlichen Mittel der AS und der sprachlichen Möglichkeiten der ZS, der Textart, des Übersetzungszwecks und der intendierten ZS-Empfänger zu situieren und aus dieser Situierung übergeordnete Äquivalenzforderungen abzuleiten;

3. den AS-Übersetzungseinheiten ZS-Entsprechungen zuzuordnen, die diesen Äquivalenzforderungen genügen[4].

B. *Fachlich-sachlicher Aspekt der Ausbildung:* Vermittlung des für das Verstehen und die Übersetzung eines Textes notwendigen sachlichen und fachlichen Wissens bzw. Vermittlung der methodischen Kenntnisse, wie man sich dieses Wissen in ausgewählten sachlichen und fachlichen Bereichen aneignen kann. Adäquat übersetzen kann man nur, was man inhaltlich mindestens so weit verstanden hat, daß auf der sprachlichen Ebene eine eindeutige Wiedergabe gewährleistet ist[5]. Selbstverständlich braucht derjenige, der die Reparaturanleitung einer Maschine übersetzt, das genaue Funktionieren der betreffenden Maschine nicht zu verstehen, er muß aber über ein solches sachliches Wissen verfügen, daß er Syntax und Terminologie der betreffenden Anleitung sowohl in AS als auch ZS eindeutig verstehen und reproduzieren kann. Auf die besonderen Probleme, die sprachlich schlecht formulierte technische oder wissenschaftliche Texte stellen, wurde an anderer Stelle bereits hingewiesen (s. Anm. 7 zu Kap. 1). Je mehr solches Sach- und Fachwissen nötig ist, desto mehr muß der Übersetzer *Fachmann* sein, oder auch: desto mehr ist der Übersetzer auf die Hilfe eines Fachmanns angewiesen. Übersetzer und Fachmann stehen von einem bestimmten inhaltlichen Schwierigkeitsgrad des zu übersetzenden Textes an in einem Konkurrenzverhältnis:

Je spezieller und komplizierter der Sachverhalt der Übersetzung ist, desto geringer wird der relative Anteil (Wert) der Sprachkenntnisse gegenüber den inhaltlich-fachlichen Kenntnissen an der Übersetzung. Von einem gewissen Punkt an übersetzt ein Fachmann mit geringeren Sprachkenntnissen besser als ein Übersetzer mit guter Sprach- und nur geringer Sachkenntnis. (K. Schröter, 1972, S. 170)

Das gilt übrigens auch für die literarischen Texte, für deren Übersetzung oft detailliertes historisches, allgemeines oder spezielles kulturelles, wie auch fachsprachliches Wissen nötig ist. Man denke an Romane aus dem 17. oder 18. Jahrhundert oder an G. Grass' Roman »Örtlich betäubt«, der eingehende Kenntnisse in der zahnheilkundlichen Terminologie voraussetzt.

2.3. Der fachlich-sachliche Teil der Übersetzerausbildung hat zwei Komponenten[6]:
1. *Allgemeines Sach- und Problemwissen* im Bereich der gesellschaftlichen, historischen, ökonomischen, kulturellen Verhältnisse des fremdsprachlichen Landes (der fremdsprachlichen Länder), dessen (deren) Sprache für den Übersetzer Ausgangssprache (oder auch Zielsprache) ist. Es handelt sich um allgemeines oder spezielles *Hintergrundwissen,* das in landeskundlichen Veranstaltungen vermittelt wird, in denen es um die Darstellung des sozio-ökonomischen und sozio-kulturellen Kontextes der betreffenden Fremdsprache geht (Landeskunde)[7].
2. *Sachwissen* im Bereich eines oder mehrerer Wissensgebiete, wie es in den Sach- oder Ergänzungsfächern an universitären Übersetzerinstituten vermittelt wird: der zukünftige Übersetzer eignet sich inhaltliche, methodische und terminologische Kenntnisse in einem oder mehreren Sachgebieten oder Teilbereichen von Sachgebieten an (etwa Jura, Wirtschaftswissenschaft, Chemie, Medizin, technische Bereiche). Es kommt dabei weniger auf die Quantität des gelehrten und gelernten Wissens an als vielmehr darauf, daß der zukünftige Übersetzer lernt, *wie* er sich kurzfristig in ein bestimmtes Sachgebiet so einarbeitet, daß er Übersetzungsaufgaben im betreffenden Textbereich bewältigen kann.

2.4. Sprachwissen (verstanden als Wissen *über* AS und ZS, als *praktische* Beherrschung von AS und ZS und der Übersetzungsentsprechungen) und Sachwissen[8], die zusammen die *Übersetzungskompetenz* bilden, können selbstverständlich nicht in der Weise absolut getrennt werden, wie es hier modellhaft geschehen ist. Sprachwissen ist immer auch Wissen von den Sachen, und Sachwissen ist dem zukünftigen Übersetzer nur dann von

Nutzen, wenn es zugleich als Sprachwissen präsent ist. M. Gerbert (1972) führt dazu aus:

> Das Spezifische der wissenschaftlich-technischen Übersetzung ist darin zu sehen, daß die Leistung des Übersetzers auf der untrennbaren Einheit von Sprach- und Sachwissen beruht. (S. 71)

Die sprachlich-übersetzerische und die sachliche Komponente der Übersetzerausbildung sollten deshalb so eng wie möglich miteinander verzahnt sein. So müßten die Texte, die in den Übersetzungsübungen der Komponente A behandelt werden, inhaltlich anknüpfen an das Sachwissen, das in B vermittelt wird. Hierbei handelt es sich um ein noch weitgehend ungelöstes Problem, das im Interesse der Effektivierung der Übersetzerausbildung dringend behandelt und ausbildungspraktisch-curricular gelöst werden muß.

2.5. Im Gegensatz zu den unumstrittenen Inhalten der Übersetzerausbildung, wie sie oben skizziert wurden, steht die Übersetzungswissenschaft und dabei wieder in besonderem Maße die theoretische (allgemeine) Übersetzungswissenschaft oder Übersetzungstheorie unter einem eigentlichen *Legitimationszwang*. Mit dem – vielfach negativ gemeinten – Schlagwort von der »Verwissenschaftlichung der Ausbildung« wird von Übersetzungspraktikern und Studenten, aber auch von aus der Praxis kommenden Lehrkräften nicht nur bezweifelt, daß eine wissenschaftlich-theoretische Durchdringung der mit dem Übersetzen zusammenhängenden Probleme irgendwelche Relevanz für die Praxis (aufgefaßt als Übersetzungsfertigkeit) hat[9], sondern es wird befürchtet, daß die Einbeziehung dieser wissenschaftlichen Komponente auf Kosten der Ausbildung der praktischen Sprach- und Übersetzungskompetenz geht[10].

Beim ersten Vorwurf ist zunächst der *Relevanzbegriff* selbst in Frage zu stellen. Wenn die Vermittlung von Wissen, ja die Wissenschaft selbst, erst dann ihre Berechtigung findet, wenn sie der Effizienzsteigerung der Ausbildung im Interessse der unmittelbaren Verwertbarkeit, d. h. der direkten Umsetzung in der späteren Berufspraxis, dient, dann müßte in der Tat gefragt werden: ist ein Übersetzer, der eine wissenschaftlich-theoretisch fundierte Ausbildung erhalten hat, dem Übersetzer überlegen, der »nur« fremdsprachen- und übersetzungspraktisch ausgebildet wurde? Wenn die Frage so gestellt wird, ist sie natürlich rhetorisch gemeint – und dies in Bezug auf den Relevanzbegriff, der sich an der unmittelbar praktischen Verwertbarkeit der Ausbildung orientiert, zu Recht. Jahrzehntelang sind Übersetzer und Dolmetscher an Universitätsinstituten ausgebildet worden, ohne daß die Studiengänge explizit übersetzungswissenschaftliche Veranstaltungen enthielten. Außerdem haben private Ausbildungsstätten wie auch die Praxis selbst durchaus qualifizierte Übersetzer hervorgebracht. Der Übersetzungswissenschaftler wird also kaum ohne weiteres begründet behaupten können, daß die Praxis seine Wissenschaft dringend braucht. Der rein nützlichkeitsbezogene Relevanzbegriff kann und muß aber als solcher zurückgewiesen, die obige Frage als unwissenschaftlich und bildungs- und wissenschaftspolitisch unqualifiziert zurückgewiesen werden: wenn es so etwas wie eine Übersetzungswissenschaft und Übersetzungstheorie gibt, dann müssen ihre Erkenntnisse den Studierenden des Fachs Übersetzen vermittelt werden, wenn das Studium an einer universitären, d. h. wissenschaftlichen Institution erfolgt.

Zurückzuweisen ist auch das Argument, daß es genüge, wenn die Lehrenden über die theoretischen Grundlagen verfügten und diese didaktisiert in die Lehre umsetzen würden: damit wird dem Studierenden die Möglichkeit der wissenschaftlichen Kritik genommen, indem das reflektierte und kritisch hinterfragbare Wissen sozusagen beim Lehrenden bleibt[11]. Ein Studium, das »nur« praktische Fähigkeiten ausbildet, ist kein wissenschaftliches Studium. Zum wissenschaftlichen Studium wird es erst, wenn diese Praxis theoretisch reflektiert wird und wenn die Theorien des Gegenstandsbereichs, selbst wenn sie mit der Ausbildung der praktischen Fähigkeiten nicht unmittelbar zusammenhängen, vermittelt werden. Es paßt freilich in unsere bildungs-, hochschul- und wissenschaftspolitische Landschaft, daß das, was nicht unmittelbar praxisbezogen ist bzw. was die Praxis hinterfragt und kritisiert, mehr und mehr als »überflüssig« betrachtet wird – nicht nur von den zukünftigen Abnehmern der Übersetzer (Wirtschaft, öffentlicher Dienst), sondern auch von den für die Universitäten politisch verantwortlichen Behörden, die ihren »Verantwortungs«bereich auf immer unerträglichere Weise ausdehnen.

Mit dieser Argumentation zugunsten der Übersetzungswissenschaft ist auch der zweite Vorwurf gegen eine theoretische Komponente des Studiums hinfällig: wenn Übersetzungswissenschaft zum Übersetzerstudium als wissenschaftlichem Studium gehört, so kann der *eine* Teil des Studiums nicht auf Kosten des *anderen* Teils bzw. der anderen Teile gehen. Übersetzungswissenschaftlich-theoretische und übersetzungspraktische Komponenten gehören zusammen; das Studium muß so geplant und aufgebaut sein, daß beide Komponenten ihren Platz haben.

Die Bedenken gegenüber der Übersetzungswissenschaft hängen zum Teil mit einem problematischen Selbstverständnis der Übersetzungswissenschaft und mit einigen problematischen Entwicklungen in dieser Wissenschaft selbst zusammen. Es kann nicht in Abrede gestellt werden, daß einzelne Beiträge zur Übersetzungswissenschaft sich durch eine solche Abstraktheit, mindestens in der Terminologie, auszeichnen, daß sich der Übersetzer fragt, was das noch mit seiner Tätigkeit und seinen Problemen und Erfahrungen zu tun haben könnte. Der Lehrende wiederum sieht sich nicht selten außerstande, die komplizierten Modelle so zu verstehen, daß er sie auf seine Lehraufgaben beziehen, geschweige denn den Studenten vermitteln kann. Man hat bisweilen den Eindruck, daß sich die Übersetzungswissenschaft darum durch ein Übersoll an Terminologisierung und Kompliziertheit auszeichnet, weil sie sich erst im Prozeß der Entwicklung zu einer eigenständigen, anerkannten und etablierten Wissenschaft befindet.

Dabei steht für mich außer Zweifel, daß die Legitimierungsfrage für die Übersetzungswissenschaft relativ leicht zu beantworten ist: diese Wissenschaft zeigt, sowohl durch ihre bisherigen Leistungen als auch die noch zu bewältigenden Aufgaben, wie fruchtbar und notwendig sie im Blick auch auf die übersetzungspraktische Ausbildung ist. Ein sinnvoller und effektiver Aufbau der übersetzerischen Kompetenz kann meines Erachtens nur unzulänglich durch das mehr oder weniger mechanische Übersetzen möglichst vieler Texte, die unzusammenhängende Behandlung von sprachlichen und sachlichen Einzelfällen, die unsystematische Aneinanderreihung von Übersetzungsschwierigkeiten erfolgen. Es geht vielmehr darum, Übersetzungsfälle und -schwierigkeiten systematisch aufzuarbeiten und zu vermitteln; die Grundlagen dazu hat die *sprachenpaarbezogene Übersetzungswissenschaft* bereitzustellen. Sinnvoll ist es auch, wenn die Übersetzungsfälle systematisch innerhalb ganzer Textgattungen (etwa politische Texte, Texte der Medizin, Werbetexte, poetische Texte) analysiert werden. Die Grundlagen dazu hat die *textbezogene Übersetzungswissenschaft* zu erarbeiten. Jedem Übersetzen geht die Textanalyse voraus; die Übersetzungswissenschaft hat also die Methodik einer *übersetzungsrelevanten Textanalyse* bereitzustellen. Schließlich sollen Übersetzungen auch beurteilt und bewertet werden: hier hat die *wissenschaftliche Übersetzungskritik* ihren Ort. Die Prinzipien schließlich, aufgrund derer in der Übersetzungskritik der Adäquatheitsgrad einer Übersetzung festgestellt wird, sollten in der *allgemeinen Übersetzungswissenschaft oder Übersetzungstheorie* reflektiert und begründet sein (zu den verschiedenen Teilbereichen der Übersetzungswissenschaft, s. u., S. 97 ff.).

Die *Übersetzungstheorie als Teilgebiet der Übersetzungswissenschaft* behandelt Fragen wie: welche Faktoren bestimmen den Übersetzungsprozeß? Welche Prinzipien leiten den Übersetzer bzw. sollen ihn leiten bei der Übersetzung bestimmter Texte für bestimmte Empfänger? Welche Lösungsverfahren gibt es bei bestimmten Typen von Übersetzungsschwierigkeiten? Die Notwendigkeit der Vermittlung der Grundfragen und -lagen der Übersetzungstheorie in der Übersetzerausbildung ergibt sich daraus, daß Probleme und Verfahren des Übersetzens, indem sie theoretisch reflektiert werden, bewußt gemacht werden, was zwar nicht zwingend bedeutet, daß die konkreten Lösungen von Übersetzungsfällen besser sind bzw. besser werden. Es bedeutet aber eine größere Sicherheit des Übersetzers in seiner praktischen Arbeit, indem er seine Problemlösungen in jedem Einzelfall begründen, ggf. verteidigen, wenn nötig auch revidieren kann – dies nicht zuletzt darum, weil er in der Lage ist, das einzelne Problem, die isolierte Schwierigkeit, in einen größeren Problemzusammenhang einzuordnen und in diesem zu beurteilen. In diesem Sinne steht die Übersetzungstheorie in unmittelbarem Bezug zur und im Dienste der Übersetzungspraxis.

3. Übersetzen als Problem: Ansätze, Entwicklung und Stand der Übersetzungstheorie

3.0. Die Entwicklung der Auseinandersetzung mit dem Übersetzen, die Phasen und Aspekte der theoretischen Beschäftigung mit dem Übersetzen, sollen in fünf Stufen dargestellt werden:

1. Aphorismenhaft-undifferenzierte, oft metaphorische Äußerungen zum Übersetzen, die theoretisch z.T. von beschränktem Aufschlußwert sind, aber doch Hinweise auf grundsätzliche Probleme enthalten (3.2.).

2. Äußerungen, Reflexionen zum Übersetzen und ausführlichere Erörterungen der Übersetzungsproblematik, die von Übersetzern selbst stammen, meistens in direktem Zusammenhang mit der Übersetzungstätigkeit entstanden sind und in denen – oft unmittelbar praxis- und fallbezogen – prinzipielle Aspekte diskutiert werden (3.3. und 3.4.).

3. Textgattungsspezifische Übersetzungstheorien, wie sie für literarische und für wissenschaftlich-technische Texte entwickelt worden sind (3.5.).

4. Die linguistische Übersetzungstheorie, die sich auf die Beschreibung der Äquivalenzbeziehungen zwischen Sprachen konzentriert (3.6.).

5. Die kommunikationswissenschaftlich-linguistische Betrachtung des Übersetzens, die das Bedingungsgefüge und die Faktoren des Übersetzens als Kommunikationsvorgang zu analysieren und zu beschreiben versucht (3.7.).

3.1. Rolle und Wert des Übersetzens

Übersetzen und Dolmetschen als Praxis des Vermittelns und Mittelns läßt sich in der Kulturgeschichte weit zurückverfolgen[1]. Fast parallel dazu gibt es Aussagen über das Übersetzen, also eine *theoretische Reflexion der Praxis*. Diese betrifft zunächst die fundamentale Bedeutung des Übersetzens und Dolmetschens in fast allen Bereichen des menschlichen Lebens und der gesellschaftlichen Praxis. Der Übersetzer wird als Mittler zwischen Sprachen, Völkern, Ideologien, Literaturen, Wissenschaften und Kulturen gewürdigt – ja sogar als »Geheimsender« betrachtet, »durch den menschliche Partisanen in der ganzen Welt sich gegenseitig Nachricht von ihrer gefährdeten Existenz geben«, wie es H.E. Nossack (1965, S.15) ausdrückt. A.W. Schlegel sieht im Übersetzer einen Boten von Nation zu Nation, einen »Vermittler gegenseitiger Achtung und Bewunderung, wo sonst Gleichgültigkeit oder gar Abneigung Statt fand« (in *Störig 1963*, S.98). E. Cary (1956) spricht dem Übersetzer die Rolle eines »intermédiaire entre l'univers connu et inconnu« und eines »*pontife* jeteur de ponts« zu (S.180). Für K. Vossler (1925) geschieht das Übersetzen gar

»im Auftrag des Selbsterhaltungstriebes einer Sprachgemeinschaft«, dessen eigentlicher Sinn in der »Wahrung der Autonomie des Sprachgeschmackes« liege (in *Störig 1963*, S.197), und S. von Radecki (1963) spricht die Übersetzung im Deutschen als »innerstes Schicksal« an und verweist auf Reformation und Romantik, Luther-Bibel und Shakespeare.

Daß *Rolle und Wert des Übersetzens* erkannt, Leistung und Funktion der Übersetzer anerkannt werden, ist eigentlich eine Selbstverständlichkeit, wenn man sich Notwendigkeit und Zweckbestimmung des Übersetzens vor Augen hält. Überall und immer, wo Menschen verschiedener Sprache in irgendeiner Weise miteinander zu tun haben und wo das Bedürfnis oder die Notwendigkeit besteht, anderssprachige Äußerungen und Texte oder Zeugnisse älterer Sprachstufen zu verstehen, und wo es nicht möglich ist, sich einer gemeinsamen Sprache zu bedienen, braucht und gibt es Dolmetscher und Übersetzer, die dank ihrer Sprachkenntnisse die *Kommunikation herstellen* und das sonst Unverständliche oder Unzugängliche verstehbar machen können.

Vor diesem Hintergrund überrascht es, wie *schlecht* der Status des Übersetzers zum Teil heute noch ist. Nicht nur in den USA, wie R. W. Brislin (in der »Introduction« zu *Brislin 1976,* S.27) geltend macht, sondern auch in Europa, und zwar sowohl was Status als auch was Bezahlung, Arbeitsbedingungen, soziale Sicherheit etc. betrifft[2]. Relativ zurückhaltend drückt dies W. Wilss (1974) aus, wenn er schreibt:

Trotz der unverkennbaren berufsständischen Integrationsbemühungen wird allerdings die Tätigkeit des Übersetzens und Dolmetschens, vor allen Dingen die des Übersetzens, von den einzelnen Arbeitgebern noch recht unterschiedlich definiert und bewertet. Dies hängt damit zusammen, daß manche Arbeitgeber mit der Tätigkeit des Übersetzens, seinen Voraussetzungen, Möglichkeiten und spezifischen Merkmalen offenbar nur verschwommene, oft sogar unzutreffende oder gar sachfremde Vorstellungen verbinden. Für viele Arbeitgeber ist die Beschäftigung von Übersetzern ein notwendiges Übel, und man ignoriert nur allzu leicht die Tatsache, daß es im Bereich des Übersetzens wie auch im Bereich des Dolmetschens qualitativ streng abgestufte Funktionen gibt, die man nicht über einen Kamm scheren kann. (S.16f.)

3.2. Aphorismen, Sprüche und Vergleiche

Das Lob des Übersetzens, die Anerkennung von Rolle und Wert dieser Tätigkeit im »Jahrhundert der Übersetzung« stellt nun allerdings nur eine Seite dar. Parallel zum unzweifelhaft erfolgreichen und unentbehrlichen Kommunizieren mit Übersetzen und Übersetzungen gibt es eine Auseinandersetzung über Methoden, Ziele, Möglichkeiten, Berechtigung, Qualität, Sinn und insbesondere Grenzen und prinzipielle Unzulänglichkeit des Übersetzens. Bevor wir uns mit diesen oft sehr negativen Äußerungen befassen, sei immerhin an die relativierende Aussage Goethes erinnert:

Denn, was man auch von der Unzulänglichkeit des Übersetzens sagen mag, so ist und bleibt es doch eins der wichtigsten und würdigsten Geschäfte in dem allgemeinen Weltwesen[3].

Da gibt es zunächst ganz pauschale, weiter nicht begründete Abrechnungen mit dem Übersetzen, wie sie in folgenden Sprüchen, Epigrammen und Gedichten zum Ausdruck kommen:

ein übersetzt Buch – ein verletzt Buch
traduction – trahison
traduttore – traditore
libro tradotto – libro corotto

In der Sammlung *Deutsche Epigramme* (hrsg. von K. Altmann, 1966), findet sich folgendes Epigramm von Friedrich August Weisshuhn (1759–1792):

Die Übersetzung
In diesem Buch, sprach Rolf, versteh' ich nicht ein Wort,
Drum seid so gut und helft mir doch ein wenig fort.
Da wird euch, sprach ich, wohl die Übersetzung dienen,
Die jüngst davon in Wien erschienen.
Nicht doch, erwidert Rolf, und lacht:
Denn, Freund! Die hab' ich selbst gemacht.

Johann Christoph Friedrich Haug (1761–1829) dichtet:

Über eine schlechte Übersetzung
Kommt die Verdeutschung wohl heraus? – »Ich zweifle nicht;
Denn jeder Totschlag kommt an's Licht.«

Und Ephraim Moses Kuh (1731–1790) reimt:

Der Übersetzer der Alten
Du übersetzt die alten Poeten?
Das heißt wohl recht, Gestorbene töten.

Klopstock läßt in einer Ode ein Gedicht verzweifelt ausrufen[4]:

Vor Dolmetschungen, ach, bewahret mich, Göttinnen, hab' ich
  Allen Musen gefleht; aber sie hörten mich nicht.
Auch dem dritten Ohr des lacedämonischen Phöbus
  Fleht' ich umsonst und, ach, selber dem vierten umsonst!
Hattest, Apollo der Kriegerstadt, du allein denn nicht Pfeile,
  Daß du, mich rettend, damit träffst die translätinge Faust?
Gallier haben noch jüngst mich übersetzt; doch sie wähnen's
  Nur, sie haben mich dort über den Lethe gesetzt.
O, wie grub mir der Wunden so viel' ihr triefender Dolch ein,
  Und wie röthete sich mir die getroffene Brust!

Das, was dem Übersetzer oder auch dem Leser und Kritiker von Übersetzungen problematisch erscheint, wird auf einer vorwissenschaftlichen Stufe der Auseinandersetzung mit dem Problem des Übersetzens in *Vergleiche* gefaßt[5]. Diese stellen einen ersten Ansatz zu einer theoretischen Auseinandersetzung dar. So greift Cervantes zum Bild mit dem *gewendeten Teppich,* um das grundsätzliche Ungenügen von Übersetzungen zu illustrieren – wie vor ihm schon Plutarch und nach ihm zahlreiche Autoren, die über das »fragwürdige Geschäft« des Übersetzens reflektieren[6]:

Desungeachtet scheint es mir, daß das Übersetzen aus einer Sprache in die andere, wenn es nicht aus den Königinnen der Sprachen, der griechischen und lateinischen geschieht, sich so verhält, als wenn man die flamländischen Tapeten auf der unrechten Seite sieht, denn obgleich sich die Figuren zeigen, so sind sie doch voller Fäden, die sie entstellen, und sie zeigen sich nicht in der Schönheit und Vollkommenheit wie auf der rechten Seite; auch beweist das Übersetzen aus leichten Sprachen ebensowenig Talent wie Beredsamkeit, sowenig wie der beides zeigen kann, der ein Papier vom andern abschreibt. Deswegen aber will ich nicht sagen, daß das Übersetzen keine löbliche Arbeit sei, denn der Mensch kann noch mit andern, schlimmern Dingen seine Zeit zubringen und die ihm weniger Nutzen gewähren. (in *Störig 1963,* S. VII)

A. Schopenhauer formuliert:

Sogar in bloßer Prosa wird die allerbeste Uebersetzung sich zum Original höchstens so verhalten, wie zu einem gegebenen Musikstück dessen Transposition in eine andere Tonart. Musikverständige wissen, was es damit auf sich hat. – Daher bleibt jede Uebersetzung todt und ihr Stil gezwungen, steif, unnatürlich: oder aber sie wird frei, d. h. begnügt sich mit einem à peu près, ist also falsch. Eine Bibliothek von Uebersetzungen gleicht einer Gemäldegallerie von Kopien. Und nun gar die Uebersetzungen der Schriftsteller des Alterthums sind für dieselben ein Surrogat, wie der Cichorienkaffee es für den wirklichen ist. – Gedichte kann man nicht übersetzen, sondern bloß umdichten, welches allezeit mißlich ist. (in *Störig 1963,* S. 103)

Bei W. Winter (1961) findet sich folgendes Bild:

It seems to me that we may compare the work of a translator with that of an artist who is asked to create an exact replica of a marble statue, but who cannot secure any marble. He may find some other stone or some wood, or he may have to model in clay or work in bronze, or he may have to use a brush or a pencil and a sheet of paper. Whatever his material, if he is a good craftsman, his work may be good or even great; it may indeed surpass the original, but it will never be what he set out to produce, an exact replica of the original. (S. 68)

A. Lortholary benützt folgenden Vergleich, um Unzulänglichkeit und Schwierigkeit des Übersetzens zu charakterisieren:

On interprète sur le clavecin une pièce écrite pour le violin. (in *Babel,* 1962, S. 156)

Zu den tiefsinnigsten Äußerungen zum Übersetzen gehört W. Benjamins (1923) Bestimmung der Aufgabe des Übersetzers:

> Die wahre Übersetzung ist durchscheinend, sie verdeckt nicht das Original, steht ihm nicht im Licht, sondern läßt die reine Sprache, wie verstärkt durch ihr eigenes Medium, nur um so voller aufs Original fallen. Das vermag vor allem Wörtlichkeit in der Übertragung der Syntax, und gerade sie erweist das Wort, nicht den Satz als das Urelement des Übersetzers. Denn der Satz ist die Mauer vor der Sprache des Originals, Wörtlichkeit die Arkade. (S. 192)

3.3. Rechenschaftsberichte von Übersetzern und Reflexion über die Übersetzungsmethoden

Theoretisch von größerem Interesse sind die Erfahrungen und Reflexionen, die *Übersetzer selbst* im Zusammenhang mit ihrer Übersetzungsarbeit anstellen – geschehe dies nun in grundsätzlichen Aufsätzen, oder in Vor- und Nachworten zu Übersetzungen. In solchen Reflexionen wird nicht nur auf *praktische Schwierigkeiten* aufmerksam gemacht, die der Übersetzer zu lösen hatte, sondern es werden auch *prinzipielle Übersetzerentscheidungen* bezüglich Methode, Stil und Sprache erörtert. Es sind oft eigentliche *Rechenschafts- und Rechtfertigungsberichte,* in denen Übersetzungsprinzipien und Einzelentscheidungen verteidigt werden. Berühmt geworden sind Martin Luthers »Sendbrief vom Dolmetschen« aus dem Jahre 1530 und Friedrich Schleiermachers »Ueber die verschiedenen Methoden des Uebersezens« aus dem Jahre 1813. M. Luther umreißt sein Übersetzungsprinzip folgendermaßen:

> man mus die mutter jhm hause / die kinder auff der gassen / den gemeinen mann auff dem marckt drumb fragen / und den selbigen auff das maul sehen / wie sie reden / und darnach dolmetzschen / so verstehen sie es den / und mercken / das man Deutsch mit jn redet[7].

Das Prinzip des *Verdeutschens,* des »die Buchstaben fahren«-Lassens, gilt für Luther freilich nicht uneingeschränkt: dort, wo es – in seinem Verständnis – um wichtige theologische Begriffe geht, übersetzt er »buchstäblich«, d.h. wörtlich, was dann unter Umständen auf Kosten der unmittelbaren Verständlichkeit und Eingängigkeit im Deutschen geht. Verstehen als Auslegung – bei Luther theologische Auslegung – und Übersetzen gehören, das macht der »Sendbrief« deutlich, zusammen; *jede Übersetzung ist eine bestimmte Art von Auslegung*[8].

Das Prinzip des *Verdeutschens* ist dem Prinzip der *dynamischen Äquivalenz* vergleichbar, das E.A. Nida (1964) für die Bibelübersetzung postuliert. Dynamische Äquivalenz – im Gegensatz zu *formaler Äquivalenz* – bedeutet, daß die Übersetzung in der Zielsprache völlig natürlich wirkt und unmittelbar verständlich ist. Und das bedeutet: die Übersetzung soll sich *wie ein Original* lesen lassen, denn nur so ist gewährleistet, daß die Aussage der Bibel ihre Wirkung tun kann:

A translation of dynamic equivalence aims at complete naturalness of expression, and tries to relate the receptor to modes of behavior relevant within the context of his own culture; it does not insist that he understand the cultural patterns of the source-language context in order to comprehend the message. (S. 159)

Übersetzen und *hermeneutische Problematik* werden schon von F. Schleiermacher zusammengesehen, dem wir im 19. Jahrhundert im deutschen Sprachraum den wohl wichtigsten theoretischen Beitrag zur Übersetzungsproblematik verdanken: »Ueber die verschiedenen Methoden des Uebersezens« (1813). Hier stellt Schleiermacher die Prinzipien dar, die seiner Platon-Übersetzung zugrunde liegen. Es ist ein Aufsatz, in dem wichtige Probleme und Aspekte, insbesondere auch die Aporien angesprochen sind, mit denen sich eine Theorie des Übersetzens zu beschäftigen hat:

1. Übersetzung ist grundsätzlich ein *Vorgang des Verstehens* und des *Zum-Verstehen-Bringens:* es ist ein hermeneutischer Prozeß[9]. Dieser Vermittlungsvorgang ist nicht nur zwischen verschiedenen Sprachen notwendig, sondern auch innerhalb einer Sprache (zwischen verschiedenen Dialekten, Sprachstufen, zwischen den Sprachen verschiedener sozialer Schichten). (Auf diesen Punkt wird bei der Unterscheidung von interlingualem und intraligualem Übersetzen zurückzukommen sein, s. u. S. 106 ff.). Schleiermacher weist darauf hin, daß man sogar seine eigenen Texte nach einer gewissen Zeit wieder »übersetzen« müsse, und zwar für sich selbst (in *Störig 1963*, S. 39).

2. Texte, in denen die Sprache gleichsam Vehikel ist, um intersubjektiv identisch erfaßte Sachverhalte zu vermitteln und zu »transportieren«, stellen andere Übersetzungsprobleme als Texte, in denen die spezifisch einzelsprachliche Sprach*form* mit dem transportierten Inhalt eine *Einheit* höherer Ordnung bildet. Es geht also um die Unterscheidung verschiedener *Textgattungen,* die an den Übersetzer unterschiedliche Anforderungen stellen. Schleiermacher unterscheidet zwischen dem *Dolmetschen,* das sich auf Texte des »Geschäftslebens« bezieht, und dem *Übersetzen,* das mit Texten der Wissenschaft und der Kunst zu tun hat:

Je weniger in der Urschrift der Verfasser selbst heraustrat, je mehr er lediglich als auffassendes Organ des Gegenstandes handelte und der Ordnung des Raumes und der Zeit nachging, um desto mehr kommt es bei der Uebertragung auf ein bloßes Dolmetschen an. So schließt sich der Uebersezer von Zeitungsartikeln und gewöhnlichen Reisebeschreibungen zunächst an den Dolmetscher an, und es kann lächerlich werden wenn seine Arbeit größere Ansprüche macht und er dafür angesehen sein will als Künstler verfahren zu haben. Je mehr hingegen des Verfassers eigenthümliche Art zu sehen und zu verbinden in der Darstellung vorgewaltet hat, je mehr er irgend einer frei gewählten oder durch den Eindrukk bestimmten Ordnung gefolgt ist, desto mehr spielt schon seine Arbeit in das höhere Gebiet der Kunst hinüber, und auch der Uebersezer muß dann schon andere Kräfte und Geschikklichkeiten zu seiner Arbeit bringen und in einem anderen Sinne mit seinem Schriftsteller und dessen Sprache bekannt sein als der Dolmetscher. (S. 40)

3. Bei Schleiermacher ist auch die Unterscheidung angelegt zwischen *Terminologien,* die sich in verschiedenen Sprachen eins-zu-eins entsprechen, weil sie sich auf problemlos abgrenzbare und konventionell abgegrenzte Sachverhalte beziehen (Nomenklaturen), und jenen Teilen der Lexik, die nicht Sachen erfassen, sondern Begriffe, Gefühle, Einstellungen, die, da sie geschichtlich geworden sind und sich in der Geschichte verändern, mit der Sprache als einem *geschichtlichen Phänomen* auf spezifische Weise verknüpft sind:

Alle Wörter, welche Gegenstände und Thätigkeiten ausdrükken, auf die es ankommen kann, sind gleichsam geaicht, und wenn ja leere übervorsichtige Spizfindigkeit sich noch gegen eine mögliche ungleiche Geltung der Worte verwahren wollte, so gleicht die Sache selbst alles unmittelbar aus. Ganz anders auf jenem der Kunst und Wissenschaft zugehörigen Gebiet, und überall wo mehr der Gedanke herrscht, der mit der Rede Eins ist, nicht die Sache, als deren willkürliches vielleicht aber fest bestimmtes Zeichen das Wort nur dasteht. (S. 42 f.)

Das Problem des Übersetzens, der Übersetzbarkeit, des Verstehens und Auslegens stellt sich nur beim zweiten Fall. Das System der Begriffe und der Zeichen ist von Sprache zu Sprache in diesen Bereichen verschieden; die Übersetzbarkeit einzelner Ausdrücke ist also prinzipiell in Frage gestellt.

4. Texte der Wissenschaft und der Kunst (philosophische und poetische Texte) sind als *unübersetzbar* zu betrachten: denn hier ist das, *was* gesagt ist, und *wie* es sprachlich gefaßt ist, auf einzelsprachspezifische Weise verbunden. Die Sprache ist nicht nur Vehikel von Inhalten, sondern sie ist selbst Inhalt bzw. determiniert diese Inhalte. Mit anderen Worten: wenn man den betreffenden Text adäquat verstehen will, muß man in den »Geist der Sprache« eindringen, in das also, was in der Sprache selbst gedacht ist. Diese Position wird uns wieder begegnen bei der Behandlung des Problems der *Übersetzbarkeit:* es ist die Sprachauffassung, wie sie in Deutschland von L. Weisgerber im Anschluß an Wilhelm von Humboldt vertreten wird und wie sie im Sapir-Whorfschen »linguistischen Relativitätsprinzip« zum Ausdruck kommt (s. u., S. 139 ff.).

5. Nach Schleiermacher müssen Texte so übersetzt werden, daß dem Leser der »Geist der Sprache« des Originals auch in der Übersetzung vermittelt wird. Die Übersetzung muß versuchen, dem Leser

ein solches Bild und einen solchen Genuß zu verschaffen, wie das Lesen des Werkes in der Ursprache dem so gebildeten Manne gewährt, den wir im besseren Sinne des Worts den Liebhaber und Kenner zu nennen pflegen, dem die fremde Sprache geläufig ist, aber doch immer fremde bleibt, der nicht mehr wie die Schüler sich erst das einzelne wieder in der Muttersprache denken muß, ehe er das Ganze fassen kann, der aber doch auch da wo er am ungestörtesten sich der Schönheiten des Werkes erfreut, sich immer der Verschiedenheit der Sprache von seiner Muttersprache bewußt bleibt. (S. 51)

Es geht also um das Prinzip der *Wirkungsgleichheit,* die sich bei Schleiermacher nicht an einem imaginären Originalleser, sondern an »gebildeten« Lesern des Originals in einer bestimmten historischen Phase orientiert. Als Übersetzungsmethode kommt dabei nicht das Verdeutschen, Adaptieren, Paraphrasieren oder Nachbilden in Frage; das Prinzip, die Übersetzung solle sich lesen lassen wie ein Original, wird entschieden zurückgewiesen:

Ja man kann sagen, das Ziel, so zu übersezen wie der Verfasser in der Sprache der Uebersezung selbst würde ursprünglich geschrieben haben, ist nicht nur unerreichbar, sondern es ist auch in sich nichtig und leer; denn wer die bildende Kraft der Sprache, wie sie eins ist mit der Eigenthümlichkeit des Volkes, anerkennt, der muß auch gestehen daß jedem ausgezeichnetsten am meisten sein ganzes Wissen, und auch die Möglichkeit es darzustellen, in und mit der Sprache und durch sie angebildet ist, und daß also niemanden seine Sprache nur mechanisch und äußerlich gleichsam in Riemen anhängt, und wie man leicht ein Gespann löset und ein anderes vorlegt, so sich jemand auch nach Belieben im Denken eine andere Sprache vorlegen könne, daß vielmehr jeder nur in seiner Muttersprache ursprünglich producire, und man also gar die Frage nicht aufwerfen kann, wie er seine Werke in einer anderen Sprache würde geschrieben haben. (S. 60 f.)

Die Übersetzung hat sich nach Schleiermacher so weit wie möglich an der Sprache des Originals auszurichten. Es ist die Methode des *Verfremdens,* die gekennzeichnet ist durch »eine Haltung der Sprache, die nicht nur nicht alltäglich ist, sondern die auch ahnden läßt, daß sie nicht ganz frei gewachsen, vielmehr zu einer fremden Aehnlichkeit hinübergebogen sei« (S. 55, vgl. auch die S. 51 zitierte Bemerkung W. Benjamins zur »Wörtlichkeit« der Übersetzung). Nur mit dieser Methode ist die »treue Wiedergabe« des Originals in der ZS gewährleistet. Der Vorwurf der Ungelenkheit in der ZS ist dabei in Kauf zu nehmen, denn anders ist der »Geist der Sprache« gar nicht in die ZS zu retten. Schleiermachers verfremdende Übersetzungsmethode ist mit dem Prinzip der *formalen Äquivalenz* E. A. Nidas (1964) in Beziehung zu bringen:

Formal equivalence focuses attention on the message itself, in both form and content. In such a translation one is concerned with such correspondences as poetry to poetry, sentence to sentence, and concept to concept. Viewed from this formal orientation, one is concerned that the message in the receptor language should match as closely as possible the different elements in the source language. This means, for example, that the message in the receptor culture is constantly compared with the message in the source culture to determine standards of accuracy and correctness. (S.159)

M. Luther und F. Schleiermacher haben in ihren Beiträgen zum Problem des Übersetzens Fragen angesprochen und zum Teil – von ihrer Position aus – beantwortet, die auch die moderne Übersetzungstheorie beschäftigen und beschäftigen müssen:
– Was ist Übersetzen?
– Welche Faktoren bestimmen den Übersetzungsprozeß?
– Welche prinzipiellen sprachlichen Probleme stellen sich?
– Verhalten sich verschiedene Textgattungen unterschiedlich hinsichtlich Übersetzung und Übersetzbarkeit?
– Wo liegen die Grenzen des Übersetzens?
– Von welchen Prinzipien soll sich der Übersetzer leiten lassen?
– Welche Methoden kann und soll der Übersetzer verwenden?

3.4. Vor- und Nachworte zu Übersetzungen, grundsätzliche Probleme, Übersetzungsfälle, Haupttypen der Übersetzung

Noch unmittelbar an der je eigenen Praxis orientiert sind die *Vor- und Nachworte,* die Übersetzer bisweilen ihren publizierten Übersetzungen beigeben. Es handelt sich dabei zunächst um Kommentare zu einzelnen schwierigen Übersetzungsfällen (Fachwörter, landesspezifische Ausdrücke, redensartliche Wendungen etc.).

So äußert sich der Übersetzer von Nietzsche-Texten ins Englische zum Problem der Wiedergabe von dt. *Geist* im Zusammenhang mit einer Stelle aus der Vorrede zu »Jenseits von Gut und Böse«:

Aber wir, die wir weder Jesuiten, noch Demokraten, noch selbst Deutsche genug sind, wir *guten Europäer* und freien, *sehr* freien Geister – wir haben sie noch, die ganze Not des Geistes und die ganze Spannung seines Bogens! Und vielleicht auch den Pfeil, die Aufgabe, wer weiß? das *Ziel*...[10]

Diese Stelle wird folgendermaßen ins Engl. übersetzt:

But we who are neither Jesuits nor democrats, nor even sufficiently German, we *good Europeans* and free, *very* free spirits – we have it still, the whole need of the spirit and the whole tension of its bow! And perhaps also the arrow, the task and, who knows? the *target*...[11]

Dt. *Geist* wird mit engl. *spirit* wiedergegeben, wozu der Übersetzer, der den Text gleichzeitig kommentiert, bemerkt:

›*Geister*‹ is the plural of ›*Geist*‹, a word whose meaning and overtones cannot be fully transmitted in a single English word: it means mind, intellect, the intelligence, the thinking faculty, the ›spirit‹ as opposed to the ›body‹ (and thus, in the right context, ›ghost‹), and broadly speaking everything contained in the concept ›the human spirit‹. In the present translation I have consistently rendered *Geist* as ›spirit‹, but the reader should remember that the word as used in German is strongly biased towards equating ›spirit‹ and ›mind‹, so that the idea of intelligence is bound up with it. A ›free spirit‹ is thus something comparable with a ›freethinker‹, although Nietzsche very strongly repudiates any equating of the two[12].

Das Problem, daß es in der ZS für Begriffe der AS keine eindeutigen, für alle Textzusammenhänge adäquaten Äquivalente gibt – das dt. Wort *Geist* entzieht sich in diesem Sinne einer adäquaten Übersetzung ins Englische, Französische und Schwedische –, stellt sich nicht nur dann, wenn ZS und AS *synchronisch* verschiedene Sprachen sind (d. h. das moderne Englisch, das moderne Französisch oder das moderne Deutsch). Es gilt auch für *historische Stufen* derselben Sprache, etwa für das Neuhochdeutsche und das Mittelhochdeutsche. Zwar gleichen viele mittelhochdeutsche Wörter den neuhochdeutschen und scheinen damit den Originaltext leichter verständlich zu machen. Aber nur scheinbar, denn hinter den mittelhochdeutschen Wörtern »steht eine andere Welt, und sie bestimmt den Sinngehalt der Wörter«[13]. Zur Schwierigkeit des Übersetzens aus dem Mittelhochdeutschen führt P. Wapnewski aus,

daß die mittelhochdeutschen Wörter eine gewisse Verführungskraft ausstrahlen insofern, als sie häufig neuhochdeutsch (in leicht verwandelter Lautgestalt) noch erhalten sind und der arglose Leser der alten Lautgestalt den ihm allein geläufigen neuen Sinn unterlegt: er setzt *arebeit* mit »Arbeit« gleich und *klein* mit »klein«, *nôt* mit »Not« und *êre* mit »Ehre«, *veige* mit »feige« und *muot* mit »Mut« – all dies ist falsch, und es steht für die fundamentale Differenz der mittelhochdeutschen Wortinhalte von den neuhochdeutschen[14].

Bei diesen Nicht-Übereinstimmungen handelt es sich um das Phänomen der sog. *faux amis (false friends, falschen Freunde),* die auch zwischen modernen, miteinander verwandten europäischen Sprachen vorkommen und die als »Fallgruben« für den Übersetzer bekannt sind. Man kann unterscheiden zwischen

diachronischen, intralingualen faux amis
mhd.	arebeit	≠	nhd.	Arbeit
	nôt	≠		Not
	veige	≠		feige
	muot	≠		Mut

und *synchronischen, interlingualen faux amis*[15]:
| frz. | solide | ≠ | dt. | solid |

	visage	≠		Visage
	tempérament	≠		Temperament
engl.	linguist	≠		Linguist
	actually	≠		aktuell
	bride	≠		Braut
dt.	Balance	≠	span.	balance
	Benzin	≠		bencina
	Akademiker	≠		académico

Auf den Sachverhalt, daß Wortinhalte in verschiedenen Sprachen darum nicht übereinstimmen, weil die sozialen, politischen, wirtschaftlichen, kulturellen, historischen Hintergründe des Sprachgebrauchs verschieden sind, haben besonders *Ethnologen und Übersetzer ethnographischer Schriften* hingewiesen. Im Zusammenhang mit der Darstellung der mutterrechtlichen Gesellschaftsordnung, die für die Eingeborenen der Trobriand-Inseln/Britisch-Neu-Guinea gilt, führt B. Malinowski (1930) zum Wort ›Vater‹ aus, daß es für den Trobriander eine »ausschließlich soziale Bedeutung« hat:

[...] es bezeichnet den Mann, der mit der Mutter verheiratet ist, im gleichen Hause mit ihr lebt und zum Haushalt gehört. In allen Gesprächen über Verwandtschaft wurde mir der Vater sehr entschieden als *tomakava*, als ein »Fremder«, oder richtiger als »Außenstehender« beschrieben. Diesen Ausdruck gebrauchen die Eingeborenen auch häufig, wenn sie irgendeine Erbschaftsfrage erörtern, ein bestimmtes Betragen erklären oder bei einem Streit den Vater in seiner Stellung herabsetzen wollen.

Es ist dem Leser also klar: das Wort »Vater« darf nicht in dem rechtlichen, moralischen und biologischen Sinne aufgefaßt werden, den es für uns hat, sondern in dem ganz besonderen Sinne der Gesellschaftsordnung, mit der wir es hier zu tun haben. Um Mißverständnisse zu vermeiden, hätten wir vielleicht besser daran getan, unser Wort »Vater« überhaupt nicht zu verwenden, sondern lieber das Eingeborenenwort *tama*, und nicht »Vaterschaft«, sondern »*tama*-Verhältnis« zu sagen; doch das wäre zu schwerfällig gewesen. Wenn jedoch der Leser auf diesen Seiten dem Wort »Vater« begegnet, sollte er stets daran denken, daß es nicht nach dem deutschen Wörterbuch definiert werden darf, sondern nur im Sinne der trobriandischen Lebenswelt. Diese Regel gilt übrigens für alle Ausdrücke, die eine besondere soziologische Bedeutung haben, also für jede Bezeichnung menschlicher Beziehungen und für Worte wie »Ehe«, »Scheidung«, »Verlöbnis«, »Liebe«, »Werbung« und ähnliche. (S. 3 f.)

Doch wir brauchen keineswegs so exotische Beispiele heranzuziehen. C. F. Hockett (1958) kommt auf das gleiche Problem zu sprechen, wenn er zur Nichtübereinstimmung von russ. *drug* mit engl. *friend* ausführt:

One can ask a Russian who knows some English what the Russian word /drúk/ means, and the answer will be ›friend‹. This is roughly true, the precise social circumstances under which a Russian calls another person /drúk/ are by no means the same as those under which we call someone a friend. The meaning of /drúk/, or of *friend*, for a speaker of the language involved, is the result of all his past experiences with that word. Within a single speech community, the differences between the accidents of personal history of different individuals tend to cancel out [...] From one community to another, however, this levelling-out does not occur. Bilingual dictionaries and easy word-by-word translations are inevitably misleading; the shortcut of asking what a form means must ultimately be supplemented by active participation in the life of the community that speaks the language. (S. 141)

Auf das Ungenügen, ja die Gefährlichkeit von Wörterbüchern weist auch B. Malinowski (1930) hin:

Ein Wörterbuch der Eingeborenensprache kann in der Hand eines unvorsichtigen Ethnographen zum gefährlichen Werkzeug werden, falls er nicht über zuverlässige Kenntnisse der Sprache verfügt, die allein es ihm ermöglichen, die Bedeutung der Ausdrücke aus ihrer vielfältigen Anwendung in verschiedenen Zusammenhängen zu erkennen. Vereinzelte Ausdrücke mit ihrer Übersetzung ins Pidgin-Englisch aufzuzeichnen und solch grobe Übersetzungen als »Gedankenwelt der Eingeborenen« zu präsentieren, ist geradezu irreführend. Es gibt in der Anthropologie keine größere Fehlerquelle als die Benutzung mißverstandener und falsch gedeuteter, bruchstückhafter Wörterverzeichnisse der Eingeborenensprachen durch Beobachter, die mit dem betreffenden Idiom nicht völlig vertraut sind und seinen soziologischen Charakter nicht kennen. (S. 320)

Das grundsätzliche Problem besteht darin: die Übersetzung sollte eine andere Lebens- und Alltagswelt, eine andere als die uns bekannte Wirklichkeit vermitteln. Die »fremde« Wirklichkeit ist mit den Mitteln der ZS nur ungenau erfaßbar und mitteilbar. Dieses Ungenügen erweist sich bei näherem Hinsehen allerdings wieder als *relativ: die spezifisch kultur- und einzelsprachgebundenen Ausdrücke stehen in Textzusammenhängen,* werden in diesen Kotexten selbst bis zu einem gewissen Grade im AS-Sinn determiniert. Die ZS-Ausdrücke entwickeln im Text Bedeutungsvarianten, die mehr oder weniger den gemeinten Sachverhalt treffen. Um beim Beispiel von B. Malinowski zu bleiben: *Ehe, Scheidung, Vater* etc. nehmen als zusätzliche Bedeutungen (bzw. als Bedeutungen im betreffenden Textzusammenhang) die Bedeutungen an, die sie für die Bewohner der Trobriand-Inseln haben. Aus für uns gemeinsprachlichen Wörtern, die Sachverhalte »unserer Welt« bezeichnen, werden im betreffenden Verwendungszusammenhang gewissermaßen *fachsprachliche* Wörter, die im Textzusammenhang selbst als solche definiert werden.

Das *Übersetzungsverfahren,* das darin besteht, uns geläufige Ausdrücke für zunächst fremde, bedeutungsmäßig abweichende Phänomene zu verwenden, kann allerdings zu Mißverständnissen führen, wie B. Malinowski anmerkt. Er zieht deshalb ein anderes Verfahren in Betracht: nämlich von *tama* (für ›Vater‹) und *tama*-Verhältnis zu sprechen. Mit anderen Worten:

statt ein deutsches Wort zu wählen, hätte man den betreffenden Ausdruck direkt aus der AS als sog. *Zitatwort* in die ZS übernehmen können. Das wäre jedoch, wie B. Malinowski meint, auf Kosten der *Lesbarkeit* gegangen; das Verfahren würde zu schwerfälligen Lösungen führen. Ein anderer Gesichtspunkt scheint mir allerdings wichtiger zu sein: in gewisser Hinsicht und in gewissen Bereichen ist der *Vater* bei den Trobriandern durchaus mit der europäischen Institution *Vater* vergleichbar. Indem man den deutschen Ausdruck wählt, stellt man diese Beziehung unmittelbar her, man schließt bei der Darstellung des Unbekannten und Fremden beim Bekannten an. Dies wiederum erleichtert das Verständnis des zunächst Fremden.

Aussagen wie die B. Malinowskis deuten auf *prinzipielle Übersetzerentscheidungen.* Die Faktoren werden sichtbar, die den Übersetzungsvorgang mitbestimmen, insbesondere: daß sich die Übersetzung an bestimmte Leser richtet, daß sie sich auf bestimmte Leser »einstellen« muß. Das führt im Extremfall zu Übersetzungen, die man eher Bearbeitungen zu nennen pflegt: etwa Kinderbücher oder auch Bibelübersetzungen, die sich an ein Publikum mit bestimmten Bildungs- und Verstehensvoraussetzungen richten. Eine Übersetzung wiederum, der zugleich der Originaltext beigegeben ist (zweisprachige Ausgaben), wobei man annimmt, daß der Leser die Übersetzung nur als Verständnishilfe benützt, steht vor anderen Anforderungen als die einsprachige Ausgabe. Das gilt etwa für die Übersetzungen von L. Carrolls »Alice in Wonderland«, das im Deutschen in ganz unterschiedlichen Ausgaben vorliegt: als zweisprachige Ausgabe (für Erwachsene), als einsprachige Ausgabe (für Kinder) und als einsprachige Ausgabe für Erwachsene und Kinder[16]. Eine bedeutende, vielleicht die bedeutendste Übersetzung stammt von Ch. Enzensberger, der in seinem Nachwort ausführt:

Das Wirksame an allen Gesprächen, in die Alice im wörtlichen Sinne verstrickt wird, ist, wie genau sie *sitzen,* und daran hat sich die vorliegende Übersetzung vor allem – und manchmal mehr als an wörtliche Genauigkeit – gehalten. So ist aus Wilhelm dem Eroberer und seinen unaussprachlichen Earls Napoleon geworden und aus der Menai-Brücke der Eiffelturm (obwohl es den noch gar nicht gab). Aber wer will zunächst im Lexikon nachschlagen und danach noch lachen? Man muß sich in diesen Büchern so unterhalten, wie man sich wirklich unterhält; denn die originale *Alice* hat durchweg teil an dem unerschöpflichen Vorrat ihres Jahrhunderts an realistischer Kraft, ohne die keine absurde Literatur auskommt, wenn ihr nicht die Luft ausgehen soll[17].

Enzensberger geht es also nicht um eine philologisch genaue Übersetzung, sondern um die Bewahrung dessen, was als *kommunikativer Effekt* bezeichnet wird: daß man nämlich an den Stellen unmittelbar lachen kann, bei denen auch der englische Originalleser lacht. Das ist aber nicht möglich, wenn man die kulturgebundenen Ausdrücke wörtlich in die ZS übernimmt. Der Übersetzer ersetzt also bestimmte für einen kommunikativen Hintergrund relevante Erscheinungen durch solche, die im kommunikativen Zusammenhang der ZS relevant sind (zur Adaptation, s. u., S. 165 f.): es handelt sich um das Prinzip der *dynamischen Äquivalenz*, wie es E. A. Nida (1964, s. o., S. 51 f.) formuliert. Die Äquivalenzforderung zielt hier nicht auf inhaltliche Invarianz, sondern auf *Invarianz der Wirkung* (Wirkungsgleichheit wird in diesem Zusammenhang allerdings ganz anders verstanden als bei Schleiermacher, bei dem diese gerade durch möglichst weitgehende »Wörtlichkeit« zu erreichen versucht wird).

Übersetzungsprinzipien und Äquivalenzforderungen werden meistens aufgrund mehrerer Faktoren bestimmt: der intendierte Empfänger ist ein solcher Faktor, die Interpretation des Inhalts ein anderer. So stellt sich bei der Übersetzung von D. Riesmans »The Lonely Crowd« (1950), einer Analyse der amerikanischen Gesellschaft, die Frage: soll man diesen Text wie einen ethnographischen Text übersetzen, d. h. wie wenn es sich um die Beschreibung einer Kultur handelte, die Europäern ähnlich fremd ist wie die Kultur der Trobriand-Eingeborenen? Oder soll man ihn so übersetzen, daß Gemeinsamkeiten mit der europäischen Kultur hervortreten? Die Feststellung von Gemeinsamkeiten/Übereinstimmungen mit der europäischen Kultur stellt aber bereits eine soziologische *Interpretation des Textes* dar. Und genau dies tut die Übersetzerin des Buches, wenn sie in ihrem Nachwort schreibt:

Ich habe mich bemüht, die vielen idiomatischen Ausdrücke der amerikanischen Darstellung durch entsprechende Schlagworte und Ausdrücke aus der deutschen Umgangssprache zu ersetzen oder, wo dies nicht möglich war, den oftmals nur mit einer Formel angesprochenen Sachverhalt durch eine freiere Übersetzung deutlich zu machen. Dies geschah vielfach auch bei den psychologischen und soziologischen Begriffen, die überdies in der amerikanischen Literatur und Sprache populärer als bei uns sind, wobei dann die amerikanischen Fachausdrücke in Klammern angeführt wurden. Dazu glaubte ich mich auch im Hinblick auf die Tatsache berechtigt, daß dieses Buch in Form und Stil keine rein wissenschaftliche Abhandlung darstellt und deshalb über die fachlich interessierten Kreise hinaus einem weiteren Publikum zugänglich sein sollte, während der sich für Amerika, Land und Leute interessierende Leser es sicherlich vorziehen wird, das Original zu lesen, um sich auf diese Weise nicht den Reiz des amerikanischen Idioms entgehen zu lassen[18].

Folgende Punkte scheinen mir von Interesse zu sein:

1. Die Übersetzerin ist der Auffassung, daß die europäischen (deutschen) Verhältnisse so stark mit den amerikanischen Verhältnissen übereinstimmen, daß amerikanische durch deutsche Beispiele ersetzt werden können.

2. Fachbegriffe werden als umgangssprachliche Ausdrücke wiedergegeben (ggf. mit den amerikanischen Ausdrücken in Klammern).
3. Das Buch wendet sich an ein breiteres Publikum, nicht nur an Fachleute.
4. Spezialisten lesen ohnehin das Original, »um sich auf diese Weise nicht den Reiz des amerikanischen Idioms entgehen zu lassen«.

Es wird also gar nicht erst der Versucht gemacht, das »amerikanische Idiom« in der ZS durchscheinen zu lassen: hier wird der Abstand spürbar zu dem Schleiermacherschen Prinzip des Verfremdens, das gerade darauf angelegt ist, dieses »Durchscheinen« zu ermöglichen.

Die Übersetzerin von D. Riesmans »The Lonely Crowd« verwendet ein weiteres Verfahren bei der Wiedergabe fremdsprachlicher Fachausdrücke: man sucht nach deutschen Entsprechungen und setzt die Ausdrücke des Originals in Klammern hinzu. Bei der Wahl der deutschsprachigen Ausdrücke ist der Übersetzer allerdings nicht frei: bestimmte fachsprachliche Ausdrücke sind bereits in anderen Texten übersetzt worden. Der Übersetzer steht dann vor dem Problem, ob er sich dieser »Tradition« anschließen oder ob er ihm vielleicht geeigneter scheinende Ausdrücke verwenden soll. Die Entscheidung hängt u. a. vom Grad der *Etabliertheit* einer bestimmten Terminologie ab.

Terminologische Probleme stehen auch im Vordergrund in Vor- und Nachworten moderner linguistischer Arbeiten. Transformations- und generative Grammatik und die generative Semantik sind hauptsächlich in den USA entwickelt worden; die Terminologie ist englisch. Wie soll bei der Übersetzung ins Dt. verfahren werden? Betrachten wir dazu die Vorbemerkung der Übersetzer von N. Chomskys »Aspects of the Theory of Syntax« (1965):

Die Begründung eines neuen Wissenschaftszweiges ist stets verbunden mit der Etablierung einer eigenständigen Terminologie, deren Funktion – im Idealfalle – einzig darin besteht, neue Begriffsbildungen mit neuen, differenzierenden Etiketten zu versehen. In unserer Übersetzung hat daher auch der Werkzeugcharakter des terminologischen Apparats bei der Suche nach deutschen Äquivalenten den Ausschlag gegeben, insofern, als wir auf praktische Verwendbarkeit und internationalen Gebrauch mancher Prägung mehr Wert legten als auf eine puristische Übertragung ins Einheimische. So haben wir versucht, die Übersetzung insgesamt möglichst dicht am Original zu halten und für etliche Termini jeweils einen (nach Möglichkeit) parallel zum Englischen konstruierten Ausdruck einzuführen, der bei der Lektüre englischer oder auch französischer Fachpublikationen mühelos wiederzuerkennen ist. Diese Überlegung betrifft bereits das erste Titelwort, für dessen deutsche Wiedergabe »Grundriß« oder »Grundzüge« denkbar, eventuell treffender wären als »Aspekte«. Das Buch ist jedoch unter dem Namen »Aspects« bereits zum Standardwerk aufgerückt, so daß wir auf eine Umbenennung verzichtet haben, die der Verbreitung der deutschen Ausgabe eher hinderlich sein könnte[19].

Unter den *Übersetzungsverfahren* werden u. a. erwähnt:

Bei Auswahl unter mehreren deutschen Äquivalenten eines Terminus halten wir uns meist an die in der Schriftenreihe *Studia Grammatica* eingeführten Prägungen; zur Orientierung werden davon abweichende Varianten vermerkt. Außerdem wird in den »Aspekten« eine Reihe für die deutschsprachige Literatur neuer Termini zur Diskussion gestellt[20].

Folgende Punkte sind wichtig in diesem Zusammenhang:

1. Entscheidend für die Terminologie ist die praktische Verwendbarkeit, der internationale Gebrauch, und das bedeutet: wenn dt. Ausdrücke überhaupt eingeführt werden, sind sie so gewählt, daß sie möglichst wörtlich zurück ins Engl. übersetzt werden können, d. h. man nimmt die Ungewöhnlichkeit einiger dt. Bildungen in Kauf.

2. Manchmal werden Fachbegriffe als Fremdwörter übernommen. Dies geschieht selbst dann, wenn deutsche Ausdrücke zutreffender wären (*Aspekte* vs. *Grundzüge*).

3. Bei mehreren dt. Entsprechungen schließt man sich bereits eingeführten Termini an.

Bei der Analyse der »Aspects«-Übersetzung, wie auch der Übersetzungen anderer linguistischer Arbeiten, kann man beobachten, daß äußerst inkonsequent verfahren wird. Das Resultat ist ein Durcheinander in der linguistischen Terminologie. Dazu ein Beispiel: der engl. Ausdruck *concatenation* der »Aspects« wird mit *Verkettung* übersetzt[21]. Im Terminologie-Handbuch W. Weltes (1974) wird für *concatenation* jedoch der Ausdruck *Konkatenation* gebraucht; *Verkettung* bleibt der Übersetzung des engl. *linking* vorbehalten, das U. Weinreich in seiner semantischen Theorie für einen anderen Sachverhalt braucht[22]. In W. Ulrichs »Linguistische Grundbegriffe« (1972) wiederum wird U. Weinreichs *Verkettungs*-Begriff als *das Linking* ins Dt. übernommen. Umgekehrt wird in der »Aspects«-Übersetzung das engl. *derivation* übernommen als *Derivation;* bei W. Welte (1974) wird es jedoch übersetzt mit dt. *Ableitung.* Auch die beiden grundlegenden Begriffe *competence* und *performance*[23] werden unterschiedlich behandelt: der erste wird direkt übernommen als *(Sprach-)Kompetenz,* obwohl das Fremdwort *Kompetenz* im Dt. etwas anderes bedeutet. Dagegen wird *performance* eingedeutscht zu *Sprachverwendung*, obwohl der Begriff *Sprachverwendung* wesentlich weiter ist als Chomskys *Performanz*-Begriff. Im Bereich der Terminologie zeigt sich die verantwortungsvolle und folgenreiche Arbeit des Übersetzers, aber auch seine Ohnmacht: durch das Gestrüpp linguistischer Terminologien ist heutzutage, selbst mit Hilfe terminologischer Wörterbücher, kaum mehr durchzusehen.

Mit den Ausdrücken *Kompetenz, Performanz, Derivation* und *Konka-*

tenation ist ein weiteres *Verfahren* für die Übersetzung von Termini angedeutet: man übernimmt die fremdsprachlichen Ausdrücke nicht als Zitatwörter (d. h. nicht in ihrer AS-Form), sondern macht sie zu *Fremdwörtern*, paßt sie also phonetisch/graphisch in Übereinstimmung mit den Übernahme-Regeln für Fremdwörter dem dt. Sprachgebrauch an (Zitatwort wäre *competence*, Fremdwort ist *Kompetenz*; s. dazu unten S. 162 ff.).

In Vor- und Nachworten von Übersetzern findet man, gerade im Zusammenhang mit der Erläuterung terminologischer Probleme, bisweilen ausführliche Erörterungen, die veranschaulichen, wie sehr Übersetzen ein *Verstehens- und Interpretationsprozeß* ist, bei wissenschaftlichen Arbeiten ein Prozeß des wissenschaftlichen Verstehens und Interpretierens. Es wird deutlich, daß der Übersetzer auf Probleme und Schwierigkeiten stößt, über die man beim Lesen des Originals leicht hinwegliest. Übersetzen erweist sich in diesem Sinne als spezifischer Prozeß der *Aneignung,* was bedeutet: Verstehen des Fremden als Fremdes in seinem fremden Zusammenhang, und zugleich Verstehen als Kontrastieren und Konfrontieren mit dem bekannten, dem eigenen sprachlichen, kulturellen, wissenschaftlichen Hintergrund. So heißt es im Vorwort zur dt. Ausgabe von B. Bernsteins »Class, Codes and Control« (1971):

> Wo die deutsche Sprache es auf keine Weise erlaubte, adäquat zu formulieren, sind die originalen Begriffe oder Text-Stellen mit aufgenommen. Es erfüllt damit, abgesehen von der Eindeutschung, die Übersetzung noch einen anderen wichtigen Zweck. Überall dort, wo Erläuterungen erforderlich sind oder das sinnverstehende Lesen ins Stocken gerät, weist sie auf Inkongruenzen zwischen zwei kulturellen Konstellationen hin, die ihren Niederschlag in der jeweils anderen sprachlichen Repräsentation und Ausdeutung finden. Das sind zugleich die ersten, wenn auch nicht die einzigen Indikatoren für die Sprachabhängigkeit der Theorie(n)[24].

Aufschlußreich ist in dieser Beziehung auch das Nachwort zur dt. Ausgabe von A. V. Cicourels »Cognitive Sociology« (1973).

> Die Zeilen, die wir unserer Übersetzung nachschicken, sollen der Rechtfertigung einzelner Wörter oder Phrasen dienen in Fällen, wo der deutsche Ausdruck den englischen nur unvollkommen trifft, bzw. in Fällen, wo wir uns im Gegensatz zu schon vorgegebenen und zum Teil eingebürgerten Übersetzungen für eine eigene, neue entschieden haben[25].

Die Übersetzer sind hier zu bescheiden; die »Rechtfertigung einzelner Wörter und Phrasen« ist nichts weniger als die ausführliche *Interpretation* dessen, was inhaltlich mit bestimmten engl. Ausdrücken gemeint ist bzw. gemeint sein könnte. Ein Beispiel dazu:

> Wir haben uns entschieden, den englischen Ausdruck *everyday knowledge,* der üblicherweise mit *Alltagswissen* wiedergegeben wird, in der Regel mit *Alltagskennt-*

nisse zu übersetzen. Wie auch bei der damit übereinstimmenden Übersetzung der Formel *what everyone knows* durch *was jedermann kennt* war die Begründung dafür der Versuch, im Deutschen einen Anklang an den Bedeutungscharakter von *knowledge* und *to know* im Sinne auch von praktischen Kenntnissen, also solchen, die ein entsprechendes praktisches *Können,* das entsprechende *know how* voraussetzen, zu finden. Unsere Übersetzung sollte also andeuten, daß es bei *everyday knowledge* weniger um Erkenntniswissen als um praktische Kenntnisse, um *Rezeptwissen* geht. Entsprechend sollte die Übersetzung *was jedermann kennt* für *what everyone knows* wenigstens andeutungsweise zum Ausdruck bringen, daß hiermit Kenntnisse gemeint sind, über die jedermann ohne Spezialbildung allein aufgrund seiner normalen praktischen Sozialisationserfahrungen verfügt[26].

Zur *Übersetzungsmethodik* werden meistens nur allgemeine Hinweise gegeben. Der Übersetzer von F. de Saussures »Cours de linguistique générale« (1916) schreibt im »Vorwort zur deutschen Übersetzung«:

Jedoch habe ich mich getreu dem Original angeschlossen und biete nicht eine deutsche Bearbeitung. Es werden im allgemeinen auch nicht die Beispiele aus der französischen Sprachgeschichte durch solche aus der deutschen ersetzt. Denn auch aus der Wahl der Beispiele verspürt man den Geist Saussures, gerade darin seine Lehrgabe, seine Klarheit, seine Art der Vereinfachung. Sie sind oft so schlagend und wirksam wie seine Bilder und Vergleiche. Nur manche Beispiele, die mehr beliebiger Art, nicht so ausgewählte Belege und konzentrierte Veranschaulichungen seiner Theorien zu sein schienen, wurden durch ebenso beliebige aus dem Deutschen ersetzt. Darin weiterzugehen oder noch zurückhaltender zu sein, kann man schwanken[27].

Der Übersetzer stellt die *treue Übersetzung,* die sein Ziel ist, der *Bearbeitung* gegenüber. Aus dem Zitat wird jedoch ersichtlich, daß die Originaltreue nicht jedem Element des AS-Textes gilt. Er ist durchaus bereit zu bearbeiten, wo ihm bestimmte Beispiele »beliebig« erscheinen. Wir sind damit wieder bei der Frage, die sich M. Luther in seinem »Sendbrief« stellt: die Frage, wann etwas wörtlich übersetzt werden muß, weil durch Wörtlichkeit allein Treue gewährleistet ist und diese Treue wichtiger ist als unmittelbare Verstehbarkeit und Verständlichkeit, und wann der Übersetzer freier verfahren darf. Die Entscheidung hängt im Einzelfall von der *Interpretation* ab: bei der Übersetzung von F. de Saussures »Cours« gleichsam von der linguistischen Interpretation, bei M. Luthers Bibelübersetzung von der theologischen Interpretation. Daraus ist eine erste Folgerung für die Übersetzungskritik zu ziehen: eine Übersetzungskritik, die der Übersetzungsleistung gerecht werden will, muß diese Interpretation des Übersetzers und die Äquivalenzforderungen, die der Übersetzer aus der Interpretation ableitet, rekonstruieren (s. Kap. 8).

Wir haben uns bisher hauptsächlich mit Übersetzungsproblemen, die Übersetzer von Fach- und Sachtexten ansprechen, vor allem Problemen im terminologischen Bereich, beschäftigt. Auch *literarische Übersetzer* haben sich zu ihren Übersetzungen geäußert, was nicht wunder nimmt, wenn man sich vor Augen hält, daß literarische Sprache alle Möglichkeiten realisieren kann, die in einer Sprache enthalten sind[28]. Ein literarischer Text kann *inhaltlich* alles umfassen: von der Erläuterung einer mathematischen oder physikalischen Formel über die Beschreibung fiktiver oder realer geographischer Räume bis zur sprachmusikalischen Umschreibung von Gefühlen. Alle *formal-ästhetischen,* oft spezifisch einzelsprachlichen Möglichkeiten können ausgenützt werden: Reim, Alliteration, Sprachspiel, metrische Formen, Rhythmus. Viele literarische Werke leben von Assoziationen, wecken Assoziationen zu einer literarischen Tradition, zu anderen Werken des Autors.

Trotzdem stellt man fest, daß Vor- und Nachworte zu literarischen Übersetzungen, in denen praktische Übersetzungsprobleme und Übersetzungsprinzipien erläutert, evtl. gerechtfertigt werden, nicht so häufig sind, wie man vermuten könnte. Hier nur zwei denkbare Gründe für diesen Sachverhalt:

1. Die »Normalleser« einer literarischen Übersetzung liest diese im allgemeinen nicht als Übersetzung, sondern gleichsam als Originaltext. Er erwartet, daß der Übersetzer die Probleme gelöst hat; ihn interessieren die Lösungswege, Entscheidungsschwierigkeiten und Alternativen wenig.

2. Literarische Texte haben einen anderen Gültigkeitsanspruch als nicht-fiktive Sachtexte. Mag der fiktive Text noch so genau – wie G. Grass' »Örtlich betäubt« – zahnheilkundliche Prozeduren schildern: der Text kann kaum als zahnheilkundliches Lehrbuch Anwendung finden. Dem Verfasser wird deshalb auch kein Vorwurf gemacht, wenn er die betreffenden Sachverhalte nicht adäquat oder nicht auf der Basis neuester wissenschaftlicher Erkenntnisse beschreibt. Für den Übersetzer wiederum heißt das: sollte ihm ein Übersetzungsfehler unterlaufen, so hat dies nicht die Konsequenzen, die ein Fehler in der Fachtextübersetzung haben könnte[29]. Hier ist der Übersetzer auf eine ganz andere Weise *verantwortlich* und vielleicht auch verantwortbar. Vor diesem Hintergrund sind auch die terminologischen Erläuterungen in Fachtextübersetzungen zu sehen.

Diese Überlegungen legen nahe, vom Standpunkt des Übersetzers und seiner Verantwortung dem Text gegenüber *zwei Haupttypen von Übersetzungen* zu unterscheiden: *Sachtexte,* bei denen die Verantwortung des Übersetzers sich primär auf die *Sache,* die im Text sprachlich vermittelte Wirklichkeit bezieht, und *fiktive Texte,* bei denen diese Verantwortung, um es vorerst noch unbestimmt auszudrücken, dem *Text als solchem* gilt. Bei einzelnen Texten ist es dabei schwierig zu entscheiden, ob sie zu den Sachtexten oder den fiktiven Texten gehören (etwa die Bibel). Die Zuordnung zur einen oder anderen Kategorie kann sich ändern, weil sich die Interpretation eines Textes ändert. So ist, von einem bestimmten theologischen Gesichtspunkt aus, die Bibel als Sachtext zu lesen, von anderen Gesichtspunkten aus als fiktiver Text. Ebenso kann die Zuordnung aufgrund unterschiedlicher Rezeptionsinteressen der Leser unterschiedlich sein. Es ist denkbar, daß ein literarischer Text nicht als fiktiver, sondern als Sachtext rezipiert wird, wenn man sich z. B. für geographische Beschreibungen in älteren literarischen Texten oder für Beschreibungen von gesellschaftlichen Zuständen in älteren Romanen aus der Sicht des Geographen oder des Sozialwissenschaftlers interessiert.

Wenn oben darauf hingewiesen wurde, daß sich verhältnismäßig wenige Übersetzer in Vor- und Nachworten zu Übersetzungsproblemen äußern, so ist der Ausdruck »verhältnismäßig« wiederum relativ. Selbstverständlich gibt es auch in literarischen Texten Reflexionen des Übersetzers über seine Schwierigkeiten, seine gelösten und ungelösten Probleme. Es sei nur auf vier repräsentative Beispiele aufmerksam gemacht:

1. H. Studniczkas Nachwort zur Übersetzung von Voltaires »Candide«: der Übersetzer weist u. a. darauf hin, daß er es sich besonders angelegen sein läßt, »über den Kühnheiten, ja Dreistigkeiten des Originals die diskret gedämpfte Tonart nicht zu vernachlässigen, die bei Voltaire auch noch das Grellste und Possenhafteste mildert und überschattet«[30].

2. F. Kemps Nachwort zur Übersetzung von Baudelaires »Les Fleurs du Mal«[31]: es wird darauf aufmerksam gemacht, daß die Übersetzung in einer zweisprachigen Ausgabe als »Lesehilfe« gedacht ist, wobei die einzelnen Texte keinen Anspruch erheben, als »eigenständige poetische Gebilde« zu gelten:

Da die vielberufene Kongenialität außer jeder Reichweite liegt, hat diese Übersetzung nur den einen Wunsch, eben durch den eingehaltenen Abstand zum Original dessen Originalität um so deutlicher hervortreten zu lassen. Allerdings wird jede Prosaübersetzung von Gedichten etwas Schielendes an sich haben. Ihr Ideal wäre es, der Vorlage entschieden den Rücken zu kehren und in eigener Richtung davonzugehen. Das ist ihr hier verwehrt, und so bleibt˙es beim Schielen[32].

3. In der von L. L. Schücking herausgegebenen zweisprachigen Ausgabe von Shakespeares Werken weist der Herausgeber in »Zu Übersetzung und Urtext« darauf hin, daß es bei der Wiedergabe der Schlegel-Tieck-Übersetzung leitender Gedanke war, »das Werk des großen Übersetzers und seiner Mitarbeiter so pietätvoll anzufassen, wie es die Sache nur irgend erlaubt«[33]. Von Interesse ist besonders folgende Bemerkung:

Es sind also Veränderungen nur da vorgenommen, wo ersichtlich ein mehr oder weniger *nennenswertes Mißverständnis des englischen Urtextes* durch den Übersetzer vorlag; sei es nun, daß ihm der lexikographische Sinn eines englischen Wortes nicht bekannt war (so, wenn er Hamlet an einer bedeutungsvollen Stelle sagen läßt [III, 2] »Ich muß müßig sein« statt »Ich muß den Narren spielen« für: »*I must be idle«;* oder wenn er im selben Drama [V, 2]: »*he is fat and scant of breath*« mit »Er ist fett und kurz von Atem« wiedergibt, statt: »in Schweiß und außer Atem«)³⁴.

4. In der »Vorbemerkung des Übersetzers« zur dt. Übersetzung von E. Bonds »Gerettet. Die Hochzeit des Papstes«³⁵ beschäftigt sich K. Reichert mit dem schwierigen Problem, wie die Sprachschicht, in der sich Bonds Stück bewegt und die eine genaue Situierung der sozialen und geographischen Herkunft der Sprecher erlaubt, ins Dt. zu übersetzen ist.

Ausführlich haben sich literarische Übersetzer in der Zeitschrift *Babel,* in literarischen und literaturwissenschaftlichen Zeitschriften und in Sammelbänden zum Problem des Übersetzens zu Wort gemeldet. Viele dieser Beiträge enthalten tiefsinnige und grundsätzliche Erörterungen zur Übersetzungsproblematik; sie schildern die zunächst als unüberwindbar erscheinenden Schwierigkeiten, die ungeliebten Kompromisse, die Erlebnisse des Erfolgs und des Versagens, die übersetzerische Euphorie und Resignation, das »Ringen« um eine verantwortbare Übersetzung. Für die Theorie der literarischen Übersetzung sind diese Beiträge oft von Wert. Mit Recht stellt R. Kloepfer (1967) der Übersetzungstheorie die Aufgabe, »das Verdeckte und Verschüttete wieder sichtbar zu machen« (S. 15). Es ist Aufgabe der *theoriegeschichtlichen Komponente der Übersetzungswissenschaft* (s. u., S. 100), die Übersetzungstheorien einzelner Epochen wie auch einzelner Übersetzer aus solchen Zeugnissen zu rekonstruieren.

Ich kann hier nicht im einzelnen auf die aus übersetzungstheoretischer und übersetzungstheoriegeschichtlicher Sicht wichtigen Beiträge eingehen; einige Titel seien im folgenden jedoch genannt³⁶:

1. In dem von H.J. Störig herausgegebenen Sammelband »Das Problem des Übersetzens« (1963) findet sich E.H. von Tscharners Aufsatz »Chinesische Gedichte in deutscher Sprache« (1932), in dem von folgender Feststellung ausgegangen wird:

Die Probleme, die sich dem Übersetzer fremder Dichtung stellen, erscheinen wohl nirgends in so grellem Licht, in so scharfen Umrissen wie angesichts der chinesischen Dichtung. Sprachlich, metrisch, inhaltlich, geistig unterscheidet sich kaum eine andere Dichtung mehr von der unsrigen.

Wenn wir auch räumlich und zeitlich bedingt sind und nie in Vergangenheit und Fremdheit völlig heimisch werden können, so gelingt uns dies doch innerhalb europäischer Verhältnisse oft bis zu einem recht hohen Grade; denn mehr oder weniger ähnlichen Geist, ähnliche Vorstellungen, ähnlichen Sprachbau treffen wir in Europa immer und überall, und wenn wir auch nur eine Muttersprache haben können, so haben wir doch sozusagen eine »europäische Grammatik«, eine »europäische Vorstellungswelt«, einen »europäischen Geist«. Wenden wir uns aber der Dichtung Chinas zu, so werden wir lange vergebens nach einem Wege der Annäherung suchen – ein Abgrund scheint uns zu trennen von einer ganz anderen Sprache, einem anderen Geist, ja einer anderen Welt. (S. 268 f.)

Im Anschluß an diese Feststellung unternimmt es E. H. von Tscharner, die »wesentlichsten Züge« des chinesischen Geistes, der chinesischen Welt- und Lebensanschauung wie auch der chinesischen Sprache zu skizzieren.

2. Der gleiche Sammelband enthält einen Aufsatz von K. Dedecius, Übersetzer aus den slawischen Sprachen, der Probleme der Übersetzung von Lyrik behandelt. Es wird von drei Übersetzungstypen ausgegangen, die sich hinsichtlich der »Zuverlässigkeit« und des »künstlerischen Charakters« unterscheiden:

Wenn man mich fragte, würde ich folgende Unterscheidungen (auf einen einfachen Nenner gebracht) vorschlagen:
Übersetzung – zuverlässig, aber unkünstlerisch
Übertragung – künstlerisch *und* zuverlässig
Nachdichtung – künstlerisch, aber unzuverlässig
(Unzuverlässig oder zuverlässig bezöge sich auf die fremde Vorlage.)
 Die Übersetzung wäre somit etwas, was sich auf die (natürlich relative) Synonymik der Wörter stützte. Die Übertragung müßte außerdem den Takt und die Tonart des Stückes festhalten, das Tempo und die Spielweise angeben, die Farbe und die Form der einzelnen Klangelemente wahren.
 Der Nachdichtung stünde das weite Feld poetischen Spiels – bis zur Verfremdung – offen. (S. 469)

3. Der von R. A. Brower herausgegebene Band »On Translation« (1966) enthält die Sektion »Translators on Translating«, in der Übersetzer Erfahrungsberichte zu ihren eigenen Übersetzungen geben: zur engl. Übersetzung griechischer Dramen und Homers, der lateinischen Dichtung, Prousts, Valérys, Puschkins, Kafkas u. a.

4. In dem von J. S. Holmes herausgegebenen Essay-Band zum Übersetzen (1970) kommen polnische, ungarische, kroatische und tschechische Übersetzer in der Abteilung »The Translator Looks at Translation« zu Wort, unter ihnen Z. Gorjan zur Übersetzung von Joyces »Ulysses« ins Kroatische.

Ein Beitrag soll im folgenden etwas genauer analysiert werden, weil er gleichsam ein Muster solcher übersetzerischer Reflexion darstellt: W. von Humboldts Übersetzung von Äschylus' »Agamemnon« ist eine Einleitung beigegeben, die in *Störig 1963* abgedruckt ist[37]. Diese Einleitung besteht aus drei Teilen:

1. Einer Einführung in das Werk selbst, d. h. Inhaltsangabe und Interpretation des Textes in seinen sprachlichen, historischen und ästhetischen Bezügen; es ist eine *Analyse des Originaltextes,* die jeder Übersetzung vorangehen sollte (es handelt sich um einen Teil der *übersetzungsrelevanten Textanalyse,* s. Kap. 8.6.).

2. Der Reflexion des Übersetzungsprozesses, der Erläuterung der prinzipiellen Übersetzungsschwierigkeiten und der grundsätzlichen übersetzungstheoretischen Vorüberlegungen. W. von Humboldt führt aus, daß ein Text wie »Agamemnon« »seiner eigenthümlichen Natur nach [...] unübersetzbar« sei (S. 80). Dies begründet er mit folgender sprachwissenschaftlichen Feststellung:

Man hat schon öfter bemerkt [...], dass, so wie man von den Ausdrücken absieht, die bloss körperliche Gegenstände bezeichnen, kein Wort Einer Sprache vollkommen einem in einer andren Sprache gleich ist. Verschiedene Sprachen sind in dieser Hinsicht nur ebensoviel Synonymieen; jede drückt den Begriff etwas anders, mit dieser oder jener Nebenbestimmung, eine Stufe höher oder tiefer auf der Leiter der Empfindungen aus. (in *Störig 1963*, S. 80)

Wie könnte daher je ein Wort, dessen Bedeutung nicht unmittelbar durch die Sinne gegeben ist, vollkommen einem Worte einer andern Sprache gleich seyn? Es muss nothwendig Verschiedenheiten darbieten, und wenn man die besten, sorgfältigsten, treuesten Uebersetzungen genau vergleicht, so erstaunt man, welche Verschiedenheit da ist, wo man bloss Gleichheit und Einerleiheit zu erhalten suchte. (S. 81)

Die menschlichen Sprachen erfassen in ihren Zeichen je einzelsprachlich und historisch unterschiedliche Begriffssysteme; das Problem des Übersetzens besteht darin, daß trotz dieser Unterschiedlichkeiten versucht werden muß, das in der anderen Sprache Gedachte (und Denkbare) in die eigene Sprache zu überführen. Die Folge ist, daß verschiedene Übersetzungen möglich sind, daß es *die* Übersetzung eigentlich gar nicht geben kann[38]:

Denn Uebersetzungen sind doch mehr Arbeiten, welche den Zustand der Sprache in einem gegebenen Zeitpunkt, wie an einem bleibenden Massstab, prüfen, bestimmen, und auf ihn einwirken sollen, und die immer von neuem wiederholt werden müssen, als dauernde Werke. Auch lernt der Theil der Nation, der die Alten nicht selbst lesen kann, sie besser durch mehrere Uebersetzungen, als durch eine, kennen. Es sind eben so viel Bilder desselben Geistes; denn jeder giebt den wieder, den er auffasste, und darzustellen vermochte; der wahre ruht allein in der Urschrift. (S. 87)

Übersetzungen literarischer Texte müssen deshalb immer wieder von neuem unternommen werden; Übersetzen ist ein »dauerndes Werk«. Denn jede Übersetzung gibt ein bestimmtes Bild, eine bestimmte Interpretation des Urtextes; deshalb altern (oder besser: *verändern sich*) Übersetzungen nicht nur in sprachlicher Hinsicht, sondern auch in den in ihnen festgeschriebenen Interpretationen. Diese Einsicht darf aber, wie W. von Humboldt ausführt, »vom Uebersetzen nicht abschrecken«:

Das Uebersetzen und gerade der Dichter ist vielmehr eine der nothwendigsten Arbeiten in einer Literatur, theils um den nicht Sprachkundigen ihnen sonst ganz unbekannt bleibende Formen der Kunst und der Menschheit, wodurch jede Nation immer bedeutend gewinnt, zuzuführen, theils aber und vorzüglich, zur Erweiterung der Bedeutsamkeit und der Ausdrucksfähigkeit der eignen Sprache. (S. 81)

Im dritten Teil seines Beitrages behandelt W. von Humboldt schließlich die konkreten Übersetzungsprobleme, die insbesondere Rhythmus und Versmaß darstellen, und er rechtfertigt im einzelnen seine Übersetzerentscheidungen.

3.5. Textgattungsbezogene Übersetzungstheorien

Die übersetzungswissenschaftliche Relevanz der Unterscheidung der zwei Haupttextgattungen *Fiktivtexte – Sachtexte* wird dadurch bestätigt, daß die ersten (wissenschaftlichen Ansprüchen genügenden) *Theorien von Textgattungen*, deren Ausarbeitung in den Bereich der textbezogenen Übersetzungswissenschaft gehört (s. u., S. 99 f.), *Theorien der literarischen und der wissenschaftlich-technischen Übersetzung* sind. Vieles von dem, was Übersetzer und über das Übersetzen nachdenkende Sprach- und Literaturwissenschaftler, Philosophen etc. in den oben vorgestellten Beiträgen ausgeführt haben, ist in diese Theorien eingegangen: in R. Kloepfers, J. Levýs und R.-R. Wuthenows Theorien der literarischen Übersetzung und in R. W. Jumpelts und W. Hornungs et al. Theorien der Übersetzung wissenschaftlicher und technischer Literatur. Im folgenden sollen ausführlicher Ansatz und Hauptinhalte der Untersuchungen von R. Kloepfer, J. Levý und R. W. Jumpelt vorgestellt werden.

3.5.1. Kloepfers und Levýs Theorien der literarischen Übersetzung

R. Kloepfer geht in seiner »Theorie der literarischen Übersetzung« (1967) davon aus, daß die *literarische Übersetzung* mit ihrem im Gegensatz zur nicht-literarischen Übersetzung *individuellen* Gepräge einer eigenen Theorie bedarf, die sich eng an die Theorie der Dichtkunst und der Hermeneutik anschließen müsse. Die Theorie der wissenschaftlichen, nicht-literarischen Übersetzung erwartet er dagegen von der strukturalistischen Sprachwissenschaft und der Informationstheorie. Eine allgemeine linguistische Theorie des Übersetzens – wie sie etwa von G. Mounin (1963, 1967) versucht wird – lehnt er ab, weil sie dem literarischen Sprachgebrauch nicht gerecht werden könne. In diesem Sinne sei zwischen dem *Übersetzen als Kunst,* das sich auf literarische Texte beziehst[39], und dem *Dolmetschen,* das sich auf den gesamten nicht-literarischen Bereich bezieht, zu unterscheiden[40].

Die *Grundfragen* des Übersetzens – und auch die Antworten darauf – sind nach Kloepfer im 18./19. Jahrhundert formuliert und gegeben wor-

den: von Diderot und Hamann, von Goethe, Schleiermacher und Humboldt. Als Grundformen der Übersetzungstheorie werden behandelt:
1. die Übersetzung aus göttlicher in menschliche Sprache;
2. primitive Wörtlichkeit (Interlinearversion);
3. freie Übersetzung, ausgehend von Cicero: »Ich übersetzte die Gedanken, ihre Formen, oder, wie man auch sagen kann, ihre Figuren, jedoch in eine Sprache, die unserer Gepflogenheit angemessen ist (verbis ad nostram consuetudinem aptis). Daher hatte ich nicht Wort für Wort wiederzugeben, vielmehr die allgemeine Stilart (genus) und die Bedeutung (vis) der fremden Wörter«[41];
4. treue Übersetzung.

Der *treuen* Übersetzung – treu im Sinne »der zwiefachen Verantwortung dem Original und dem Leser gegenüber« (S. 16) – widmet Kloepfer am meisten Aufmerksamkeit: hier wird die theoretische Auseinandersetzung mit dem Übersetzen, wie wir sie bei Hieronymus und Luther, in der italienischen Renaissance und im französischen Humanismus, in der Aufklärungszeit und im Zeitalter der »Wende zur modernen Übersetzungstheorie« (Diderot, Hamann, Goethe, Schleiermacher und Humboldt) finden, dargestellt.

Zur »Übersetzungstheorie im 20. Jahrhundert« bemerkt Kloepfer, daß sie sich meist im Rahmen einseitiger Fragen bewege; nur bei wenigen Autoren – vor allem im dritten Jahrzehnt – könne man »eine echte Fortsetzung der klassischen Theorie feststellen« (S. 56). Dabei werden die Arbeiten B. Croces, Gentiles, Pannwitz', Ortega y Gassets, Rosenzweigs, Bubers, Valérys, insbesondere aber W. Schadewaldts Begriff der »dokumentarischen« Übersetzung behandelt[42]. Zentral für die literarische Übersetzungstheorie ist nach Kloepfer die Auseinandersetzung mit Schleiermachers Antithese vom »Verfremden« und »Verdeutschen«, die ihre Synthese in der »Mittellinie« von Schadewaldts *dokumentarischer Übersetzungsmethode* findet:

Zu dieser sich öffnenden Grenze oder Mittellinie hin, in dieses »Niemandsland« muß sich der Übersetzer wagen. Seine Sprachwelt darf nicht irgendwie gegeben oder beliebig entwickelt sein, sondern muß im Ringen mit der Sprachwelt des Originals und nach deren Maßgabe im deutschen Wortlaut neu errichtet werden, gleichsam »ein ›Griechisch‹ im Bereich der deutschen Zunge«. (S. 75)

Übersetzung als »Urbarmachung sprachlichen Brachlandes« (S. 77), wie es Rosenzweig fordert, ist mit ihrer »höheren Art von Wörtlichkeit« (S. 78) als Mittellinie zwischen den beiden Schleiermacherschen Polen die wahre Übersetzungsmethode, die die Treue gegenüber dem Stil eines Kunstwerkes gewährleistet.

Kloepfers Theorie der literarischen Übersetzung reduziert sich letztlich auf die Diskussion der *Übersetzungsmethode,* die ein adäquates Wiedergeben des sprachlichen Kunstwerkes in einer fremden Sprache erlaubt und ein möglichst genaues Verstehen des Fremden gewährleistet. Diese Zielsetzung zeigt sich besonders deutlich in den Analysen von Texten von Plautus, Dante und Rimbaud, in denen es um das *Wie* des übersetzerischen *Nachvollzuges* geht. Diese Analysen führen – im Anschluß an die Diskussion der Übersetzungsmethoden verschiedener Übersetzer – im Falle einer Plautus-Szene und eines Rimbaud-Gedichtes zu Verbesserungsvorschlägen, die er als »Schema« verstanden wissen will (S. 96), durch das »alle paar Jahre durch entsprechenden Ersatz die Übersetzung wieder zur nötigen Aktualität kommt« (dies bezieht sich auf eine Plautus-Stelle, wo zeitbedingte Modetorheiten eine Rolle spielen).

In einem abschließenden Kap. über »Dichtkunst – Hermeneutik – Übersetzungskunst« zieht Kloepfer in zum Zeil poetisch-dunklen Worten das Fazit seiner Abhandlung. Anknüpfend an Valéry ist von der Unerreichbarkeit des Zieles als dessen Vollendung (S. 123), von den »vielen Weisen des Verstehens« und von der Übersetzung als »einer Art der Progression« (S. 125) die Rede. Und die »Theorie der literarischen Übersetzung« schließt mit den Sätzen:

Übersetzung ist Dichtung – nicht irgendeine Dichtung, etwa Nachdichtung oder Umdichtung, sondern die Dichtung der Dichtung. Novalis spricht vielleicht in diesem Sinne vom Übersetzer als dem Dichter des Dichters. (S. 126)

Man könnte sich keinen größeren Unterschied vorstellen als den zwischen der Arbeit R. Kloepfers und J. Levýs »Die literarische Übersetzung. Theorie einer Kunstgattung« (1969), wiewohl beide dasselbe Phänomen, die Übersetzung dichterischer Werke, zu ihrem Gegenstand haben. Für Kloepfer ist es selbstverständlich, daß die Methoden der Linguistik in der Theorie der literarischen Übersetzung fehl am Platze sind. J. Levý stellt dagegen fest, daß die neuen linguistischen Methoden »in den kommenden Jahren möglicherweise auch das Denken über Fragen der künstlerischen Übersetzung grundlegend beeinflussen werden« (S. 22).

Wie fruchtbar die Anwendung moderner Methoden – es handelt sich um die *strukturalistischen Methoden der Prager Schule* – auf ein Textmaterial ist, das nicht selten als einer exakteren Analyse unzugänglich betrachtet wird, macht seine literarische Übersetzungstheorie auf überzeugende. Weise einsichtig. Immer wieder wird – theoretisch und praktisch – auf die Dialektik des Allgemeinen und des Einzelnen (allgemeine semantische, stilistische und künstlerisch-ästhetische Merkmale eines Textes / besondere und individuelle Merkmale, S. 91), auf die Dialektik des Ganzen und des Teils (S. 102), auf die Dialektik von Inhalt und Form (S. 108), auf die Zusammenhänge zwischen dem einzelnen Werk und der Funktion der

Übersetzung im Rahmen einer Kultur, einer Epoche und der National- und Weltliteratur (S. 173) hingewiesen. Stützt sich Kloepfer bei der Beschreibung der Literatursprache auf Valéry (»Das höchste Ziel dieser Kunst [nämlich die Dichtung] ist dann erreicht, wenn ihr Leser keinen anderen vollkommenen und notwendigen Ausdruck für die Wirkung, die ein Werk auf ihn ausübt, finden kann als dies Werk selbst«, S. 9), so stellt Levý fest, daß die französische Ästhetik des Übersetzens seiner Betrachtungsweise »relativ am entferntesten« (S. 30) ist. Nicht verwunderlich ist auch, daß die historische Einleitung bei Levý sehr kurz ausfällt; dem Stand der theoretischen Beschäftigung mit den Fragen des Übersetzens widmet er nur 20 Seiten, während zwei Drittel des Buches von Kloepfer Referat und kritische Auseinandersetzung mit den Grundformen der Übersetzungstheorie von den Anfängen bis Schadewaldt darstellen.

Levý macht einleitend klar, was er unter der »richtigen« Übersetzungsmethode versteht. Die *Übersetzungsmethoden,* die sich in Antinomien wie wörtlich/frei, philologisch/künstlerisch, verfremdend/verdeutschend bzw. adaptierend fassen lassen und die seit Cicero, Hieronymus, Luther, Tytler, Schopenhauer, Goethe, Schleiermacher bis Ortega y Gasset, Rosenzweig und Schadewaldt immer wieder diskutiert wurden, teilt er in zwei Hauptgruppen ein:

a) die *illusionistischen Methoden,* durch die dem Leser eine Übersetzung vorgelegt wird, die bei ihm die Illusion wecken soll, ein Original zu lesen;

b) die *antiillusionistischen Methoden* lassen beim Leser diese Illusion nie aufkommen; er ist sich vielmehr immer bewußt, kein Original, sondern eine Übersetzung zu lesen.

Levýs Konzeption ist diejenige der »illusionistischen«, »funktionellen« (wenn man sie vom linguistischen Standpunkt aus betrachtet) oder »realistischen« Übersetzung (wenn man sie vom ästhetischen Standpunkt aus betrachtet), wobei, wie aus folgendem Zitat hervorgeht, der Begriff der *Wirkung* im Vordergrund steht (allerdings nicht ohne bedeutsame Einschränkung) und die strukturalistische Auffassung zur Geltung kommt:

Es wird uns [bei der Konzeption dieser illusionistischen Übersetzungsmethode] keineswegs um eine Erhaltung des ›Werks an sich‹ gehen, sondern um die Wahrung seines Wertes für den Aufnehmenden (also der distinktiven bzw. soziologischen Funktionen seiner Elemente). Wir werden nicht darauf bestehen, daß das Erlebnis des Lesers des Originals mit dem des Lesers der Übersetzung identisch sein muß, sondern auf einer Identität aus der Sicht der Funktion in der Gesamtstruktur der kulturhistorischen Zusammenhänge beider Leser. Es geht um eine Unterordnung der Einzelheiten unter das Ganze, sei es in Bezug auf die Funktion im System, sei es in Bezug auf eine typisierte Gültigkeit. (S. 32)

Keineswegs will Levý unter dieser illusionistischen Methode ein Adaptieren verstanden wissen, das alles austilgt, was irgendwie noch an den fremden Kontext erinnert. Die *Substitution* (d. h. die Ersetzung von in einem spezifischen fremden Milieu verankerten Begriffen mit Begriffen aus dem Milieu der ZS; zur Adaptation, s. u., S. 165 f.), ist nur »ein Ausweg aus der Not« (S. 91). In welchem Umfange die Substitution gerechtfertigt ist, wird in der theoretischen Auseinandersetzung mit dem Übersetzen noch und noch diskutiert – und stellt sich dem Übersetzer immer wieder als praktisches Problem. Zwei gegensätzliche Standpunkte lassen sich nach Levý unterscheiden (die in engem Zusammenhang mit der illusionistischen und der antiillusionistischen Übersetzungsmethode stehen): der *klassizistische* der adaptierenden Übersetzung und der *romantische*, d. h. im wesentlichen Schleiermachers, der wortgetreuen Übersetzung. Führt erstere Übersetzungsmethode zu einer Lokalisierung und Aktualisierung im Bereich der ZS auf Kosten der besonderen AS-kontextbedingten Momente, so bewahrt letztere gerade diese Momente auf Kosten der Allgemeinverständlichkeit.

Das Problem der Substitution stellt sich insbesondere bei *Namen* – ein Problem, das von Levý eingehend behandelt wird. Für die Beurteilung der Frage, wann sich das Verfahren der Übersetzung (möglich bei Namen in den mittelalterlichen Allegorien: *Everyman/Jedermann*), wann die Substitution (Ersetzung des Namens *Archetriclin* in Villons »Ballade et Oraison« durch *Salomo*) und wann die Transkription (Übernahme von Namen wie *Soames, Swithin, Jolyon* der »Forsyte Saga« in den Text der Zielsprache) anbietet, muß immer von der *Wirkung* auf den Leser der Übersetzung ausgegangen werden. Und dieses Prinzip ist bei der Beurteilung aller übersetzungstechnischen Probleme anzuwenden:

Zwischen der Übersetzung und dem Original besteht die Beziehung eines Werks zu seiner Ausführung in einem anderen Material; deshalb soll als Konstante keineswegs die Verwirklichung der Einheit von Form und Inhalt im sprachlichen Material angesehen werden, sondern deren Konkretisation im Gedanken des Aufnehmenden, einfacher gesagt der resultierende Eindruck, die Wirkung des Werks auf den Leser. Beim Übersetzen handelt es sich dann nicht um eine mechanische Bewahrung der Form, sondern um deren semantische und ästhetische Werte für den Leser, bei dem national und zeitlich Spezifischen geht es nicht darum, alle Einzelheiten zu bewahren, in denen das historische Milieu der Entstehungszeit zur Geltung kommt, sondern es soll im Leser der Eindruck, die Illusion eines bestimmten historischen nationalen Milieus erweckt werden. (S. 94)

Im ersten Teil seines Buches beschäftigt sich Levý – um in Kürze noch einige inhaltliche Hinweise zu geben – im Kapitel »Der Vorgang des Übersetzens« einerseits mit der Entstehung des literarischen Werkes und seiner Übersetzung, anderseits mit den verschiedenen *Phasen der Übersetzerarbeit,* die folgendermaßen charakterisiert werden:

a) das Erfassen der Vorlage (d. h. wörtlich-philologisches und stilistisches Erfassen sowie Erfassen des Kunstwerkes als Ganzes);

b) die Interpretation der Vorlage (Suchen des objektiven Kerns der Vorlage);

c) die Umsetzung der Vorlage (künstlerisch gültige Umformulierung unter Beachtung der Inkongruenz verschiedener sprachlicher und stilistischer Systeme).

Im Kapitel »Die ästhetischen Probleme des Übersetzens« steht die Frage nach den *Normen* der künstlerischen Übersetzung im Vordergrund. Diese Normen sind die *Wahrhaftigkeit* der Übersetzung, wobei der Aspekt der Wirkungsgleichheit eine zentrale Rolle spielt, und ihre *Schönheit*. Es geht mit anderen Worten um die Begriffe der Übersetzungstreue und um das Übersetzen als eine schöpferisch-künstlerische, häufig sprachschöpferische Tätigkeit. Ferner beschäftigt sich Levý in »Zwei Kapitel aus der Poetik des Übersetzens« mit dem künstlerischen und dem ›übersetzerischen‹ Stil und mit dem Problem der Übersetzung von Buchtiteln[43]. Ein weiteres Kap. ist der Übersetzung von Theaterstücken gewidmet. Von besonderem Interesse ist das Kapitel »Die Übersetzung als literarhistorisches Problem«: hier werden Maßstäbe und Methoden der Übersetzungsanalyse und die Funktion der Übersetzung in den Nationalliteraturen und in der Weltliteratur erörtert. – Der zweite Teil des Buches gilt der Beschreibung und Analyse von Problemen der *Gedichtübersetzung*.

R. Kloepfers und J. Levýs Theorien der literarischen Übersetzung sind als *Grundlage* für die Erforschung von Geschichte und Wirkungsgeschichte einzelner Übersetzungen und Übersetzungsgattungen, für die vergleichende Stilistik und kontrastive Linguistik und für die vergleichende Literaturwissenschaft unentbehrlich. In ihnen wird das Phänomen Übersetzung (in seiner Doppelwertigkeit als Produkt und Prozeß des Übersetzens) für den literarischen Bereich in seiner Eigenart und Eigengesetzlichkeit als Forschungsgegenstand umrissen und bestimmt. Die Übersetzung erweist sich nicht nur als Paradigma für die Analyse übersetzungstechnischer Probleme (die sich letztlich in einer Typologie der Übersetzungsschwierigkeiten für einzelne Sprachenpaare und Textgattungen zusammenfassen lassen), sondern als literarisch-ästhetisches, stilistisches, linguistisches, wirkungs- und kulturgeschichtliches Phänomen[44].

3.5.2. Jumpelts Theorie der naturwissenschaftlichen und technischen Übersetzung

Im Ausgangspunkt, in der Methodik und in der thematischen Ausrichtung unterscheidet sich R. W. Jumpelts Buch »Die Übersetzung naturwissenschaftlicher und technischer Literatur« (1961) grundlegend von R. Kloepfers und J. Levýs Arbeiten zur literarischen Übersetzung. Jumpelt geht davon aus, daß die Übersetzung »Gegenstand der Sprachwissenschaft« ist (S. 6), wobei er allerdings durchaus einräumt (mit implizitem Bezug auf die literarische Übersetzung), daß die Übersetzung »Vorgänge enthält, deren wissenschaftliche Analyse mit der Untersuchung der lexikalischen, morphologischen und syntaktischen Probleme nicht erschöpft werden kann« (S. 7). Er weist aber die – recht verbreitete – Auffassung zurück, eigentliche (und das heißt wohl auch: unlösbare) Probleme gebe es bei der naturwissenschaftlich-technischen Übersetzung (ntÜ) nicht:

Es wird ja häufig angenommen, Probleme in der ntÜ gäbe es nicht, die Wörter seien in Wissenschaft und Technik international und den Rest besorge ein Minimum an grammatischen Kenntnissen aus der Schulzeit. (S. 8 f.)

Jumpelt will mit seiner Untersuchung zeigen, »welche Unterschiede, offene und verdeckte, selbst bei benachbarten Sprachen auch in Technik und Naturwissenschaften der Kommunikation Grenzen setzen« (S. 9). Er vertritt die Auffassung, daß die *Textgattung* der Hauptfaktor ist, »der alle Kriterien [d. h. Übersetzungsprinzipien und -verfahren] bestimmt« (S. 24). Die naturwissenschaftlich-technische Übersetzung als eine Art der *pragmatischen Übersetzungsgattung*[45] »muß primär die Inhalte der Aussagen wiedergeben« (S. 26); es geht also um *inhaltliche Invarianz*. Die Darstellungsfunktion der Sprache, d. h. die inhaltsvermittelnde Funktion, steht bei naturwissenschaftlich-technischen Texten im Vordergrund; andere Sprachfunktionen, wie z. B. die ästhetische, spielen, wenn überhaupt, eine nur untergeordnete Rolle.

Jumpelt analysiert und beschreibt im Hauptteil seines Buches die Bedingungen, Probleme und Verfahren der Herstellung inhaltlicher Invarianz. Besonders ausführlich geht er auf die Umsetzungsprozeduren der Modulation und der Transposition ein. Unter dem Phänomen der *Modulation* werden bestimmte inhaltliche Verschiebungen verstanden, die sich beim Übersetzen ergeben. Beispiel: während es beim dt. Verb *sich verziehen* (von Material) keine Rolle spielt, in welcher Richtung die Bewegung verläuft, muß sich der Übersetzer im Engl. entscheiden, ob es sich um *to warp* handelt (Bewegung in allen Richtungen) oder um *to twist* (nur in diagonaler Richtung) (S. 72).

Transpositionen sind dagegen die grammatischen Veränderungen, die notwendig sind, um inhaltliche Invarianz zu gewährleisten. Man versteht darunter die Erscheinung, daß bestimmte Wortarten oder grammatische Kategorien der AS in der ZS durch andere Wortarten oder grammatische Kategorien ersetzt werden. Beispiele:

engl. Verb → dt. Substantiv
as the pressure *increases* → mit dem Ansteigen des Druckes (S. 87)
engl. ing-Form → finite Konstruktion im Dt.
thoroughly mix the solution by *running* the pump to circulate the mixture with the feed-cock closed → die Lösung gründlich durchmischen, indem man die Pumpe bei geschlossenem Hahn laufen läßt (S. 94)
engl. Adjektiv + Substantiv → dt. Zusammensetzung
muscular activity → Muskeltätigkeit
electrical engineer → Elektroingenieur (S. 101)

In weiteren Kapiteln analysiert Jumpelt die Zuordnungen im Bereich *komplexer Sinneinheiten* (Ableitungen, Zusammensetzungen, Wortgruppen) und im Bereich der *fachsprachlichen Terminologie,* wobei insbesondere die *Benennungsgrundsätze* (Grundsätze bei der Bildung und Anwendung von Termini) dargestellt werden (S. 144 ff.).

Zusammenfassend läßt sich sagen: Jumpelt konzentriert sich auf die Beschreibung jener Umsetzungsprozeduren, die beim Übersetzen von einer bestimmten Einzelsprache in eine andere Einzelsprache »mit einer gewissen Zwangsläufigkeit oder [...] mit einer hohen Wahrscheinlichkeit wiederkehren« (S. 175). Er untersucht die sprachlichen Bedingungen und Erscheinungen, die *objektivierbar* sind, und d. h.: die verallgemeinert und als *Gesetzmäßigkeiten des Übersetzens* beschrieben werden können, und zwar für die Textgattung *naturwissenschaftlich-technische Texte.* Es zeigt sich, daß für die naturwissenschaftlich-technische Übersetzung der Bereich des in diesem Sinne gesetzmäßig Erfaßbaren relativ groß ist. Ohne Zweifel ist dieser Bereich wesentlich größer als bei anderen Textgattungen, etwa der Textgattung poetische Texte.

Die naturwissenschaftlich-technische Übersetzung ist darum einer Objektivierung leichter zugänglich, weil eine Reihe von den die Übersetzung bestimmenden Variablen und Faktoren konstant ist oder besser: weil eine Reihe von Variablen und Faktoren keinen direkten Einfluß auf die sprachliche Gestaltung haben:

1. Das übergeordnete Übersetzungsprinzip ist in der Regel eindeutig angebbar: es handelt sich um das Prinzip der *inhaltlichen Äquivalenz* (zur denotativen Äquivalenz, s. u., S. 187 f.).

2. Die Variationsbreite im *syntaktischen Bereich* ist eingeschränkt: die Syntax der technisch-wissenschaftlichen Sprache folgt einer relativ begrenzten Zahl von Mustern.

3. Die Variationsbreite im lexikalischen Bereich ist eingeschränkt durch die *Terminologisierung.*

4. Die Variationsbreite im individualstilistischen Bereich ist stark eingeschränkt: die *Gebrauchsnormen* wissenschaftlich-technischer Sprache sind relativ fest.

5. Der *Empfängerbezug* stellt im allgemeinen kein Problem dar: die Übersetzungen naturwissenschaftlich-technischer Texte richten sich in der ZS im allgemeinen an Leser, deren Wissens- und Verstehenshintergrund mit dem der Leser der AS-Fassungen vergleichbar ist.

3.6. Linguistische Übersetzungstheorie

Übersetzen ist, das machen die Ausführungen in diesem Kapitel deutlich, ein komplexer, von *unterschiedlichen Bedingungen und Faktoren* bestimmter Vorgang: beteiligt sind ein AS-Text, der im kommunikativen Zusammenhang der AS steht (Zusammenhang von Ausgangssprache, kommunikativem Hintergrund der AS-Sprachgemeinschaft und Empfängerkreis des AS-Textes), der kommunikative Zusammenhang der ZS (Zusammenhang von Zielsprache, kommunikativem Hintergrund der ZS-Sprachgemeinschaft, intendiertem Empfängerkreis in der ZS) und ein Übersetzer, der den AS-Text so in einen ZS-Text überführt, daß er bestimmten Äquivalenzforderungen genügt. *Texte* sind auf unterschiedlich komplexe Weise strukturiert, machen unterschiedlichen Gebrauch von den in einer Sprache bestehenden Ausdrucksmöglichkeiten; sie bewegen sich zwischen stark normierten Ausdrucksmustern und extrem individualistisch geprägten Sprach- und Stilzügen.

Die Ansprüche an Wissenschaftlichkeit, Objektivierbarkeit und Formalisierbarkeit, die in den 50er und 60er Jahren auch an sich bisher als geisteswissenschaftlich-hermeneutisch verstehende Disziplinen – darunter Sprach- und Literaturwissenschaften – gestellt wurden, führten im Falle der Auseinandersetzung mit dem Phänomen Übersetzung und der Begründung der Übersetzungswissenschaft dazu, daß versucht wurde, diese Variablen zu reduzieren. Das bedeutete, daß die als subjektiv-zufällig geltenden Bestimmungsfaktoren so weit wie möglich ausgeschaltet werden mußten. Dies hatte zur Folge, daß man sich auf Texte beschränkte, die den Ansprüchen einer wissenschaftlichen Beschreibung zu genügen vermochten. Übersetzung hat es mit sprachlichen Erscheinungen zu tun, ist doch ihr Spezifikum der *Sprachwechsel;* die *Linguistik* hatte sich in den 50er und 60er Jahren als Wissenschaft etabliert, die sich wissenschaftlicher Methoden bediente – was lag näher, als die Beschreibung der Übersetzungsvorgänge zur Aufgabe dieser Linguistik zu machen. Der Anstoß, Übersetzen als primär oder ausschließlich linguistisches Phänomen zu erfassen und als solches zu objektivieren, ging von Theorie und Praxis der maschinellen Übersetzung aus: die Übersetzungswissenschaft wurde gleichsam *Hilfsdisziplin der maschinellen Übersetzung,* deren Aufgabe es war, Sprache so zu formulieren und zu algorithmisieren, daß Texte vom Computer in der AS analysiert und in der ZS synthetisiert werden konnten. Wissenschaften, die sich bisher durchaus als Wissenschaften verstanden hatten, mußten es sich gefallen lassen, aus dem Kreis dieser Disziplinen ausgeschlossen zu werden. So führt R. Stachowitz in seinem Buch über die maschinelle Übersetzung aus (1973):

> Heute wird allgemein akzeptiert, daß der Ausdruck »Wissenschaft« sich nicht länger auf eine geistige Disziplin bezieht, die sich mit einem besonderen Sachgebiet befaßt, sondern ganz allgemein auf jede Disziplin, die eine besondere Forschungsmethode verwendet, die sogenannte »wissenschaftliche Methode«. Dementsprechend klassifizieren wir verschiedene Fachrichtungen danach, ob sie sich der wissenschaftlichen Methode bedienen oder nicht. Daher schließen wir Disziplinen wie die Literaturwissenschaft von den Wissenschaften aus. (S. 1)

Kennzeichen der wissenschaftlichen Methode sind Intersubjektivität und Verifizierbarkeit:

> Unter *Intersubjektivität* versteht man, daß die Resultate, die von einer Person erlangt werden, die von gewissen Annahmen ausgeht und nach einer bestimmten Methode arbeitet, auch von anderen Personen erlangt werden, die mit denselben Annahmen und nach derselben Methode arbeiten. Unter *Verifizierbarkeit* versteht man, daß Aussagen über gewisse Phänomene in einem besonderen Forschungsbereich empirisch bestätigt werden können. (S. 1)

Jedoch läßt R. Stachowitz den Leser im unklaren darüber, wie im Bereich der Semantik (wann bedeuten zwei Ausdrücke in derselben Sprache oder in verschiedenen Sprachen dasselbe? wann sind zwei Texte, ein AS-Text und ein ZS-Text, hinsichtlich welcher Kriterien bedeutungsgleich?) diese Intersubjektivität gewährleistet ist und wie Bedeutungsgleichheit oder Übersetzungsäquivalenz *empirisch* verifiziert werden kann.

Vor diesem wissenschaftstheoretischen Hintergrund und vor dem Hintergrund der Entwicklung der maschinellen Übersetzung erklärt es sich, daß eine Reihe von Übersetzungswissenschaftlern, insbesondere die Leipziger übersetzungswissenschaftliche »Schule« (O. Kade, A. Neubert, G. Jäger)[46], die Übersetzungswissenschaft als *linguistische Teildisziplin* verstehen und von *Translationslinguistik* sprechen. Gegenstand dieser Translationslinguistik ist nach G. Jäger (1975) »die Untersuchung der Translationsprozesse als sprachliche Prozesse« und die Analyse der diesen Prozessen »zu Grunde liegenden sprachlichen Mechanismen« (S. 77). Zentrale Begriffe sind *Kode* und *Kodewechsel* (die Umschlüsselung), deren Herkunft aus Nachrichtentechnik und Informationstheorie Ausgangspunkt und Zielrichtung der Translationslinguistik andeutet. Unter ›Kode‹ wird in der Nachrichtentechnik ein übermittlungskanalgerechtes

Zeichenrepertoire und ein Regelmechanismus zur Verknüpfung dieser Zeichen verstanden[47]. Dieser ›Kode‹-Begriff wurde in die Sprachwissenschaft übernommen, indem man – vereinfacht ausgedrückt – die Lexik einer Sprache mit dem Zeichenrepertoire und die Syntax mit dem Zeichenverknüpfungsmechanismus gleichsetzte. In der *sprachlichen Kommunikation* dient der Kode dazu, das, was ein *Sender* inhaltlich übermitteln will (Bewußtseinsinhalte), in Zeichen zu *verschlüsseln (enkodieren)*, die dann der *Empfänger,* der über den gleichen Kode (Zeicheninventar) verfügt, *entschlüsseln (dekodieren) kann:*

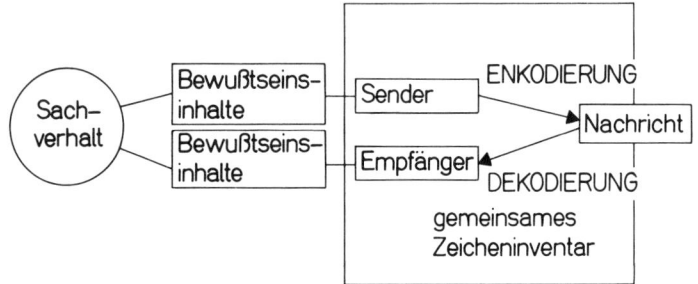

Abb. 1

Übersetzen stellt einen Spezialfall dar: zwischen Sender und Empfänger muß der Übersetzer treten, der die Umschlüsselung, den *Kodewechsel,* vollzieht, weil der Empfänger des Textes nicht über den gleichen Kode verfügt wie der Empfänger der AS-Nachricht. Die translatorische Aufgabe besteht darin, den *Informationsgehalt* eines Textes als Invariante zu erhalten, obwohl ein Kodewechsel stattfindet. Hierin liegt auch das »translatorische Grundproblem«:

Die Problematik der Translation resultiert daraus, daß bei der Umschlüsselung (d.h. beim Vollzug des Kodierungswechsels) im Bereich der *parole* (d.h. bei der Aktualisierung sprachlicher Mittel) auf der Inhaltsebene ein 1:1-Verhältnis zwischen AS-Elementen und ZS-Elementen erreicht werden muß, obwohl im Bereich der *langue* (d.h. in den Relationen zwischen AS-System und ZS-System) die Nichtübereinstimmung der semantisch-funktionellen Seite verschiedensprachiger Zeichen (der AS-Zeichen und ZS-Zeichen) die Regel ist. (O. Kade, 1968, S.75)

Aufgabe der *linguistischen Übersetzungswissenschaft* ist die Beschreibung der Zuordnungsbeziehungen auf der *Systemebene* (›langue‹)[48], die es, obwohl im allgemeinen keine Eins-zu-eins-Beziehungen vorliegen, erlauben, auf der *Textebene* (›parole‹, d.h. der Aktualisierung der potentiellen systematischen Zuordnungen im Text) eine Eins-zu-eins-Beziehung zwischen AS- und ZS-Text zu erhalten.

Die linguistisch orientierte Übersetzungstheorie (*allgemeine Übersetzungstheorie*) beschreibt modellhaft die verschiedenen *Äquivalenztypen* (Eins-zu-eins-Entsprechungen, Eins-zu-viele-Entsprechungen, Viele-zu-eins-Entsprechungen, Eins-zu-Null-Entsprechungen und Eins-zu-Teil-Entsprechungen) und die *Übersetzungsverfahren* (s. dazu Kap. 6), die angewendet werden, um auf der Ebene der sprachlichen Realisierung (des Textes) auch bei Nicht-eins-zu-eins-Entsprechungen auf der Ebene der langue den Informationsgehalt (den Inhalt) als Invariante in der Übersetzung zu bewahren.

Die *spezielle Übersetzungswissenschaft* hat dagegen die Aufgabe, diese potentiellen Äquivalenzbeziehungen für je zwei Sprachen (Sprachenpaare) zu erfassen (z. B. für Engl. als AS und Dt. als ZS). Das Resultat solcher Beschreibungen sind eigentliche *Übersetzungsgrammatiken,* die das System der potentiellen Äquivalenzbeziehungen zwischen zwei Sprachen auf den Ebenen des Lexikons und der Syntax enthalten. *Bezugsgröße* für die Feststellung solcher Beziehungen ist immer der *Inhalt;* die Reichweite der linguistischen Übersetzungswissenschaft ist deshalb begrenzt auf Texte, bei denen es um Inhaltsinvarianz geht und nicht um formal-ästhetische Komponenten. Es handelt sich um Texte, bei denen sich die Funktion der Form »im Dienst am Inhalt« erschöpft (O. Kade, 1968, S. 47). Damit wird die *literarische Übersetzung* aus der linguistischen Analyse des Übersetzens ausgeschlossen: die Formkomponente hat für literarische Texte meistens nicht nur kommunikativen Wert, sondern ist Mittel der *künstlerischen Gestaltung* des Textes[49]:

Die Qualität der literarischen Übersetzung wird gerade dadurch bestimmt, in welchem Maße es gelingt, die Darstellung des Inhalts mit den Mitteln der Zielsprache künstlerisch zu gestalten. Bei der Gestaltung des neuen Textes in der Sprache der Übersetzung aber kommt man ohne künstlerische Begabung, ohne schriftstellerisches Talent nicht aus. Das gilt nicht nur für poetische, sondern auch für prosaische Übersetzungen. Die prosaischste aller prosaischen Übersetzungen innerhalb des literarischen Schaffens ist nicht möglich ohne künstlerische Begabung, d. h. ohne die Fähigkeit, schöpferisch intuitiv das Wortmaterial zu handhaben. (O. Kade, 1968, S. 47)

Einer streng wissenschaftlichen, linguistisch orientierten Übersetzungstheorie zugänglich sind nach O. Kade nur *pragmatische Texte,* für die die Äquivalenzbeziehungen zwischen AS und ZS *objektivierbar* sind, weil sie aus den durch die Systeme der jeweiligen Sprachen gegebenen »Fakten« resultieren.

Es wird grundsätzlich unterschieden zwischen
– dem *literarischen Übersetzen* (»künstlerische Prosa und Dichtung aller Art«) und

– dem *pragmatischen Übersetzen* (»Sachprosa aller Art«, wissenschaftlich-technische, juristische, politische, kommerzielle usw. Texte).

Die linguistisch orientierte Übersetzungswissenschaft ist also zugleich *textgattungsbezogen*. Die Unterscheidung der Textgattungen *pragmatische Texte* und *literarische Texte* basiert auf der jeweiligen Funktion der Formkomponente: *pragmatische Texte* – die Form hat keinen Eigenwert, sie ist dem Inhalt absolut untergeordnet;
literarische Texte – Form und Inhalt stehen in einem dialektischen Verhältnis zueinander.
Damit sind auch verschiedene Wissenschaften bzw. Wissenschaftszweige für die Übersetzungstheorien dieser Textgattungen zuständig:
pragmatische Texte – Linguistik
literarische Texte – Literaturwissenschaft/Linguistik.

Es findet sich also auch hier die Unterscheidung zweier großer Textkategorien. Der oben angedeuteten Unterscheidung zwischen Fiktiv- und Sachtexten auf der einen Seite (s.o., S.65f.) und der zwischen literarischen und pragmatischen Texten auf der anderen Seite liegen allerdings je verschiedene Kriterien zugrunde:

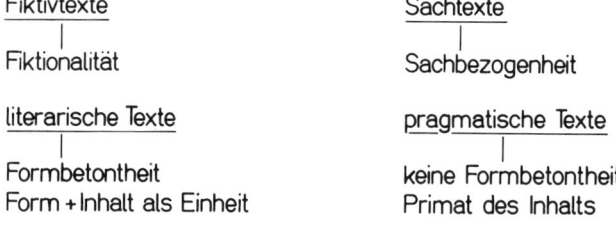

Die Kategorien Fiktivtexte/literarische Texte und Sachtexte/pragmatische Texte sind nicht deckungsgleich: es gibt durchaus formbetonte Texte, die zugleich nicht-fiktiver Art sind (gereimte Chroniken, bestimmte satirische Texte, dokumentarische Literatur, Gedichte in Werbetexten); umgekehrt gibt es fiktive Texte, die nicht formbetont im Sinne auffallender ästhetisch-formaler Gestaltung sind (Trivialliteratur, Pseudo-Reiseschilderungen, die fiktive Reisen beschreiben, utopische Romane in journalistischem Stil). Für einen zentralen Bereich dürften sich aber Fiktionalität + Formbetontheit und Nicht-Fiktionalität + Nicht-Formbetontheit decken.

Die im Sinne der Leipziger Schule linguistisch orientierte Übersetzungswissenschaft, für die sich das Problem der Abgrenzung zur kontrastiven Sprachbeschreibung[50] stellt, ist in ihren sprachenpaarbezogenen

Teilen ein zentrales Forschungsgebiet der Übersetzungswissenschaft[51]. Sie ist zugleich von großem praktischen Nutzen, was sich aus ihrer Aufgabenstellung ergibt:
1. ausgehend von konkreten Texten und Übersetzungsfällen hat sie systematisch die *Äquivalenzbeziehungen* zwischen je zwei Sprachen auf den Ebenen von Grammatik und Lexik zu beschreiben;
2. auf der Basis dieser Beschreibungen hat sie *Übersetzungswörterbücher* zu erarbeiten, die zugleich *Übersetzerhandbücher* sind, die der Übersetzer in seiner Praxis unmittelbar anwenden kann[52].

3.7. Übersetzen als Kommunikationsakt

Die Wissenschaftlichkeit der Übersetzungswissenschaft in ihrer streng linguistischen Ausrichtung, wie sie im Abschnitt 3.6. dargestellt wurde, ist erkauft mit dem Preis der Beschränkung auf eine Textgattung – allerdings eine wichtige Textgattung – und mit der Abstraktion von Faktoren, die bei der Übersetzung anderer Texte eine Rolle spielen: Empfängerbezug, Einbettung der Übersetzung in den Kommunikationszusammenhang, Interpretation des Textes durch den Übersetzer. Parallel zu dieser linguistischen Übersetzungswissenschaft gibt es eine Betrachtungsweise des Übersetzens, die den *kommunikativen Aspekt* in den Vordergrund stellt und Übersetzungswissenschaft als *Kommunikationswissenschaft* versteht. Übersetzen wird nicht als rein linguistisches Phänomen unter dem Aspekt des Kodewechsels betrachtet, sondern als Kommunikationsakt, bei dem der Wechsel der Sprache nur einer der zu berücksichtigenden Faktoren ist. Zu den Arbeiten, die das Übersetzen in diesem Sinne als linguistisch-kommunikationswissenschaftliches Problem behandeln, gehört das Werk, das in der Entwicklung der Übersetzungswissenschaft einen Meilenstein darstellt, ja mit dem die Übersetzungswissenschaft als Wissenschaft recht eigentlich begründet wurde: E. A. Nidas »Toward a Science of Translating« (1964).

Nida stellt in seinem Buch, dessen Titel den provisorischen und unabgeschlossenen Stand der Übersetzungswissenschaft hervorhebt, die Erörterung *semantischer Probleme* ins Zentrum. Dabei geht es ihm vor allem um die Miteinbeziehung moderner linguistischer Methoden und Resultate bei der Analyse des Bedeutungsproblems: der *language-and-culture*-Forschung von B.L. Whorf und der anthropologisch orientierten Linguistik überhaupt; der allgemeinen Semantik (*general semantics*), die Sprache und menschliches Verhalten (*human behaviour*) in Relation setzt; der logistischen Sprachanalyse eines B. Russell und L. Wittgenstein; der Sprachpsychologie und schließlich der Philologie, welche die literarische Produktion in ihrem kulturellen Kontext sieht. Auf dieser Basis – Sprache aufgefaßt als Teil des *human behaviour* – versucht Nida »an essentially descriptive approach to the translation process« (S. 8).

Die ausführliche Behandlung des Bedeutungsproblems (*the meaning of meaning*)[53] wird folgendermaßen begründet:

Basic to any discussion of principles and procedures in translation is a thorough acquaintance with the manner in which meaning is expressed through language as a communication code [...] (S. 30).

Ausführlich werden die bisherigen Versuche, dem Problem der Bedeutung beizukommen, behandelt. Stellt die *Semantik* die Beziehungen zwischen den Zeichen (*symbols*) und ihren Referenten (das, worauf sich Zeichen beziehen bzw. worauf man sich mit Zeichen bezieht) dar (sie analysiert z. B. die Segmentation der Farbenskala in den Wörtern verschiedener Sprachen), so geht es in der *Syntax* um die Relation zwischen Zeichen und Zeichen (hierher gehört die Unterscheidung von *blackbird* ›Amsel‹ mit dem Akzent auf *black* – und *black bird* ›schwarzer Vogel‹ mit dem Akzent auf *bird*) und in der *Pragmatik* um diejenige zwischen Zeichen und menschlichem Verhalten (der Hörer oder Leser reagiert auf eine bestimmte Weise auf assoziationsgeladene Ausdrücke wie *Sex* oder *Tod*). Die Bedeutung eines Ausdrucks kann nie losgelöst von der *Kommunikationssituation* betrachtet werden, in der er geäußert wird. So muß denn dem Kommunikationsprozeß mit seinen drei Faktoren Sender (*source*), Mitteilung oder Aussage (*message*) und Empfänger (*receptor*), und deren Bezug auf die Bedeutung besondere Aufmerksamkeit geschenkt werden. Nidas Buch ist zugleich eine Einführung in die kommunikationswissenschaftliche und informationstheoretische Sprachuntersuchung.

Als fundamentale Merkmale sprachlicher Zeichen (*linguistic symbols*) arbeitet Nida heraus (S. 46 ff.):

1. arbiträrer Charakter sprachlicher Zeichen: arbiträre, d. h. beliebige, aber konventionell festgelegte Relation zwischen Zeichen und Referent, zwischen Zeichenklassen und Referentenklassen, zwischen Zeichenklassen und Zeichenklassen;

2. die Funktion sprachlicher Zeichen, Referentenklassen zu bezeichnen: die meisten Wörter bezeichnen ganze Klassen von Objekten; Ausnahmen sind die Eigennamen, die sich nur auf einen Referenten beziehen; die Beschreibung des Geltungsbereiches eines Zeichens ist bei den fließenden Übergängen und den sich verändernden Grenzen äußerst schwierig; kein Ausdruck hat in verschiedenen Sprechsituationen genau die gleiche Bedeutung;

3. die »Freiheit« der Zeichen: sprachliche Zeichen haben die Freiheit, ihren Geltungsbereich zu erweitern, zu beschränken, zu verändern;

4. die Welt der Erfahrung wird durch sprachliche Zeichen »segmen-

tiert«: jede Sprache gliedert mittels ihrer Zeichen (Wörter) die »Welt« auf oft einzelsprachspezifische Weise;

5. Sprache funktioniert immer in einem bestimmten sozialen Kontext: der Kommunikationsprozeß zwischen Sender und Empfänger muß in seinem sozialen Bezug gesehen werden;

6. Sprache operiert auf zwei Ebenen: a) sie beschreibt die außersprachliche oder »praktische« Welt, b) sie beschreibt die Sprache selbst (Metasprache, Sprache der Grammatik).

In diesem Zusammenhang wird auch das Problem diskutiert, wie und warum Kommunikation überhaupt möglich ist, obwohl keine zwei Menschen dieselben Zeichen mit derselben Bedeutung benutzen, um exakt dieselben Erfahrungen auszudrücken. Im Abschnitt über »Underlying Bases for Human Communication« (S. 53 ff.) werden vier Gründe für gegenseitige Verstehbarkeit angeführt, die nicht nur innerhalb einer Sprache (*intralinguale Kommunikation*), sondern auch zwischen Sprachteilnehmern verschiedener Sprachen (*interlinguale Verstehbarkeit*) gegeben ist:

1. die Ähnlichkeit geistiger Prozesse bei allen Menschen;
2. die Ähnlichkeit somatischer Reaktionen;
3. die Spannweite kultureller Erfahrung: »Certainly the similarities that unite mankind as a cultural ›species‹ are much greater than the differences that separate.« (S. 55);
4. die Fähigkeit der Menschen, sich an Verhaltensmuster anderer anzupassen.

Verstehbarkeit und *Übersetzbarkeit* müssen also zusammen gesehen werden; zwischen ihnen besteht ebensowenig ein prinzipieller Unterschied wie zwischen interlingualer und intralingualer Kommunikation:

To suggest that the interlingual communication involved in translating is in some way basically different from intralingual communication is to seriously misjudge the very nature of language use. (E. A. Nida, 1976, S. 65)

Zentral bei Nida ist die Unterscheidung von zwei *Äquivalenztypen* (s. o., S. 51 f. und S. 54 f.):

1. die *formale Äquivalenz,* die auf äquivalente Wiedergabe von Form *und* Inhalt einer *message* zielt – hierher gehört als Extremfall die *gloss translation,* die wortwörtliche Übersetzung;

2. die *dynamische Äquivalenz,* die auf dem Prinzip der äquivalenten Wirkung beruht und die nach völliger Natürlichkeit und unmittelbarer Verständlichkeit der Übersetzung im Kontext der ZS strebt.

Ist die formal äquivalente Übersetzung auf die AS gerichtet, so orientiert sich die dynamisch äquivalente Übersetzung an der ZS und dem Empfänger der *message,* der diese lesen können soll, als ob es sich um einen Originaltext handelte. Die Probleme, die bei der Suche nach Äquivalenten auftauchen, systematisiert Nida folgendermaßen:

1. in der ZS-Kultur fehlt ein Element, das mit einem AS-Kulturelement korrespondiert;

2. AS und ZS unterscheiden sich dadurch, daß nicht dieselben Elemente fakultativ bzw. obligatorisch sind: im Schwed. muß man z. B. zum Ausdruck bringen, ob es sich um den Großvater väterlicherseits (*farfar*) oder den Großvater mütterlicherseits (*morfar*) handelt – nicht aber im Dt.;

3. der Grad der ›decodability‹ kann verschieden sein in AS und ZS, d. h. bestimmte Zeichen für bestimmte Sachverhalte sind in der AS geläufiger als die entsprechenden in der ZS.

Diese Betrachtung des Übersetzungsprozesses mit dem Gewicht auf dem Prinzip der dynamischen Äquivalenz ist *empfängerbezogen;* Nida spricht denn auch nicht von *target language* (ZS), sondern von *receptor language* (Sprache der Empfänger). Man kann von einer *pragmatisch* ausgerichteten Übersetzungswissenschaft sprechen oder, wie Nida (1976, S. 68) es tut, von einer *soziolinguistischen Übersetzungstheorie.* Aus dieser Sicht wird die Vorstellung abgelehnt, daß es so etwas wie eine und nur eine optimale Übersetzung eines Textes geben könne: weil es verschiedene Empfängergruppen gibt, muß es auch unterschiedlich ausgeformte Übersetzungen geben, die sich auf diese Empfänger »einstellen«[54]:

Varying educational levels, occupations, and interests greatly affect the ability of people to understand a message. Accordingly, it may be necessary to prepare quite different translations of the same text for such disparate groups as university students, primary-school graduates, newly literate adults, school children reading in a foreign language, and the mentally retarded. As a matter of fact, the Bible Societies are currently producing distinct translations of the Scriptures for precisely these different classes of receptors. (E. A. Nida, 1976, S. 68 f.)

Der Sachverhalt, daß Übersetzungen meistens *länger* sind als ihre Originale, d. h. signifikant mehr Wörter umfassen, hängt nicht nur mit der strukturellen Verschiedenheit der Sprachen zusammen, sondern insbesondere damit, daß der Übersetzer oft zusätzliche Informationen in die Übersetzung einbauen muß, um sie verstehbar zu machen. Während beim AS-Text im allgemeinen (allerdings bekanntlich keineswegs immer) davon ausgegangen werden kann, daß er im Blick auf seine intendierten Empfänger inhaltlich und formal so gestaltet ist, daß er die Verstehenskapazität der Empfänger nicht überfordert, muß sich der Übersetzer genau Rechenschaft ablegen, wie diese Verstehenskapazität der ZS-Empfänger beschaffen ist. Er hat die Aufgabe, den ZS-Text inhaltlich und formal so zu »bearbeiten«, daß es zu keiner Überforderung des Empfängers kommt[55]. Die *message*, die Mitteilung, muß sprachlich so gefaßt sein, daß sie den »Kanal des Empfängers« problemlos passieren kann; die ZS-Mitteilung muß *kanalgerecht* gestaltet werden. E. A. Nida (1976, S. 74) illustriert dies mit folgender Skizze:

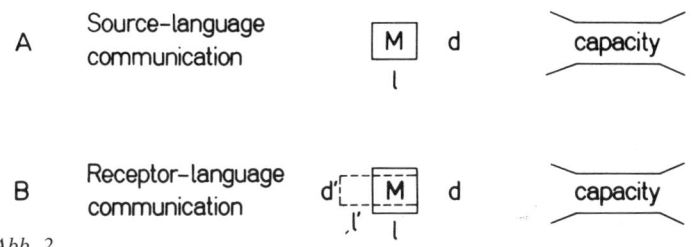

Abb. 2

Das Quadrat stellt die Mitteilung (*message*) dar, die zwei Dimensionen hat: Länge (l für *length*) und Schwierigkeitsgrad (d für *difficulty*). d und l sind in der Kommunikation in der AS so gestaltet, daß sie den Kapazitätskanal passieren können (Fall A). Falls bei der Übersetzung (Fall B) die Länge l beibehalten wird, was bei einer wortwörtlichen Übersetzung der Fall wäre, führt dies zu einer Vergrößerung des Schwierigkeitsgrades und damit zur Überforderung der Empfängerkapazität. Um den Schwierigkeitsgrad in der ZS im Interesse der Empfängerkapazität zu vermindern, muß im Fall B die Länge der Mitteilung durch zusätzliche Informationen vergrößert werden (l'):

In translating this simply means, of course, building into the message an appropriate degree of redundancy – that is, making explicit in the translation certain information which is implicit in the original text. (E. A. Nida, 1976, S. 74 f.)

Die Betrachtung des Übersetzens als komplexer Kommunikationsakt vermag meines Erachtens die Faktoren, die die interlinguale (wie auch teilweise die intralinguale) Kommunikation bestimmen, wenn nicht zu beschreiben (d. h. analytisch in ihren konkreten sprachlichen Auswirkungen zu fassen), so doch wenigstens zu benennen. Sie ist in der Lage, Übersetzungsprinzipien wie auch Übersetzerentscheidungen im Einzelfall zu *erklären*. Sie kann Normen, d. h. Leitschemata für den Übersetzer aufstellen und Übersetzerentscheidungen mit diesen Normen vergleichen und im Vergleich bewerten. Weil es sich aber bei allen diesen Faktoren um Variablen handelt, ist sie als Ausgangspunkt für eine generelle Beschreibung von Übersetzungsäquivalenzbeziehungen zwischen zwei Sprachen ungeeignet. Der Übersetzungsbegriff löst sich im Paraphrasenbegriff auf, genau so, wie sich die Übersetzbarkeitsproblemematik als Spezialfall der intralingualen Verstehbarkeitsproblematik darstellt. Der Begriff des

›potentiellen Äquivalents‹ wird fragwürdig: die Bestimmungsfaktoren im Empfängerbereich sind so vielfältig und so heterogen, daß eine Festlegung von regelhaften Beziehungen kaum mehr möglich erscheint. Denn wenn man alle denkbaren Empfängergruppen und jede mögliche Textinterpretation durch den Übersetzer als entscheidende Faktoren bei der Ermittlung und Auflistung von Übersetzungsmöglichkeiten (potentiellen Äquivalenten) zuläßt, dann gibt es zu jedem Satz und jedem Syntagma eine nicht mehr vorhersagbare und beschreibbare Zahl von Entsprechungen. Mit Recht sieht W. Wilss (1977) hier die entscheidenden Objektivierungsprobleme, die sich ergeben, wenn man Übersetzen nicht als rein linguistische (›linguistisch‹ in dem eingeschränkten Sinn verstanden, der die pragmatische Dimension ausschließt) Operation versteht, »sondern als psycholinguistischen und soziolinguistischen Prozeß [...], der sich einer exhaustiven wissenschaftlichen Darstellung nur schwer erschließt« (S. 76).

Will die Übersetzungswissenschaft auch in der Deskription etwas leisten – und das erwartet sowohl die Übersetzungspraxis als auch die maschinelle Übersetzung von ihr –, so muß sie diese Variablen beschränken, und das heißt: sie wird zur textgattungsspezifischen Übersetzungswissenschaft. Dabei konzentriert sie sich auf Texte, die im sprachlich-stilistischen Bereich so gestaltet sind, daß die Zahl der potentiellen und aktuellen Äquivalente relativ klein ist, und die sich an einen relativ eindeutig angebbaren Empfängerkreis richten. Das gilt in erster Linie für wissenschaftliche und technische Texte, für Texte der Rechts- und Sozialwissenschaften – für jene Textgattungen also, die R. W. Jumpelt (1961, S. 24 ff.) unter dem Begriff der *pragmatischen Übersetzung* zusammenfaßt[56]. Stark empfängerbezogene Übersetzungen wie religiöse Texte, Werbetexte, politische Rede oder stark sprachbezogene Übersetzungen (literarisch-poetische Texte) sind – bei diesem Ausgangspunkt – einer deskriptiven Übersetzungswissenschaft kaum zugänglich, wenigstens nicht beim jetzigen Stand der Sprach- und Stilanalyse in diesen Bereichen.

4. Gegenstand, Aufgaben und Aufbau der Übersetzungswissenschaft

4.1. Die Relativität des Übersetzungsbegriffs

Der *Gegenstand* der Übersetzungswissenschaft scheint zunächst relativ eindeutig angebbar: es ist das Übersetzen als Vorgang der schriftlichen Wiedergabe eines schriftlich vorliegenden Textes in einer anderen Sprache, und es sind Übersetzungen als Resultate dieses Prozesses[1]. Wenn ich von der nur *relativen* Eindeutigkeit der Gegenstandsbestimmung spreche, so hat dies seinen Grund darin, daß geklärt werden muß, welche der ZS-Texte, die in einer Beziehung zu AS-Texten stehen, tatsächlich als Übersetzungen und damit als Gegenstände der Übersetzungswissenschaft zu betrachten sind. Sind z. B. gewisse »Übersetzungen« von Coopers »Lederstrumpf«-Romanen für Kinder noch als Übersetzungen im eigentlichen Sinn anzusprechen[2]? Oder handelt es sich, mindestens in einzelnen Passagen, nicht vielmehr um »inhaltsbearbeitende Übertragungen« oder gar um eigenständige ZS-Texte, für die der AS-Text nur mehr Inspirationsquelle ist, der Handlungsgerüst und/oder Personeninventar liefert (4.1.1.)? Sind sog. Roh- oder Arbeitsübersetzungen – im Unterschied zu »druckreifen Übersetzungen« – schon als eigentliche Übersetzungen zu bezeichnen (4.1.2.)?

4.1.1. Übersetzung im eigentlichen Sinn und Bearbeitung

Mit dem Beispiel der »Lederstrumpf«-Bearbeitungen/Übersetzungen ist das Verhältnis Übersetzung – Original angesprochen: als Übersetzung im eigentlichen Sinne bezeichnen wir nur, was bestimmten *Äquivalenzforderungen normativer Art* genügt. Dazu gehört, daß der AS-Text, unabhängig von seinen speziellen Übersetzungsbedingungen (Empfänger in der ZS, kommunikativer Hintergrund) als *autonomes* Objekt betrachtet (und geachtet) und als solches in der ZS wiedergegeben wird. Bearbeitungen, Paraphrasen und kommentierende Inhaltserläuterungen[3] können nicht als Übersetzungen im eigentlichen Sinne bezeichnet werden und gehören damit nicht zum primären Gegenstand der Übersetzungswissenschaft. Sie können und sollen aber als *Sonderformen der Übersetzung,* die in der Geschichte der Übersetzung und im Rahmen bestimmter Übersetzungstextgattungen – etwa Übersetzungen von Kinderbüchern bzw. Übersetzungen für Kinder – eine Rolle spielen, durchaus im Rahmen der Übersetzungswissenschaft behandelt werden.

Die Übergänge zwischen Übersetzung und Bearbeitung sind jedoch fließend, keineswegs kann so scharf zwischen zwei Hauptarten der

Sprachmittlung unterschieden werden, wie dies G. Jäger (1975, S. 28 ff.) tut, nämlich zwischen
- *kommunikativ äquivalenter* Sprachmittlung = Übersetzung im eigentlichen Sinn (Kriterium: *kommunikativer Wert* des AS-Textes bleibt in der ZS *erhalten*), und
- *kommunikativ heterovalenter* Sprachmittlung = textbearbeitende Wiedergabe (AS-Text wird reduziert oder erweitert oder gleichzeitig reduziert und erweitert, wobei der *kommunikative Wert* des AS-Textes in der ZS *nicht erhalten* bleibt).

Bei stark AS-sprach- und -kulturgebundenen Texten kommt nämlich der Übersetzer nicht darum herum, den Text im Interesse der Lesbarkeit und der Verstehbarkeit in der ZS in unterschiedlich starkem Maße zu bearbeiten[4] – und geschehe dies auch nur durch zusätzliche Erläuterungen in Fußnoten. Die Forderung, die G. Jäger (1975) an die kommunikativ äquivalente Übersetzung stellt, wird deren Spezifik nicht gerecht:

Als kommunikativ äquivalent betrachten wir zwei Texte verschiedener Sprachen dann, wenn ein ideal zweisprachiger Sprecher (d. h. ein Sprecher, der z. B. L_A [= AS] und L_B [= ZS] gleichermaßen beherrscht) in der Kommunikation mit einem ebenso idealen Adressaten (d. h. einem Adressaten, der ebenfalls L_A und L_B gleichermaßen beherrscht) die freie Wahl hat, den Text der Sprache L_A oder den Text der Sprache L_B zur Realisierung seiner Intention zur Äußerung zu verwenden, da beide Texte beim Adressaten denselben kommunikativen Effekt auslösen, so daß die Entscheidung des Sprechers für den einen oder den anderen Text im Hinblick auf die Kommunikationssituation zufällig oder durch eine Ursache bedingt ist, die außerhalb der Partner und des Gegenstandes der Kommunikation sowie der betreffenden Sprachen liegt. (S. 37)

Die *Übersetzungssituation* ist gerade dadurch gekennzeichnet, daß es sich bei dem Leser der Übersetzung um keinen idealen Adressaten (Empfänger) handelt, der AS und ZS beherrscht und nur zufällig die Übersetzung benutzt. Die Situation des Lesers der Übersetzung ist eine prinzipiell andere als die des zweisprachigen Sprechers: er rezipiert den AS-Text in der ZS-Fassung in einem anderen sprachlichen und soziokulturellen Zusammenhang (Zusammenhang der ZS, der kommunikativen Bedingungen der ZS). Ebensowenig ist der Übersetzer ein »idealer Übersetzer«, sondern immer einer, der unter den Bedingungen von AS und ZS und den Ansprüchen des AS-Senders und des ZS-Empfängers steht – Ansprüche komplexer Art, die oft kaum miteinander in Einklang zu bringen sind. Aber auch das *Irreversibilitätskriterium,* das G. Jäger (1975, S. 35) als wesentliche Eigenschaft der heterovalenten Sprachmittlung betrachtet, ist kaum anwendbar: zwar leuchtet ohne weiteres ein, daß Bearbeitungen irreversibel sind, d. h. bei der Rückübersetzung in die AS entsteht in keinem Fall der AS-Text, von dem bei der ZS-Textherstellung ausgegangen wurde. Irreversibel sind aber auch Übersetzungen: die *Unidirektionalität* ist ein primäres Kennzeichen der Übersetzung[5], was sich auch durch praktische Experimente immer wieder bestätigt: Rückübersetzungen führen in den meisten Fällen nicht zurück zu einer mit dem AS-Text identischen Fassung (es sei denn, es handle sich um stark normierte Ausdrucksmuster wie *Rauchen verboten/No Smoking*). Geht die Rückübersetzung gar über verschiedene Sprachen (etwa engl. Original → frz. Übersetzung → ital. Übersetzung → dt. Übersetzung → Rückübersetzung ins Engl.), entstehen bisweilen mit dem Originaltext kaum mehr vergleichbare Texte (dies gilt in besonderem Maße für poetische Texte). Schon bei nahe verwandten Sprachen ergeben sich bei Rückübersetzungen mehr oder weniger starke Abweichungen. Im Zusammenhang mit einem deutsch-schwedischen Übersetzersymposium (1969)[6] übersetzten 10 hochqualifizierte Übersetzer einen ins Schwed. übersetzten Textausschnitt aus W. Weyrauchs »Geschichten zum Weiterschreiben« (1969) zurück ins Dt. Selbst bei einem scheinbar unproblematischen Satz des Originals wie [*Er setzte sich auf eine Kellertreppenstufe.*] *Er wickelte seine Stulle aus dem Stullenpapier.* [*Schweizerkäse drauf.*] ergab sich bei den Rückübersetzungen der schwed. Fassung[7] in keinem Fall die wortwörtliche Entsprechung zum Original[8].

Beispiele:

a. Er wickelte das Frühstücksbrot aus dem Stullenpapier, Schweizerkäse als Belag.
b. Er wickelte seine Brote aus dem Butterbrotpapier. Schweizer Käse als Belag.
c. Er wickelte sein Butterbrot aus dem Butterbrotpapier. Schweizerkäse war drauf.
d. Er wickelte Butterbrote aus dem Butterbrotpapier, mit Schweizerkäse belegt.
e. Er setzte sich auf eine Kellerstufe, wickelte sein Butterbrot aus dem Pergamentpapier, Schweizer Käse als Belag.
f. Wickelte sein Butterbrot aus dem Papier, Butterbrot mit Schweizerkäse.

Kennzeichnend für das Verhältnis Original – Übersetzung ist außerdem, daß *zu einem Originaltext verschiedene Übersetzungen* möglich sind, die durchaus als kommunikativ äquivalent zu beurteilen sind. Das gilt nicht nur in *diachroner* Sicht (was sich anschaulich zeigt, wenn man Übersetzungen eines Originals aus verschiedenen Epochen miteinander vergleicht), sondern auch in *synchroner* Sicht (verschiedene Übersetzer übersetzen denselben Text). Dazu ein Beispiel aus dem Material einer Übersetzertagung des Jahres 1972[9], für die 11 deutsche Übersetzer aus skandinavischen Sprachen bei der Wiedergabe einer und derselben schwed. Vorlage[10] u. a. zu folgenden Lösungen kamen:

(a) Keiner von den Jungen hatte eine Mutter, die mit einem Burschen umging, der gesessen hatte. Die anderen hatten alle ganz gewöhnliche Väter, die um halb sechs von der Arbeit nach Hause kamen, sich im Flur die Hände rieben und sagten: »Nun, was gibt es denn heute Gutes, kleine Frau?«

(b) Von den Jungens hatte sonst keiner eine Mutti mit einem Kerl, der schon gesessen hatte. Die anderen hatten ganz gewöhnliche Väter, die um halb sechs von der Arbeit kamen, die Hände in die Hosentaschen steckten und sagten: »Was hast du denn da heute Gutes gemacht, Olleken?«

(c) Keiner der anderen kleinen Kerle hatte eine Mutter mit einem Mann, der eingesperrt gewesen war. Alle anderen hatten Väter, an denen nichts außergewöhnlich war, die um halb sechs von der Arbeit heimkamen und schon in der Diele, sich die Hände reibend, fragten: »Na, was hast du uns heute Gutes gekocht, kleine Frau?«

Wenn es auch schwierig ist, Übersetzungen im eigentlichen Sinn von ZS-Bearbeitungen von Texten exakt abzugrenzen, so kommt man doch nicht darum herum, arbeitshypothetisch eine solche Unterscheidung einzuführen, und zwar spätestens dann, wenn es um die Beschreibung von potentiellen Äquivalenten und den Bedingungen ihrer Aktualisierung geht. Man muß – auf der Basis explizierbarer Kriterien – festlegen, wann es sich bei einem ZS-Text um eine Übersetzung handelt, die Gegenstand der Übersetzungswissenschaft ist, und wann es sich um Bearbeitungen verschiedener Art und für verschiedenste Zwecke handelt, die nicht mehr zum zentralen Gegenstandsbereich der Übersetzungswissenschaft gehören können[11]. Hier zeigt sich, daß die Übersetzungswissenschaft keine rein beschreibende Wissenschaft sein kann, sondern immer zugleich *normative Wissenschaft* ist. Es wird dabei einen zentralen Bereich geben, wo die Bestimmung von »Übersetzung im eigentlichen Sinne« eindeutig und einfach ist; einen Grenzbereich, wo Übersetzung und Bearbeitung ineinander übergehen (meistens wird es sich um ZS-Texte handeln, die Passagen oder Elemente enthalten, die in den Bereich der Bearbeitung gehören); und einen Bereich der eindeutigen Bearbeitungen. Eine Systematisierung dieser Übersetzungs-/Bearbeitungskategorien steht noch aus. Die Übersetzungswissenschaft wird sich mit der Frage ihrer Abgrenzung, ihrer Kriterien und Merkmale, beschäftigen müssen. Grundsätzlich ist jedoch festzuhalten, daß die Übergänge zwischen Übersetzung und Bearbeitung, zwischen – um die Begriffe G. Jägers (1975) zu verwenden – kommunikativ äquivalenter und kommunikativ heterovalenter Sprachmittlung fließend sind. Jede Übersetzung weist zwangsläufig Züge und Elemente der Heterovalenz auf, ja muß diese aufweisen, wenn sie ihre Übersetzungsfunktion erfüllen will. Die Heterovalenz in kommunikativ als durchaus äquivalent zu betrachtenden Übersetzungen ist bedingt durch

– die sprachlichen Unterschiede, die auf Unterschieden des kommunika-

tiven Hintergrundes von AS und ZS, von AS-Text und ZS-Text beruhen;
- die unterschiedlichen Empfängergruppen, für die die Übersetzung abgefaßt ist;
- unterschiedliche Übersetzungszwecke;
- unterschiedliche Interpretation des AS-Textes durch den Übersetzer in einer bestimmten historischen Situation;
- die Mehrdeutigkeit von AS-Texten, insbesondere im literarischen Bereich, die im ZS-Text unterschiedlich aufgelöst wird.

4.1.2. Bearbeitungsstufen der Übersetzung

Die *Bedingtheit* der Übersetzung zeigt sich nicht nur darin, daß zu einem Original verschiedene mehr oder weniger stark voneinander abweichende Übersetzungen möglich sind. Sie läßt sich in aller Anschaulichkeit bei den Bearbeitungsstufen der Übersetzung nachweisen, weil in ihnen die Auswirkungen der Bedingungsfaktoren unmittelbar in der sprachlich-stilistischen Gestaltung des ZS-Textes faßbar sind. Mit *Bearbeitungsstufen* sind hier *Rohübersetzung, Arbeitsübersetzung* und *druckreife Übersetzung* gemeint, deren Bestimmungsfaktoren im jeweiligen Zweck und im jeweiligen Empfängerkreis der Übersetzung liegen.

Hinsichtlich der Gegenstandsbestimmung der Übersetzungswissenschaft ist zu fragen: kann eine Rohfassung in der ZS, die für bestimmte Empfänger und zu bestimmten Zwecken angefertigt wird und die unter Umständen zahlreiche syntaktische, lexikalische und stilistische Mängel und Unkorrektheiten aufweist (Mängel, die ganz bewußt in Kauf genommen werden), schon als eigentliche Übersetzung bezeichnet werden? Oder anders gefragt: welche *Qualitätsforderungen* müssen an eine Übersetzung gestellt werden, damit sie als eigentliche Übersetzung Gegenstand der Übersetzungswissenschaft – einer Übersetzungswissenschaft möglicherweise, die als Übersetzungswissenschaft im engeren Sinn zu bezeichnen ist – sein soll? O. Kade, der sich mit den verschiedenen Bearbeitungsstufen der Übersetzung in einem Aufsatz mit dem Titel »Qualitätsstufen der Übersetzung« (1964) beschäftigt, betrachtet Roh- und Arbeitsübersetzungen als Übersetzungen im engeren Sinne, d.h. als Übersetzungen, für die – im Sinne G. Jägers (1975) – das Kriterium der kommunikativen Äquivalenz gilt (und nicht das der Heterovalenz). Die Unterschiede zwischen diesen verschiedenen ZS-Fassungen werden als Unterschiede qualitativer Art angesehen. Die Rohübersetzung wird durch weitere Bearbeitung (Qualitätssteigerung) zur Arbeitsübersetzung, und diese kann wiederum Ausgangspunkt für die Herstellung einer druckreifen Übersetzung sein. Für die drei Bearbeitungsstufen der Übersetzung gelten folgende Merkmale:

1. *Rohübersetzung:* »kurzlebige« Übersetzung; beschränkter, dem Übersetzer oft bekannter Empfängerkreis; Arbeitsweise und -hilfsmittel des Übersetzers: Stegreifübersetzen, kein Entwurf, Benutzung von Hilfsmitteln nur in Ausnahmefällen; Qualitätsforderung: *Genauigkeit,* die auf die *Identität des Inhalts* zielt; sprachlich-stilistische Ansprüche: Verstöße gegen Morphologie, Syntax, Phraseologie, Stil, Angemessenheit der Lexik sind zugelassen, soweit dadurch die Genauigkeit der inhaltlichen Wiedergabe nicht beeinträchtigt wird.

2. *Arbeitsübersetzung:* Mittelstellung zwischen Rohübersetzung und druckreifer Übersetzung: »mittelfristige« Übersetzung; größerer und anspruchsvollerer Empfängerkreis als bei der Rohübersetzung; Arbeitsweise und -hilfsmittel des Übersetzers: intensivere Benutzung der Hilfsmittel; Qualitätsforderungen: *Genauigkeit* und *Richtigkeit,* d. h. die Übersetzung verstößt nicht gegen die grammatischen und lexikalischen Normen der ZS, sie ist stilistisch akzeptabel.

3. *Druckreife Übersetzung:* »langlebige« Übersetzung; uneingeschränkter Empfängerkreis; Arbeitsweise und -hilfsmittel des Übersetzers: Studium des Originals vor der Übersetzung, Herstellung eines Entwurfs, Benutzung aller Hilfsmittel (Wörterbücher, enzyklopädische Hilfsmittel, Handbücher und Fachliteratur zum betreffenden Fachgebiet, ggf. Rückfragen beim Verfasser des Originals oder bei Fachleuten), nochmaliger Vergleich der endgültigen Fassung mit dem Original; Qualitätsforderungen: *Genauigkeit, Richtigkeit* und *Adäquatheit:* die Übersetzung ist stilistisch nicht nur akzeptabel, sondern angemessen, d.h. die ZS-Entsprechungen sind optimal gewählt; berücksichtigte Gesichtspunkte bei der Wahl der ZS-Entsprechungen: 1. Sprachform der Übersetzung entspricht den für die betreffende Textgattung in der ZS gültigen Normen, 2. Sprachform ist dem Empfängerkreis angemessen, d.h. sie erreicht die intendierten Empfänger optimal, 3. Sprachform ist dem Übersetzungszweck angemessen (Beispiel: der ZS-Text soll nicht nur lesbar, sondern auch sprechbar sein, wenn es um die Übersetzung von Vortragstexten oder von Predigten geht).

So wichtig diese Bearbeitungsstufen in der Übersetzungspraxis sind, und so notwendig es ist, daß sie in der Übersetzerausbildung geübt werden: für die Übersetzungswissenschaft, insbesondere in ihrem sprachenpaarbezogenen Teil, geht es um Analyse und Beschreibung dessen, was O. Kade »druckreife Übersetzung« nennt. Unter den »potentiellen Äquivalenten« können nicht alle möglichen Entsprechungen eines AS-Ausdrucks in der ZS verstanden werden, die unter bestimmten Umständen ihre kommunikative Funktion erfüllen, nämlich einen AS-Inhalt einem der AS nicht mächtigen ZS-Empfänger in irgendeiner Weise zu vermitteln. Wissenschaftlich faßbar und beschreibbar sind nur die AS-/ZS-Beziehungen und -Entsprechungen, die bestimmten *Äquivalenzforderungen* genügen. Sprachlich-stilistisch unangemessene, ja unmittelbar als fehlerhaft erkennbare ZS-Ausdrücke gehören nicht zu den potentiellen Äquivalenten, die solchen Übersetzungsäquivalenzforderungen genügen. Betrachtete man nämlich alle diese in einer bestimmten Übersetzungssituation vielleicht möglichen, aber kaum objektivierbaren Übersetzungsentsprechungen, so wäre der Gegenstand der Übersetzungswissenschaft nicht mehr bestimmbar. Hier zeigt sich wieder, daß die Übersetzungswissenschaft immer eine normative Komponente hat und haben muß. Sie befindet sich in einem schwierigen und kaum lösbaren Dilemma: sie muß ihre Gegenstände aufgrund von bestimmten Äquivalenzforderungen zunächst einmal festlegen, d. h. sie muß feststellen, ob der Text eine Übersetzung im engeren Sinne ist oder nicht – und sie hat gleichzeitig die Aufgabe, aus diesen Gegenständen, d. h. vorliegenden Übersetzungen, Äquivalenzforderungen abzuleiten und Übersetzungsäquivalenzbeziehungen zu beschreiben. Es ist das Dilemma jeder Wissenschaft, die zugleich *retrospektiv* und *prospektiv* orientiert ist[12]: sie hat, ausgehend von Texten, Übersetzungsbeziehungen zu beschreiben, ggf. unter Einbeziehung von zusätzlichen, vom Beschreibenden als möglich betrachteten Varianten (*deskriptiv-retrospektive Übersetzungswissenschaft*), sie hat aber zugleich normativ-wertend darzustellen, wie Texte optimal zu übersetzen sind, welche potentiellen Äquivalenzbeziehungen vorliegen und welche Faktoren und Bedingungen bei der Wahl einer aktuellen Übersetzungsentsprechung in einem Text maßgeblich sind (*deskriptiv-prospektive Übersetzungswissenschaft*).

4.2. Aufgaben und Gliederung der Übersetzungswissenschaft

Im 3. Kapitel sind nicht nur die übersetzungstheoretischen Ansätze und Entwicklungen dargestellt worden, sondern es wurden jeweils auch verschiedene *Aufgabenstellungen der Übersetzungswissenschaft* charakterisiert: Darstellung der Faktoren und Bedingungen des Übersetzungsprozesses, textgattungsspezifische Übersetzungsprobleme und -theorien, Übersetzbarkeitsproblematik, Form-/Inhaltproblematik, Analyse von Übersetzungsprinzipien und -methoden, Analyse verschiedener Übersetzungsverfahren, terminologische Probleme, Übersetzungskritik, übersetzungsrelevante Textanalyse, Geschichte der Übersetzung und der Übersetzungstheorie, Beschreibung der Äquivalenzbeziehungen zwischen zwei Sprachen etc. Die engeren und die weiteren Auffassungen vom Aufgabenbereich der Übersetzungswissenschaft wurden erörtert: auf der einen Seite Übersetzungswissenschaft als Translationslinguistik mit ihrer Beschränkung auf die sprachenpaarbezogene Beschreibung von Äquivalenzbeziehungen im Bereich wissenschaftlich-technischer Texte, auf der anderen Seite Übersetzungswissenschaft als Kommunikationswissenschaft, in der das Übersetzen als interlingualer Kommunikationsakt aufgefaßt wird, der sich prinzipiell nicht vom intralingualen Kommunizieren unterscheidet.

Die *engere Bestimmung* des Aufgabenbereichs der Übersetzungswissenschaft scheint im Blick auf den heutigen Stand dieser Wissenschaft, die Forschungsinteressen und -ergebnisse nicht angemessen. Es ist zwar möglich, zwischen zentralen und weniger zentralen Aufgabenstellungen der Übersetzungswissenschaft zu unterscheiden. Eine solche Gewichtung der Aufgaben hängt aber von den wissenschaftlichen Interessen und vom wissenschaftlichen Ausgangspunkt ab: während für den Linguisten die Beschreibung der Äquivalenzbeziehungen zwischen zwei Sprachen im Vordergrund steht, ist der Literaturwissenschaftler eher an den stilistisch-ästhetischen und rezeptionsbezogenen Aspekten interessiert. Eine engere Definition der Aufgaben der Übersetzungswissenschaft ist auch deshalb fragwürdig, weil das Selbstverständnis der Übersetzungswissenschaft(ler), wie es sich etwa in den Bibliographien zur Übersetzungswissenschaft spiegelt[13], ein vielfältiges Aufgabenspektrum und breitgefächerte Erkenntnisinteressen erkennen lassen. Was Übersetzungswissenschaft ist bzw. sein soll, kann nicht normativ von einem bestimmten wissenschaftlichen Ausgangspunkt aus festgelegt werden, indem z. B. als zentrale Aufgaben die Beschreibung der Äquivalenzbeziehungen oder die Analyse der ästhetischen Transformationen in der literarischen Übersetzung oder die Herstellung von Übersetzerhilfsmitteln angegeben werden. Übersetzungswissenschaft ist wie jede Wissenschaft immer auch das, was sie geworden ist und als was sie sich im Laufe ihrer Geschichte etabliert hat[14]. So ordnet die Bibliographie von K.-R. Bausch/J. Klegraf/W. Wilss (1970/1972) die Literatur zur Übersetzungswissenschaft in folgende Bereiche ein, die diese unterschiedlichen Aufgabenstellungen illustrieren:

A Theoretical problems of translation
B Language-pair related problems of translation
C Theoretical translation criticism
D Text-based translation criticism
E Methods and techniques of translation
F Textbooks for translating
G Interpreting
H Comparative descriptive linguistics
I History of translation

Beim jetzigen Stand der Übersetzungswissenschaft kann nur sehr allgemein als Aufgabe formuliert werden, Übersetzen als Prozeß und Übersetzungen als Produkte mit den Methoden der Disziplinen zu analysieren, zu erklären und zu beschreiben, die ein auf Übersetzen/Übersetzung bezogenes Erkenntnisinteresse haben, d. h. die bestimmte Fragen in bezug auf Übersetzen/Übersetzungen haben oder die bestimmte Aspekte der Übersetzungsproblematik analysieren können. Ein zentrales und relativ eindeutig bestimmbares Interesse an der Übersetzungswissenschaft hat die *Übersetzungspraxis*. Sie stellt der Übersetzungswissenschaft folgende Aufgaben:

1. die Probleme, die sich in der Übersetzungspraxis stellen, zu analysieren und die sprachenpaarbezogenen Übersetzungsschwierigkeiten in einem systematischen Zusammenhang darzustellen;

2. sprachphilosophische, hermeneutische, sprach- und literaturwissenschaftliche und -theoretische Erkenntnisse auf das Übersetzen zu beziehen und die Übersetzungsproblematik im Lichte dieser Erkenntnisse zu untersuchen;

3. Lösungsmöglichkeiten und Lösungshilfen bei Übersetzungsschwierigkeiten, die sich dem Übersetzer bei der Wiedergabe sprachlicher Erscheinungen von Texten stellen, in Form von Übersetzungswörterbüchern, Übersetzerhandbüchern, terminologischen Listen etc. zu erarbeiten.

Mit dieser praxisorientierten Aufgabenbestimmung sind freilich erst einige Teilgebiete der Übersetzungswissenschaft erfaßt. In der folgenden Zusammenstellung sollen die mir relevant erscheinenden Bereiche der Übersetzungswissenschaft in Stichworten und mit Hinweisen auf Arbeiten, die für den betreffenden Bereich exemplarisch sind, charakterisiert werden.

Die Übersetzungswissenschaft umfaßt *acht Komplexe*:

A. *Übersetzungstheorie*

Die Übersetzungstheorie hat die Aufgabe, den Übersetzungsprozeß und die Bedingungen und Faktoren dieses Prozesses durchschaubar zu machen. Sie abstrahiert von je einzelnen und einzeln vom Übersetzer zu lösenden Übersetzungsschwierigkeiten und systematisiert die grundsätzlichen Probleme. Sie reflektiert das in der Praxis Selbstverständliche und ggf. Automatisierte. Die Übersetzungstheorie beschäftigt sich mit der Klärung folgender Grundfragen[15]: Wie läßt sich der Übersetzungsvorgang darstellen? Was macht Übersetzen möglich? Welche Faktoren sprachlicher und außersprachlicher Art bestimmen das Übersetzen? Welche Gesetzmäßigkeiten liegen dem Übersetzen zugrunde? Wo liegen die Grenzen des Übersetzens? Welche Methoden und Verfahren kommen bei der Lösung unterschiedlicher Übersetzungsschwierigkeiten zur Anwendung? Welche Forderungen sind an Übersetzungen verschiedener Textgattungen zu stellen, die unter unterschiedlichen ZS-Bedingungen von verschiedenen Lesern/Lesergruppen rezipiert werden? Was ist das Wesen und welches sind die Bedingungen von Äquivalenz? Es sind dies Fragen, die in der Geschichte der Übersetzungstheorie immer wieder gestellt wurden und die unterschiedlich beantwortet werden (s. Kapitel 3).

Literaturhinweise:
J. Albrecht (1973), K.-R. Bausch (1973a), J.C. Catford (1965), K. Faiß (1972), F. Güttinger (1963), O. Kade (1968; 1968a), W. Koller (1972), G. Mounin (1963; 1967), A. Neubert (1973a), P. Newmark (1973; 1976), E.A. Nida (1964; 1976), E.A. Nida/Ch.R. Taber (1969), V.H. Pedersen (1975), M. Pergnier (1973), Th. Savory (1968), K. Schmidt (1969), G. Steiner (1975), H. Vernay (1974), W. Wilss (1977), J. Wirl (1958).

B.1. *Linguistisch-sprachenpaarbezogene Übersetzungswissenschaft*

Übersetzen ist ein Prozeß, bei dem AS-Ausdrücke (Lexeme, Syntagmen, Sätze) durch ZS-Ausdrücke ersetzt werden. Die linguistische Übersetzungswissenschaft beschreibt die potentiellen Zuordnungsvarianten und gibt die Faktoren und Kriterien an, die die Wahl von aktuellen Entsprechungen bestimmen. Folgende Teilaufgaben lassen sich unterscheiden:

1. Erarbeitung der theoretischen Grundlagen der Beschreibung von Äquivalenzbeziehungen.

Literaturhinweise:
G. Jäger (1968; 1975), O. Kade (1968), E. Pause (1974), Ch. Schwarze (1972; 1975), B. Spillner (1971).

2. Von Übersetzungstexten ausgehender Sprachvergleich auf der syntaktischen, semantischen und stilistischen Ebene mit dem Ziel der Herausarbeitung von potentiellen Übersetzungsäquivalenten.

Literaturhinweise:
K.-R. Bausch (1963), *Bausch/Gauger 1971* (Teil III: »Deskriptiver Sprachvergleich und Übersetzen«), B. Engelen (1970), E. Fleischmann (1971), R. Gäßler (1973), B. Grünbeck (1976), K. Henschelmann (1977), W. Koller (1974), A. Malblanc (1968), H. Must (1972), H. Pelz (1963), G. Rohdenburg (1974), G.N. Savel'eva (1976), G. Thome (1976), J.-P. Vinay/J. Darbelnet (1971), M. Wandruszka (1969).

3. Beschreibung von speziellen Übersetzungsschwierigkeiten[16], von Fehlerquellen und Fehlermöglichkeiten für Sprachenpaare.

Literaturhinweise:
E. Fleischmann (1976), W. Friederich (1969), H.-W. Klein (1975), W. Koller (1972, Kap. 4: »Übersetzungsfälle«; 1973a), P. Schifko (1967), G. Thiel (1976), L. Truffaut (1975).

4. Beschreibung von Übersetzungsverfahren im syntaktischen, lexikalischen und stilistischen Bereich für Typen von Übersetzungsfällen.

Literaturhinweise:
M.B. Dagut (1976), G. Dalitz (1968), M.K. Diagne (1971), H. Engelke (1975), P. Kußmaul (1974), A. Malblanc (1968), R. Neumann (1966/1967), P. Newmark (1977), W. Schade (1971), F. Scholz (1968), G. Thome (1975), J.-P. Vinay/J. Darbelnet (1971).

B.2. *Textbezogene Übersetzungswissenschaft*
Übersetzen ist ein Vorgang der Zuordnung von ZS-Ausdrücken zu AS-Ausdrücken (Lexemen, Syntagmen, Sätzen), die in der AS wie in der ZS Texte bilden, die sich im Rahmen der für die betreffende Textgattung geltenden sprachlich-stilistischen Normen bewegen, in bestimmten Kommunikationssituationen fungieren sollen und für die bestimmte Rezeptionsbedingungen sowohl in der AS wie in der ZS gelten. Die textbezogene Übersetzungswissenschaft hat folgende Teilaufgaben:

1. Analyse zusammenhängender Texte mit dem Ziel der Herausarbeitung, Systematisierung und Korrelierung von AS- und ZS-Sprach-, Stil- und Textmerkmalen.

Literaturhinweise:
P. Klamerth (1974), P. Kußmaul (1974a), A. Mund (1968), P. Petr (1961), F. Senn (1968), Beiträge in *Spitzbardt 1972*.

2. Erarbeitung einer übersetzungsrelevanten Textanalyse und Texttypologie.

Literaturhinweise:
G.E. Buzzelli (1969), F. Irmen (1971), P. Kußmaul (1974b), K. Reiß (1971; 1976), G. Thiel (1974).

3. Beschreibung und Kontrastierung von Sprach-, Stil- und Textnormen in verschiedenen Sprachen, ausgehend von Übersetzungen und Originaltexten.

Literaturhinweise:
Meines Wissens liegen hierzu noch keine Untersuchungen vor; alle mir bekannten Stilistiken sind einzelsprachlich orientiert.

4. Übersetzungsrelevante Analyse und Beschreibung der Rezeptionsbedingungen von Texten/Textgattungen in verschiedenen Sprachen bzw. Rezeptionsgemeinschaften.

Literaturhinweise:
A. Bruns (1977), K. Rülker (1971).

5. Analyse einzelner Übersetzungen mit dem Ziel der Herausarbeitung

und des Vergleichs sprachlich-stilistischer und ästhetischer Merkmale.
Literaturhinweise:
E. Boecker (1973), G. Borgmeier (1970), P. Gebhardt (1970), H. Gipper (1966), H. Liedloff (1965), H.-P. Naumann (1970).

6. Erarbeitung von Übersetzungstheorien einzelner Textgattungen.

Literaturhinweise:
M. Gravier (1973), W. Hornung et al. (1974), R. W. Jumpelt (1961), R. Kloepfer (1967), J. Levý (1969), K. Reiß (1976).

C. *Wissenschaftliche Übersetzungskritik*
Die Übersetzungswissenschaft hat die Aufgabe, aus den Teilen A und B Methodik und Kriterien einer wissenschaftlichen Übersetzungskritik abzuleiten. Diese setzt insbesondere voraus, daß der Begriff der Äquivalenz geklärt wird; zentrales Problem ist die Objektivierbarkeit der Bewertungskriterien bei der Beurteilung von Übersetzungen.

Literaturhinweise:
J. House (1977), J. Klegraf (1974), W. Koller (1973; 1974a; 1978a), G. Korlén (1966), A. Popovič (1973), K. Reiß (1971), W. Wilss (1974a; 1977, Kap. XI: »Übersetzungskritik«).

D. *Angewandte Übersetzungswissenschaft*
Die angewandte Übersetzungswissenschaft steht im unmittelbaren Dienste der Übersetzungspraxis: sie hat die Aufgabe, Hilfsmittel für den Übersetzer zu erarbeiten oder zu verbessern (Wörterbücher, vergleichende Idiomatik, Fachwörterbücher, Handbücher verschiedenster Art). Ziel der angewandten Übersetzungswissenschaft ist die Herstellung von eigentlichen Übersetzungswörterbüchern.

Literaturhinweise:
R. Goffin (1968), G. Gossing (1968), A. Neubert (1973, S. 19f.), C. Smith (1977), E. Theato (1974).

E. *Theoriegeschichtliche Komponente der Übersetzungswissenschaft*
Mit bestimmten Grundfragen des Übersetzens hat man sich, wie in Kap. 3 dargestellt wurde, seit Jahrhunderten beschäftigt; die Antworten auf diese Grundfragen sind verschieden je nach den ästhetischen, literarischen, sprachlichen und stilistischen Normen, die in einer bestimmten Epoche gelten. Übersetzer, Sprach- und Literaturwissenschaftler und Philosophen haben sich immer wieder mit diesen Fragen beschäftigt. Aufgabe der Geschichte der Übersetzungstheorie(n) ist die Aufarbeitung und systematische Darstellung dieser Auseinandersetzung mit dem Übersetzen, wie sie in einzelnen Epochen geführt wird oder wie sie sich bei einzelnen Übersetzern ausprägt.

Literaturhinweise:
F. R. Amos (1920), J. W. Draper (1921), G. Fuchs (1936), Th. Huber (1968), P. H. Larwill (1935), W. Schwarz (1944; 1945), W. Sdun (1967), A. Senger (1971), U. Vogt (1973), C. B. West (1932).

F. *Übersetzungs- und rezeptionsgeschichtliche Komponente der Übersetzungswissenschaft*

Bei diesem Teil der Übersetzungswissenschaft sind drei Bereiche zu unterscheiden:

1. Geschichte des Übersetzens von den Anfängen bis zur Gegenwart; Bedeutung des Übersetzens in einzelnen Epochen.

Literaturhinweise:
W. Fränzel (1914), H. S. Gehman (1914), A. Huyssen (1969), R. Kruk (1976), H. Pohling (1971), G. Radó (1967), Z. Stoberski (1972), K. Thieme/A. Hermann/E. Glässer (1956), W. Wilss (1974).

2. Geschichte und Wirkungsgeschichte (Rezeptionsgeschichte) einzelner Werke und ganzer Textgattungen; Wirkungsgeschichte einzelner Autoren in verschiedenen Epochen.

Literaturhinweise:
A. Bruns (1977), U. Suerbaum (1969), F. J. Worstbrock (1970), R.-R. Wuthenow (1969).

3. Analyse, Würdigung und Wertung einzelner Übersetzerleistungen.

Literaturhinweise:
M. Fingerhut (1970), P. Gebhardt (1970), V. de la Giroday (1978), J. Maillot (1974), G. Michels (1967).

G. *Didaktik des Übersetzens*[17]

Die Übersetzungsunterrichtsforschung befindet sich noch in ihren Anfängen:

> Was an übersetzungsdidaktischen Veröffentlichungen vorliegt, trägt unverkennbar den Zug von *Do-it-yourself*-Versuchen. Sie basieren weitgehend auf individuellen Lehrerfahrungen, die sich bisher noch nicht zu einer tragfähigen übersetzungsdidaktischen Konzeption entwickelt haben, aus der generelle didaktische und methodische Einsichten ableitbar wären. (W. Wilss, 1977, S. 224)

Hier liegen zentrale Aufgaben, die die Übersetzungswissenschaft (insbesondere die Teile B.1/B.2) in Zusammenarbeit mit der Sprachlehr- und -lernforschung, der Psycholinguistik und der angewandten Sprachwissenschaft zu lösen hat[18].

Literaturhinweise:
W. Friederich (1965), K. Reiß (1974; 1974a; 1975), J. B. Walmsley (1970), W. Wilss (1977, Kap. IX: »Didaktik des Übersetzens«).

4.3. Engere und weitere Bestimmungen des Aufgabenbereichs der Übersetzungswissenschaft

Die Gliederung der Übersetzungswissenschaft in acht Hauptkomplexe[19] und die Angabe einer Vielzahl von Aufgaben, die diese Wissenschaft zu bearbeiten hat, machen zugleich ihren *interdisziplinären Charakter* deutlich. Zwar ist die Übersetzungswissenschaft durch ihren Gegenstand – Übersetzen als Prozeß und Übersetzungen als Produkte – Wissenschaft sui generis, inhaltlich und methodisch überschneidet sie sich aber mit anderen, etablierten Wissenschaften und Wissenschaftszweigen: mit der Sprachwissenschaft (einzelsprachliche Sprachwissenschaften, kontrastive/komparative Sprachwissenschaft, angewandte Sprachwissenschaft, Sprachdidaktik, Fehlerlinguistik), mit Sprachtheorie und -philosophie, Text- und Literaturwissenschaft (einzelsprachliche und vergleichende Literaturwissenschaft, Literaturgeschichte, Literaturtheorie/Ästhetik), Kommunikationswissenschaft, Stilistik (einzelsprachliche und vergleichende Stilistik) und Rezeptionstheorie. Übersetzungswissenschaft muß verstanden werden als Zusammenfassung und Oberbegriff für alle Forschungsbemühungen, die von den Phänomenen Übersetzen und Übersetzung ausgehen oder auf diese Phänomene zielen. Sie läßt sich nicht unter einem bestimmten Wissenschaftszweig einordnen, sondern hat Anteil an den verschiedensten Wissenschaften. Ihre Forschungsmethoden und Zielsetzungen sind davon abhängig, welche speziellen Aspekte von Übersetzen und Übersetzung untersucht werden sollen.

An *engeren Bestimmungen des Aufgabenbereichs* der Übersetzungswissenschaft und an Bemühungen, diese in etablierte Disziplinen einzuordnen, fehlt es allerdings nicht. Meiner eigenen Auffassung von Übersetzungswissenschaft am nächsten, insbesondere hinsichtlich der Bereiche A, B, C, D und G, kommt W. Wilss (1977, S. 94 f.), der drei Basisformen unterscheidet[20]:

1. die allgemeine, sprachenpaarunabhängige Übersetzungswissenschaft, die sich mit dem deckt, was ich Übersetzungstheorie nenne (Bereich A);

2. die sprachenpaargebundene, deskriptive Übersetzungswissenschaft, die sich mit der linguistischen und der textbezogenen Übersetzungswissenschaft deckt (Bereiche B.1. und B.2.);

3. die sprachenpaargebundene, angewandte Übersetzungswissenschaft, die bei mir als eigenständiger Bereich G (Didaktik des Übersetzens) erscheint. Angewandte Übersetzungswissenschaft fasse ich in einem engeren Sinne auf als Wissenschaft, die Hilfsmittel für den Übersetzer erarbeitet (Bereich D).

Die Unterscheidung von *allgemeiner und sprachenpaarbezogener*

Übersetzungswissenschaft findet sich auch bei O. Kade (1968), der von *allgemeiner* und *spezieller* Übersetzungswissenschaft spricht:

Die *allgemeine Übersetzungswissenschaft* untersucht die prinzipiellen Gesetzmäßigkeiten der Translation. Sie arbeitet primär hypothetisch-deduktiv, wobei es zweckmäßig erscheint, zur Aufklärung der mit der Translation verbundenen Vorgänge Translationsmodelle zu verwenden, die das Wirken bestimmter Faktoren in der Translation widerspiegeln. Das ermöglicht, das Wesen der in der Translation wirkenden Faktoren zu erkennen, ihre Rolle in der Translation zu bestimmen und so eine Theorie des Übersetzens zu schaffen. (S. 94)

Die allgemeine Übersetzungswissenschaft deckt sich also mit dem Bereich A (Übersetzungstheorie), die spezielle Übersetzungswissenschaft dagegen stimmt in ihrer Aufgabenstellung mit dem Bereich B überein:

Die *spezielle Übersetzungswissenschaft* untersucht, gestützt auf eine Theorie im dargelegten Sinne, die spezifischen Probleme der Translation aus einer gegebenen Sprache L_1 in eine gegebene Sprache L_2. (S. 95)

Hauptaufgabe der speziellen Übersetzungswissenschaft ist daher die Aufdeckung und Beschreibung des objektiv vorhandenen Systems der potentiellen Äquivalenzbeziehungen zwischen zwei Sprachen, das überhaupt die Translation ermöglicht und das jedem konkreten Translationsakt zugrunde liegt. (S. 95)

Übersetzungswissenschaft wird von der Leipziger übersetzungswissenschaftlichen Schule (O. Kade, G. Jäger, A. Neubert) in ihrem zentralen Teil als *Zweig der Sprachwissenschaft*[21] betrachtet, wobei sie den Gegenstandsbereich auf wissenschaftlich-technische Texte einschränkt (s. o., S. 81 f.). G. Jäger (1975, S. 192 ff.) versucht, die Translationswissenschaft in den Kreis der Disziplinen der *vergleichenden Sprachwissenschaft* zu stellen[22]. Zu deren Disziplinen gehören[23]

- die *historisch-vergleichende Sprachwissenschaft,* der es um die Aufdeckung historisch-genetischer Übereinstimmungen/Ähnlichkeiten zwischen (verwandten) Sprachen geht;
- die *Areallinguistik,* die Übereinstimmungen/Ähnlichkeiten/Beeinflussungen zwischen geographisch benachbarten Sprachen oder zwischen Sprachen, deren Sprecher *einer* Kommunikationsgemeinschaft angehören, beschreibt;
- die *Sprachtypologie,* die universelle Eigenschaften von Sprachen (Universalien) aufdecken und die den natürlichen Sprachen zugrundeliegenden Strukturmerkmale beschreiben und ggf. vergleichen soll;
- die *kontrastive Linguistik*[24], deren Ziel in der Aufdeckung der regelhaften und »richtigen« Korrelationen zwischen zwei Sprachsystemen besteht, insbesondere im Blick auf die Erfordernisse des Fremdsprachenunterrichts (das Hauptgewicht liegt dabei auf den Kontrasten, nicht auf den Konvergenzen);

– die *Translationslinguistik*, die die Äquivalenzbeziehungen zwischen zwei Sprachen zu beschreiben hat, wobei sie sich auf Texte beschränkt, für die die AS-ZS-Zuordnungen gesetzmäßig erfolgen (vgl. den Titel der Abhandlung von O. Kade, 1968).

Gegen die streng *linguistische Definition* der Übersetzungswissenschaft (»Die Übersetzung als Forschungsaufgabe ist ein Gegenstand der Sprachwissenschaft.«, R. W. Jumpelt, 1961, S. 27) hat man sich, wie aus Kap. 3.5. hervorgeht, vor allem von *literarischer und literaturwissenschaftlicher Seite* gewehrt. E. Cary vertritt die Auffassung, daß die Übersetzung des literarischen Textes kein (ausschließlich) sprachlicher, sondern ein literarisch-poetischer Vorgang ist[25]. H. Friedrich (1965) schränkt den Geltungsbereich der linguistischen Übersetzungstheorie auf den Bereich dessen ein, was F. Schleiermacher *Dolmetschen* nennt (s. o., S. 52):

> Ich spreche im folgenden nicht von demjenigen Übersetzen, das wir seit Schleiermacher gewohnt sind, das Dolmetschen zu nennen. Dieses gehört in den praktischen Bereich der Sprachfertigkeit und muß in seinen Problemen mittels der Sprachwissenschaft begründet werden. [...]
>
> Hier soll von der Übersetzungs*kunst* die Rede sein. Damit ist ein Vorgang gemeint, welcher der Literatur angehört. Literatur beginnt dort, wo die Sprache Kräfte aus sich entbindet, die sie zu bloßen Sachmitteilungen nicht benötigen würde, und die auch dann, wenn sie Zwecken dienen, die Zwecke überhöhen durch die Freiheit der Kunst, durch jene sich in sich selber bindende Freiheit, die sie den Zwecken, denen sie dient, gleichzeitig entrückt. (S. 5 f.)

Nach R. Kloepfer (1967) kann die linguistische Auffassung des Übersetzens »dem literarischen Sprachgebrauch nicht gerecht werden«; die Literaturwissenschaft müsse darauf hinweisen, »daß heterogene Bereiche wie die Sprache der Wissenschaft und die Sprache der Dichtung nicht gleichgesetzt werden dürfen« (S. 10). Hier ist freilich anzumerken, daß sich O. Kade und G. Jäger, aber auch R. W. Jumpelt ausdrücklich auf wissenschaftlich-technische Texte beschränken und die literarische Übersetzung aus dem Bereich der sprachwissenschaftlich orientierten Übersetzungswissenschaft ausschließen. Ob man allerdings die Übersetzung literarischer Texte als literarische Operation tatsächlich in die metaphysischen Höhen eines mysterium tremendum et fascinosum heben kann und soll, wo nur noch unkontrollierbare und unüberprüfbare, rein ästhetische Subjektivität herrscht, ist eine Frage, die zu stellen einem Linguisten erlaubt sein muß: viele fiktive Texte entbehren der poetisch-ästhetischen Qualitäten, die Wesensmerkmale jener Poesie sind, mit denen sich die literarische Übersetzungstheorie bisher hauptsächlich befaßt hat – man denke an den quantitativ großen Bereich der mehr oder weniger trivialen (dies in sprachlicher wie inhaltlicher Hinsicht) Literatur. Viele der potentiellen Äquivalenzbeziehungen, die für die Sprache wissenschaftlich-technischer

Texte gelten, dürften durchaus auch für die literarische Übersetzung relevant sein.

Die Übersetzungswissenschaft wird bisweilen als Zweig der *angewandten Sprachwissenschaft* bezeichnet[26], bisweilen wird allerdings auch auf die Problematik einer solchen Zuordnung hingewiesen[27]. Auf die Schwierigkeit einer Bestimmung dessen, was angewandte Sprachwissenschaft ist oder sein soll[28], kann hier nicht eingegangen werden. Zwar könnte man die Beschreibung der Äquivalenzbeziehungen zwischen Texten und Sprachen als angewandte Sprachwissenschaft betrachten insofern, als Methoden und Erkenntnisse der Sprachwissenschaft bei der Beschreibung *angewendet* werden. Bei dieser Auffassung von *angewandt* gehört aber jede Beschreibung von konkreten Sprachvorkommen in den Bereich der angewandten Sprachwissenschaft, die sich damit von den einzelsprachlichen Sprachwissenschaften und der kontrastiven Linguistik nicht mehr unterscheidet. Übersetzungswissenschaft als in diesem Sinne angewandte Sprachwissenschaft würde zugleich die Bereiche A (Übersetzungstheorie), C (Übersetzungskritik), E (theoriegeschichtliche Komponente der Übersetzungswissenschaft), F (übersetzungs- und rezeptionsgeschichtliche Komponente der Übersetzungswissenschaft) und zum Teil auch D (angewandte Übersetzungswissenschaft) aus der Übersetzungswissenschaft ausschließen – meines Erachtens eine unhaltbare Einschränkung.

Aber auch die Auffassung von *angewandt* als *anwendbar* in dem Sinne, daß die Beschreibung der Äquivalenzbeziehungen in der Übersetzungspraxis anwendbar sind, ist fragwürdig: die sprachenpaarbezogene und die textbezogene Übersetzungswissenschaft beschreiben die Äquivalenzbeziehungen zwischen Sprachen und Texten zunächst unabhängig davon, ob der Übersetzungspraktiker mit dieser Beschreibung etwas anfangen kann oder nicht. Hingegen können die Ergebnisse dieser »praxisunabhängigen« Äquivalenzbeschreibungen in dem Bereich der angewandten Übersetzungswissenschaft in Form von Übersetzungswörterbüchern, Terminologielisten etc. für die Praxis aufgearbeitet werden.

5. Der Übersetzungsprozeß und seine Darstellung: Definitionen und Modelle

5.1. Der Begriff ›Übersetzen‹

Der Übersetzungsbegriff, wie er verwendet wird, um den Vorgang der schriftlichen Umsetzung eines Textes von einer Sprache (AS) in eine andere Sprache (ZS) zu bezeichnen, wobei das Umsetzungsprodukt, die Übersetzung, bestimmten Äquivalenzforderungen genügen muß, ist zunächst von anderen Verwendungsweisen des Wortes ›Übersetzen‹ abzugrenzen. Dieses wird z. B. auch verwendet, wenn man sagt, daß eine mathematische Formel in allgemeinsprachliche Ausdrücke zu übersetzen ist. Man spricht von der »Fähigkeit zur Übersetzung analytisch-wissenschaftlicher Sachverhalte in verschiedene Stufen anschaulicher, außerwissenschaftlicher Sprach- und Denkformen«[1], vom Problem der »Übersetzung des technisch verwertbaren Wissens in das praktische Bewußtsein einer sozialen Lebenswelt«[2]. Das Sprechen selbst wird bisweilen als Übersetzen bezeichnet: als Übersetzen des Gedachten in Sprache.

Aber auch in einem anderen Zusammenhang spricht man von Übersetzen: nämlich bei Transkriptions-(Verschriftung von lautsprachlichen Äußerungen) und Transliterationsvorgängen (Umsetzung von Buchstaben bzw. Silben in stenographische Schrift, Braille-Schrift, Morsezeichen; von griechischen Buchstaben in lateinische etc.).

Die Analyse dieser Verwendungsweisen von ›Übersetzen‹ würde zeigen, daß die damit bezeichneten Umsetzungsvorgänge Gemeinsamkeiten mit dem natürlichsprachlichen, schriftgebundenen Übersetzen aufweisen, aber auch entscheidende Unterschiede[3]. Deshalb ist es notwendig, Übersetzen im übersetzungswissenschaftlichen Sinne (ich gebrauche dafür den Ausdruck ›eigentliches Übersetzen‹) zu definieren (s. u., 5.2.).

Ebenso notwendig ist die Bestimmung der Begriffe *inter- und intralinguales Übersetzen* im Blick auf das eigentliche Übersetzen. Von eigentlicher Übersetzung ist auch dann zu sprechen, wenn AS und ZS verschiedene *Sprachstufen derselben Sprache* sind, also z. B. Mittelhochdeutsch/Althochdeutsch und Neuhochdeutsch. Diese älteren Sprachstufen unterscheiden sich als Sprachsysteme vom Neuhochdeutschen mindestens so stark wie etwa das Schwedische vom Norwegischen oder Dänischen, und der deutsche Muttersprachler ist auf Übersetzungen angewiesen, wenn er Texte dieser Sprachstufen verstehen will. Die Probleme, die das Übersetzen mittelhochdeutscher Texte stellt, sind nicht selten größer als beim Übersetzen zwischen modernen europäischen Sprachen (s. dazu F. Saran, 1967).

Anders verhält es sich mit dem *intralingualen synchronen Übersetzen*, also beim Umformulieren eines Textes unter Ausnützung der Ausdrucksmöglichkeiten eines Sprachsystems innerhalb einer Sprache. Intralinguales Übersetzen in diesem Sinne liegt vor, wenn z. B. ein Text, der der Information des Arztes dient, »übersetzt« wird in einen Text zur Information des Patienten, indem der fachsprachliche Stil in einen mehr oder weniger *allgemeinsprachlichen Stil* umgesetzt wird. Dafür ein Beispiel[4]:

(Aus der Information für den Arzt:)
Kontraindikationen
– akute Zervizitis, akute oder subakute rezidivierende Entzündungen des Genitalbereiches, anamnestisch bekannter infizierter Abort, postpartale Endometritis, die nicht länger als 3 Monate zurückliegen.
– Endometriumhyperplasie mit Menometrorrhagie.

(Aus der Information für die Patientin:)
Unverträglichkeiten und Risiken
– akute oder subakute wiederholt aufgetretene Entzündungen der Geschlechtsorgane, fieberhafte Fehlgeburt und/oder Entzündung der Gebärmutterschleimhaut, die nicht länger als 3 Monate zurückliegen.
– Veränderungen der Gebärmutterschleimhaut, die zu zyklischen oder azyklischen Dauerblutungen führen.

Ebensowenig gehört das intralinguale Übersetzen im Bereich der Stilschichten zum Übersetzen im eigentlichen Sinn. Man vergleiche dazu folgendes Beispiel aus G. N. Leech (1966, S. 76), bei dem es sich um einen Werbetext in verschiedenen Stilen handelt:

Think about all this. And ask yourself – isn't it worth finding out more about it? Of course it is. And there is no time like the present – so get that pen out now, and fill in the coupon right away. Or call in and talk things over at your nearest R.A.F. Careers Information Centre.

Ponder the above information, and consider whether it will not repay further investigation. Of course it will; and since there is no time like the present, take a pen now and complete the coupon immediately. Otherwise, visit your nearest R.A.F. Careers Information Centre and discuss the question there.

colloquial English   → *more formal English*

Diese Art innersprachlichen Umformulierens (*intralingualen Paraphrasierens*) hat zwar Gemeinsamkeiten mit dem Übersetzen im eigentlichen Sinne, insbesondere mit dem Übersetzen, das sich am Prinzip der dynamischen Äquivalenz orientiert. Beim innersprachlichen Neuformulieren[5] (es handelt sich um kommunikativ heterovalente Übersetzung im Sinne G. Jägers, s. o., S. 90) wird aber die *Autonomie des zu übersetzenden Objekts*, des AS-Textes, verletzt – eine Autonomie, die bei aller Relativierung durch die Empfänger- und Rezeptionsbedingungen geachtet sein will. Hier zeigt sich wiederum die Notwendigkeit, normative Äquivalenz-

forderungen in die Definition des Übersetzungsbegriffs einzubringen – Äquivalenzforderungen, die bedingt und relativ sind (s. Kap. 7).
Zusammenfassend lassen sich die Übersetzungsbegriffe folgendermaßen differenzieren:

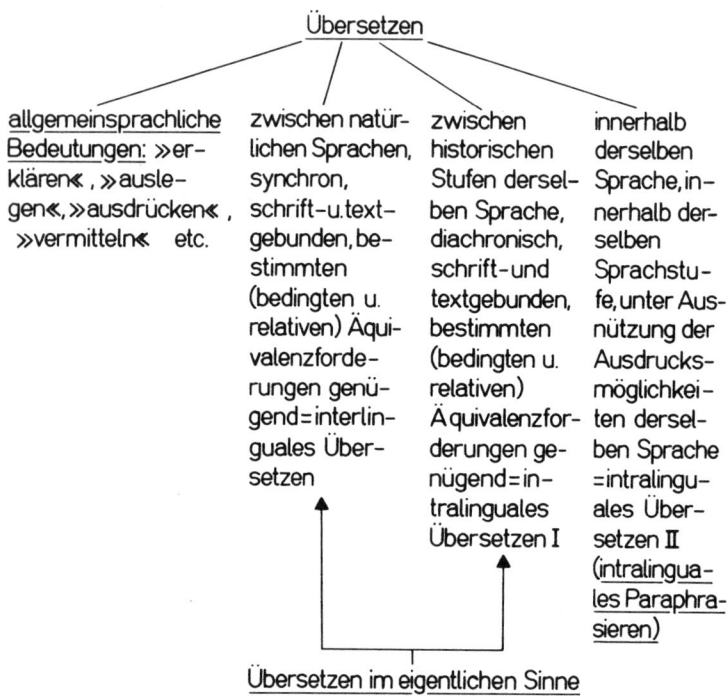

5.2. Definitionen des Übersetzens

Es geht hier um Definitionen des Übersetzens, die einige oder alle der am Übersetzungsvorgang beteiligten Faktoren und Bedingungen explizit thematisieren: den Text, die beteiligten Sprachen, den Prozeß der Überführung des AS-Textes in einen ZS-Text, den kommunikativen Hintergrund von AS-Text und ZS-Text, den Übersetzer, den Empfänger der Übersetzung. Es interessieren also Definitionen, die die *sprach- und textbezogenen Aspekte des Übersetzens* ins Zentrum stellen. Dies ist nicht der Fall bei den philosophisch-hermeneutischen und ästhetisch-literaturwissenschaftlichen Definitionen des Übersetzungsprozesses, die Übersetzen einerseits als Verstehens- und Auslegungsprozeß, andererseits als schöpferisch-künstlerischen, rein subjektiven Umsetzungsvorgang bestimmen. Im ersten Fall erscheint das Übersetzen als Spezialfall der *hermeneutischen Aufgabe,* die im Verstehen und Auslegen des zunächst fremden Textes besteht (s.o., S. 52 f.). Die »Nachbildungsaufgabe« des Übersetzens ist dabei nur graduell, nicht aber qualitativ von jeder Textverstehens- und -auslegungsaufgabe, der Herstellung von Verständnis und Verständigung, verschieden[6]. Im zweiten Fall wird Übersetzen – im Zusammenhang mit poetischen Texten – bestimmt als *schöpferisch-nachvollziehender Akt,* der nur graduell, nicht prinzipiell und qualitativ von der eigenschöpferischen Tätigkeit unterschieden ist, die beim Produzieren von originalen künstlerischen Texten vorliegt[7]. In der übersetzungswissenschaftlichen Literatur finden sich zahlreiche Versuche, Übersetzen zu definieren. Einige davon sollen im folgenden zitiert und kommentiert werden:

(1) A.G. Oettinger (1960):
(a) Translating may be defined as the process of transforming signs or representations into other signs or representations. If the originals have some significance, we generally require that their images also have the same significance, or, more realistically, as nearly the same significance as we can get. Keeping significance invariant is the central problem in translating between natural languages. (S.104)
(b) Interlingual translation can be defined as the replacement of elements of one language, the domain of translation, by *equivalent* elements of another language, the range. (S.110)

A.G. Oettinger charakterisiert die Übersetzung als Umwandlung oder Ersetzung von Zeichen/Repräsentationen/Elementen in einer Sprache durch Zeichen/Repräsentationen/Elemente einer anderen Sprache, wobei zwischen AS- und ZS-Elementen *Sinnidentität* oder *Äquivalenz* bestehen soll. Aufschlußreich ist, daß kein prinzipieller Unterschied gemacht wird zwischen dem Umsetzungsprozeß der *Transliteration* und der Übersetzung zwischen natürlichen Sprachen, ja die Transliteration stellt nach Auffassung Oettingers ein einfaches Modell für den Übersetzungsprozeß zwischen natürlichen Sprachen dar, wenn auch eingeräumt wird, daß das Festlegen der Zuordnungen zwischen äquivalenten Ketten natürlicher Sprachen weit schwieriger ist als etwa das Festlegen der Zuordnung von kyrillischen zu lateinischen Buchstaben bei der Transliteration.

Oettingers statische Übersetzungsdefinition, in der Faktoren wie Text und Empfänger nicht erscheinen, spiegeln den Optimismus der Mitarbeiter an Projekten zur automatischen Übersetzung in den 50er und 60er Jahren wider, in denen die linguistischen Probleme der Zuordnung von AS- zu ZS-Einheiten unterschätzt wurden.

(2) J.C. Catford (1965):
(a) Translation is an operation performed on languages: a process of substituting a text in one language for a text in another. (S. 1)
(b) *Translation* may be defined as follows: *the replacement of textual material in one language (SL) by equivalent textual material in another language (TL).* (S. 20) [SL = Source Language, AS; TL = Target Language, ZS]
(c) The central problem of translation-practice is that of finding TL translation equivalents. A central task of translation theory is that of defining the nature and conditions of translation equivalence. (S. 21)

J.C. Catfords Definition stellt den Begriff des *Textes* ins Zentrum. Ein AS-Text wird bei der Übersetzung durch einen ZS-Text substituiert, wobei das Substitutionskriterium in der Äquivalenz besteht. In ähnlicher Weise ist die Definition des Übersetzens von H. Weinrich (1966, S. 24 f.; 1970) textbezogen: es werden nicht Wörter übersetzt, sondern Sätze und Texte. Oder anders ausgedrückt: Übersetzen geschieht nicht auf der Ebene der *langue,* sondern der *parole* (zu diesen Begriffen, s. Anm. 48 zu Kap. 3), und das bedeutet wiederum, daß Übersetzen im Kommunikationszusammenhang zu bestimmen ist. Dieser wird aber in Catfords Definition nicht thematisiert.

(3) W. Winter (1961):
To translate is to replace the formulation of one interpretation of a segment of the universe around us and within us by another formulation as equivalent as possible. We speak of translation even within the framework of one single language in the case of stylistic shifts, for instance, when we find ourselves asked to make plain and intelligible a highly esoteric statement we have just made. This use of the term is, however, rather marginal, even though the basic characteristics of the process are all present. As a rule, we may inject into our definition the further qualification that translation involves the replacement of an interpretation in one language by another in a second language. (S. 68)

W. Winter geht in seiner Definition vom Begriff der ›Formulierung‹ von Interpretationen von ›Weltsegmenten‹ (Ausschnitte der äußeren und der inneren Welt) aus, die beim Übersetzen ersetzt wird durch eine äquivalente Formulierung in der ZS. Zwischen intralingualer Übersetzung (im Sinne des innersprachlichen Paraphrasierens) und interlingualer Übersetzung wird kein prinzipieller Unterschied gemacht. In dieser Definition erscheint nicht nur der Textbegriff (als *formulation*), sondern auch der Begriff der ›Welt‹, d. h. der Sachverhalt außersprachlicher Art, der im Text zugleich »interpretiert« wird. Diese Interpretation erfolgt auf einzelsprachspezifische Weise; sie wird durch die strukturellen (syntaktischen und semantischen) Gegebenheiten einer Sprache bestimmt. Winters Definition steht im Zusammenhang der Erörterung der Übersetzbarkeitsproblematik (s. Kap. 6).

(4) E. A. Nida/Ch. R. Taber (1969):
> Translating consists in reproducing in the receptor language the closest natural equivalent of the source-language message, first in terms of meaning and secondly in terms of style. (S. 12)

Die Definition von E. A. Nida/Ch. R. Taber legt das Hauptgewicht auf die doppelte Gerichtetheit der Übersetzung: sie hat sich einerseits zu orientieren an der *source-language message* (»*closest* equivalent«). Die Verantwortung des Übersetzers hat in erster Linie dem Inhalt, in zweiter Linie dem Stil der AS-Mitteilung (des AS-Textes) zu gelten. Andererseits hat sie sich auf die Sprache der Empfänger (»*receptor* language«) auszurichten, indem die gewählten Entsprechungen in der ZS zugleich *natürlich* sein sollen (»*natural* equivalent«). In diese Übersetzungsdefinition geht das Prinzip der dynamischen Äquivalenz als normatives Kriterium ein (s. o., S. 51 f.).

(5) W. Wilss (1977):
> Übersetzen ist ein Textverarbeitungs- und Textreverbalisierungsprozeß, der von einem ausgangssprachlichen Text zu einem möglichst äquivalenten zielsprachlichen Text hinüberführt und das inhaltliche und stilistische Verständnis der Textvorlage voraussetzt. Übersetzen ist demnach ein in sich gegliederter Vorgang, der zwei Hauptphasen umfaßt, eine Verstehensphase, in der der Übersetzer den ausgangssprachlichen Text auf seine Sinn- und Stilintention hin analysiert, und eine sprachliche Rekonstruktionsphase, in der der Übersetzer den inhaltlich und stilistisch analysierten ausgangssprachlichen Text unter optimaler Berücksichtigung kommunikativer Äquivalenzgesichtspunkte reproduziert. (S. 72)

In dieser Definition wird der Übersetzungsprozeß aus der Sicht des Übersetzers in zwei Phasen gegliedert: erstens die Verstehensphase, die als *Analyse* von Inhalt und Stil des AS-Textes aufgefaßt wird, und zweitens die *Rekonstruktionsphase,* die den AS-Text in der ZS reproduziert, und zwar so, daß optimale kommunikative Äquivalenz erreicht wird.

(6) G. Jäger (1975):
> Das *Wesen* der Translation besteht darin, die *Kommunikation zu sichern,* und zwar auf die spezielle, sie von der heterovalenten Sprachmittlung abgrenzenden Weise, daß der kommunikative Wert eines Textes z. B. einer Sprache L_A bei der Umkodierung in beispielsweise eine Sprache L_B erhalten bleibt, so daß L_A-Text und L_B-Text *kommunikativ äquivalent* sind. Das Wesen der Translation – wie der Kommunikation überhaupt – liegt somit im Extralinguistischen, im linguistischen (sprachlichen) Bereich *vollzieht* sich aber die Translation: Sie ist in ihrer Erscheinungsform ein *sprachlicher* Prozeß, bei dem einem Text einer Sprache L_A ein Text einer Sprache L_B zugeordnet wird, der dem Text der Sprache L_A kommunikativ äquivalent ist. (S. 36)

Diese Definition ist zwar konsequent kommunikationsorientiert, zugleich aber sehr allgemein gehalten: Übersetzen besteht in der Herstellung eines zum AS-Text kommunikativ äquivalenten Textes in der ZS. Das Problem liegt hier, wie bei den anderen Definitionen, beim Begriff der ›Äquivalenz‹. Wie wenig die Definition von ›kommunikativ äquivalent‹ bei Jäger der Übersetzungssituation gerecht wird, ist oben, S. 90f., erörtert worden.

Es kann hier nicht darum gehen, eine Synthese oder Harmonisierung dieser Definitionen zu versuchen. Es sei nur auf einige mir wichtig scheinende Gesichtspunkte hingewiesen.

1. Die Übersetzungsdefinitionen sind in keinem Fall rein deskriptiv; sie enthalten immer ein *normatives* Element; es wird nicht nur gesagt, was Übersetzen *ist,* sondern immer zugleich, was es sein *soll*. Warum dies so ist, wurde in Kap. 4.1. erörtert (Übersetzungswissenschaft als deskriptive *und* normative Wissenschaft).

2. Der normative Aspekt kommt im Begriff der *Äquivalenz* zum Ausdruck, der oft besser durch den Begriff der Äquivalenz*forderung* zu ersetzen wäre. Die Äquivalenzforderungen beziehen sich dabei auf ganz unterschiedliche Parameter: Inhalt, Text, Sachverhalt, Stil, Normen der ZS, kommunikativer Wert des AS-Textes, Empfänger etc. (zum Begriff der ›Äquivalenz‹, s. Kap. 7).

3. Die oben angeführten Definitionen machen die Vielzahl von Faktoren deutlich, die beim Übersetzen eine Rolle spielen: AS, ZS, Text, Inhalt (Sinn, Bedeutung), Stil, Empfänger etc.

4. Wenn in den Definitionen vom *Prozeß* des Übersetzens gesprochen wird, so wird darunter nicht der *mentale* Prozeß verstanden, der sich beim Übersetzen vollzieht. Diese mentalen Prozesse, deren Analyse Aufgabe der Psycholinguistik wäre, sind (noch?) nicht erforscht. Die psychologische Seite der Übersetzungskompetenz dürfte sehr schwierig zu untersuchen sein, weil das, was als Übersetzung (= Produkt) vorliegt, kaum Aufschlüsse zuläßt über den psychischen Vorgang bei der Textanalyse (in der AS) und der Textsynthese (in der ZS). Einer psycholinguistischen Analyse eher zugänglich ist der Dolmetschprozeß, weil sich hier die Sprachproduktion unmittelbar beobachten läßt (s. o., S. 2).

5. Die Frage, *wie* sich die Zuordnung des ZS-Textes zum AS-Text vollzieht, ist zwar in der Definition von W. Wilss mit den Begriffen Verstehensphase (Analyse) und Rekonstruktionsphase (Synthese) angedeutet, es wird aber nicht näher ausgeführt, wie diese beiden Phasen miteinander verbunden sind. Eine solche Verbindung versuchen O. Kade (1968) und G. Jäger (1975) herzustellen, wenn sie verschiedene *Vollzugsarten der Translation* unterscheiden. In Verkürzung und Vereinfachung der (voneinander abweichenden) Darstellungen bei O. Kade und G. Jäger lassen sich zwei Vollzugsarten voneinander abgrenzen:

1. die *Neukodierung (Interpretation):* die ZS-Fassung wird vom Übersetzer über die im AS-Text ausgedrückten Sachverhalte (die Wirklichkeit) hergestellt, ohne daß Bezug genommen wird auf Äquivalenzbeziehungen zwischen AS und ZS. D.h., es handelt sich nicht um ein AS-sprachgebundenes Übersetzen, sondern um ein neues Versprachlichen des gemeinten Sachverhaltes bzw. von Bewußtseinsinhalten.

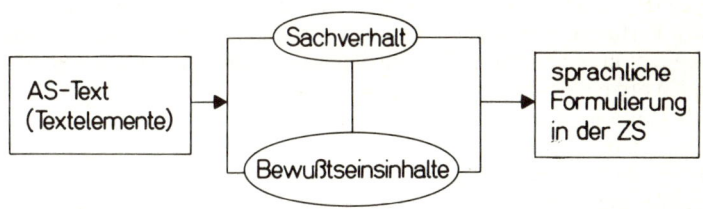

Abb. 3: Neukodierung

2. die *Umkodierung (Substitution):* die Zuordnung erfolgt auf der Basis der Äquivalenzbeziehungen zwischen AS und ZS, die der Übersetzer »gespeichert« hat. Ausgangspunkt des Übersetzens ist die sprachliche Formulierung in der AS, deren Inhalt der Übersetzer im Zusammenspiel von Wort-/Satzbedeutung und Sachwissen ermittelt. Der Übersetzer aktualisiert von den potentiellen Äquivalenten dasjenige, das inhaltlich und stilistisch adäquat ist.

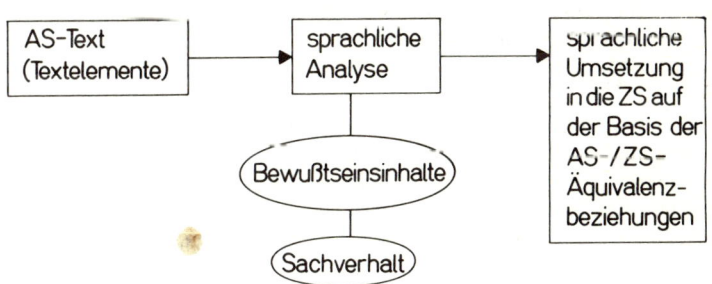

Abb. 4: Umkodierung

Während die Neukodierung auf der *Basis der Sache/der Bewußtseinsinhalte* erfolgt, vollzieht sich die Umkodierung auf der *Basis der Sprache* bzw. der sprachlichen Zuordnungen zwischen AS und ZS. In reiner Form liegt *Umkodierung* vor bei normativ festgelegten, formelhaften Entsprechungen *(Rauchen verboten/No smoking)*, bei festen institutionellen und terminologischen Zuordnungen (*Gemeinsamer Markt* → *Marché Commun; Passivkonto* → *compte du passif; Dienstleistungen* → *prestations de service; Arbeitsmarkt* → *labour market; Diskontsatz* → *discount rate*), und in den Fällen, die W. Wilss (1977, S. 132) »habitualisierte Übersetzungsprozeduren« und »teilhabitualisierte, halbautomatisch abrufbare Übersetzungsprozeduren« nennt (z.B. beschränkte Anzahl Möglichkeiten, engl. Partizipalkonstruktionen im Dt. wiederzugeben). – Die *Neukodierung* tritt in reiner Form bei lautmalerisch-lyrischen Texten, bei Sprach- und Wortspielen auf; sie dürfte beim Konsekutivdolmetschen eine zentrale Rolle spielen. Sie ist kennzeichnend für die kommunikativ heterovalente Übersetzung (s.o., S. 90f.), d.h. für die verschiedenen Möglichkeiten der Inhaltswiedergabe, z.B. in Form von Zusammenfassungen oder Resümees in der ZS, wie man sie in wissenschaftlichen Arbeiten findet. Menschliche Übersetzung vollzieht sich im Normalfall als *Kombination von Umkodierung und Neukodierung:* je nach Text und je nach Sprachkompetenz und Sachwissen des Übersetzers sind die beiden Vollzugsarten unterschiedlich stark beteiligt.

5.3. Modellhafte Darstellungen des Übersetzungsprozesses

Die verbalen Definitionen des Übersetzungsvorgangs laufen Gefahr, kompliziert und unanschaulich zu werden, wenn sie mehr als einen oder zwei der Faktoren und Bedingungen des Übersetzens zu integrieren versuchen. Deshalb bedient sich die Übersetzungswissenschaft modellhafter graphischer Darstellungen, die zwar als solche noch keinen Erklärungswert haben, aber Ausgangspunkt für erklärende Kommentierung sein können. Modelle (etwa Sprachmodelle, Kommunikationsmodelle, Modelle des Übersetzens) haben die Funktion, wichtige Aspekte, Faktoren und Bedingungen des zu beschreibenden Phänomens (der Sprache, der Kommunikation, der Übersetzung) in ihrem Zusammenhang und -spiel in abstrakter und zugleich anschaulicher Form vorzuführen. Die Modelle des Übersetzungsprozesses, die im folgenden vorgestellt werden, unterscheiden sich, wie schon die Übersetzungsdefinitionen, in ihrer unterschiedlichen Komplexität und in der unterschiedlichen Berücksichtigung von den am Übersetzungsvorgang beteiligten Faktoren.

5.3.1. Ein erstes Modell (Abb. 5) thematisiert den Umsetzungsprozeß von AS-Zeichen in ZS-Zeichen hinsichtlich einer *interlingual konstanten Größe* (bei E. Koschmieder, 1953 und 1955, ist es »das Gemeinte«), die einzelsprachlich unterschiedlich bezeichnet wird. Das sprachliche Zeichen besteht dabei aus einem Ausdruck (der Zeichenform, der materiel-

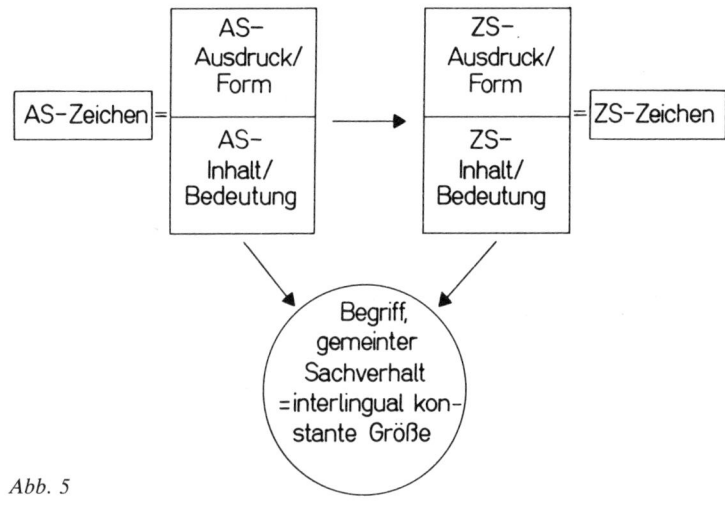

Abb. 5

len Seite des Zeichens) und einem Inhalt (der Bedeutung, der geistigen Seite des Zeichens). Die Einzelsprachspezifik der Beziehung Ausdruck – Inhalt läßt sich mit folgendem Beispiel illustrieren: der Inhalt des Ausdrucks frz. *fleur* entspricht nicht dem Inhalt des Ausdrucks dt. *Blume*; im Textzusammenhang bzw. in einer bestimmten Sprechsituation kann man sich aber mit *fleur* bzw. *Blume/Blüte* durchaus auf dasselbe Gemeinte beziehen. Diese Darstellung führt zu Schwierigkeiten, weil sie nahelegt, Zeichen und Wort zu identifizieren; übersetzt werden aber nicht einzelne Wörter, sondern Wörter in ihren Textzusammenhängen (im sprachlichen Kontext). Dieser Schwierigkeit sucht das folgende Modell zu begegnen, das nicht vom Zeichen ausgeht, sondern vom Text.

5.3.2.

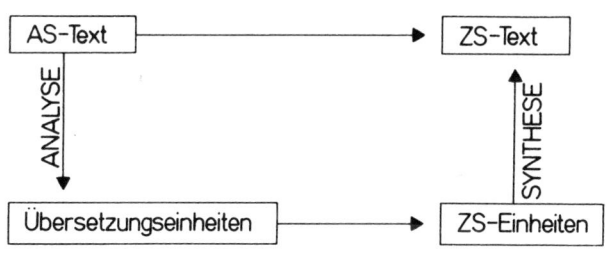

Abb. 6

auf der Ebene der *parole*. Der Übersetzungsprozeß wird in zwei Phasen gegliedert: eine Phase der *Analyse*, die zur Festlegung von AS-Übersetzungseinheiten führt, denen ZS-Einheiten zugeordnet werden, und eine *Synthese*, die diese ZS-Einheiten in den ZS-Text überführt.
Die Zuordnung von AS-Übersetzungseinheiten und ZS-Einheiten geschieht dabei auf der Basis der zwischen AS und ZS bestehenden *potentiellen Äquivalenzbeziehungen:*

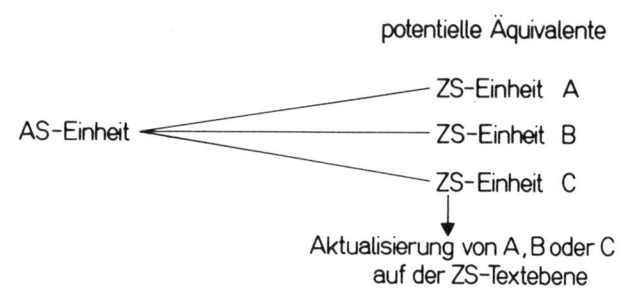

Abb. 7

Wie allerdings *Übersetzungseinheiten* ermittelt werden, ist systematisch nicht untersucht. Einigkeit besteht darüber, daß das *Wort* (verstanden als graphische Größe, die im Text jeweils zwischen zwei Leerstellen erscheint) nicht Einheit sein kann, und daß auch der *Satz* (als graphische Einheit, die durch das Satzzeichen . begrenzt ist) nicht generell Übersetzungseinheit sein kann: der Satz ist bisweilen eine zu kleine, bisweilen eine zu große Einheit. In der übersetzungswissenschaftlichen Literatur hat man sich theoretisch wenig mit dem Problem der Übersetzungseinheit beschäftigt, obwohl sie bei sprachenpaarbezogenen Beschreibungen eine wichtige Rolle spielt.
J.-P. Vinay/J. Darbelnet (1971) und A. Malblanc (1968) gehen vom Begriff der *unité de pensée* aus, die definieert wird als »le plus petit segment de l'énoncé dont la cohésion des signes est telle qu'ils ne doivent pas être traduits séparément« (J.-P. Vinay/J. Darbelnet, 1971, S. 37). Diese Definition ist *AS-bezogen:* Übersetzungseinheit ist das, was in der AS als Sinneinheit erscheint. Die Sinneinheiten werden also unabhängig von der Struktur der ZS festgelegt, was zu Schwierigkeiten führt, wenn die ZS ihre Sinneinheiten anders gliedert. Dieser Schwierigkeit trägt O. Kade (1968) Rechnung, wenn er die ZS in die Definition der Übersetzungseinheit mit einbezieht:

Die Übersetzungseinheit ist das jeweils kleinste Segment des AS-Textes, für das dank der potentiellen Äquivalenzbeziehungen ein Segment im ZS-Text gesetzt werden kann, das die Bedingungen der Invarianz auf der Inhaltsebene erfüllt. (S. 90)

Maßgeblich bei der Festlegung der Übersetzungseinheiten ist – nach O. Kade – der *Inhalt der Aussage,* bezogen auf die potentiellen Äquivalente in der ZS. Damit kann allerdings von vornherein nie feststehen, welche sprachliche Einheit von welcher Größe Übersetzungseinheit ist. Immerhin können meines Erachtens einige klare Fälle unterschieden werden:

(a) Übersetzungseinheit ist das *Wort:* dies gilt im Bereich der *Terminologie:*
dt. *Umsatzvolumen* – frz. *volume de ventes*
dt. *Stromkreis* – engl. *electric circuit*

(b) Übersetzungseinheit ist das *Syntagma:*
– gilt im Bereich der *Terminologie:*
engl. *data processing* – dt. *Datenverarbeitung*
engl. *fast-breeder reactor* – dt. *Schneller Brüter*
– gilt im Bereich *phraseologisch gebundener Ausdrücke:*
dt. *blinder Passagier* – engl. *stowaway* – frz. *passager clandestin*
dt. *zugrunde gehen* – frz. *périr, mourir*
frz. *auteur d'un attentat* – dt. *Attentäter*
dt. *zum Ausdruck bringen/kommen* – frz. *exprimer* – it. *esprimere*
– gilt für *redensartliche Ausdrücke:*
dt. *ins Gras beißen* – engl. *kick the bucket*
dt. *bei jemandem ins Fettnäpfchen treten* – frz. *mettre les pieds dans le plat*
– engl. *put one's foot in it*
frz. *mettre la charrue devant les boeufs* – dt. *das Pferd am Schwanz aufzäumen*
– gilt für *Floskeln:*
dt. *es liegt mir am Herzen, zu...* – engl. *I am particularly anxious to...*
dt. *am Rande bemerkt; nebenbei gesagt* – engl. *let it be said in passing that...* – frz. *soit dit en passant; pour le dire entre parenthèses*

(c) Übersetzungseinheit ist der *Satz:*
– gilt für *Sprichwörter:*
engl. *No fool like an old fool.* – dt. *Alter schützt vor Torheit nicht.*
it. *Lontan dagli occhi, lontan dal cuore.* – dt. *Aus den Augen, aus dem Sinn.*
– gilt für *normativ festgelegte Ausdrücke und Formeln:*
dt. *Rauchen verboten* – engl. *No smoking*

(d) Übersetzungseinheit ist der *Text (Textabschnitt):*
– gilt bei poetischen Texten, deren Poetizität in der Ausnützung sprach-

spielerischer und lautmalerischer Möglichkeiten liegt, in denen es also nicht primär um die Wiedergabe des Inhalts, sondern um die Wiedergabe oder Rekonstruktion der sprachlichen Form geht (oder besser: der Inhalt des betreffenden Textes liegt in der Form);
– gilt bei *Werbetexten,* bei denen es um die Erhaltung des Kaufappells geht, der textlich ganz unterschiedlich realisiert werden kann (je nach Verkaufsstrategie, Käuferpsychologie etc.). Vgl. etwa folgende Kugelschreiber-Reklame im Frz. und Engl.[8]:

LE DERNIER S.T. DUPONT N'EST PAS UN BRIQUET! C'est un stylo. En argent massif. Ou en vermeil: l'or semble avoir une lumière plus chaude quand il recouvre l'argent. De la laque de Chine véritable décore, si vous le voulez, l'agrafe. Le stylo S.T. Dupont a la douceur, la finition que, seules, peuvent apporter ces matières précieuses. S.T. Dupont ORFÈVRES A PARIS	THE LATEST S.T. DUPONT IS NOT A LIGHTER. It is a pen. Like no other. It does not exist in chrome. It does not exist in steel. It is made only in solid silver or authentic vermeil. Some models are even decorated with genuine Chinese lacquer. This is why the S.T. Dupont pen possesses the feel and the craftsmanship that belong only to precious materials. S.T. Dupont has created a pen. And another necessity has become a luxury. S.T. Dupont ORFÈVRES A PARIS

Die Übersetzungseinheiten dürften um so größer sein,
– je stärker die Sprachstrukturen differieren (je ähnlicher die Sprachen strukturell sind, desto kleiner sind die Übersetzungseinheiten; man vergleiche etwa Übersetzungen aus dem Norwegischen ins Schwedische oder Dänische),
– je stärker Texte stilistisch-ästhetisch markiert sind,
– je stärker der Übersetzer in der sprachlich-stilistischen Gestaltung der Übersetzung auf den intendierten Empfänger Rücksicht nehmen muß oder will.

5.3.3. Als *Analyse- und Syntheseprozeß* wird der Übersetzungsvorgang in den Modellen dargestellt, die im Rahmen der generativen Transformationsgrammatik entwickelt worden sind. Allerdings handelt es sich dabei nicht um streng formal-syntaktische Beschreibungen, sondern um intuitiv begründete Rückführungen (Rücktransformationen) von AS-Sätzen (Oberflächenstrukturen in der AS) auf einfachere Strukturen in der AS, die in einem zweiten Schritt in einfache ZS-Strukturen umgesetzt und in einem dritten Schritt in den ZS-Text überführt werden[9]. E. A. Nida (1969, S. 484) verwendet folgende Darstellung:

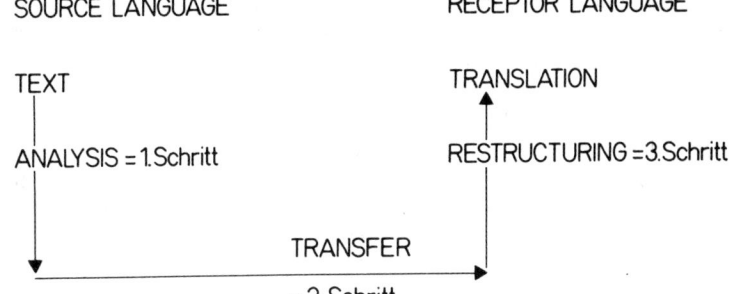

Abb. 8

Dazu bemerkt E. A. Nida:

However, a careful analysis of exactly what goes on in the process of translating, especially in the case of source and receptor languages having quite different grammatical and semantic structures, has shown that, instead of going directly from one set of surface structures to another, the competent translator actually goes through a seemingly roundabout process of analysis, transfer, and restructuring. That is to say, the translator first analyses the message of the *source* language into its simplest and structurally clearest forms, transfers it at this level, and then restructures it to the level in the *receptor* language which is most appropriate for the audience which he intends to reach. (S. 484)

Die Vorzüge dieses Modells liegen – neben seiner übersetzungsdidaktischen Relevanz (vgl. J. B. Walmsley, 1970) – darin, daß der Vorgang der Rekonstruktion, der Synthese, genauer gefaßt wird: elementare ZS-Strukturen werden überführt in ZS-Strukturen, die den ZS-Empfänger optimal erreichen (stilistische Bearbeitung):

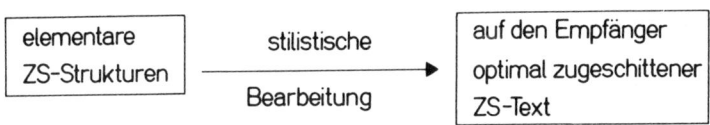

Abb. 9

Maßgebender Bestimmungsfaktor bei der Rekonstruktion ist der *ZS-Empfänger*. Damit ist allerdings nur einer der Faktoren genannt, die die Wahl eines aktuellen Äquivalents bestimmen – in E. A. Nidas Konzeption ist es der entscheidende Faktor.

Übersetzen als Wahl- und Entscheidungsprozeß läßt sich in zwei Fällen besonders anschaulich beobachten: 1. wenn mehrere Übersetzer denselben Text übersetzen (s.o., S. 91f.), 2. wenn im Übersetzungsmanuskript eines Übersetzers verschiedene Wahlmöglichkeiten festgehalten sind. Für den zweiten Fall stellt die Untersuchung P. Gebhardts (1970) zur Shakespeare-Übersetzung A. W. Schlegels ein vorzügliches Illustrationsmaterial dar, indem sich in A. W. Schlegels Übersetzungsversuchen das Übersetzen als zweiphasiger Prozeß rekonstruieren läßt. Die erste Phase ist allerdings nicht identisch mit E. A. Nidas Rückführung komplexer AS-Oberflächenstrukturen auf einfachere AS-Paraphrasen, sondern stellt bereits eine erste, stilistisch unmarkierte ZS-Fassung dar, die Ausgangspunkt für weitere Umformungen ist. P. Gebhardt (1970, S.202ff.) unterscheidet bei A. W. Schlegel: 1. »das Übersetzen ersten Grades« oder »stoffliches Übersetzen«: der Inhalt der AS-Aussage wird in »prosaischer« Form in der ZS wiedergegeben; die Äquivalenzforderung besteht in der *inhaltlichen Invarianz;* 2. »das Übersetzen zweiten Grades« oder »Transformation des prosaischen Stoffes in eine poetische Form«: das Ergebnis der ersten Phase wird poetisiert; die Äquivalenzforderung bezieht sich auf *Inhalt und poetische Form.*

Dieser »Poetisierungsprozeß« als Verwirklichung stilistisch-ästhetischer Äquivalenz läßt sich in A.W. Schlegels Manuskripten verfolgen. Man vergleiche dazu etwa die fünf Varianten zur »Hamlet«-Stelle I,3,18 *For hé himsélf is súbject to his bírth,* die sich syntaktisch-rhythmisch unterscheiden (der fünfte Versuch ist die von Schlegel schließlich gewählte Fassung):

1. Denn die Geburt macht selbst abhängig ihn
2. Ihn macht ja selbst abhängig die Geburt
3. Er selber hängt von der Geburt ja ab
4. Er hängt ja selber ab von der Geburt
5. Er sélbst ist dér Gebúrt ja úntertháń   (S. 208)

5.3.4. Im Rahmen der *kommunikationswissenschaftlich orientierten Übersetzungstheorie* sind Übersetzungsmodelle entwickelt worden, die von den in der Nachrichtentechnik und der Informationstheorie gebräuchlichen Blockschaltbildern von Kommunikationsketten ausgehen. Für die telegraphische Kommunikation mittels Morsezeichen wird etwa eine Darstellung wie Abb. 10 verwendet[10].

Diese Darstellung ist folgendermaßen zu lesen: der *Sender* (S) muß eine Information so *enkodieren* (En) *(verschlüsseln),* daß der *Empfänger* (Empf.) in der Lage ist, bei der *Dekodierung* (De) *(Entschlüsselung)* der *Nachricht* (N) die betreffende Information zurückzugewinnen. Das setzt voraus, daß S und Empf. über ein *gemeinsames Zeicheninventar* (Zeichenrepertoire R_G) verfügen (beim Telegraphieren: Morsealphabet), und daß sie durch einen *Übertragungskanal* miteinander verbunden sind. Der

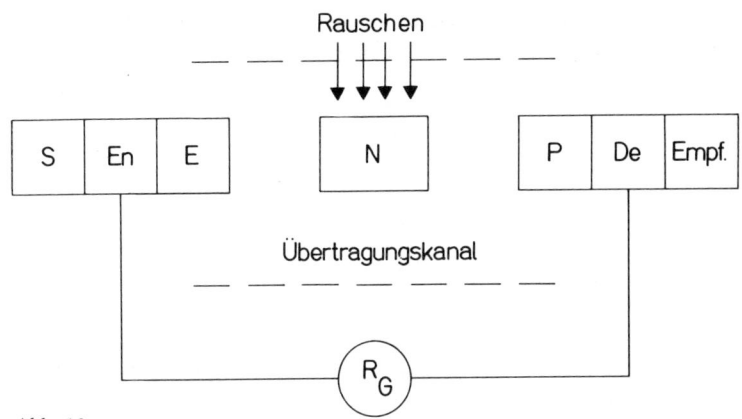

Abb. 10

Übertragungskanal (beim Telegraphieren: Kabel) darf dabei nicht so stark gestört sein *(Rauschen),* daß die emittierte (gesendete) Nachricht (E für *Emission*) nicht mehr perzipiert (P für *Perzeption*), d. h. empfangen und dekodiert werden kann.

Menschliche Kommunikation ist aus verschiedenen Gründen wesentlich komplizierter[11]:

1. Der menschliche Kommunikator kann *zugleich Sender* (Sprecher) *und Empfänger* (Hörer) sein; ein Feedback ist möglich (gilt für die gesprochene Kommunikation in der direkten sozialen Interaktion; gilt im allgemeinen nicht, wenn es sich um schriftliche Kommunikation handelt).

2. Menschliche Kommunikation findet in einem *sozialen Zusammenhang* statt. Erfahrungshintergrund, Wissens- und Bildungsstand und Erwartungshorizont von Sprecher/Hörer, soziokultureller und sozioökonomischer Hintergrund, soziale Rollen der Kommunikatoren, in der mündlichen (direkten) Kommunikation außerdem der unmittelbare räumlich-zeitliche situative Kontext, spielen eine wichtige Rolle.

3. Die *Zeichenrepertoires* sind, auch für Sprecher derselben Sprache, nie identisch: keine zwei Menschen verbinden mit denselben Ausdrücken *(Besitz, schön, Pflicht, Freiheit)* genau dieselben Bedeutungen oder Assoziationen. Wenn man sagt, daß man »aneinander vorbei redet« bzw. »nicht die gleiche Sprache spricht«, so meint man damit, daß Kommunikation erschwert oder unmöglich ist aufgrund dieses unterschiedlich verwendeten Ausdrucksrepertoires (man denke an politisch-ideologische Diskussionen, in denen es um Begriffe wie *Marktwirtschaft, Gewinn, Sozialismus, radikal* geht). Wenn Kommunikation und Verständigung trotz individueller und gruppenspezifischer Sprachverwendungsunterschiede

möglich ist, dann darum, weil sich einerseits die Zeichenverwendungen in einem zentralen Bereich überschneiden:

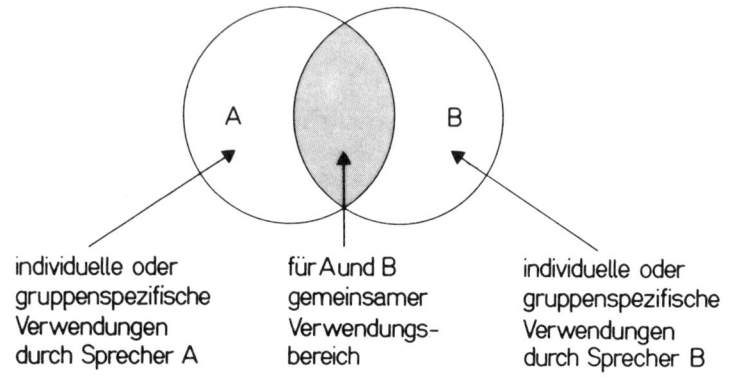

Abb. 11

Andererseits können Unterschiede in der Zeichenverwendung wiederum *sprachlich thematisiert* werden, so daß – wenn der Wille zur Verständigung da ist – ein Konsens über die Verwendungsweise hergestellt wird.

4. Menschliche Kommunikation dient nicht nur der *Informationsübermittlung,* sie ist nicht auf Enkodierung und Dekodierung von Informationen über Sachverhalte eingeschränkt: (1.) Informationsvermittlung kann verbunden sein mit der *Bewertung der betreffenden Information:* ein Sachverhalt wird nicht wertneutral, sondern positiv oder negativ, wünschenswert etc. dargestellt. Dies geschieht insbesondere durch die Verwendung konnotativ geladener Ausdrücke (s. Kap. 6.2.6. und 7). (2.) Information kann sprachlich verschleiert werden (etwa durch die Verwendung von Euphemismen, von Fremdwörtern, einer undurchschaubar komplizierten Syntax[12]. (3.) Sprache kann auch oder ausschließlich eingesetzt werden zur Herstellung von Kontakt *(Guten Tag!),* zur Mitteilung von Gefühlen und partner- oder sachbezogenen Einstellungen etc., man kann mit Sprache befehlen, anordnen, etwas erfragen oder in Frage stellen. (4.) In der schönen Literatur werden nicht (bestehende) Sachverhalte beschrieben, sondern wird »Welt« zugleich hergestellt; die Wirklichkeit wird im Text selbst produziert. (5.) Sprache kann – etwa in lautmalerischen Gedichten – rein ästhetische Funktion haben.

5.3.5. In der *zweisprachigen Kommunikation,* wie sie der Übersetzung zugrunde liegt, sind die Kommunikationsbedingungen komplizierter als in der einsprachigen Kommunikation. Das zeigt schon das folgende einfache, von zahlreichen Bestimmungsfaktoren abstrahierende Modell, in dem die *Rolle des Übersetzers,* der zugleich *Empfänger und Sender* ist, im Vordergrund steht (in Anschluß an O. Kade, 1968a):

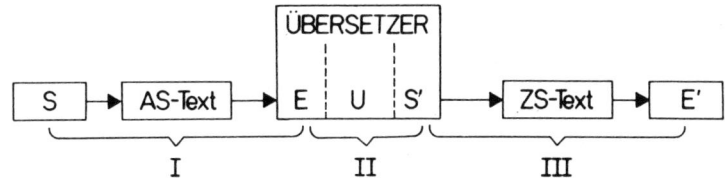

Abb. 12

Es lassen sich in der Übersetzungskommunikation *drei Phasen* unterscheiden:

I. die Kommunikation zwischen dem Sender (S) und dem Übersetzer, der Empfänger (E) des Originaltextes ist;

II. der Übergang von der AS zur ZS, den der Übersetzer als Umkodierer (U) vollzieht;

III. die Kommunikation zwischen dem Übersetzer (als S') mit dem Empfänger in der ZS (E').

Ausgehend von diesem Modell der zweisprachigen Kommunikation soll im nächsten Abschnitt die *Spezifik der Übersetzungskommunikation* erörtert werden.

5.4. Faktoren und Bedingungen der Übersetzungskommunikation

5.4.1. Der Textautor (S) richtet sich mit dem AS-Text an Empfänger in der AS; der Text ist »eingestellt« auf diese Empfänger. (Ich sehe von Texten ab, die in der AS zum Zweck der Übersetzung verfaßt, also bereits auf ZS-Empfänger »eingestellt« sind, wie dies bei Texten der Auslandswerbung der Fall sein kann[13].) Der AS-Text *funktioniert* im *kommunikativen Zusammenhang der AS;* er ist *eingebettet* in diesem Zusammenhang. Das heißt zugleich, daß der Text vor dem Hintergrund bestimmter *Erwartungsnormen,* die den *Erwartungshorizont* der Empfänger bilden, rezipiert wird[14]. Die »Einstellung« des Textes durch den Textautor und der Erwartungshorizont der Empfänger stehen in einem wechselseitigen *Bedingungsverhältnis:* die Erwartungsnormen des Empfängers bedingen die Schreibnormen des Autors, die Schreibnormen des Autors beziehen sich auf Erwartungsnormen der Leser. Texte verschiedener Textgattungen sind in verschieden starkem Maße auf die Erwartungsnormen der Leser eingestellt: es kann mehr oder weniger hundertprozentige Deckung vorliegen (normgerechte Texte), oder die Texte können die Erwartungsnor-

men durchbrechen (normabweichende Texte, s. dazu unten, S. 132 f.). Die Erwartungsnormen ihrerseits sind keineswegs identisch für alle Empfänger in einer Sprache (Sprachgemeinschaft); sie sind abhängig (unter anderem)
- von der sozialen Gruppenzugehörigkeit der Empfänger;
- von den individuellen und gruppenspezifischen Wissens- und Verstehensvoraussetzungen;
- vom Bildungsstand, den Sprach- und Sachkenntnissen der Empfänger;
- von der individuellen und historisch-gesellschaftlichen Rezeptionssituation der Empfänger allgemein.

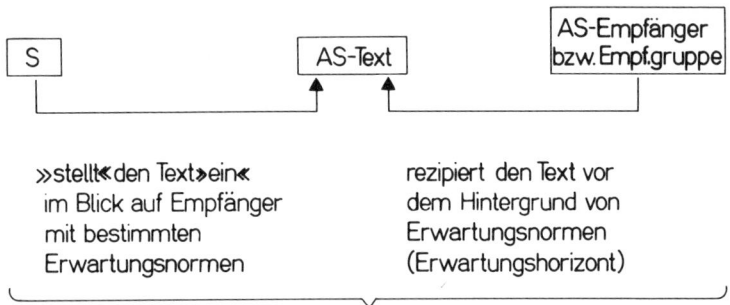

Abb. 13

Die *Übersetzungssituation* ist dadurch gekennzeichnet, daß die Bedingungen auf der Empfängerseite in der ZS mehr oder weniger stark von Empfängerbedingungen in der AS abweichen können. So können sich die sozio-ökonomische Situation der Textempfänger, deren Wissens- und Bildungsvoraussetzungen, und auch die Erwartungsnormen in thematischer und sprachlich-stilistischer Hinsicht unterscheiden. Das, was in einem AS-Text nicht ausgedrückt werden muß, weil es zu den selbstverständlichen Voraussetzungen des Alltagslebens (der Lebenspraxis) im betreffenden kommunikativen Zusammenhang gehört, muß in der ZS ggf. explizit ausgeführt werden; Assoziationen, die der AS-Text weckt, gehen in der ZS möglicherweise verloren, weil die Assoziationsvoraussetzungen in der ZS für den ZS-Empfänger nicht gegeben sind. So ist es bei der Übersetzung von Werbetexten notwendig,

[...] den Bezugsrahmen zu klären, in dem eine Werbekampagne in einem bestimmten Land abläuft: soll ein bezüglich Schichtzugehörigkeit, Alter, Bildung etc. ähnliches Rezipientenkollektiv über einen ähnlichen Werbeträger wie im Ausgangsland der Werbung angesprochen werden; ist das Markenimage diesem Publikum schon aufgrund früherer Anzeigen bekannt oder soll es im Bewußtsein des Konsumenten erst noch verankert werden? Die Wahrung des kommunikativen Effekts als Invariante bei der Übersetzung von Werbetexten setzt also voraus, daß zunächst die Intention des Originals sowie die erwähnten sozio-ökonomischen Variablen bestimmt und zu den die Rezeption der Übersetzung steuernden kommunikationsexternen Einflußgrößen in Bezug gesetzt werden müssen. (M. Krause, 1978, S. 66f.)

Damit werden *Rolle und Funktion des Übersetzers* in Phase I des Übersetzungsprozesses genauer bestimmbar: er ist Empfänger in der AS, und er muß, um seiner Übersetzungsaufgabe gerecht zu werden, zugleich Empfänger in der ZS sein; er hat zwischen den Empfängererwartungen in der AS und den Empfängererwartungen in der ZS zu vermitteln. Bei den unten diskutierten Empfängererwartungen werden deshalb zugleich die Rolle des Übersetzers und die mit den ZS-Empfängererwartungen verknüpften Übersetzungsprobleme behandelt. Von diesen Überlegungen her fällt neues Licht auf die Schleiermachersche Unterscheidung zweier Übersetzungsmethoden und auf E. A. Nidas Prinzipien der formalen und der dynamischen Äquivalenz (s. o., S. 51ff., 85f.): die verfremdende Übersetzungsmethode bzw. die formale Äquivalenz verlangt einen ZS-Empfänger, der gleichsam in die Haut eines AS-Empfängers zu schlüpfen vermag: der ZS-Text soll es dem ZS-Leser ermöglichen, AS-Empfänger zu sein. Die adaptierende Übersetzungsmethode bzw. die dynamische Äquivalenz richtet die Übersetzung auf die Erwartungsnormen der ZS-Empfänger aus.

5.4.2. Die *Empfängererwartungen* bezüglich Texten betreffen – in übersetzungsrelevanter Sicht – folgende sechs Bereiche:
1. thematischer Bereich,
2. Makroaufbau/-gliederung und Darstellungstechnik,
3. Mikroaufbau,
4. Textfunktionen,
5. sprachlich-stilistische Gestaltung,
6. Textverständnis und -interpretation.

1. Zum thematischen Bereich
Von einem Aufsatz mit dem Titel »Die Diminutivsuffixe *-chen* und *-lein* in den Erzählungen G. Kellers und Th. Storms« in einer sprachwissenschaftlichen Zeitschrift erwartet der Leser die linguistische Beschreibung der *-chen* und *-lein*-Bildungen in den untersuchten Texten; von einer Bedienungsanleitung für eine Geschirrspülmaschine erwartet er, daß sie ihn über die Bedienung der betreffenden Maschine instruiert; von einer Bio-

graphie über Napoleon erwartet er eine Beschreibung des Lebens von Napoleon. Thematisches Interesse und thematische Erwartungen können allerdings bei gewissen Texten zurücktreten gegenüber anderen Interessen: bei poetischen Texten (z. B. lyrischen Gedichten) gegenüber ästhetischen oder bei konkret-poetischen Gedichten gegenüber visuellen Interessen.

Eingriffe in den Textinhalt sind bereits bei AS-Texten möglich: man denke an Zensur und Selbstzensur bei literarischen und politischen Texten aus politischen, moralischen und anderen Gründen (die §§ 88 a – verfassungsfeindliche Befürwortung von Straftaten – und 131 – Verherrlichung von Gewalt – im bundesdeutschen Strafgesetzbuch können als Beispiele angeführt werden). Die Möglichkeit, einen Text inhaltlich zu verändern, hat in besonderem Maße der *Übersetzer;* textinhaltliche Veränderungen lassen sich denn auch in Übersetzungen immer wieder nachweisen. Das kann so weit gehen, daß ganze Abschnitte, die nach Auffassung des Übersetzers (bzw. der Verlagslektoren) inhaltlich gegen politische, ideologische oder moralische Normen verstoßen, in der Übersetzung weggelassen werden. So bleiben in der dt. Übersetzung des Kriminalromans »De ›A‹ jusqu'à ›Z‹« von San-Antonio (1967), dt. »Die elegante Mörder-Tour« (1973), Textstellen, in denen sich Polizisten Brutalitäten gegenüber Verdächtigen zuschulden kommen lassen, entweder unübersetzt, oder sie werden abgeschwächt.

G. Korlén (1966, S. 30) macht darauf aufmerksam, daß in der Übersetzung von H. Martinssons (Nobelpreisträger 1974) »Vägen till klockrike« (in der dt. Übersetzung »Der Weg nach Glockenreich«) erotische Partien und Anspiegelungen gekürzt oder entschärft werden[15]. In einer Arbeit über den Empfängerbezug bei Kinderbuchübersetzungen systematisiert B. Müller (1977) typische Fälle von inhaltlichen Texteingriffen, mit denen der Übersetzer

– den ZS-Text ausdeutet bzw. verdeutlicht,
– den ZS-Text dramatisiert (spannender gestaltet),
– den ZS-Text mit bestimmten sprachlich-stilistischen, moralisch-pädagogischen und weltanschaulichen Auffassungen (Erwartungsnormen) in Übereinstimmung bringt[16].

Sind textinhaltliche Eingriffe des Übersetzers grundsätzlich abzulehnen? Die Frage kann in dieser allgemeinen Form nicht beantwortet werden. Es können bei einzelnen Texten durchaus Gründe für Eingriffe vorliegen. Zur *Ethik des Übersetzens* gehört aber, daß Textveränderungen in der Übersetzung selbst angezeigt werden (in Vor- oder Nachworten oder in Fußnoten). Die *Übersetzungskritik* hat nicht zuletzt die Aufgabe, inhaltliche Texteingriffe und ihre Berechtigung und Hintergründe aufzudecken und zu fragen, wo und in welchem Ausmaße dadurch die Autonomie des zu übersetzenden Textes und die Interessen des ZS-Lesers an einem unredigierten Text verletzt werden.

2. Zu Makroaufbau/-gliederung und Darstellungstechnik

Der Textinhalt wird in der Folge der Sätze und Textabschnitte im allgemeinen sukzessiv vermittelt (ich sehe also zunächst ab von Texten, in denen bewußt gegen das Sukzessionsprinzip verstoßen wird wie in literarischen Texten, die mit Rückblenden arbeiten). Für Aufbau, Gliederung und Technik der Darstellung folgt der Autor mehr oder weniger festen Regeln, die er entweder durch Nachahmung und/oder durch Befolgung von Anleitungen – wie es sie etwa für das Anfertigen wissenschaftlicher Manuskripte[17] oder für das normgerechte Schreiben von Briefen[18] gibt – gewonnen hat. Solche Regeln haben sich für Gebrauchstexte verschiedenster Art relativ fest etabliert (wissenschaftlich-technische Texte, Gebrauchsanleitungen, Kontaktanzeigen, Horoskope, Leitartikel, Börsenkommentare)[19]. Aber auch literarische Texte folgen Textgestaltungsmustern (man denke an Kriminalstories, Aphorismen, Sonette, klassische Dramen). Aufbau-/Gliederungsmuster und Darstellungstechnik (etwa Gestaltung der Anmerkungs- und Registerapparate) können sich nun allerdings von Land zu Land und von thematischem Bereich zu thematischem Bereich unterscheiden; neue Gliederungs- und Darstellungsmuster können sich etablieren (man denke etwa an die Verdrängung der §-Gliederung durch die Dezimalzählung). Für den *Übersetzer* stellt sich die Frage, ob oder inwieweit er den ZS-Text in Makroaufbau und -gliederung den in der ZS geltenden Normen anpassen soll, ob und inwieweit er die Form der Darstellung verändern kann und soll, um den ZS-Text den Empfängererwartungen (Erwartungsnormen und -gewohnheiten) anzupassen[20].

3. Zum Mikroaufbau

Die einzelnen Sätze eines Textes sind entweder thematisch und/oder sprachlich miteinander verknüpft[21]. Beispiel für eine rein thematische (sachliche) Verknüpfung (*implizite* Verknüpfung):

Das Thermometer zeigte –10°. Fritz holte den Mantel aus dem Schrank.

Im Verstehensprozeß verbindet der Leser/Hörer die beiden Sätze miteinander:

Das Thermometer zeigte –10°. *Weil es so kalt war* oder *Um sich gegen die Kälte zu schützen,* holte Fritz den Mantel aus dem Schrank.

Im allgemeinen sind Sätze im Text sowohl thematisch (implizit) wie auch sprachlich *(explizit)* miteinander verknüpft durch pronominale oder nominale Wiederaufnahme, Konjunktionen, Adverbien, Tempora:

(1) Generäle sind Männer, die sich gegenseitig einen Kampf liefern, sich selber aber aus dem Kampf heraushalten. (2) Hinterher machen sie ein Treffen ab. (3) Sie treten aufeinander zu [...] und setzen sich zu einem Frühstück, das gegeben wird. (4) Kaffee ist immer aufzutreiben [...][22].

Verknüpfung von Satz (1) und (2):
Tempus, pronominale Wiederaufnahme *(Generäle – sie)*, temporale Situierung *(hinterher)*, nominale Wiederaufnahme im gleichen Sinnbereich *(Kampf – Treffen)*.
Verknüpfung von Satz (3) und (4):
Tempus, Wiederaufnahme im gleichen Sinnbereich *(Frühstück – Kaffee)*.

Verstehensprobleme (oder auch: Probleme, Sätze oder Satzteile inhaltlich miteinander zu verknüpfen) ergeben sich, wenn bei impliziten Verknüpfungen, aber auch bei ungenügend oder unkorrekt explizierten sprachlichen Verknüpfungen[23], Kenntnisse und Wissen vorausgesetzt werden, über die der Empfänger möglicherweise nicht verfügt. Bei obigen Beispielen sind solche Kenntnisse bei den Lesern der betreffenden Sätze aufgrund ihres Welt- und Alltagswissen vorhanden, bzw. der Verfasser kann annehmen, daß diese Kenntnisse vorhanden sind: so weiß man, daß –10° auf den Sachverhalt ›relativ starke Kälte‹ hinweist, und daß man sich mit einem Mantel gegen Kälte schützen kann. Vom Kaffee wiederum wissen wir, daß er – in unseren Breitengraden – Bestandteil des Frühstücks ist oder sein kann.

Übersetzungsprobleme können daraus resultieren, daß der AS-Autor auf Wissensvoraussetzungen der AS-Empfänger aufbauen kann, die bei den ZS-Lesern nicht gegeben sind. Der AS-Autor kann vieles »ungesagt« lassen, implizit voraussetzen. *Implizite Aussagen* muß der Übersetzer *explizit machen,* wenn er weiß, daß die ZS-Empfänger nicht über die gleichen Wissensvoraussetzungen verfügen. Er ist gezwungen, in der Übersetzung bestimmte Informationen nachzuliefern: in Zusätzen im Text, mit verdeutlichenden oder erklärenden Attributen, in Fußnoten oder in Vorbemerkungen oder Nachworten (s.o., S.55ff.). Dabei besteht allerdings die Gefahr der *ZS-Leser-Unterschätzung* wie auch der *-Überschätzung.* Im ersten Fall schätzt der Übersetzer das Verstehenspotential der ZS-Empfänger als zu gering ein (vgl. dazu E.A. Nida, 1964, S.155, zur »paternalistic attitude« von Übersetzern), oder er verkennt, daß der Text als Ganzes mehr Informationen liefert als die einzelnen Sätze. Implizite Voraussetzungen für das Verständnis einzelner Sätze werden im fortlaufenden Text expliziert, bzw. die Textlektüre baut beim ZS-Leser sukzessive die AS-Wissensvoraussetzungen auf. Unterschätzung der ZS-Leser hat zur Folge, daß der Übersetzer ein Zuviel an Zusatzinformation liefert. Jedoch scheint mir im allgemeinen die Gefahr der ZS-Empfänger-Überschätzung größer zu sein: der Übersetzer verkennt, daß er keinen Leser vor sich hat, der im AS-Zusammenhang *und* im ZS-Kontext verankert ist. Die Folge ist, daß der ZS-Empfänger die Übersetzung nicht, nicht adäquat oder falsch versteht.

4. Zur Textfunktion

Von einem Sachbuch erwartet der Leser, daß es ihn über ein Fachgebiet oder über bestimmte fachliche Probleme *informiert,* von einer Bedienungsanleitung, daß sie ihm die notwendigen Instruktionen über die Bedienung der Maschine liefert *(instruiert),* von einem politischen Text, daß er ihn zugleich *informiert* und zu *überzeugen* versucht, von einem lyrischen Gedicht, daß es ihm ein ästhetisches Erlebnis vermittelt *(ästhetische Funktion),* von einem Kriminalroman, daß er ihn auf *spannende* Weise *unterhält (spannungserweckende Unterhaltungsfunktion).*

Bei vielen Texten bzw. ganzen Textgattungen muß allerdings zwischen *primären und sekundären Textfunktionen* unterschieden werden: poetische Texte haben oft nicht nur eine ästhetische Funktion, sondern auch eine informative und/oder persuasive Funktion; Werbetexte nicht nur eine Appellfunktion – »kaufe dieses Produkt!« –, sondern zugleich eine persuasive Funktion – »glaube mir, dieses Produkt ist das beste!« – und/oder eine informative Funktion – »dieses Produkt besteht aus den Bestandteilen x, y und z«.

Den verschiedenen Textfunktionen können *sprachlich-stilistische Merkmale* bzw. unterschiedliche »Sprachen in der Sprache« (H. Rossipal, 1973) zugeordnet werden: die Sprache der Wissenschaft mit ihren spezifischen sprachlich-stilistischen Kennzeichen, die politische Sprache, die Werbesprache, die poetische Sprache. Besser als von »Sprachen in der Sprache« spricht man jedoch von Sprachgebrauch und Sprachnormen in und für wissenschaftliche, politische etc. Texte. Die Ausdrucksmöglichkeiten (das Ausdruckspotential) einer Sprache werden in Texten mit unterschiedlicher Textfunktion in unterschiedlicher Auswahl und Frequenz eingesetzt:
– unterschiedliche *Auswahl:* expressive (stark konnotierende) Ausdrücke werden in wissenschaftlich-technischen Texten kaum verwendet; das Präteritum findet sich kaum in Gebrauchsanleitungen etc.;
– unterschiedliche *Frequenz:* Fachtermini können zwar auch in literarischen Texten vorkommen, ihr Hauptanwendungsbereich ist jedoch der Fachtext; Aufforderungssätze finden sich in Texten mit ganz unterschiedlicher Textfunktion, in Bedienungsanleitungen treten sie jedoch signifikant häufig auf *(nehmen Sie..., entfernen Sie..., anschließend stellen Sie...)* etc.

Der *Übersetzer* steht bezüglich Textfunktionen vor folgenden Aufgaben:

– Es muß im AS-Text die primären und sekundären Textfunktionen ermitteln und eine *Hierarchie der Textfunktionen* aufstellen.
– Er muß feststellen, ob die AS-Textfunktionshierarchie in der ZS erhalten bleiben soll und kann. In zweisprachigen Ausgaben von poetischen Texten wird der Übersetzer unter Umständen darauf verzichten, die ästhetischen Qualitäten des Originals – Reim, Alliterationen, rhythmische Struktur – in der ZS wiederzugeben (s. o., S. 66); bei einem politischen Text gibt er vielleicht nur den Informationsgehalt wieder, nicht aber die persuasive Struktur, weil es dem ZS-Leser nur auf den Informationsgehalt ankommt.
– Er hat zu untersuchen, welche sprachlich-stilistischen Mittel (welche Gebrauchsnormen) in der ZS für Texte mit einer bestimmten Textfunktion zur Verfügung stehen: können z. B. die Aufforderungssätze in der dt. Bedienungsanleitung gebrauchsnormgerecht als Aufforderungssätze der betreffenden ZS wiedergegeben werden? Entsprechen hypotaktische Satzstrukturen in der betreffenden ZS in wissenschaftlichen Texten ebenso der Gebrauchsnorm wie im Dt. als AS?

5. Zur sprachlich-stilistischen Gestaltung

Texte mit unterschiedlichen Textfunktionen machen unterschiedlichen Gebrauch von den sprachlich-stilistischen Ausdrucksmöglichkeiten einer Sprache; für verschiedene Textgattungen, für den Sprachgebrauch in unterschiedlichen Kommunikationssituationen und für unterschiedliche Ausdrucksbedürfnisse gelten verschiedene *Funktionalstile*[24]. Funktionalstile sind Sprach- und Stilnormen für unterschiedliche Sprachverwendungen: für die Sprachverwendung im Bereich des Alltagsverkehrs (vorwiegend mündliche Kommunikation), der Literatur (Belletristik), des Geschäfts- und Amtsverkehrs, der Wissenschaft und Technik. Die verschiedenen Funktionalstile sind gekennzeichnet durch unterschiedliche Auswahl, Kombination und Frequenz von *Stilelementen/-mitteln*[25]. Der Übersetzer hat die Aufgabe, den Sprach- und Stilelementen des AS-Textes, die sich im Rahmen der Normen des betreffenden Funktionalstils bewegen, jene ZS-Elemente zuzuordnen, die den Sprach- und Stilnormen (Gebrauchsnormen) des betreffenden Funktionalstils in der ZS entsprechen. Bezüglich der einzelnen Funktionalstile – deren theoretische Fundierung hier nicht problematisiert werden soll – ist allerdings anzumerken, daß die Funktionalstilistik sie erst in sehr allgemeiner Weise charakterisiert. So wird darauf hingewiesen, daß der *Funktionalstil im wissenschaftlich-technischen Textbereich*[26] u. a. gekennzeichnet ist durch
– Dominanz der Fachlexik (Fachwörter, Termini, Zusammensetzungen, Ableitungsbildungen, Abkürzungen),
– Bevorzugung der Wortart Substantiv,

- Fehlen von affektiven und wertenden Wörtern und Wendungen,
- Fehlen von dialogischen Partien (Anrede und Einbeziehung des Lesers, direkte Redewiedergabe),
- üppiges Vorkommen von Funktionsverbfügungen *(zur Diskussion stellen, in Betracht ziehen);* Dominanz des Nominalstils,
- Tendenz zur Sprach- und Ausdrucksökonomie.

Die Funktionalstilistik hat jedoch in der systematischen, korpusorientierten *Beschreibung der verschiedenen Funktionalstile* wenig geleistet, insbesondere liegen keine *kontrastiven Untersuchungen* zu den Sprach- und Stilnormen (Gebrauchsnormen) für die verschiedenen funktionalstilistischen Bereiche vor (s.o., S.99) – Untersuchungen, die für den Aufbau der Übersetzungskompetenz (Didaktik des Übersetzens) und für die Übersetzungskritik von großem Nutzen wären.

6. Zu Textverständnis und -interpretation

Der Leser erwartet von einem Text, dem er sich aus einem bestimmten thematischen Interesse zuwendet, daß er ihn *versteht,* d.h. daß er ihm auf der Basis seiner Wissens- und Verstehensvoraussetzungen die relevante Textinformation entnehmen kann[27]. Von einem sprachwissenschaftlichen Text erwartet der Linguist, daß er ihn eindeutig verstehen kann; Textmehrdeutigkeiten oder -unklarheiten sollten nicht vorkommen. Der Interpretationsspielraum muß in auf Eindeutigkeit angelegten Texten so klein wie möglich sein (deshalb die Verwendung eindeutig definierter Termini). Der Nachvollzug der wissenschaftlichen Interpretation von Fakten sollte zugleich *zeitunabhängig* sein: die Beschreibung der Diminutivbildungen bei Keller und Storm muß dem Leser in fünfzig Jahren noch denselben Informationsgehalt vermitteln wie heute – selbst wenn sich Methodik der Beschreibung und Interpretation derselben Fakten verändert haben.

Auch von *literarischen Texten* erwartet der *average reader* zunächst einmal, daß er sie versteht. Allerdings wird man von einem heute geschriebenen literarischen Text kaum verlangen, daß das Verstehen in fünfzig Jahren genau dasselbe ist wie heute. Das Verstehen literarischer Texte ist in ganz anderer Weise *historisch* als das Verstehen wissenschaftlicher Texte. Denn sie zeichnen sich gerade dadurch aus, daß sie nicht *interpretationseindeutig* sind. Die Mehrdeutigkeits- und Unbestimmtheitsstellen werden in verschiedenen historischen Situationen von Empfängern mit verschiedenen Verstehensvoraussetzungen unterschiedlich *konkretisiert.* Texte, für die sich eine bestimmte Konkretisation verbindlich etabliert hat, erweisen sich dabei unversehens als mehrdeutig, und diese Mehrdeutigkeiten werden in neuen Konkretisationen aufgelöst. Die Rezeptionsgeschichte literarischer Werke, aber auch etwa die unterschiedlichen Interpretationen dramatischer Texte auf der Bühne, zeigen die Historizität des Verstehens literarischer Texte. Die schwierige Frage ist, welche dieser Interpretationen oder Konkretisationen der *Intention des Originals* gerecht oder noch gerecht werden, und welche sie verletzen. Mit anderen Worten geht es um die Autonomie des zu verstehenden und zu interpretierenden literarischen Textes. Rezeptionsästhetik[28] und rezeptionsgeschichtliche Untersuchungen machen allerdings einsichtig, daß es eine Sinn- und Interpretationsautonomie unabhängig von der historisch bedingten Rezeption nicht gibt. Verstehen und Interpretation eines literarischen Textes ergeben sich in der Dialektik von immanenter Sinnintention des Textes und historischen Rezeptionsvoraussetzungen der Leser.

Der *Übersetzer* als ein unter den historischen Rezeptionsbedingungen stehender Empfänger realisiert in der sprachlich-stilistischen Ausformung der Übersetzung eine *historisch mögliche Konkretisation*[29], die freilich ihrerseits Mehrdeutigkeiten und Unbestimmtheitsstellen aufweisen kann, die bei unterschiedlichen Rezeptionsbedingungen unterschiedlich konkretisiert oder interpretiert werden können. Weil sich diese Konkretisationen diachronisch wie synchronisch (verschiedene Empfänger/verschiedene Übersetzer desselben Textes im gleichen Zeitabschnitt) verändern und unterscheiden, sind auch verschiedene Übersetzungen möglich, die diese unterschiedlichen Konkretisationen dem ZS-Empfänger vermitteln. Eine Aufgabe der *Übersetzungskritik* literarischer Texte ist es, diese Konkretisationen in ihren sprachlich-stilistischen Auswirkungen in der Übersetzung zu analysieren[30].

5.4.3. Wir haben uns bisher hauptsächlich auf Texte bezogen, in denen die Erwartungsnormen der Empfänger erfüllt werden. Zu diesen Texten gehört wahrscheinlich der größte Teil der schriftlichen Produktion sowohl im nicht-literarischen wie im literarischen Bereich. Es gehören auch jene Texte dazu, bei denen die Erwartungsnorm gerade darin besteht, daß bestimmte Erwartungsnormen verletzt werden, in denen also die Normverletzung zur Norm gehört. Man denke an Werbung, in der »poetische Texte« verwendet werden, die – außerhalb des Werbekontexts – durchaus als poetische Texte rezipiert werden könnten. Freilich gibt es auch innerhalb stark normierter Textsorten Abweichen (etwa Kuchenrezepte in Versform), die aber als Ausnahmen die Normen nur bestätigen.

In ganz anderem Ausmaß sind aber Normenverletzungen (oder Normenerweiterung und -infragestellung) kennzeichnend für jene literarischen Texte, die *innovativen* Charakter haben, wozu allerdings nur ein kleiner Teil der belletristischen Produktion zu rechnen ist. *Innovationen* sind bezüglich aller oben angeführten Erwartungsparameter möglich:
– Thema (der literarische Text wendet sich »neuen Themen« zu),

- Makroaufbau und -gliederung (neue Gliederungstechnik, Aufbauexperimente),
- Mikroaufbau (Durchbrechung von Argumentationsstrukturen, z. B. im absurden Drama),
- Textfunktion (literarischer Text nicht mit ästhetischer, sondern primär politischer Funktion),
- sprachlich-stilistische Gestaltung (Erschließung von neuen Ausdrucksmöglichkeiten),
- Textverständnis und -interpretation (Textverständlichkeit wird auf neue Leserschichten – z. b. Leser mit nicht-literarischen Verstehensvoraussetzungen – ausgerichtet).

Bei innovativen literarischen Texten sieht sich der Übersetzer immer wieder mit der Frage konfrontiert, wie weit er die Textcharakteristika des AS-Textes, die gegen die AS-Normen verstoßen[31], in der Übersetzung nachvollziehen kann und soll. Hier wird das Übersetzen zum *schöpferischen* – oft sprachschöpferischen – Prozeß, der an den Übersetzer höchste sprachlich-stilistische und interpretatorische Anforderungen stellt und der das Übersetzen zum eigentlichen Wagnis macht. Allerdings läßt sich feststellen, daß Übersetzungen dazu tendieren, normgerechter (und damit auch »flacher«) zu sein als ihre Vorlagen; sie bewegen sich – im sprachlich-stilistischen Bereich – häufig im Rahmen einer *mittleren Stillage* und begnügen sich – bestenfalls – mit der gelegentlichen (und oft zufälligen) Andeutung von Normabweichungen[32].

6. Übersetzbarkeit und Herstellung von Übersetzbarkeit mittels Übersetzungsverfahren

6.0. Es gibt kaum eine Frage in der jahrhundertealten Auseinandersetzung mit dem Übersetzen, die intensiver und kontroverser diskutiert worden ist, als die der theoretischen und praktischen Möglichkeit oder Unmöglichkeit des Übersetzens. Die folgenden Zitate zeigen, daß die Frage von unterschiedlichen Positionen aus gestellt und beantwortet wird und wurde:

(1) W. von Humboldt[1]:

Alles Übersetzen scheint mir schlechterdings ein Versuch zur Auflösung einer unmöglichen Aufgabe. Denn jeder Übersetzer muß immer an einer der beiden Klippen scheitern, sich entweder auf Kosten des Geschmacks und der Sprache seiner Nation zu genau an sein Original oder auf Kosten seines Originals zu sehr an die Eigentümlichkeiten seiner Nation halten. Das Mittel hierzwischen ist nicht bloß schwer, sondern geradezu unmöglich.

(2) M. Wandruszka (1967):

Dichtung ist unübersetzbar. Ihr Klang ist unübersetzbar, ihr Rhythmus, ihre Melodie, aber das ist es nicht allein. Dichtung ist unübersetzbar, weil sie uns auffordert, nicht nur durch die Sprache hindurch, über die Sprache hinaus, sondern auch auf die Sprache selbst zu blicken. Dichtung ist die große andere Möglichkeit der Sprache, die Möglichkeit, das Werkzeug zum Kunstwerk zu machen. (S. 7)

(3) J. J. Breitinger[2]:

Die Sprachen sind ein Mittel, dadurch die Menschen einander ihre Gedancken offenbaren können: Da nun die Gegenstände, womit die Menschen sich in ihren Gedancken beschäftigen, überhaupt in der gantzen Welt einerley und einander gleich sind; da die Wahrheit, welche sie mit dieser Beschäftigung suchen, nur von einer Art sind; und da die Gemüthes-Kräfte der Menschen auf eine gleiche Art eingeschräncket sind; so muß nothwendig unter den Gedanken der Menschen ziemliche Gleichgültigkeit statt und platz haben; daher denn solche auch in dem Ausdrucke nothwendig wird.

Auf diesem Grunde beruhet nun die gantze Kunst, aus einer Sprache in die andere zu übersetzen. Von einem Uebersetzer wird erfodert, daß er eben dieselben Begriffe und Gedancken, die er in einem trefflichen Muster vor sich findet, in eben solcher Ordnung, Verbindung, Zusammenhange, und mit gleich so starckem Nachdrucke mit andern gleichgültigen bey einem Volck angenommenen, gebräuchlichen und bekannten Zeichen ausdrücke, so daß die Vorstellung der Gedancken unter beyderley Zeichen einen gleichen Eindruck auf das Gemüthe des Lesers mache.

(4) L. Bloomfield (1935):

As to denotation, whatever can be said in one language can doubtless be said in any other: the difference will concern only the structure of the forms, and their connotation. (S. 278)

(5) O. Kade (1971 b):

Somit kann festgestellt werden, daß in bezug auf die semantische Bedeutung und damit die rationalen Komponenten des Informationsgehalts sprachlicher Texte prinzipiell keine Beschränkung der Übersetzbarkeit vorliegt. Alle Texte einer Sprache L_x (Quellensprache) können unter Wahrung des rationalen Informationsgehalts im Zuge der Translation durch Texte der Sprache L_n (Zielsprache) substituiert werden, ohne daß prinzipiell der Erfolg der Kommunikation beeinträchtigt oder gar in Frage gestellt wird. Zu dieser auch empirisch bestätigten Bejahung der Übersetzbarkeit berechtigt der Nachweis, daß jeder erkenntnismäßige Bewußtseinsinhalt in jeder Sprache kodierbar und der im Ergebnis der Kodierung (einschließlich der Umkodierung aus einer anderen Sprache) entstandene Text im Prinzip – wenn auch unter Überwindung dialektischer Widersprüche – durch potentielle Adressaten dekodierbar ist. (S. 26)

Das Spektrum der Antworten ist breit: es reicht von der These der absoluten Übersetzbarkeit (3) über die Bejahung der Übersetzbarkeit im Teilbereich der denotativen Bedeutung bzw. der »rationalen Komponenten« des Informationsgehalts (4, 5) zur Verneinung der Übersetzbarkeit für eine ganze Textgattung (2) und zur Charakterisierung des Übersetzens als eine prinzipiell unmögliche Aufgabe (1). Es sollen in systematischer Weise[3] zwei Aspekte behandelt werden, unter denen die Übersetzbarkeitsproblematik gesehen werden kann:
1. Die Übersetzbarkeitsproblematik in philosophisch-sprachtheoretischer Sicht (6.1.), und
2. die Übersetzbarkeitsproblematik in sprachlich-stilistischer Sicht (6.2.).

Übersetzung als Praxis ist – unabhängig davon, wie die Frage nach der Möglichkeit oder Unmöglichkeit des Übersetzens beantwortet wird – Herstellung von Übersetzbarkeit auf der sprachlich-stilistischen Ebene. Deshalb werden in 6.2. die Möglichkeiten diskutiert, die bestehen, um Übersetzbarkeit praktisch zu realisieren: die verschiedenen *Übersetzungsverfahren*[4].

6.1. Die Übersetzbarkeitsproblematik in philosophisch-sprachtheoretischer Sicht

6.1.1. Vorüberlegungen

Mit der Frage nach dem Verhältnis von Mensch, Sprache, Denken, Wirklichkeit und Verhalten beschäftigen sich Philosophen, Psychologen, Anthropologen, Ethnologen, Linguisten und Literaturwissenschaftler seit dem frühen Altertum. Die Antworten auf diese Grundfrage fallen je nach Ausgangspunkt verschieden aus. Das gilt insbesondere auch für die in unserem Zusammenhang wichtige Teilfrage nach dem *Anteil der Sprache* (der Einzelsprache) *am Erkenntnisprozeß*. Zunächst sollen einige grundsätzliche Überlegungen angestellt werden, die im Blick auf die Übersetzbarkeitsproblematik relevant sind und die bei der Übersetzbarkeitsdiskussion explizit oder implizit eine Rolle gespielt haben oder spielen.

Im Prozeß der Auseinandersetzung mit der »Welt« (in der primären und sekundären Sozialisation, im Arbeitsprozeß, in Ehe und Familie etc.) eignet sich der Mensch Sehweisen dieser »Welt« an: Muster oder Modelle der *Wirklichkeitsinterpretation*. Man lernt, Sachverhalte wie Ehe, Sexualität, Tod, Arbeit etc. auf bestimmte Weise(n) zu betrachten und zu beurteilen. An der Entwicklung und Festigung dieser Sehweisen hat die *Sprache* einen wichtigen Anteil (neben der praktischen, nicht-verbalen Auseinandersetzung mit der Wirklichkeit): mit Sprache kommuniziert man über die Wirklichkeit bzw. die Wirklichkeitsinterpretationen. In dem Maße, wie die Wirklichkeitsinterpretationen kulturbedingt, d. h. historisch-gesellschaftlich bedingt sind, sind auch die Weisen, über diese Wirklichkeitsinterpretationen zu sprechen, *historisch-gesellschaftlich* bedingt. In der Sprache schlagen sich die Wirklichkeitsinterpretationen nieder und mit der Sprache werden sie zugleich *vermittelt*[5].

Den Sehweisen, Normen und Einstellungen, die man in der Sozialisation und in der praktischen Auseinandersetzung mit der »Welt« erwirbt, entsprechen *sprachliche Sehweisen, Normen und Einstellungen:* die genormte Wirklichkeit und die genormte Sprache stehen in einem gegenseitigen, *komplexen* Bedingungsverhältnis[6]. Ein Beispiel für eine solche kulturbedingte und sprachlich vermittelte Sehweise stellt das Wort *Unkraut* dar. Die Pflanzenwelt wird aufgrund wirtschaftlicher, vielleicht auch ästhetischer (nicht aber biologischer) Interessen in zwei Klassen eingeteilt: in Kulturpflanzen und in Pflanzen ohne wirtschaftlichen Wert. Dabei ist nicht einmal genau angebbar, welche Pflanzen *Unkraut* sind: auch Nutz- und Zierpflanzen werden unversehens zu Unkraut, wenn sie in einem anderen Kulturbestand auftreten. In der Auseinandersetzung mit der »Welt« lernt man das, was als *Unkraut* bezeichnet wird, vom Nicht-Unkraut unterscheiden: die Tätigkeit des *Jätens* bezieht sich zum Beispiel nur auf Unkraut. Beim Spracherwerb wird die Wirklichkeitsinterpretation ›Unkraut‹ über die Sprache vermittelt, wenn sich das Kind erkundigt, was *Unkraut* sei.

Das *Zusammenspiel von kulturbedingter Wirklichkeitserfassung und Sprache bzw. Sprachgebrauch* zeigt sich besonders deutlich in Bereichen menschlichen Lebens, die (immer noch) als Rand- oder Tabuzonen gelten: Tod und Sexualität. So wie der Wirklichkeitsbereich Sterben/Tod/Bestattung in unserer Gesellschaft auf eine bestimmte Weise genormt ist, erfolgt auch das Sprechen darüber in genormter Form. Wir lernen, die Vorgänge um Sterben und Tod auf bestimmte Weise(n) zu sehen und zu bewältigen (bzw. zu verdrängen); in entscheidendem Maße helfen uns dabei die sprachlichen Formeln (Stereotype und Schematismen), die sich auf diese Seh- und Bewältigungsweisen beziehen und diese immer wieder bestätigen. Tatsächliche Wirklichkeit, das heißt Sterben und Tod, wie es im Krankenhaus vor sich geht, und sprachliche Bewältigung dieser Wirklichkeit klaffen auf groteske oder zynische Weise auseinander, wie dies K. Dirschauer in »Der totgeschwiegene Tod« (Bremen 1973) u. a. am Sprachgebrauch in Todesanzeigen nachweist. In den Anzeigen dominieren Verben wie *einschlafen, entschlafen, verlassen, gehen, erlöst werden,* die der Todesverdrängung dienen und in denen die »Identität des Sterbens als Prozeß« (S. 30) verloren geht.

Ein ähnlicher, die Wirklichkeitsauffassung prägender sprachlicher Vermittlungsprozeß liegt im Bereich der Sexualität vor: im Dt. stehen für frz. *faire l'amour* und engl. *make love* der medizinische Fachausdruck *koitieren,* der juristische Begriff *Beischlaf ausüben,* das amtssprachliche *Geschlechtsverkehr haben,* das metaphysierend gehobensprachliche *sich vereinigen,* das euphemistische *miteinander schlafen* – oder eben nicht-alltägliche, nicht-öffentliche, weitgehend als vulgär tabuisierte Ausdrücke wie *ficken* und *bumsen* zur Auswahl. Es ist eine Auswahl, die Entscheidendes aussagt über die Stellung der Sexualität in unserer Gesellschaft[7].

Eine Sprache sprechen bzw. sich eine Sprache aneignen heißt zunächst einmal, den in der Sprache konservierten Wirklichkeitsauffassungen ausgesetzt sein. Hineinwachsen in eine Sprache und eine Kultur heißt, die Wirklichkeitsauffassungen und die Sprache, in der diese Kultur tradiert wird, übernehmen. Emanzipation ist nichts anderes als Kulturkritik, die zugleich immer auch Sprachkritik sein muß. Und jede Übersetzung leistet einen Beitrag zu dieser Emanzipation, indem sie das in einer Sprachgemeinschaft Geltende in Frage stellen, durchbrechen oder erweitern kann[8].

Die Verwendungsweise der meisten Ausdrücke einer Sprache ist *kulturbestimmt:* man bezieht sich mit Wörtern, Syntagmen und Sätzen nicht direkt auf Sachverhalte, sondern auf kulturbedingte Sehweisen von Sachverhalten. Von diesen Überlegungen aus – die unten (6.1.3.) ergänzt und entscheidend modifiziert werden – läßt sich die Brücke zur Übersetzbarkeitsproblematik schlagen. Was hier in einem weiten Sinne *Kultur* genannt wird, wurde bei der Darstellung des Übersetzungsprozesses (Kap. 5, besonders 5.4.) als *kommunikativer Zusammenhang* bezeichnet. Dabei wurde unterschieden zwischen dem kommunikativen Zusammenhang, in dem der AS-Text steht, und dem kommunikativen Zusammenhang, in dem der ZS-Text zu situieren ist. Wenn Sprache und kommunikativer Zusammenhang in dem gegenseitigen Bedingungsverhältnis stehen, wie es oben dargestellt wurde, dann ist absolute Übersetzbarkeit gegeben, wenn die kommunikativen Zusammenhänge von AS und ZS identisch sind. So kann man davon ausgehen, daß in einer mehrsprachigen Stadt, in der die Einwohner als *bilingues* (zweisprachig) aufwachsen, im Idealfall *ein* kommunikativer Zusammenhang gegeben ist, der dazu führt, daß in beiden Sprachen dieselben Wirklichkeitsinterpretationen vermittelt werden:

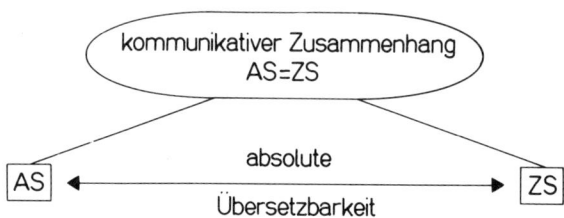

Abb. 14

Der andere Extremfall liegt dann vor, wenn die kommunikativen Zusammenhänge von AS und ZS keinerlei Gemeinsamkeit aufweisen (ältere ethnologische oder belletristische Beschreibungen von »wilden Eingeborenenstämmen« vermitteln manchmal den Eindruck, daß es solche inkommensurabeln Kulturen gibt bzw. gab). In diesem Fall ist von *absoluter Nicht-Übersetzbarkeit* zwischen AS und ZS zu sprechen:

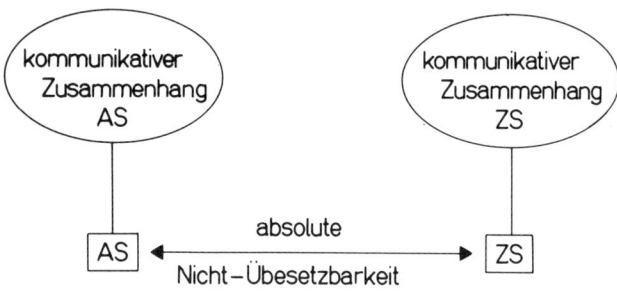

Abb. 15

Teilweise Übersetzbarkeit ist dann gegeben, wenn sich die kommunikativen Zusammenhänge von AS und ZS überlappen: Sprachverwendungen, die sich auf den Überlappungsbereich beziehen, sind übersetzbar.

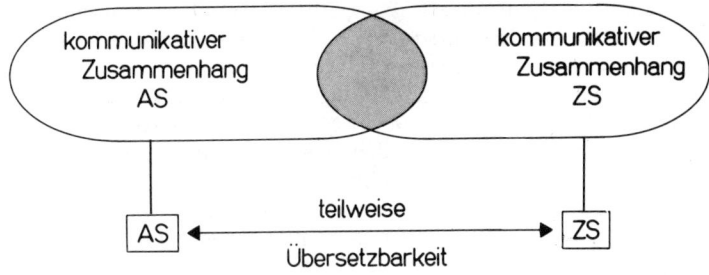

Abb. 16

Bei dieser Betrachtungsweise des Verhältnisses von Sprache, kommunikativem Hintergrund und Übersetzung ist die Übersetzbarkeit abhängig vom *Abstand der kommunikativen Zusammenhänge von AS und ZS*, mit dem der Abstand zwischen den Sprachen bzw. den Sprachverwendungsweisen korreliert:

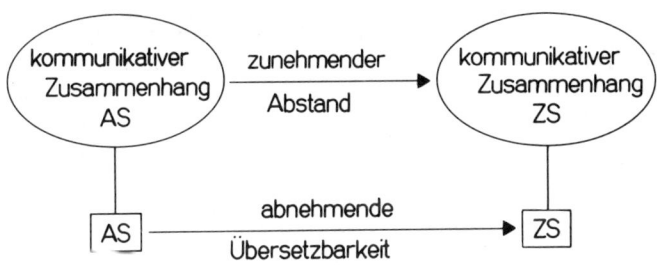

Abb. 17

Diese Betrachtungsweise muß allerdings in 6.1.3. modifiziert werden, weil sie dem dynamischen Charakter des Verhältnisses Sprache – Denken – Wirklichkeitsauffassung – Wirklichkeit, der Kreativität und Heterogenität der Sprache, den metakommunikativen Möglichkeiten der Sprache, dem In-Texten-Vorkommen sprachlicher Einheiten und der Leistung des Denkens im Erkenntnis- und Verstehensprozeß zu wenig Rechnung trägt.

6.1.2. *Inhaltbezogene Sprachauffassung und sprachliches Relativitätsprinzip*

Von den oben angestellten Überlegungen zum Verhältnis von Sprache – Denken – Wirklichkeit läßt sich eine Verbindung herstellen – eine Verbindung, die in 6.1.3. stark relativiert wird – zu den sprachphilosophischen Grundlagen der *inhaltbezogenen Sprachwissenschaft*[9], die insbesondere mit dem Namen von L. Weisgerber verknüpft ist, und zum Werk von B. L. Whorf, in dem die sog. *Sapir-Whorf-Hypothese* (auch sprachliches Relativitätsprinzip genannt) entwickelt wird[10].

Die Sprachauffassung der inhaltbezogenen Grammatik besagt, daß die natürlichen Sprachen, mit denen der Mensch die Welt kommunizierbar macht, diese nicht einfach abbilden, sondern deutend vermitteln, und zwar in sprachlich bestimmten *geistigen Zwischenwelten.* Die Funktion der geistigen Zwischenwelt illustriert L. Weisgerber (1971, S. 41 ff.) am Beispiel der Sternbilder: die Zusammenfassung einzelner Sterne zum Sternbild Orion kann vom Aufbau der Sternenwelt her nicht begründet werden. Die Sterne des Orion werden erst in der Sichtweise des Menschen, d. h. aufgrund einer ordnenden geistigen Tätigkeit, zum Sternbild Orion.

Die geistige Zwischenwelt hat – und das ist der zentrale Punkt bei L. Weisgerbers Ansatz – »sprachlichen Charakter«: sie ist »ihrem Dasein und ihrem Wesen nach ›Sprache‹« (1971, S. 54). Sprache heißt dabei immer Muttersprache: es handelt sich um eine Zwischenwelt *muttersprachlicher Inhalte,* mit denen den Angehörigen einer Sprachgemeinschaft ein muttersprachlich bestimmtes Bild von der Welt vermittelt wird, das *Weltbild der Muttersprache*[11]. Mit dem Beispiel der Farbbezeichnungen, mit denen das Farbenspektrum in verschiedenen Sprachen unterschiedlich gegliedert wird, und dem Beispiel der Verwandtschaftsbezeichnungen, in denen die Verwandtschaftsbeziehungen unterschiedlich erfaßt werden, versucht L. Weisgerber anschaulich zu machen, wie die außersprachliche Wirklichkeit in verschiedenen Muttersprachen unterschiedlich gegliedert (segmentiert) und wie dem Muttersprachler die Wirklichkeit durch die »Brille« einzelsprachlicher Inhalte als *sprachliche* Wirklichkeit vermittelt wird.

Sprachliche Zwischenwelt und muttersprachliche Weltansicht sind in besonderem Maße in den *Wortfeldern* (sprachlichen Feldern) faßbar. J. Trier, der mit seinem Buch »Der Wortschatz im Sinnbezirk des Verstandes« (1931) die Lehre vom sprachlichen Feld begründete[12], versteht unter einem Wortfeld die Gesamtheit der Wörter, die einen »mehr oder weniger geschlossenen Begriffskomplex« aufgliedern:

Die das Wortfeld, den Wortmantel, die Wortdecke mosaikartig zusammensetzenden Einzelworte legen – im Sinne ihrer Zahl und Lagerung – Grenzen in den Begriffsblock hinein und teilen ihn auf. (S. 1)

Seine inhaltliche Bestimmtheit gewinnt ein Einzelwort erst in der Struktur des ganzen Wortfeldes. Zur Illustration zieht J. Trier das Beispiel der Leistungsbewertung heran: was *mangelhaft* bedeutet, kann erst im Zusammenhang der ganzen Bewertungsskala bestimmt werden. *Mangelhaft* ist in einer viergliedrigen Skala *(mangelhaft – genügend – gut – sehr gut)* etwas anderes als in einer sechsgliedrigen Skala *(ungenügend – mangelhaft – ausreichend – befriedigend – gut – sehr gut).* Nach dieser Auffassung gliedert sich der gesamte Wortschatz einer Sprache in solche Felder. So läßt sich der Stellenwert von *klug* erst im Gesamtfeld der Bezeichnungen für intellektuelle Fähigkeiten und Eigenschaften *(klug – gescheit – intelligent – begabt – dumm* etc.) bestimmen. Zugleich leisten diese Felder Entscheidendes bei der Welterfassung; in der Feldaufteilung spricht sich nach J. Trier »die Weltanschauung einer Sprache in einem bestimmten Zeitpunkt« aus (S. 20). L. Weisgerber, der den Feldgedanken aufnimmt und weiterentwickelt, spricht gar von den »Gesetzen des sprachlichen Feldes« (1971, S. 96 ff.), die bei der Erforschung des Weltbildes einer Sprache von »ausschlaggebender Bedeutung« seien, »weil hier nun tatsächlich die Eigengesetzlichkeit der sprachlichen Denkwelt voll zu ihrem Recht kommt und das Bewußtmachen der Sprache bestimmt« (S. 101). Im *Sprachvergleich* (vgl. dazu P. Osswald, 1977) ergibt sich, daß diese sprachlichen Felder einzelsprachlich unterschiedlich aufgebaut sind, und das bedeutet letztlich: einzelne Wörter verschiedener Sprachen können nicht miteinander verglichen und schon gar nicht gleichgesetzt werden, weil ihr Stellenwert in den einzelsprachlichen Feldern je verschieden ist. Die unterschiedliche Gliederung der Sprachinhalte in einzelsprachlichen Feldern ist (nach L. Weisgerber, 1971, S. 68) Indiz dafür, daß jede Muttersprache *eine für die betreffende Sprachgemeinschaft verbindliche Zwischenwelt* enthält.

Die Konsequenzen dieser Sprachauffassung für die Übersetzbarkeitsproblematik liegen auf der Hand: wenn jede Einzelsprache ein eigenes, die Wirklichkeitsauffassung der Sprecher dieser Sprache determinierendes Weltbild enthält, so kann der Satz *Sprachen sind ihrem Wesen nach unübersetzbar* als sprachtheoretisches Axiom gelten. Denn jede Übersetzung transponiert die sprachlichen Inhalte einer Muttersprache in solche einer andern Muttersprache, die beide je unterschiedliche geistige Zwischenwelten konstituieren[13], in denen die »Welt« dem Menschen verfügbar und kommunizierbar gemacht wird. Der Schritt zur expliziten Identifizierung von muttersprachlicher Struktur und Denkstruktur wird von L. Weisgerber nicht getan; das Verhältnis zwischen der bei der Wirklichkeitserfassung wirksamen »Macht der Sprache« und dem Denk- und Erkenntnisvermögen bleibt unklar; die Frage, wie entscheidend das Denken von der Muttersprache determiniert ist, wird nicht eindeutig beantwortet – sehr zum Vorteil der Theorie L. Weisgerbers, die von seinen Kritikern allzu oft auf den simplifizierenden Nenner der Identifikation von Muttersprache und Denken (als muttersprachliches, d. h. zum Beispiel »deutsches« Denken) gebracht worden ist[14]. Ohne Zweifel übernimmt bei L.

Weisgerber die Sprache Funktionen, die von anderen erkenntnistheoretischen Standpunkten aus dem Denken zukommen. Die Gleichsetzung von Denken und Sprechen und die These der mehr oder weniger totalen Determiniertheit der Wirklichkeitserfassung durch die Struktur der Sprache(n) ist der Inhalt des *linguistischen Relativitätsprinzips,* der sog. Sapir-Whorf-Hypothese, wie es B.L. Whorf (1956, dt. 1963) im Anschluß an ähnliche Gedanken E. Sapirs formuliert:

Aus der Tatsache der Strukturverschiedenheit der Sprachen folgt, was ich das ›linguistische Relativitätsprinzip‹ genannt habe. Es besagt, grob gesprochen, folgendes: Menschen, die Sprachen mit sehr verschiedenen Grammatiken benützen, werden durch diese Grammatiken zu typisch verschiedenen Beobachtungen und verschiedenen Bewertungen äußerlich ähnlicher Beobachtungen geführt. Sie sind daher als Beobachter einander nicht äquivalent, sondern gelangen zu irgendwie verschiedenen Ansichten von der Welt. (S. 20)

An anderer Stelle heißt es:

Die Kategorien und Typen, die wir aus der phänomenalen Welt herausheben, finden wir nicht einfach in ihr – etwa weil sie jedem Beobachter in die Augen springen; ganz im Gegenteil präsentiert sich die Welt in einem kaleidoskopartigen Strom von Eindrücken, der durch unseren Geist organisiert werden muß – das aber heißt weitgehend: von dem linguistischen System in unserem Geist. Wie wir die Natur aufgliedern, sie in Begriffen organisieren und ihnen Bedeutungen zuschreiben, das ist weitgehend davon bestimmt, daß wir an einem Abkommen beteiligt sind, sie in dieser Weise zu organisieren – einem Abkommen, das für unsere ganze Sprachgemeinschaft gilt und in den Strukturen unserer Sprache kodifiziert ist. Dieses Übereinkommen ist natürlich nur ein implizites und unausgesprochenes, *aber sein Inhalt ist absolut obligatorisch;* wir können überhaupt nicht sprechen, ohne uns der Ordnung und Klassifikation des Gegebenen zu unterwerfen, die dieses Übereinkommen vorschreibt. (S. 12)

Aufschlußreich ist auch folgender Abschnitt:

Das Denken selbst geschieht in einer Sprache – in Englisch, in Deutsch, in Sanskrit, in Chinesisch... Und jede Sprache ist ein eigenes riesiges Struktursystem, in dem die Formen und Kategorien kulturell vorbestimmt sind, aufgrund deren der einzelne sich nicht nur mitteilt, sondern auch die Natur aufgliedert, Phänomene und Zusammenhänge bemerkt oder übersieht, sein Nachdenken kanalisiert und das Gehäuse seines Bewußtseins baut. (S. 52 f.)

Um seine These zu belegen, kontrastiert B.L. Whorf Sprach- und Denkstrukturen der Hopi-Indianer mit europäischen Sprach- und Denkstrukturen, wobei er – insbesondere hinsichtlich der Raum-Zeit-Auffassungen – grundlegende Unterschiede feststellen zu können glaubt[15].

In unserem Zusammenhang ist weniger wichtig, daß – mit Ausnahme des »Verifizierungsversuchs« von H. Gipper (1972, S. 173 ff.), der die empirischen Aussagen B. L. Whorfs in meines Erachtens wesentlichen Teilen falsifiziert – bis heute keine Untersuchungen vorliegen, die auf empirischer Basis die Relativitätshypothese mit einem umfangreicheren, auf mehrere Sprachen bezogenen Material untermauern könnten[16], als die Tatsache, daß B. L. Whorf selbst eine wichtige Einschränkung macht: die Unterschiede zwischen den Sprach- und Denkstrukturen der europäischen Sprachen scheinen ihm im Vergleich mit dem Hopi so geringfügig zu sein, daß er sie unter dem Begriff der SAE-Sprachen (*Standard Average European*) zusammenfaßt. Das Axiom der Unübersetzbarkeit, das eine direkte Konsequenz des Relativitätsprinzips ist, gilt demnach nur zwischen Sprachen, die in Kulturen gesprochen werden, die stark von der europäisch-amerikanischen (Einheits-)Kultur abweichen. Darin liegt eine entscheidende Relativierung des Relativitätsprinzips und der Unübersetzbarkeitsthese.

6.1.3. Kritik der These der Unübersetzbarkeit und Begründung der relativen Übersetzbarkeit

Die Sprache spielt, wie in 6.1.1. ausgeführt wurde, bei der Wirklichkeitserfassung ohne Zweifel eine wichtige Rolle. In ihr schlagen sich die Wirklichkeitsinterpretationen, die in einer Kultur (in einem kommunikativen Zusammenhang) gelten, nieder. Wo diese Wirklichkeitsinterpretationen voneinander abweichen, stellt sich zugleich das Problem der Übersetzbarkeit. In kritischer Auseinandersetzung mit den Sprachauffassungen L. Weisgerbers und B. L. Whorfs, bei gleichzeitiger Modifizierung der in 6.1.1. angestellten Überlegungen, soll unsere Auffassung der *relativen Übersetzbarkeit* dargestellt werden.

1. Die unbestrittene *praktische Möglichkeit der Übersetzung* und das unbestreitbare *Gelingen der Kommunikation mit Übersetzungen* (Übersetzungskommunikation) – auch und gerade zwischen Sprachen, die in voneinander mehr oder weniger stark abweichenden kommunikativen Zusammenhängen gelten – machen deutlich, daß die menschlichen Sprachen offensichtlich wesentlich flexibler, dynamischer und vielschichtiger sind, als dies die letztlich statischen Begriffe der Muttersprache bei L. Weisgerber und der Einzelsprachstruktur bei B. L. Whorf erwarten lassen. Ebenso ist das Verhältnis von Sprache – Wirklichkeitsauffassung – Wirklichkeit ein dynamisches: Kulturen (kommunikative Zusammenhänge) sind durch ständige Veränderung gekennzeichnet – Veränderungen der kommunikativen Bedürfnisse, denen auf der Seite der Sprache *Veränderungen der Sprachverwendung* entsprechen. Jede Übersetzung verändert in diesem Sinne sowohl die Zielsprache als auch den zielsprachlichen kommunikativen Zusammenhang. Je stärker die Übersetzung

E. A. Nidas Prinzip der formalen Äquivalenz bzw. F. Schleiermachers verfremdender Übersetzungsmethode (s. o., S. 53 f., 85 f.) verpflichtet ist, desto größer ist die Herausforderung für Zielsprache, ZS-Kultur und ZS-Empfänger, und desto mehr muß die ZS ihren dynamischen und veränderbaren Charakter unter Beweis stellen.

2. Mit Sprache kann man nicht nur über Außersprachliches sprechen, sondern über *die Sprache selbst:* Sprache hat kommunikative *und* metakommunikative Funktionen. Sprache, das Verhältnis von Sprache und Wirklichkeitsauffassung, von Sprache und Wirklichkeit kann in der gleichen oder einer andern Sprache thematisiert werden; die sprachliche Bedingtheit ist in und mit der Sprache aufhebbar. Die *metakommunikative (oder auch selbstreflexive)* Funktionsmöglichkeit der Sprache wird in Übersetzungen häufig ausgenützt: etwa indem in Fußnoten, Anmerkungen, Vor- und Nachworten, erklärenden Zusätzen im Text Begriffe geklärt, unübersetzbare Wörter erörtert oder auf unübersetzbare konnotative Werte eingegangen wird (s. dazu unten, S. 160 ff. zu den Übersetzungsverfahren).

3. Die Verselbständigung und damit Überschätzung der Rolle der Sprache im Erkenntnisprozeß geht in den Theorien L. Weisgerbers und B. L. Whorfs einher mit der *Unterschätzung der Rolle des Denkens.* Nach E. H. Lenneberg (1967, dt. 1972) ist es »evident«, »daß die kognitive Funktion ein grundlegenderer und früherer Prozeß ist als die Sprache und daß die Abhängigkeitsbeziehung der Sprache von der Kognition unvergleichlich viel stärker ist als die umgekehrte Beziehung« (S. 456). Ein kausales und unmittelbares Abhängigkeitsverhältnis von Sprache und Denken zu postulieren, wie dies das linguistische Relativitätsprinzip tut, verkennt einerseits das komplizierte gegenseitige Bedingungsverhältnis von Sprache und Denken, andererseits den teilweise unzweifelhaft sprachunabhängigen, *universalen Charakter der menschlichen Erkenntnisfähigkeit.* Keine natürliche Sprache ist aufgebaut wie die »Sprachen« der formalen Logik, trotzdem können wir in logischen Kategorien denken und dieses logische Denken mit den »unlogischen« Mitteln der natürlichen Sprachen wiedergeben. Sprache ist zwar ein kulturbedingtes Phänomen und beeinflußt als solches die Art der Wirklichkeitserfassung, im Erkenntnisprozeß können aber die sprachlich vermittelten Denkschemata zugleich reflektiert und damit überwunden werden.

4. Eine Einzelsprache (Muttersprache) ist kein homogenes, sondern ein äußerst *heterogenes Gebilde.* Es gibt eine Vielzahl von Sprachen »in der Sprache«, mit denen sich die Sprecher einer Sprache auf ihre »Welt« beziehen, die ganz unterschiedlich gesehen und interpretiert werden kann. Um die Begriffe L. Weisgerbers zu verwenden: es gibt nicht die *eine* sprachliche Weltansicht, das *eine* Weltbild einer Sprache, sondern – in-

nerhalb einer Sprache und Sprachgemeinschaft – verschiedene Weltbilder. In der Soziolinguistik wird mit den – nicht unumstrittenen – Begriffen des ›elaborierten‹ und ›restringierten Kodes‹ als zwei verschiedenen Sprachformen mit verschiedenen Gültigkeitsbereichen gearbeitet: mit der Sprache der Mittelschicht und der Sprache der Unterschicht, die unterschiedliche Weltbilder widerspiegeln. L. Bernstein (1972) weist nachdrücklich auf diesen Sachverhalt hin, wenn er in Auseinandersetzung mit B. L. Whorf schreibt,

[...] daß in jeder gegebenen Sprache eine Vielzahl von Sprechweisen, konsistenten Bezugsrahmen, möglich ist und daß diese Sprechweisen, linguistische Formen oder Codes selbst eine Funktion der Form sind, die soziale Beziehungen annehmen. Dieser Sicht entsprechend, erzeugt die Form der Sozialbeziehung oder allgemeiner, die Sozialstruktur, unterschiedliche sprachliche Formen oder Codes, und *diese Codes übermittelten im Prinzip die Kultur und bestimmen so das Verhalten.* (S. 238)

5. Der homogene, eigenartig unhistorische Sprachbegriff bei L. Weisgerber und B. L. Whorf hat sein Gegenstück in einem *homogenen, statischen und ahistorischen Kulturbegriff* bzw. Begriff der *Sprachgemeinschaft,* der an die »completely homogeneous speech-community« von N. Chomsky (1965, S. 3) erinnert. Die Begriffe ›Sprachgemeinschaft‹ und ›muttersprachliches Weltbild‹ legen die Identifizierung von Sprachgemeinschaft und Kultur nahe (zum Beispiel deutsche Sprache/Sprachgemeinschaft und deutsche Kultur). Die gleiche Sprache wird einerseits jedoch in ganz unterschiedlichen Kulturen gesprochen (man denke an das Englische und Französische in ehemaligen Kolonien), andererseits ist auch die Einheit der Sprachgemeinschaftskultur eine Fiktion: Italienisch wird in Italien in ganz verschiedenen Kulturen gesprochen (Norditalien vs. Süditalien). Die Welt, in der ein Gunter Sachs oder ein Arndt von Bohlen und Halbach lebt, ist von der Welt eines deutschen Industriearbeiters mindestens ebenso verschieden wie die des Whorfschen Hopi-Indianers von der des amerikanischen Bankangestellten. Von einem in der deutschen Sprachgemeinschaft für den Industriearbeiter und den Playboy geltenden identischen Weltbild der deutschen Sprache zu reden, wäre nichts anderes als Verschleierung grundlegender, gesellschaftlich bedingter Unterschiede des Sprach- und Sozialverhaltens.

Unter diesem Aspekt erweist sich die Whorfsche Zusammenfassung der europäischen Sprachen zu den SAE-Sprachen als problematisch: die Kulturen, in denen diese Sprachen gesprochen werden, sind in sich so heterogen, daß – akzeptiert man die Prämissen von B. L. Whorf – von verschiedenen Sprach- und Denkstrukturen innerhalb dieser Sprachen ausgegangen werden müßte. Die Übersetzungspraxis zeigt außerdem, daß die Übersetzung zwischen *strukturell und kulturell ähnlichen Spra-*

chen/Sprachgemeinschaften (also etwa zwischen Deutsch, Englisch, Schwedisch, Russisch, um einige SAE-Sprachen zu nennen) keineswegs problemloser sein muß als die Übersetzung zwischen strukturell stark divergierenden Sprachen. In literarischen oder in landeskundlich orientierten Texten treten immer wieder Ausdrücke auf, die sich auf spezifisch landeskonventionelle Sachverhalte (Sitten und Bräuche, Rituale, Stereotype, historische Anspielungen) beziehen, die dem Übersetzer zunächst als unübersetzbar erscheinen – ganz zu schweigen von der Wiedergabe konnotativer Werte im Zusammenhang mit dialektalen oder soziolektalen Einschlägen im Sprachgebrauch (s. dazu unten, S. 168 ff.).

Hinsichtlich der Indianerkulturen, die B. L. Whorf als Beweis für das sprachliche Relativitätsprinzip anführt, ist zu fragen: gibt es heute, im letzten Viertel des 20. Jahrhunderts, noch *größere* Kulturen, die völlig in sich geschlossen sind, sich dem europäisch-amerikanischen Einfluß, d. h. den europäisch-amerikanischen Kulturformen, entziehen können und ihre eigenen, sprachbedingten Wirklichkeitsauffassungen, die entscheidend von den unsern abweichen, konservieren? Die Frage kann hier nicht beantwortet werden. Nachdenklich muß allerdings eine Feststellung H. Gippers (1972) stimmen, der im Zusammenhang mit der Behauptung, es sei unmöglich, das Werk eines europäischen Philosophen in die Hopi-Sprache zu übersetzen, ausführt:

Freilich besagt diese nüchterne Feststellung nicht, daß die Hopi-Sprache nicht so weit fortentwickelt werden könnte, daß derartiges eines Tages doch noch möglich würde. Dazu wären aber enorme Anstrengungen vieler Generationen von Hopi-Gelehrten nötig, und zwar schon allein dazu, den Wort- und Begriffsschatz dieser Sprache entsprechend zu erweitern. Solche Hopi-Gelehrte gibt es aber zur Zeit gar nicht, und eine Sprachgemeinschaft von wenigen tausend Menschen wäre auch wohl kaum in der Lage, sie zu stellen. Mit anderen Worten, hierzu wird es praktisch nie kommen – ganz abgesehen davon, daß es auch ziemlich sinnlos wäre, ein solches Ziel ins Auge zu fassen angesichts der Tatsache, daß das übermächtige Englisch heute schon tief in das Leben der Hopis eingedrungen ist und dem wissenschaftlich interessierten Indianer den Zugang zu den amerikanischen Hochschulen eröffnet. (S. 90)

6. Die These der prinzipiellen Unübersetzbarkeit wird häufig an einzelnen, sog. *unübersetzbaren Wörtern* demonstriert. Es sind Wörter, von denen – durchaus mit einem gewissen Recht – gesagt wird, daß sie nur adäquat verstehen kann, wer den kulturellen Zusammenhang, in dem sie gebraucht werden, genauestens kennt – Wörter also, deren Sinngehalt und deren Verwendungsregeln sich erst in der Lebenspraxis der Sprecher der betreffenden Sprache erschließen (dt. *Gemüt, gemütlich,* frz. *charme, esprit,* engl. *gentleman*). In der Tat gibt es für diese Wörter in anderen Sprachen nur Teilentsprechungen (s. u., S. 166 ff.). Immerhin ist in Be-

tracht zu ziehen, daß auch diese unübersetzbarsten der kulturgebundenen Wörter kaum isoliert, sondern meistens in *Textzusammenhängen* vorkommen: Kommunikation geschieht im allgemeinen in Texten, nicht in einzelnen Wörtern (P. Hartmann, 1971, S. 11, bezeichnet den Text als »das originäre sprachliche Zeichen«). Ein isoliertes Wort oder einen isolierten Satz nicht, ungenau oder falsch verstehen, heißt keineswegs, daß man das gleiche Wort und den gleichen Satz im Textzusammenhang nicht versteht. Der Leser/Hörer konstruiert aus dem sich progressiv entwikkelnden Sinnganzen des Textes und in ständiger Rückkoppelung zu seinen eigenen Wissensvoraussetzungen die Bedeutung einzelner Wörter, Sätze und Textabschnitte. Das zunächst ungenau oder vage Verstandene wird im Verlaufe der Textlektüre sukzessive adäquater verstanden[17]. Der Leser steht dem Text nicht als statisches und passives Objekt gegenüber, sondern als aktives, verstehenwollendes Subjekt, das seine Verstehensvoraussetzungen mit der Textlektüre *kontinuierlich erweitert*. So aber wie der AS-Text den Grad der Verstehbarkeit im Verstehensprozeß kontinuierlich steigert, baut der Übersetzungstext übersetzungsbedingte Verstehensprobleme kontinuierlich ab. Und so wie das Verstehen eines Textes nie absolut sein kann, sondern immer nur relativ und veränderlich, ist auch die *Übersetzbarkeit eines Textes immer relativ*. Wenn oben (S. 143) vom unbestreitbaren Gelingen des praktischen Übersetzens die Rede war, muß dies modifiziert werden: es handelt sich um ein unbestreitbares und zugleich *relatives Gelingen*. Diese Relativität hängt aber nicht mit der Übersetzung als Übersetzung zusammen, sondern mit den Bedingungen und Faktoren des Verstehens von Texten überhaupt. Die Schwierigkeiten, die sich beim Verstehen übersetzter Texte ergeben, sind *nicht qualitativ, sondern* »nur« *graduell* von den Schwierigkeiten jeden Textverstehens verschieden (»nur« in Anführungszeichen, weil diese graduellen Unterschiede aus der Sicht des Übersetzers große praktische Übersetzungsprobleme darstellen können). *Graduell* meint hier, daß Übersetzungstexte ihren Lesern größere und zusätzliche Verstehensschwierigkeiten bereiten können als Originaltexte, die besser auf die Verstehensvoraussetzungen und die Erwartungsnormen ihrer Leser »eingestellt« sind (s. o., Kap. 5.4.). Allerdings sollte nicht vergessen werden, daß es bei vielen Texten keine Rolle spielt, ob es sich um übersetzte Texte handelt: man denke an Texte im Bereich der Naturwissenschaften und der Technik, die sich an europäische und amerikanische Naturwissenschaftler und Ingenieure wenden, an weite Bereiche der Trivialliteratur oder an Gebrauchsanleitungen für internationale Gebrauchsgüter (so weit sie für Benutzer mit einem bestimmten technologischen Entwicklungsstand gedacht sind).

6.1.4. Prinzipielle Übersetzbarkeit

Die These der prinzipiellen Übersetzbarkeit wird in der Sprachphilosophie der Aufklärungszeit und in der zeitgenössischen rationalistisch orientierten Sprachtheorie vertreten. Sie läßt sich ableiten aus den sprachphilosophischen Grundlagen der generativen Transformationsgrammatik, und sie ist Dogma in der marxistischen (marxistisch-leninistischen) Sprach- und Erkenntnistheorie.

Ausgangspunkt der *aufklärerischen These*[18] der absoluten Übersetzbarkeit ist die – in der sprachphilosophischen Tradition von Descartes, Leibniz und Wolff verankerte und auf logisch-mathematischer Grundlage ruhende – Überzeugung, »daß alle in einer menschlichen Sprache und von Menschen geschriebenen Bücher auch in eine andere menschliche, noch lebende Sprache übersetzt werden können«, wobei »das Original vollkommen ausgedrückt wird« (Beytr. 6, S. 406, zit. nach G. Fuchs, 1936, S. 4). Diese prinzipielle Möglichkeit besteht, weil bei aller Unterschiedlichkeit der »äußeren« Sprachgestalt die verschiedenen Sprachen wesenhaft gleich sind; die allgemeinmenschliche Begriffseinheit kann in allen Sprachen ausgedrückt werden, da diese nur Sondererscheinungen der »lingua universalis« sind. Für J. J. Breitinger[19] sind »ungleiche Sprachen nicht anderst zu achten [...] als so viele verschiedene Sammlungen vollkommen gleich viel geltender Wörter und Redensarten, welche mit einander können verwechselt werden, und, da sie alleine in Ansehung ihrer äußerlichen Beschaffenheit des Thones und der Figur von einander abweichen, sonst der Bedeutung nach mit einander völlig übereinstimmen«.

Diese Sprachauffassung läßt sich besonders in der durch die moderne Linguistik wieder zu Ehren gekommenen »allgemeinen Grammatik« nachweisen: die allgemeinen Züge der grammatischen Struktur sind in allen Sprachen identisch, linguistische und geistige Prozesse können identifiziert werden, die *Tiefenstruktur,* in welcher die Bedeutung ausgedrückt wird, reflektiert für alle Sprachen identisch die *Struktur des Denkens.* N. Chomsky (1966, dt. 1971) faßt die Grundgedanken der allgemeinen Grammatik (insbesondere der »Grammaire générale et raisonnée« von Arnauld et Lancelot, 1660) in den Begriffen der generativen Transformationsgrammatik zusammen:

Die Tiefenstruktur, die die Bedeutung zum Ausdruck bringt, ist, so heißt es, allen Sprachen gemeinsam, da sie einfach eine Reflexion der Form des Gedankens darstelle. Die Transformationsregeln, die Tiefenstruktur in Oberflächenstruktur umwandeln, können von Sprache zu Sprache verschieden sein. Die Oberflächenstruktur, die aus diesen Transformationen resultiert, drückt, abgesehen von einfachsten Fällen, natürlich nicht direkt die Bedeutungsrelationen der Wörter aus. Es ist vielmehr die Tiefenstruktur, die der aktuellen Äußerung zugrundeliegt, eine Struktur, die rein gedanklich ist, welche den semantischen Inhalt des Satzes vermittelt. Diese

Tiefenstruktur ist nichtsdestoweniger mit tatsächlichen Sätzen in der Hinsicht verbunden, daß jede ihrer abstrakten Aussagekomponenten (in den soeben behandelten Fällen) sich direkt als einfaches propositionales Urteil realisieren ließe. (S. 49)

Identische Tiefenstrukturen auf einer von der graphisch/phonetischen Oberflächenrepräsentation unabhängigen semantischen beziehungsweise metasemantischen Ebene, die in den Einzelsprachen nur in den Oberflächenstrukturen unterschiedlich kodiert werden, lassen – bei einem naiven Verständnis des Übersetzungsvorganges – eine Interpretation des Übersetzens als *Kodewechsel auf der Ebene der einzelsprachlichen Oberflächenstrukturen* zu. Da jede Einzelsprache auf ihrer tiefsten Ebene zugleich Universalsprache ist, kann jede beliebige Einzelsprache zum »Schlüssel« aller übrigen werden. Das Übersetzen wird damit letztlich als rein mechanisches Umsetzen von phonologischen, lexikalischen, morphologischen und syntaktischen Einheiten aufgefaßt, das sich von den Prozessen der Transliteration und Transkription nicht unterscheidet (s. o., S. 106, 109). Genau diese Gleichsetzung von Transkription und Übersetzung zwischen natürlichen Sprachen macht übrigens übrigens J. J. Becher im Jahre 1661 in einem sprachlichen Programmierversuch, der die mechanische Übersetzung zwischen beliebigen Sprachen ermöglichen soll.

In der neueren sprachwissenschaftlichen Literatur findet die These der prinzipiellen Übersetzbarkeit eine Stütze in der *Universalientheorie*[20]. G. Mounin (1963) hat die Problematik und die Konsequenzen dieser Theorie im Blick auf die inhaltbezogene Sprachbetrachtung und die Übersetzbarkeit ausführlich dargestellt (S. 189 ff.). Linguistische Universalien sind sprachliche Merkmale, die sich in allen Sprachen und in allen Kulturen, soweit sie sprachlich klassifiziert sind, finden. N. Chomsky (1965) unterscheidet zwischen formalen und substantiellen linguistischen Universalien. Zu den *substantiellen* linguistischen Universalien bemerkt N. Chomsky: »A theory of substantive universals claims that items of a particular kind in any language must be drawn from a fixed class of items« (S. 28). Diese Einheiten können dabei phonologischer, syntaktischer oder semantischer Art sein:

A theory of substantive semantic universals might hold for example, that certain designative functions must be carried out in a specified way in each language. Thus it might assert that each language will contain terms that designate persons or lexical items referring to certain specific kinds of objects, feelings, behavior, and so on. (S. 28)

Generelle Eigenschaften natürlicher Sprachen, bestimmte abstrakte Bedingungen, die eine Grammatik erfüllen muß, nennt N. Chomsky *formale* linguistische Universalien. So ist die Hypothese, daß die syntaktische Komponente einer Grammatik Transformationsregeln enthalten muß, welche Tiefenstrukturen in Oberflächenstrukturen überführt, ein formales linguistisches Universale. Als semantisches formales Universale bezeichnet er zum Beispiel die Bedingung, »that the color words of any language must subdivide the color spectrum into continuous segments« (S. 29).

Für die Übersetzungstheorie wichtig ist folgende Einschränkung: die Existenz formaler Universalien bedeute nicht, daß es Punkt-für-Punkt-Entsprechungen und damit »some reasonable procedure« für das Übersetzen zwischen verschiedenen Sprachen gebe; sie impliziere nur, »that all languages are cut to the same pattern« (S. 30). Das dürfte allerdings trotzdem so verstanden werden, daß Sprachen – bei allen Unterschieden – prinzipiell ineinander übersetzbar sind.

Einen Schritt weiter gehen J.J. Katz/J.A. Fodor (1963) und M. Bierwisch (1967). So wie die Lautstruktur der natürlichen Sprachen auf der Basis eines universalen Inventars phonologischer Merkmale beschrieben werden kann, so soll das semantische Grundinventar einer Sprache als Auswahl aus einem *Universalinventar semantischer Merkmale* beschreibbar sein. Dabei warnt M. Bierwisch vor voreiligen Schlüssen in bezug auf die Entsprechung einzelner Lexikoneintragungen in verschiedenen Sprachen:

Das bedeutet natürlich nicht, daß das Lexikon jeder gegebenen Einzelsprache genau dieselben Unterscheidungen wie das jeder anderen Sprache aufweisen muß. Es bedeutet nur, daß gegebene Unterschiede in nicht-trivialer Weise mit Termen aus dem Universalinventar semantischer Merkmale charakterisiert werden können. (S. 270)

Während in der »traditionellen« Semantik die semantischen Merkmale mit Objekten/Eigenschaften der Welt gleich oder parallel gesetzt würden (Sprache als mehr oder weniger genaues »Abbild der Wirklichkeit«, Sprache als Nomenklatur), sind sie für M. Bierwisch »tief verwurzelte, ererbte Eigenschaften des menschlichen Organismus und des apperzeptiven Apparates, Eigenschaften, die die Art und Weise determinieren, in der das Universum begriffen, adaptiert und verarbeitet wird« (S. 272). Für die Übersetzbarkeit können wir aus dieser Hypothese den Schluß ziehen, daß zwar einzelsprachlich im konkreten Übersetzungsfall aufgrund der unterschiedlichen Repräsentation, Kombination und Auswahl der semantischen Grundmerkmale Übersetzungsschwierigkeiten auftreten können. Prinzipiell aber ist die Übersetzbarkeit absolut, da das übereinzelsprachliche semantische Merkmalinventar allen Sprachen (und allen Menschen) zukommt.

Von der Annahme eines universalen semantischen Merkmalinventars führt ein weiterer Schritt zur Annahme, daß äquivalente Sätze oder Texte in verschiedenen Sprachen identische Repräsentationen in einer semantischen Metasprache haben, deren Einheiten universale semantische Merkmale sind. In diesem Sinne ist ein bilinguales oder multilinguales Übersetzungsmodell denkbar, in dem die einzelsprachlichen Oberflächenstrukturen auf einfachere Grundstrukturen zurückgeführt werden, die in ihrer tiefsten Schicht in der *lingua universalis,* das heißt einer interlingualen, »sprachunabhängigen« semantischen Metasprache, repräsentiert sind. Durch zum Teil mehreren oder allen Sprachen gemeinsame, zum Teil einzelsprachliche Ableitungsschritte – diese können in ihrem syntaktischen Teil als Transformationen aufgefaßt werden; bei der Auswahl und Spezifizierung der einzelsprachlichen semantischen Merkmale würde es sich um »semantische Transformationen« handeln, die von der metasemantischen Repräsentation zu den einzelsprachlichen semantischen Repräsentationen führen – gelangt man von der semantischen Anfangsrepräsentation zu den phonetischen und graphischen Endrepräsentationen. Offen bleibt bei einem solchen Modell allerdings, wie und wo die nur einzelsprachlich relevanten landeskonventionellen Elemente (s. u., S. 162) untergebracht werden, also jene spezifisch situationskontextbedingten Elemente, die gerade das schwer Übersetzbare oder praktisch Unübersetzbare darstellen, ganz zu schweigen von ästhetisch-formalen und individualstilistischen Eigenschaften von Texten.

Als *rationalistisch* bezeichne ich auch jene modernen sprachtheoretischen Auffassungen, die Übersetzbarkeit geradezu als *sprachtheoretisches Axiom* betrachten – neben den Axiomen der Ausdrückbarkeit und Erlernbarkeit, ggf. Formalisierbarkeit von Sprache(n)[21]. Zwischen den Axiomen der Übersetzbarkeit und der Ausdrückbarkeit besteht ein enger Zusammenhang; letzteres folgt aus ersterem, so daß man also besser vom Theorem der Übersetzbarkeit sprechen würde.

Das *Axiom der Ausdrückbarkeit* läßt sich folgendermaßen formulieren:

Alles, was gemeint werden kann, kann in jeder Sprache ausgedrückt werden.

Mit dem »Prinzip der Ausdrückbarkeit« (*the principle of expressibility*) beschäftigt sich R.J. Searle (1969, dt. 1971) an zentraler Stelle. Er bezeichnet es als »eine analytisch wahre Aussage in bezug auf die Sprache, daß man alles, was man meinen kann, auch sagen kann« (S. 32). Mehr als das: es ist sogar möglich, immer *genau* zu sagen, was man meint. Es kann zwar vorkommen, daß eine Sprache nicht die Mittel für solche genaue Aussagen hat. Dieses ›nicht‹ ist aber immer ein ›noch nicht‹, weil die Sprachen erweiterungsfähig sind:

Natürlich ist es möglich, daß eine gegebene Sprache nicht reich genug ist, um den

Sprechern zu erlauben, alles zu sagen, was sie meinen, aber es bestehen keine grundsätzlichen Hindernisse, um sie entsprechend zu bereichern. (S. 109)

Folgende Einschränkung R. J. Searles ist allerdings im Blick auf die Übersetzbarkeit von Bedeutung:

Um zwei möglichen Mißverständnissen vorzubeugen, möchte ich zum einen betonen, daß das Prinzip der Ausdrückbarkeit nicht impliziert, daß es immer möglich ist, einen Ausdruck zu finden oder zu erfinden, der beim Zuhörer alle die Wirkungen hervorruft, die man hervorzurufen beabsichtigt – zum Beispiel literarische oder poetische Effekte, Gefühle, Ansichten und so weiter. [...] Zum anderen impliziert das Prinzip, daß man alles, was man meinen, auch sagen kann, nicht, daß alles, was gesagt werden kann, auch von anderen verstanden werden kann; denn das würde die Möglichkeit einer Privatsprache ausschließen, einer Sprache, die zu verstehen für jeden außer dem Sprecher selbst logisch unmöglich ist. (S. 35 f.).

Dem *Axiom der Übersetzbarkeit* kann man folgende Fassung geben:

Wenn in jeder Sprache alles, was gemeint werden kann, auch ausdrückbar ist, so muß es prinzipiell möglich sein, das, was in einer Sprache ausgedrückt ist, in jede andere Sprache zu übersetzen.

In diesem Sinne definiert L. Hjelmslev (1968) den Begriff ›natürliche Sprache‹ mit dem der ›Übersetzbarkeit‹:

Unter einer natürlichen Sprache versteht man eine Sprache, in die sich alle anderen übersetzen lassen. (S. 125)

Und L. Hjelmslev argumentiert weiter:

Die natürliche Sprache weicht überhaupt von allen anderen Arten von Sprache ab (z. B. von der Zeichensprache des Mathematikers oder von der Formelsprache des Chemikers), dadurch, daß sie nicht für bestimmte Zwecke eingerichtet ist, sondern für alle Zwecke angewendet werden kann; in der natürlichen Sprache kann man, wenn notwendig, durch Umschreibungen und genau ausgedachte Darstellungen formulieren, was auch immer man will. Selbst jedes Stück Programmusik wäre übersetzbar in ein Stück natürliche Sprache – aber nicht umgekehrt. In der natürlichen Sprache kann man sich nämlich, wie Søren Kierkegaard gesagt hat, mit dem Unsagbaren beschäftigen, bis es ausgesagt ist; das ist der Vorzug der natürlichen Sprache und ihr Geheimnis. (S. 125)

H. Weinrich (1970), der als Formulierung des Axioms der Übersetzbarkeit den Satz vorschlägt

Alle Texte sind übersetzbar.

weist allerdings auf den Gegensatz zwischen theoretischer prinzipieller Übersetzbarkeit und der Erfahrung praktischer Unübersetzbarkeiten hin:

Wieso kann ein solcher Satz ein linguistisches Axiom genannt werden, wenn wir doch alle wissen, daß es einige Texte gibt, die der Kunst des einfallsreichsten Übersetzers widerstehen? Wer hat denn je den Anfang des Johannes-Prologs adäquat übersetzt? Es sollen hier diese bekannten Übersetzungsschwierigkeiten nicht verkleinert werden. Aber es darf andererseits auch der Übersetzungsbegriff nicht ungebührlich eingeengt werden. Natürlich gibt es keinen deutschen, englischen, französischen usw. Text, der als solcher als adäquate Übersetzung des griechischen Orignals gelten könnte. Aber die angenäherte Übersetzung zusammen mit einem erläuternden Kommentar zum Bedeutungsbereich des griechischen Wortes *lógos* kann als adäquate Übersetzung aufgefaßt werden. Der Kommentar ist natürlich metasprachlich. Tatsächlich ist der Sprung in die Metasprache letzter, aber immer hilfreicher Ausweg in äußerster Übersetzungsnot. Wenn wir, wie es rechtens ist, diesen Ausweg zulassen, ist das Axiom »Alle Texte sind übersetzbar« wohl uneingeschränkt plausibel. (S. 78)

Praktische Übersetzbarkeit ist also unter Umständen erst unter Zuhilfenahme erläuternder Kommentare gegeben. Dabei stellt sich allerdings die Frage: kann ein ZS-Text, der entscheidende Qualitäten des AS-Textes nur in zusätzlichen Kommentaren vermittelt, als eigentliche Übersetzung gelten (Beispiel: in der Übersetzung eines poetischen Textes wird in Fußnoten auf die klanglichen und rhythmischen Eigenschaften des Originals hingewiesen)? Durch die Anwendung solcher metasprachlicher Verfahren (s. u., 6.2.) wird – falls dies in größerem Umfange und bei entscheidenden Qualitäten des AS-Textes geschieht – die *sprachlich-stilistische Identität* des AS-Textes in der ZS-Fassung zerstört (Operation gelungen, Patient tot). Deshalb ist die Weinrichsche Fassung des Übersetzbarkeitsaxioms nicht haltbar: Texte können durchaus unübersetzbar sein.

Die meisten Anhänger der These der prinzipiellen Übersetzbarkeit schränken diese auf einen Teilbereich der Sprache ein: auf Sprache in *denotativer Funktion* (*Darstellungsfunktion* in der Terminologie von K. Bühler, 1934) – eine Einschränkung, die auch R. J. Searle bezüglich der Ausdrückbarkeit macht. So stellt R. Jakobson (1959) fest:

All cognitive experience and its classification is conveyable in any existing language. (S. 234)

Übersetzbarkeit ist in diesem Bereich deshalb gegeben, weil Lücken mittels unterschiedlicher Verfahren geschlossen werden können:

Whenever there is deficiency, terminology may be qualified and amplified by loanwords or loan-translations, neologisms or semantic shifts, and finally, by circumlocutions. Thus in the newborn literary language of the Northeast Siberian Chukchees, "screw" is rendered as "rotating nail," "steel" as "hard iron," "tin" as "thin iron," "chalk" as "writing soap," "watch" as "hammering heart." (S. 234 f.)

Die Axiome der Ausdrückbarkeit und der Übersetzbarkeit im kognitiven Bereich werden auch von E. H. Lenneberg (1967, dt. 1972) als grundlegend für menschliche Sprachen betrachtet; E.H. Lenneberg verwendet dafür den Begriff der *sprachlichen Universalität:*

Das menschliche Erkennen spielt sich innerhalb biologisch festgelegter Grenzen ab. Innerhalb dieser Grenzen jedoch herrscht eine gewisse Freiheit. So kann jedes Individuum höchst idiosynkratische Gedanken haben oder in ganz eigentümlicher Weise Begriffe bilden, oder es kann angesichts identischer sensorischer Stimuli zu verschiedenen Zeiten etwas verschiedene Modi kognitiver Organisation wählen. Sein Vokabular, das weitaus begrenzter und unveränderlicher ist als sein Vermögen, Begriffe zu bilden, läßt sich auf neue begriffliche Prozesse beziehen, und andere Individuen können, weil sie im wesentlichen dieselben kognitiven Fähigkeiten besitzen, die Bedeutung seiner Äußerungen verstehen, obwohl die Wörter sich auf neue oder leicht veränderte Begriffsbildungen (Konzeptualisierungen) beziehen. Bei einem solchen Grad von Freiheit wird die Annahme plausibel, daß natürliche Sprachen immer universell verständliche Bedeutungen aufweisen, aber zweifellos verschiedenartige Bedeutungserweiterungen haben können, weshalb bestimmte semantische Kategorien sich nicht in allen Sprachen decken. (S. 407)

Grundsätzlich gilt für die *rationalistische* Auffassung der Übersetzbarkeit im denotativen Bereich, daß die Rolle der Sprache im Erkenntnisprozeß unterbewertet wird; das wechselseitige Bedingungsverhältnis von Sprache – Lebenspraxis (Kultur) – Wirklichkeitsinterpretation – Wirklichkeit bleibt unreflektiert. Die *inhaltbezogene* Sprachauffassung und das *linguistische Relativitätsprinzip* dagegen überbewerten bzw. verabsolutieren die Rolle der Sprache im Erkenntnisprozeß. Meine eigene Auffassung der *relativen Übersetzbarkeit* (s. o., S. 143 ff.) versucht einen Mittelweg zwischen diesen beiden Positionen. Das Bedingungsverhältnis von Sprache (Einzelsprache) – Denken – Wirklichkeitserfassung wird dynamisch und stets veränderbar gesehen: die Grenzen, die Sprache und sprachlich gefaßte Wirklichkeitsinterpretationen dem Erkennen setzen, werden im Erkenntnisprozeß zugleich reflektiert, verändert und erweitert; diese Veränderungen wiederum schlagen sich in der Sprache (der Sprachverwendung) nieder: Sprachen bzw. Sprecher von Sprachen sind kreativ (*Kreativität der Sprache*). Diese Kreativität kommt u. a. in den Übersetzungsverfahren zum Ausdruck, mit denen Lücken im lexikalischen System einer ZS geschlossen werden. Übersetzbarkeit ist damit nicht nur *relativ,* sondern immer auch *progressiv: indem übersetzt wird, wird die Übersetzbarkeit der Sprachen zugleich gesteigert.*

Mit dem *Problem der Übersetzbarkeit aus marxistisch-leninistischer Sicht* hat sich besonders O. Kade (1968, S. 65 ff.; 1971b) beschäftigt. Obwohl marxistische Sprachphilosophen, Sprachtheoretiker und Erkenntnistheoretiker das Verhältnis von Sprache – Denken – Wirklichkeit ganz unterschiedlich interpretieren (sie bewegen sich zwischen vulgärmarxistischen Widerspiegelungsauffassungen, die dem linguistischen Relativitätsprinzip nahe kommen, und Auffassungen, die Sprache und Denken radikal trennen), beschränke ich mich auf die Darstellung und Kritik des Ansatzes von O. Kade, weil bei ihm die Übersetzbarkeitsproblematik im Zentrum steht.

O. Kade (1971b) wirft der bürgerlichen Sprachphilosophie und der auf ihr basierenden Sprachwissenschaft vor, daß sie »die Vollwertigkeit der Übersetzung als erstrebenswertes, jedoch unerreichbares Postulat« betrachte; philosophische Grundlage dieser Auffassung sei »die metaphysische Trennung von objektiver Wirklichkeit, Denken und Sprache sowie die idealistische Umkehrung der Relation zwischen Sprache und Denken« (S. 13). Und er stellt fest:

Dieser eklatanteste Irrtum der bürgerlichen Sprachwissenschaft liegt z. B. den sogenannten »inhaltsbezogenen« linguistischen bzw. sprachphilosophischen Schulen (s. etwa Leo Weisgerber) zugrunde. Während wir als Dialektiker und Materialisten erkennen, daß die Sprache ein Mittel ist, die erkannte Welt darzustellen, wird hier die Sprache zu einem Mittel erklärt, das vorher Unbekannte zu entdecken. (S. 13 f.)

Es sind dies Vereinfachungen, die auch aus marxistischer Perspektive nicht zu halten sind[22]. In seiner weiteren Argumentation kommt O. Kade zu ähnlichen Schlüssen wie die rationalistische Betrachtungsweise, freilich auf der Basis anderer erkenntnis- und sprachtheoretischer Prämissen, die hier nicht dargestellt zu werden brauchen[23]:

(1.) Sprache als menschliche Fähigkeit bedeutet, mit einer endlichen Menge von Elementen (Zeichen und syntaktischen Regeln) eine unendliche Zahl von Bewußtseinsinhalten darstellen zu können. Allein dieses Strukturprinzip schafft wesentliche Voraussetzungen dafür, daß in jeder Sprache alles gedacht werden kann, d. h., daß mit jeder Sprache (als einem zu einem bestimmten Zeitpunkt – synchronisch betrachtet – geschlossenen System) beliebige Bewußtseinsinhalte kodiert werden können, so daß sie (individuell) reproduzierbar und (interindividuell) kommunizierbar werden. (S. 19)

Hier handelt es sich um nichts anderes als das *Axiom der Ausdrückbarkeit*.

(2.) Die Sprache besitzt darüber hinaus die (in ihr als Systemkomponente) angelegte Fähigkeit, sich mit fortschreitender Erkenntnis und Veränderung der gesellschaftlichen Praxis zu vervollkommnen. Insbesondere stellt jede Sprache Verfahren zur Erweiterung des Lexikons bereit (z. B. Derivation, Bedeutungserweiterung, Entlehnung aus anderen Sprachen, in seltenen Fällen auch Neubildungen auf der Basis des phonologischen Systems der betreffenden Sprache). [...] (S. 19)

Die Sprachen sind also jederzeit in der Lage, sich aufgrund ihrer Ausbaumöglichkeiten insbesondere im lexikalischen System veränderten kommunikativen Bedürfnissen anzupassen (*Kreativität der Sprache*).

Aus (1.) und (2.) läßt sich das *Prinzip der Übersetzbarkeit* ableiten:

Die von der gesellschaftlichen Praxis und vom gesellschaftlichen Kode »Sprache« her motivierte individuelle Erweiterung des sprachlichen Inventars wird gesellschaftlich akzeptiert und verallgemeinert, wenn dafür die gesellschaftlichen (politischen, ökonomischen, sozialen, kulturellen) Voraussetzungen und der damit verbundene Grad der gesellschaftlichen Erkenntnis (Entwicklung der Wissenschaft) gegeben sind.

Da dies als universelle Eigenschaft der menschlichen Sprachfähigkeit für alle Sprachen zutrifft, ist jeder in einer Sprache L_x kodierte Bewußtseinsinhalt auch in einer Sprache L_n kodierbar. Von der Kodierbarkeit von Bewußtseinsinhalten her kann es daher keinen Zweifel an der Übersetzbarkeit geben. (S. 21)

In diesem Zitat wird der Kunstgriff sichtbar, der angewendet wird, um den Gegebenheiten der Übersetzungspraxis, in der der Übersetzer auf Fälle stößt, die ihm als mehr oder weniger unübersetzbar erscheinen, Rechnung zu tragen. Der Kunstgriff besteht darin, daß der Übersetzbarkeitsbegriff aufgespalten wird in Übersetzbarkeit auf der Kodierungsseite und auf der Dekodierungsseite. Prinzipielle Übersetzbarkeit gilt nur für die Kodierung, im Bereich der Dekodierung können Probleme auftreten. Man kann mit anderen Worten zwar alles kodieren (in der ZS ausdrücken), indem man die produktiven Möglichkeiten der Sprache ausnutzt, es ist aber möglich, daß die gewählten sprachlichen Lösungen für den ZS-Empfänger nicht oder nicht adäquat verstehbar sind. Durch die Hintertür der Nichtverstehbarkeit von übersetzten Unübersetzbarkeiten wird damit der Übersetzbarkeitsbegriff wieder relativiert.

Verstehbarkeits- oder Kommunizierbarkeitsprobleme, die im Extremfall in Unübersetzbarkeit resultieren, ergeben sich nach O. Kade (1971b) aus folgenden Gründen:

— Das gesellschaftliche Milieu (politische, ökonomische, soziale, kulturelle Verhältnisse) und das geographische Milieu der Kommunikationspartner weisen Unterschiede auf, was zum Fehlen gemeinsamer Bezugspunkte führen kann.
— Infolge der unterschiedlichen gesellschaftlichen Praxis besteht auch eine Differenz in der Menge der gesellschaftlichen Erkenntnis, wobei der Grad der Nichtübereinstimmung vom Gefälle im sozial-ökonomischen und kulturellen Entwicklungsstand abhängt, das zwischen den beiden Gemeinschaften besteht.
— Infolge der Nichtübereinstimmung der Gesamtheit der gesellschaftlichen Erkenntnis zweier historisch gewachsener Gemeinschaften stimmt auch die in L_x reflektierte und in Form semantischer Merkmalstrukturen kodifizierte Erkenntnis mit der in L_n reflektierten und kodifizierten Erkenntnis nicht überein. (S. 23)

Nach diesem Eingeständnis der Möglichkeit des Vorkommens von Unübersetzbarkeiten macht O. Kade wieder einen (dialektischen?) Rückzieher: die »objektiven Ursachen« von Unübersetzbarkeit erweisen sich als »dialektische Widersprüche«, die daher »theoretisch wie praktisch«

lösbar seien (S. 25). Damit können auch die Unübersetzbarkeiten im Bereich der Dekodierung beseitigt werden:

> Alle Texte einer Sprache L_x (Quellensprache) können unter Wahrung des rationalen Informationsgehalts im Zuge der Translation durch Texte der Sprache L_n (Zielsprache) substituiert werden, ohne daß prinzipiell der Erfolg der Kommunikation beeinträchtigt oder gar in Frage gestellt wird. Zu dieser auch empirisch bestätigten Bejahung der Übersetzbarkeit berechtigt der Nachweis, daß jeder erkenntnismäßige Bewußtseinsinhalt in jeder Sprache kodierbar und der im Ergebnis der Kodierung (einschließlich der Umkodierung aus einer anderen Sprache) entstandene Text im Prinzip – wenn auch unter Überwindung dialektischer Widersprüche – durch potentielle Adressaten dekodierbar ist. (S. 26)

Mit dem Hinweis auf den »rationalen Informationsgehalt« macht O. Kade allerdings wieder eine Einschränkung: Übersetzbarkeit gilt zunächst nur für Sprache in *denotativer Funktion:*

> Die Wahrung anderer, über das rein Rationale hinausgehender Komponenten des Informationsgehalts sprachlicher Äußerungen wie expressiv-emotionale Ladung bei unmittelbarer Kundgabe von Gefühlen mittels der Sprache; ästhetisch-künstlerischer Wert der sprachlichen Form in Sprachkunstwerken; pragmatische Ladung, die aus Sprachgewohnheiten bestimmter Sprechergruppen (z. B. bestimmter Klassen und sozialer Schichten) resultiert; im Text (d. h. auf der Ebene der »parole«) »mitschwingende« konnotative Bedeutungskomponenten, die sich aus der (für jede Sprache spezifischen) Stellung der sprachlichen Zeichen im System ergeben (z. B. beabsichtigtes »Mitschwingen« der gesamten potentiellen Systembedeutung einschließlich der in der Regel vorhandenen Polysemie in aktualisierten Zeichen) bedarf weiterer Untersuchungen. (S. 26 f.)

Doch auch diese Einschränkung wird schließlich aufgehoben: konnotative und ästhetisch-künstlerische Werte der Sprache können »erkenntnismäßig erfaßt und demzufolge auch über die Darstellungsfunktion der Sprache mitteilbar gemacht werden« (S. 27), zum Beispiel durch einen Kommentar in der Übersetzung. Es ist dasselbe Argument, das H. Weinrich im Zusammenhang mit der Übersetzbarkeit von Texten anführt, und das ich oben (S. 152 f.) zurückgewiesen habe.

6.2. Die Übersetzbarkeitsproblematik in sprachlich-stilistischer Sicht; Übersetzungsverfahren

6.2.0. Wenn auch die Auffassungen zum Problem der Übersetzbarkeit unter philosophisch-sprachtheoretischem Aspekt stark auseinandergehen, so besteht doch Einigkeit darüber, daß die Sprachverschiedenheit in konkreten Fällen zu Übersetzungsschwierigkeiten führt. Zwischen semantischen, syntaktischen und stilistischen Einheiten und Merkmalen zweier Sprachen bestehen selten Eins-zu-eins-Beziehungen. Als Normalfall kann gelten, daß einer (isolierten) AS-Einheit mehrere Entsprechungen (potentielle Äquivalente) zugeordnet werden können. Auf der Textebene erweist sich – wieder im problemlosen Durchschnittsfall – eines dieser potentiellen Äquivalente als das zutreffende oder mindestens optimal-zutreffende (s.o., S.116, Abb.7):

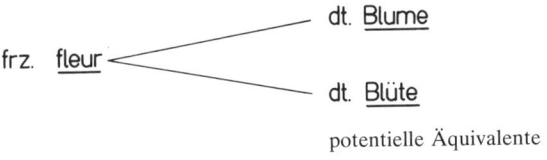

potentielle Äquivalente

Textebene: la rose, reine des *fleurs* → *Blumen*
les *fleurs* du pommier → *Blüten*

Im lexikalischen Bereich lassen sich *fünf Entsprechungstypen* (Typen von potentieller Äquivalenz) unterscheiden (diese Typen werden in 6.2.1. – 6.2.5. ausführlich diskutiert):

1. *die Eins-zu-eins-Entsprechung*

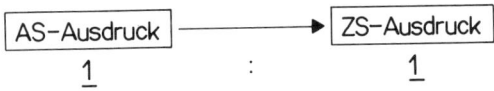

engl. *five* → dt. *fünf*
dt. *Kalenderjahr* → frz. *année civile*
engl. *control signal*[24] → dt. *Stellgröße*
frz. *bouc émissaire* → dt. *Sündenbock*
dt. *die Schweiz* → frz. *la Suisse*

2. *die Eins-zu-viele-Entsprechung*

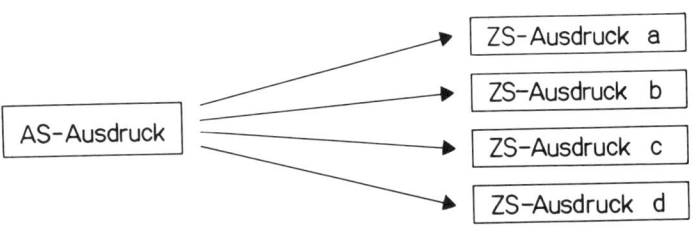

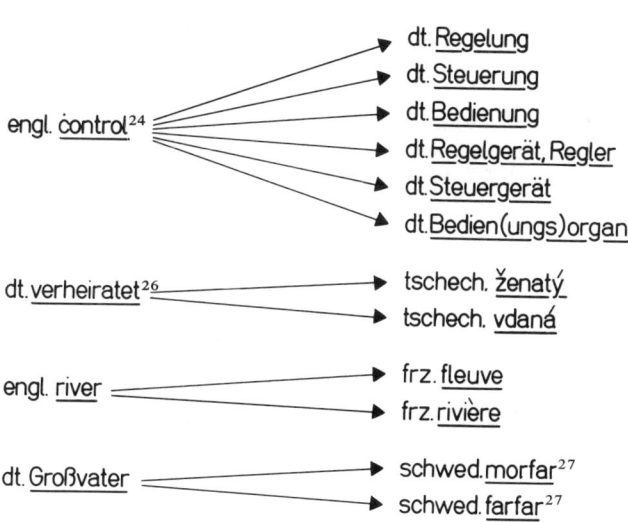

3. *die Viele-zu-eins-Entsprechung*

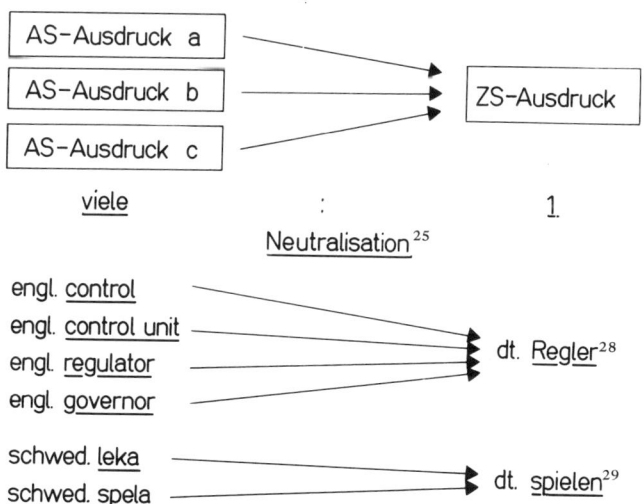

4. *die Eins-zu-Null-Entsprechung,* d.h. (vorläufige) *Lücke* im lexikalischen System der ZS

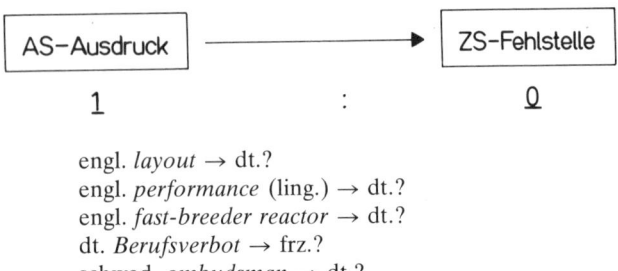

engl. *layout* → dt.?
engl. *performance* (ling.) → dt.?
engl. *fast-breeder reactor* → dt.?
dt. *Berufsverbot* → frz.?
schwed. *ombudsman* → dt.?

5. *die Eins-zu-Teil-Entsprechung*

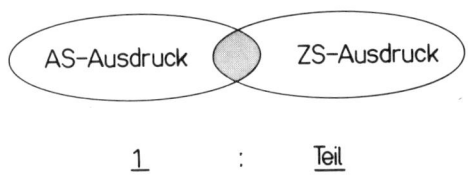

dt. *Geist* → engl. *mind*
dt. *Stimmung* → frz. *ambiance*
frz. *esprit* → dt. *Geist*

6.2.1. Zur Eins-zu-eins-Entsprechung

Übersetzungsschwierigkeiten treten unter Umständen dann auf, wenn in der ZS synonymische Varianten gegeben sind, die jede für sich als Eins-zu-eins-Entsprechung gelten kann:

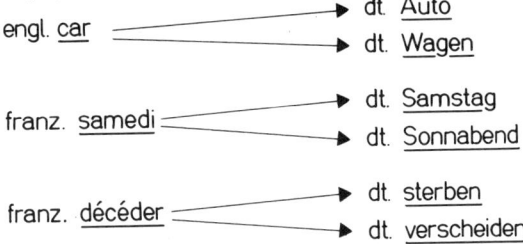

Die Möglichkeit der Wahl unter Synonymen besteht auch dann, wenn für einen AS-Fachausdruck in der ZS ein Fremdwort und eine einheimische Bildung zur Verfügung stehen:

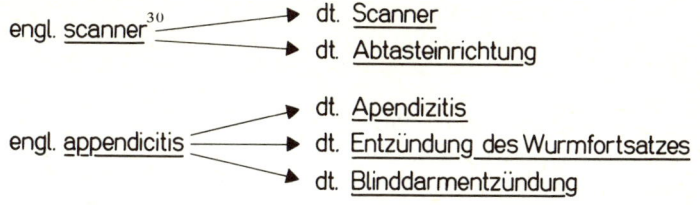

Sobald man sich aber mit dem Begriff der Eins-zu-eins-Entsprechung nicht auf den rein *denotativen* Bezug beschränkt (d. h. darauf, daß *Appendizitis, Entzündung des Wurmfortsatzes* und *Blinddarmentzündung* bzw. *sterben* und *verscheiden* bzw. *Samstag* und *Sonnabend* sich auf je denselben Sachverhalt beziehen), sondern die *konnotative* Dimension mitberücksichtigt (s. u., 6.2.6. und Kap. 7), stellt man fest, daß es sich bei diesen Beispielen bezüglich der konnotativen Werte nicht um gleichwertige Entsprechungen für einen bestimmten AS-Ausdruck handelt. Es sind mit anderen Worten Eins-zu-eins-Entsprechungen in denotativer, aber Eins-zu-Teil-Entsprechungen in denotativer *und* konnotativer Hinsicht.

6.2.2. Zur Eins-zu-viele-Entsprechung

Auf der Textebene sind drei Fälle zu unterscheiden:
1. Es kann aus dem Textzusammenhang klar hervorgehen, welche der möglichen Entsprechungen zutrifft. Beispiel: Aus dem Kotext kann erschlossen werden, ob es sich um den Großvater mütterlicherseits (*morfar*) bzw. den Großvater väterlicherseits (*farfar*) handelt, oder ob es sich um einen Fluß handelt, der ins Meer mündet (*fleuve*) bzw. der sich in einen anderen Wasserlauf ergießt (*rivière*)[31].
2. Es kann im betreffenden Textzusammenhang irrelevant sein, ob es sich um *morfar* oder *farfar*[32] bzw. *fleuve* oder *rivière* handelt. Dann kann der Übersetzer eine der beiden Entsprechungen wählen.
3. Übersetzungsprobleme treten dann auf, wenn der unspezifizierte Ausdruck gefordert ist:
Wer möchte nicht gern Großvater sein → schwed.?
Auf der *Textebene* liegt bei diesem Fall im Schwed. eine Eins-zu-Null-Entsprechung, d. h. eine Lücke vor. Weil aber die Ausdrücke *farfar* und *morfar* zusammen den ganzen Bereich von ›Großvater‹ (väterlicherseits + mütterlicherseits) abdecken, spreche ich von einer textbedingten, unechten Eins-zu-Null-Entsprechung bzw. einer *unechten Lücke*. Das gilt für alle Oberbegriffe einer Sprache, die in anderen Sprachen mit mehreren Unterbegriffen ausgedrückt werden (Diversifikation). So verfügt das Dt. über den Ausdruck *Gezeiten,* mit dem ›Ebbe‹ und ›Flut‹ zusammenge-

faßt werden; das Russ. dagegen hat keinen Sammelbegriff, sondern nur die Einzelausdrücke *priliv* ›Ebbe‹ und *otliv* ›Flut‹. Ähnlich liegt der Fall bei dt. *Geschwister,* das keine direkte Entsprechungen im Russ. und Frz. hat[33].

Wie löst der Übersetzer das Problem der unechten Lücken? Es seien hier nur zwei Verfahren angegeben (das Problem ist meines Wissens in übersetzungsrelevanter Perspektive noch nicht untersucht worden): der Sammelbegriff wird als Summe der Unterbegriffe ausgedrückt (dt. *Gezeiten* → *otliv i priliv* ›Ebbe und Flut‹) oder es wird auf einen anderen Sammelbegriff ausgewichen (statt *Geschwister* wird *Kinder* verwendet: dt. *Wir sind vier Geschwister* → frz. *Nous sommes quatre enfants* ›Wir sind vier Kinder‹). Dt. *Wer möchte nicht gern Großvater sein?* könnte im Schwed. wiedergegeben werden mit *Vem skulle inte gärna ha barnbarn?* ›Wer hätte nicht gern Enkelkinder?‹.

6.2.3. Zur Viele-zu-eins-Entsprechung

Die Herstellung denotativer Äquivalenz ist bei diesem Entsprechungstyp im allgemeinen mit keinen Schwierigkeiten verbunden. Falls es der Textzusammenhang erfordert, kann die in der ZS-Entsprechung neutralisierte Differenzierung der AS-Einheit durch adjektivische und Genitiv-Attribute, Zusammensetzungen, adverbiale Zusätze etc. ausgedrückt werden: schwed. *morfar* ›Großvater mütterlicherseits‹

Fall a: wenn das Merkmal [+ mütterlicherseits] im Textzusammenhang relevant ist:

→ dt. *Großvater mütterlicherseits*
→ dt. *Vater der Mutter*

Fall b: wenn das Merkmal [+ mütterlicherseits] im Textzusammenhang irrelevant ist:

→ dt. *Großvater*

6.2.4. Zur Eins-zu-Null-Entsprechung

Bei diesen *echten Lücken* im lexikalischen System der ZS handelt es sich aus der Sicht des Übersetzers immer um *vorläufige* Lücken: er hat die Aufgabe, in der Übersetzung diese Lücken mittels geeigneter Verfahren zu schließen[34]. Als besonders schwierig lösbar erweisen sich Ausdrücke für sog. *Realia,* d.h. Sachverhalte politischer, institutioneller, sozialer, geographischer Art, die spezifisch sind für bestimmte Länder (man spricht deshalb auch von *landeskonventionellen* Elementen)[35]. Zur Schließung von Lücken gibt es folgende Übersetzungsverfahren:

1. Übernahme des AS-Ausdrucks in die ZS (s. auch oben, S. 58f.):

a. unverändert als *Zitatwort* (ggf. in Anführungszeichen):

engl. *joint venture* → dt. »*joint venture*«[36]
engl. *public relations* → dt. *Public Relations*
schwed. *ombudsman* → dt. *der Ombudsman*
dt. *Berufsverbot* → frz. *le Berufsverbot*

b. vollständige oder teilweise *Anpassung* an die phonetischen, graphemischen und/oder morphologischen Normen der ZS:

schwed. *ombudsman* → dt. *der Ombudsmann,*
des Ombudsmannes,
die Ombudsmänner
engl. *performance* → dt. *die Performanz*
engl. *layout* (Verb) → dt. *layouten*
dt. *umgelautete Vokale* → engl. *umlauted vowels*
engl. *recycling* → frz. *le recyclage*

2. *Lehnübersetzung:* der AS-Ausdruck wird wörtlich in die ZS übersetzt:

engl. *bomb carpet* → dt. *Bombenteppich,* frz. *tapis de bombes*
engl. *fast-breeder reactor* → dt. *Schneller Brüter*
engl. *data processing* → dt. *Datenverarbeitung*
engl. *the grassroots of the nation* → dt. *die Graswurzeln der Nation*[37]
dt. *Berufsverbot(e)* → frz. *interdictions professionelles*

3. Als Entsprechung zum AS-Ausdruck wird in der ZS ein bereits *in ähnlicher oder gleicher Bedeutung verwendeter Ausdruck* gebraucht:

engl. *performance* (Linguistik) → dt. *Sprachverwendung*

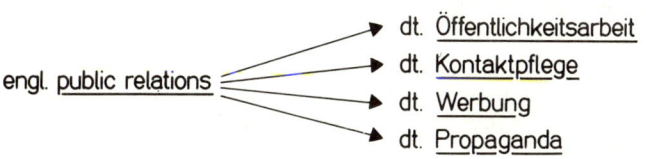

4. Der AS-Ausdruck wird in der ZS umschrieben bzw. definiert (*definitorische Umschreibung*):

engl. *non-foods* → dt. *Produkte, die keine Lebensmittel sind*[38]
engl. *runner* → dt. *sich rasch verkaufendes Produkt*[38]

Dieses Verfahren ist allerdings nur begrenzt anwendbar: sobald ein bestimmter Sachverhalt öfter bezeichnet werden muß oder wenn die terminologische Erfassung nötig ist, kommen nur die Verfahren 1–3 in Frage. Die definitorische Umschreibung, die auch in einer Fußnote oder Anmerkung stehen kann, ist aber in *Kombination* mit den Verfahren 1–3 nicht selten die einzige Lösung, einen neuen Ausdruck genau, verständlich und leserfreundlich im ZS-Text einzuführen. Es ist insbesondere in Kombination mit Verfahren 3 zu empfehlen, weil bei diesem die Gefahr besteht, daß der ZS-Ausdruck im Sinne der konventionellen, ggf. unscharfen oder abweichenden ZS-Bedeutung, und nicht im Sinne der AS-Verwendung verstanden wird. So ist der *performance*-Begriff N. Chomskys (1965, S. 3 ff.) wesentlich eingeschränkter als das, was man im Dt. unter dem Begriff *Sprachverwendung* versteht, der als Übersetzung von *performance* erscheint. Mindestens sollte bei diesem Verfahren der AS-Ausdruck in Klammern hinzugefügt werden, um darauf hinzuweisen, daß es sich um eine spezifisch terminologische AS-Verwendung handelt: *Sprachverwendung [performance], interdictions professionelles [Berufsverbote]*.

In der konkreten Übersetzungssituation kann die Anwendung der Übersetzungsverfahren 1–4 selbstverständlich erst dann in Frage kommen, wenn sich der Übersetzer unter Heranziehung aller relevanten *Hilfsmittel* (Wörterbücher, Terminologielisten, Übersetzungen im gleichen Textbereich, ggf. Rückfrage bei Fachleuten) vergewissert hat, daß er tatsächlich sprachliches Neuland betreten muß. (Das Verfahren 4 in Kombination mit den Verfahren 1–3 liegt in seiner pragmatischen Lesergerichtetheit auf einer anderen Ebene.) Bei den Verfahren 1 und 2, mit denen neue Ausdrücke in die ZS eingeführt werden, darf der Übersetzer nicht willkürlich vorgehen: er hat sich – im *fachsprachlichen* Bereich – an die Grundsätze der *Terminologienormung*[39] zu halten, wie sie in diesem Jahrhundert entwickelt wurden:

Benennungen sollen sich nach Form und Inhalt zwanglos in das bestehende Gefüge der Sprache einordnen. Beim Bilden von Benennungen soll auch auf die internationale Angleichung der Begriffe und Benennungen Bedacht genommen werden. Die Benennungen sollen sein:
klar
einfach
einprägsam
leicht aussprechbar
geeignet zum Bilden von Ableitungen[40].

Am Rande sei angemerkt, daß in *literarischen Texten* das Verfahren 1 nicht selten aus Gründen des Lokalkolorits oder der Authentizität verwendet wird; es handelt sich dabei um bewußte *Verfremdung* (Beispiel:

Übernahme engl. Anredeformen und Titel in Übersetzungen von Kriminalromanen).

5. *Adaptation.* Unter diesem Verfahren versteht die *Stylistique comparée* (vgl. J.-P. Vinay/J. Darbelnet, 1971; A. Malblanc, 1968) die Ersetzung des mit einem AS-Ausdruck erfaßten Sachverhalts durch einen Sachverhalt, der im Kontext des kommunikativen Zusammenhangs der ZS eine vergleichbare Funktion hat. Beispiel aus J.-P. Vinay/J. Darbelnet (1971):

Pour prendre un exemple, on peut citer le fait pour un père anglais d'embrasser sa fille sur la bouche comme une donnée culturelle qui ne passerait pas telle quelle dans le texte français. Traduire: "he kissed his daughter on the mouth" par "il embrassa sa fille sur la bouche", alors qu'il s'agit simplement d'un bon père de famille rentrant chez lui après un long voyage, serait introduire dans le message LA un élément qui n'existe pas dans LD; c'est une sorte particulière de surtraduction. Disons: "il serra tendrement sa fille dans ses bras", à moins que le traducteur ne veuille faire de la couleur locale à bon marché. (S. 53) [LD = langue de départ, AS; LA = langue d'arrivée, ZS]

Das Verfahren der Adaptation ist im Zusammenhang mit dem Prinzip des *Verdeutschens* bzw. der *Naturalisation* zu sehen, d. h. der Anpassung der Übersetzung an den kommunikativen Zusammenhang der ZS. Im Extremfall führt dieses Verfahren dazu – die Geschichte der literarischen Übersetzung zeigt, daß es in bestimmten Epochen das vorherrschende Verfahren war (Renaissance, Aufklärungszeit) –, daß der AS-Text nur noch Ausgangspunkt für eine Originalproduktion in der ZS ist:

So finden sich [in Gottscheds Übersetzungen] gewaltsame Änderungen im Sinne einer kompromißlosen allseitigen Modernisierung und Nationalisierung, kurz, eine Assimilierung an den Zeitgeschmack, sowohl was die formale als auch die gehaltliche Substanz betrifft [...]. (H. Pohling, 1971, S. 142)

Während bei einer so weitgehenden Anwendung des Adaptationsverfahrens nicht mehr von eigentlichen Übersetzungen gesprochen werden sollte (s. o., S. 89ff.), kann dem Verfahren an sich in Einzelfällen nicht grundsätzlich die Berechtigung abgesprochen werden. Falls jedoch adaptiert wird, muß dies an Ort und Stelle kenntlich gemacht werden oder der Übersetzer hat sein Verfahren in einem Vor- oder Nachwort zu erläutern und auf adaptierende Eingriffe hinzuweisen (zur Ethik des Übersetzens, s. o., S. 126f.). Grundsätzlich bin ich der Meinung, daß man sich mit dem adaptierenden Verfahren an (oder bereits jenseits) der Grenze der eigentlichen Übersetzung bewegt. Jenseits der Grenze ist meines Erachtens das von J.-P. Vinay/J. Darbelnet angeführte Beispiel anzusiedeln: es handelt sich nun einmal um einen englischen Vater, der seine Tochter auf englische Weise begrüßt und nicht um einen französischen Vater, der dies auf französische Weise tut. Kommt die Formel allerdings in einem Text vor, bei dem es um pragmatische Äquivalenz geht (s. u., Kap. 7), also z. B. in einem Werbetext, dann kann die Übersetzung von *to kiss s. o. on the mouth* mit *serrer qn dans ses bras* als adäquat betrachtet werden.

6.2.5. Zur Eins-zu-Teil-Entsprechung

Klassisches Beispiel für Eins-zu-Teil-Entsprechungen sind die Farbbezeichnungen verschiedener Sprachen, in denen das Farbenspektrum auf mehr oder weniger stark divergierende Weise segmentiert (aufgeteilt) wird. Die folgende Tabelle aus G. Leech (1974, S. 235) führt acht Sprachen auf, die zwischen zwei und elf *basic colour terms* enthalten:

Type	No. of terms	List of Terms	Example of language
1	two	'white', 'black'	Jalé (language of the New Guinea highlands)
2	three	'white', 'black', 'red'	Tiv (Nigeria)
3	four	'white', 'black', 'red', 'green'	Hanunóo (Philippines)
4	four	'white', 'black', 'red', 'yellow'	Ibo (Nigeria)
5	five	'white', 'black', 'red', 'green', 'yellow'	Tzeltal (Mexico)
6	six	'white', 'black', 'red', 'green', 'yellow', 'blue'	Plains Tamil (India)
7	seven	'white', 'black', 'red', 'green', 'yellow', 'blue', 'brown'	Nez Perce (North American Indian)
8	eight, nine, ten, or eleven	'white', 'black', 'red', 'green', 'yellow', 'blue', 'brown', 'purple' and/or 'pink' and/or 'orange' and/or 'grey'	English

Eins-zu-Teil-Entsprechungen liegen deshalb vor, weil dem *Rot,* wie es beispielsweise in einer vierteiligen Skala erscheint, nicht das *Rot* entspricht, wie es die siebenteilige Skala segmentiert. Allerdings können die Farbbezeichnungen nicht als Beispiele für Unübersetzbarkeit im denotativen Bereich herangezogen werden: neben einfachen Farbbezeichnungen gibt es andere Möglichkeiten, Farben bis in die feinsten Nuancen sprachlich zu erfassen. Man denke an die Möglichkeiten der Kombination von Farbbezeichnungen (*rotbraun*), der Ableitung (*gelblich, blaugrünlich*) und des Vergleichs (*rot wie Blut, grün wie der Tannenbaum, horizontblau*).

Der Vergleich größerer und kleinerer Wortfelder in verschiedenen Sprachen führt immer wieder zur Feststellung von Eins-zu-Teil-Entsprechungen. Ein schönes Beispiel wird von E. Leisi (1973, S. 94 f.) analysiert:

Deutsch *Hexe* und englisch *witch* entsprechen sich nicht ganz: das englische Wort hat neben sich das Wort *hag* mit den Elementen 'alt', 'häßlich', 'Frau (ohne Zauberkraft)'; sollen diese Elemente betont werden, so wird *hag* gebraucht. Die Folge ist, daß bei *witch* die Elemente des Schönen, Jugendlichen, Zauberhaften stärker oder häufiger in den Vordergrund treten als bei *Hexe* (Byron, *Manfred:* The Witch of the Alps; der René Clair-Film *I Married a Witch* etc.). Vom Deutschen aus gesehen kann man auch sagen, daß sich *witch* bereits der Bedeutung von *Fee* nähert. Betrachtet man anderseits englisch *fairy,* so stellt man fest, daß hier (im Vergleich zu *Fee*) das Kleine, Elfenhafte, stärker vorherrscht; auch kommt *fairy* viel häufiger im Plural vor als *Fee* (*dance of fairies* etc.). Das Wort ist also wiederum "verschoben", und zwar gegen die Bedeutuung von deutsche *Elfe* hin. Englisch *elf* wiederum geht stärker gegen deutsch *Kobold.* Die Bedeutungen der englischen Wörter im Vergleich mit den entsprechenden deutschen können etwa so dargestellt werden:

Deutsch:	Hexe	Fee	Elfe	Kobold
Englisch:	hag	witch	fairy	elf

Als Beispiele für Eins-zu-Teil-Entsprechungen wurden oben (S. 146 und 160) sog. *unübersetzbare Wörter* angeführt: dt. *Geist, Stimmung,* frz. *esprit,* russ. *toská, néga.* Dt. *Sinn, Geist, Verstand, Feinsinnigkeit* sind Teil-Entsprechungen zu frz. *esprit;* dt. *Sehnsucht, Sorge, Melancholie, Trauer, Niedergeschlagenheit, Langeweile* zu russ. *toská* und engl. *mind, intellect, intelligence, thinking faculty, spirit, human spirit* zu dt. *Geist.*

Die Übersetzungsschwierigkeiten, die sich aus dem Sachverhalt der Eins-zu-Teil-Entsprechung ergeben, sollten weder über- noch unterbewertet werden. Im *konkreten Übersetzungsfall* bereiten diese keineswegs immer Schwierigkeiten: eine Teilentsprechung kann in bestimmten Textzusammenhängen durchaus als adäquate Übersetzung gelten. Es ist auch möglich, daß eine Teilentsprechung, die an sich nicht den vollen Inhaltsbereich des AS-Ausdrucks abdeckt, im Kotext im AS-Sinne definiert wird (d. h. der ZS-Ausdruck nimmt neue Bedeutungsqualitäten an). In Texten aber, wo es auf das ganze Inhaltsspektrum oder auf die genaue Wiedergabe der Bedeutung des AS-Ausdrucks ankommt, weil erst damit ein angemessenes Verständnis in der ZS gewährleistet ist, und/oder wo die einheitliche und durchgängige Wiedergabe eines AS-Ausdrucks gefordert ist, stößt die Übersetzung und die Übersetzbarkeit auf *Grenzen.* Als Übersetzungsverfahren kommen in diesen Fällen nur noch *metasprachli-*

che Verfahren in Frage, d. h. die Kommentierung und Erläuterung in Fußnoten, Anmerkungen, Vor- und Nachworten. Beispiele dafür sind die Kommentare zu dt. *Geist* in der engl. Übersetzung von Nietzsche-Texten (s. o., S. 55 f.) und zu *everyday knowledge* in der dt. Übersetzung eines engl. soziologischen Textes (s. o., S. 63 f.).

6.2.6. Einbezug der konnotativen und stilistischen Dimensionen

Die fünf Entsprechungstypen sind in den vorhergehenden Abschnitten unter rein *denotativem* Aspekt, d. h. dem Sachverhalts-/Wirklichkeitsbezug (konkrete und abstrakte Wirklichkeit) betrachtet worden (zur Herstellung von denotativer Äquivalenz, s. u., S. 187 f.). Berücksichtigt man neben der denotativen Dimension auch *konnotative Werte,* so müssen viele Eins-zu-eins-, Eins-zu-viele-, Viele-zu-eins-Entsprechungen und die mittels verschiedener Übersetzungsverfahren aufgehobenen Eins-zu-Null-Entsprechungen unter den Eins-zu-Teil-Entsprechungen behandelt werden. Bei den Eins-zu-Teil-Entsprechungen wiederum steigert sich der Teil-Charakter der Entsprechungen, d. h. der Überlappungsbereich (s. o., S. 160, Abb.) wird noch kleiner.

Konnotative Werte ergeben sich aus der *Heterogenität* des Phänomens Sprache. Sprachliche Einheiten (Wörter, Syntagmen, Sätze) lassen sich verschiedenen Sprachschichten zuordnen, sie unterscheiden sich in der Frequenz, der stilistischen Wirkung, dem Anwendungsbereich, sie können beschränkt sein auf bestimmte Benutzergruppen etc. (die verschiedenen konnotativen Dimensionen werden in Kap. 7 vorgestellt). Unter rein denotativem Aspekt ist frz. *boucher* eine Eins-zu-eins-Entsprechung zu dt. *Fleischhauer,* unter dem Aspekt des zusätzlichen konnotativen Wertes [+ österreichisch] von *Fleischhauer* ist *boucher* nur eine Eins-zu-Teil-Entsprechung[41]. Freilich ist auch bei den konnotativen Werten anzumerken, daß auf der Textebene zwischen *textrelevanten/übersetzungsrelevanten und irrelevanten konnotativen Werten* zu unterscheiden ist: so kann es in bestimmten dt. Textzusammenhängen irrelevant sein, ob *Metzger, Fleischer* oder *Fleischhauer* verwendet wird. Zu den textanalytischen Aufgaben des Übersetzers gehört die Feststellung und Bewertung der konnotativen Werte sprachlicher Einheiten und deren Hierarchisierung bezüglich ihrer Erhaltung im ZS-Text.

Weitere Beispiele: frz. *tête* ist unter denotativem Aspekt eine adäquate Übersetzung von dt. *Haupt;* der konnotative Wert [+ gehobene Sprachschicht] von *Haupt* wird mit dem frz. Ausdruck nicht vermittelt. *Fahr zur Hölle!* kann als denotative Eins-zu-eins-Entsprechung von *Go to hell!* gelten, die konnotativen Wirkungswerte sind jedoch verschieden. *Entzündung des Wurmfortsatzes* und *Appendizitis* (als mögliche Entsprechungen zu engl. *appendicitis*) unterscheiden sich hinsichtlich der konnotativen Dimensionen Frequenz und Anwendungsbereich.

Der *Stil eines Textes* ergibt sich aus dem für den betreffenden Text spezifischen Vorkommen, der Frequenz, Distribution und Kombination von konnotativ wertigen sprachlichen Einheiten auf Wort-, Syntagma-, Satz- und satzübergreifender Ebene. Der konnotative Wert [+ gespreizt] läßt sich an einzelnen Wörtern, aber auch an Syntagmen und Sätzen festmachen. *Fachsprachlich* geprägt ist nicht nur der Wortschatz, sondern auch die Syntax eines Textes (s.o., S.130f., zur funktionalstilistischen Charakterisierung der Sprache in wissenschaftlich-technischen Texten). *Geographisch* relevant kann nicht nur die Wortwahl, sondern auch eine syntaktische Erscheinung wie die Perfektbildung mit *sein* oder *haben* sein: *ich bin gelegen* [+ süddt. Raum]. Dabei ist zu beachten, daß auch *Neutralität* bezüglich einer konnotativen Dimension stilprägend ist. So ist der Stil der meisten Texte im wissenschaftlich-technischen Bereich durch stilistische Neutralität hinsichtlich mehrerer konnotativer Dimensionen gekennzeichnet.

Die *stilistische Übersetzbarkeitsproblematik* resultiert daraus, daß die Systeme der konnotativen Werte, die stilprägend sind, sich in verschiedenen Sprachen nicht eins-zu-eins decken. Aufgabe des Übersetzers ist es, auf der Textebene in der ZS diejenigen sprachlich-stilistischen Möglichkeiten zu realisieren, die als optimale konnotative Entsprechungen fungieren können (*Herstellung konnotativer Äquivalenz*, s.u., S.187ff.). Die Entscheidung für eine bestimmte Entsprechung hängt einerseits von den zur Verfügung stehenden Wahlmöglichkeiten ab, andererseits von der Hierarchie der zu erhaltenden Werte, die der Übersetzer aus der für den betreffenden Text maßgeblichen Hierarchie der Äquivalenzforderungen ableitet. Analyse und Bewertung dieser vom Übersetzer getroffenen Entscheidungen ist Aufgabe der wissenschaftlichen Übersetzungskritik.

Wie bei der Herstellung denotativer Äquivalenz besteht auch im konnotativen Bereich grundsätzlich die Möglichkeit, konnotative Werte, die nicht erhalten werden können, durch *metasprachliche Verfahren* zu vermitteln:

> Die über die in einer sprachlichen Mitteilung enthaltene rationale Denotatsinformation hinausgehende zusätzliche Wirkung auf den Empfänger (Ergebnis der Signalfunktion) bzw. zusätzliche Information über den Sender (Ergebnis der Symptomfunktion) wird außerdem letztlich auch über das menschliche Bewußtsein realisiert. Sie kann daher erkenntnismäßig erfaßt und demzufolge auch über die Darstellungsfunktion der Sprache mitteilbar gemacht werden. (Siehe z.B. kommentierende bzw. erläuternde Übersetzungen). (O. Kade, 1971b, S.27)

Dieses Verfahren kann jedoch bei Texten, in denen konnotative Werte eine wichtige Rolle spielen (etwa in literarischen Texten, in denen soziolektale oder dialektale Einschläge stilprägend sind) kaum in größerem Umfange angewendet werden, ohne daß der Text entscheidender Qualitäten verlustig ginge (s. o., S. 153), ja recht eigentlich unlesbar würde.

6.2.7. Sprachspiel

Die Übersetzbarkeit eines Textes kann entscheidend beeinträchtigt werden, wenn in ihm die spielerische Verwendung einzelsprachspezifischer Ausdrucksmöglichkeiten eine wichtige Rolle spielt[42]. Gespielt werden kann mit der Polysemie von Wörtern und Syntagmen, mit der Kontrastierung oder dem Gleichzeitigmeinen von wörtlicher (konkreter) und übertragener (metaphorischer) Bedeutung von Ausdrücken, mit der phonetischen oder graphischen Ähnlichkeit von Wörtern, mit »sprechenden Namen« (*Father Coffey. I knew his name was like a coffin*[43].), mit festen oder relativ festen Syntagmen (*Auf großem Fuße lesen. Freut Euch des Lesens*[44].). Von Sprachspiel rede ich auch dann, wenn lexikalische oder syntaktische Möglichkeiten einer Sprache in ungewöhnlicher (d. h. von den Gebrauchsnormen einer Sprache abweichenden) Weise ausgenützt werden (*Donaudampfschiffahrtsgesellschaftskapitänswitwenrentenauszahlungstag*[45]), wenn Sätze/Satzteile durch überraschende lexikalische oder syntaktische Parallelismen miteinander verbunden werden (*Einem nackten Hohen sieht niemand den Hohen an. Erst die Uniform erhöht ihn*[46].) oder wenn reimende oder alliterierende Formen eine textstrukturierende Funktion haben[47]. Die sprachspielerische Ausnützung von Sprache – die Möglichkeiten, die aufgezählt wurden, stellen nur eine Auswahl dar – findet sich in allen Spielformen in der schönen Literatur; sie ist aber keineswegs auf diese beschränkt.

Folgende Beispiele sollen einige typische Fälle des Sprachspiels illustrieren; sie müssen weitgehend für sich selbst sprechen, weil für eine eingehendere Analyse kein Raum ist. Wenn immer möglich werden Übersetzungen beigefügt, um die Übersetzungsproblematik zu beleuchten.

(1) Wenn meine Großmutter nach solch einem Hausputzbackwaschundbügelsonnabend [...] ganz und gar in den Badezuber stieg [...][48]

  engl. When, after one of these Saturdays spent in housecleaning, baking, washing, and ironing [...] my grandmother immersed herself from top to toe in the tub [...]

  frz. Quand ma grand-mère, après un samedi de grand ménage-cuisine-lavage-repassage [...] entrait tout entière dans le cuvier [...]

(2) Gewiß um der Redensart recht zu geben, die da besagt, man könne einen Streit vom Zaune brechen, brach sich der Sägemeister je eine weiße und eine rote

Latte aus dem Zaun, zerschlug die polnischen Latten auf Koljaiczeks Kaschubenrücken [...]⁴⁹

engl. Whereupon the boss had broken one white and one red slat out of the fence and smashed the patriotic slats into tinder over Koljaiczek's Kachubian back.

frz. Histoire probablement de montrer de quel bois il se chauffait, le patron de la scierie arracha de la clôture une latte rouge et une blanche et, cognant sur le dos kachoube de Koljaizcek à grands coups de lattes polonaises, il en fit un joli tas de petit bois tricolore.

(3) Koljaiczek der Brandstifter war gebrannt genug, um das Schutzbedürfnis seiner Tochter verstehen zu können⁵⁰.

engl. Koljaiczek the incendiary had been sufficiently burnt to understand his daughter's need for shelter.

frz. Koljaiczek l'incendiaire était suffisamment expérimenté pour comprendre le besoin de protection qu'éprouvait sa fille.

Auf die Spitze getrieben wird das Spiel mit Sprache in L. Carrolls »Alice's Adventures in Wonderland«. M. Gardner weist in seiner Einführung zur englischen Ausgabe darauf hin, »that many characters and episodes in *Alice* are a direct result of puns and other linguistic jokes, and would have taken quite different forms if Carroll had been writing, say, in French«⁵¹. In der Wiedergabe der Sprachspiele zeigen die Übersetzungen ganz unterschiedliche Lösungen. Zwei Beispiele müssen genügen:

(4) »You promised to tell me your history, you know«, said Alice [...]
»Mine is a long and a sad tale!« said the Mouse, turning to Alice, and sighing.
»It *is* a long tail, certainly«, said Alice, looking down with wonder at the Mouse's tail [...]⁵²

dt. A »Was ich hinter mir habe, ist sehr lang und traurig«, sagte die Maus, wandte sich zu Alice herum und seufzte.
»Allerdings, du *hast* was Langes hinter dir«, sagte Alice und schaute verwundert auf den langen, gewundenen Mauseschwanz [...]

dt. B »Ach«, seufzte das Mäuslein, »ihr macht euch ja aus meinem Erzählen doch nichts; meine Geschichten sind euch zu langschwänzig.« Dabei sah sie Alice fragend an. »Langschwänzig! das ist wahr!« rief Alice und sah mit Verwunderung auf den langen, geringelten Schwanz der Maus.

dt. C »Meine Geschichte ist traurig«, sagte die Maus. »Aber ich bin von Natur aus weitschweifig, und deswegen fürchte ich, meine Geschichte könnte es auch werden.«
»Was deine Person angeht, so hast du recht«, sagte Alice und sah dabei mit Staunen auf den langen Schwanz der Maus hinunter.

frz. »C'est que... c'est long et triste!« dit la Souris en se tournant vers Alice et en exhalant un soupir.

»Vos *queues,* à vous autres souris, sont longues sans doute, dit Alice, en abaissant avec étonnement son regard vers l'appendice caudal de son interlocutrice; mais pourquoi dire qu'elles sont tristes?«

(5) »When we were little«, the Mock Turtle went on at last, more calmly, though still sobbing a little now and then, »we went to school in the sea. The master was an old Turtle – we used to call him Tortoise –«

»Why did you call him Tortoise, if he wasn't one?« Alice asked.

»We called him Tortoise because he taught us«, said the Mock Turtle angrily. »Really you are very dull!«[53]

dt. A »Als wir noch klein waren«, so fuhr der Mockturtel endlich fort – er war jetzt etwas ruhiger, aber dann und wann schluchzte er immer noch –, »da gingen wir mitten im Meer in die Schule. Der Lehrer war ein alter Herr – wir nannten ihn Seeturtel –«

»Warum nannten Sie ihn den Seeturtel, wenn er kein Seeturtel war?« fragte Alice.

»Wir nannten ihn Seeturtel, weil er uns so gut *sehen* konnte«, sagte die falsche Schildkröte ärgerlich, »Sie sind aber wirklich schwer von Begriff!«

dt. B »Warum nanntet ihr sie Fräulein Schalthier?« fragte Alice.

»Sie schalt uns hier und da, oder sie schalt uns alle Tage, darum«, sagte die falsche Suppenschildkröte ärgerlich. »Du bist wirklich sehr dumm.«

dt. C »Warum denn Schaltier, wenn er doch keins war?« fragte Alice.

»Wir nannten ihn Schaltier, denn er schalt hier«, sagte die falsche Suppenschildkröte ungehalten; »du bist wirklich sehr schwer von Begriff.«

frz. »Pourquoi l'appeliez-vous la Tortoise, puisque c'était une tortue?« s'enquit Alice.

»Nous l'appelions la Tortoise parce que, tous les mois, elle nous faisait passer sous la toise, répondit la Tortue »fantaisie«. Vraiment, je vous trouve l'esprit bien obtus.«

Viele Witze leben vom Sprachspiel[54]; die Problematik des Übersetzens kann folgendes Beispiel illustrieren, das einer zweisprachigen Witzsammlung entnommen ist[55]:

(6) – Elle: Après avoir fait voir ma langue au médecin, celui-ci m'a dit que tout mon mal provenait du surménage.
– Lui: Tu vois! Combien de fois ne t'ai-je pas dit: ne parle pas tant!

In der dt. Übersetzung geht die wortspielerische Komponente verloren – d.h. die Komponente, die den ziemlich anspruchslosen Witz (etwas) geistreicher macht:

Sie: »Nachdem ich dem Arzt meine Zunge gezeigt hatte, hat er gesagt, bei mir käme alles von der Überarbeitung.«
Er: »Siehst du! Wie oft hab ich dir schon gesagt: sprich nicht so viel!«

Allein auf einem Sprachspiel basiert folgender Witz, in dem ein – in der

Terminologie der »Duden-Grammatik« (1973) – echtes reflexives Verb als unechtes reflexives Verb interpretiert wird:

(7) A (hustet)
B: Hast du dich verschluckt?
A: Warum? Ich bin ja noch da.

Die folgenden Beispiele aus der Anzeigenwerbung illustrieren weitere Möglichkeiten des Sprachspiels:

(8) *Haben Sie Zeit*
 oder hat die Zeit
 Sie?
 (Anzeige eines Instituts für Manager-Fortbildungskurse)[56]

(9) *Fly*
 dich frei
 (Anzeige einer Touristik-Organisation)[57]

(10) *Keiner*
 schneidet
 so gut ab.
 Erstens bei   Zweitens bei
 Ihrer Rasur.   der »Stiftung Warentest«.
 (Anzeige für einen Rasierapparat)[58]

(11) »Fliegen Sie mit uns in
 eine Qantastische Welt«
 (Anzeige einer Fluglinie)[59]

(12) Es gibt gute, sehr gute und French Line-Kreuzfahrten[60].

Sprachspiele sind keineswegs nur in der schönen Literatur oder in der Werbung anzutreffen. In meiner Arbeit über Redensarten (W. Koller, 1977) habe ich gezeigt, daß in den verschiedensten Textgattungen mit redensartlichen Ausdrücken gespielt wird. Während aber Sprachspiele in nicht-literarischen Texten und außerhalb der Werbung häufig nur beiläufigen Wert haben, in einer Hierarchie der in der Übersetzung zu erhaltenden Werte demnach weit unten rangieren, sind sie in literarischen Texten (wie auch in der Werbesprache) – man denke an die Beispiele aus G. Grass und L. Carroll – von zentraler Bedeutung. Die Übersetzung stößt hier nicht selten auf Grenzen, die auch der schöpferischste Übersetzer nicht überwinden kann. Textstellen, in denen sprachliche Inhalte an spezifisch einzelsprachliche Formen gebunden sind (oder umgekehrt: in denen sprachliche Formen bestimmte Inhalte oder inhaltliche Verknüpfungen erst ermöglichen) erweisen sich als unübersetzbar. Und weil solche Sprachspiele nicht Spiele mit reinen Formen sind, sondern immer auch Spiele mit Inhalten, sind *kompensatorische Verfahren* kaum zulässig. Wenn der englische »Blechtrommel«-Übersetzer die Meinung vertritt[61]:

Schließlich braucht ein Wortspiel nicht unbedingt an derselben Stelle wie im Original zu stehen. Im nächsten oder übernächsten Satz kann sich ein anderes ganz natürlich aus der englischen Sprache ergeben.

— so halte ich dieses Verfahren nur für eine ausgesprochene Notlösung: in anspruchsvolleren literarischen Texten stehen Sprachspiele nicht zufällig an einer bestimmten Stelle. Sie sind nicht bloßes Ornament, das auch an einer anderen Textstelle realisiert werden kann. Theoretisch können mit Sprachspielen zusammenhängende Übersetzungsprobleme mit *metasprachlichen Verfahren* gelöst werden, d.h. das AS-Spiel wird in einer Fußnote oder im Text selbst erklärt. Wenn aber, wie dies in literarischen Texten der Fall ist, das Sprachspiel zu den entscheidenden stilistisch-ästhetischen Qualitäten des AS-Textes gehört, so wird durch die bloß kommentierende Wiedergabe dieser Qualitäten in der ZS die stilistisch-ästhetische Identität des Originals zerstört.

Als Sonderfall des Sprachspiels betrachte ich die *explizite Sprachthematisierung*. Diese liegt beispielsweise dann vor, wenn im Text über die Polysemie, die stilistischen Qualitäten oder die Etymologie eines bestimmten AS-Ausdrucks reflektiert wird, oder wenn die Argumentation im Text auf einer solchen Reflexion basiert. Ebenso anschauliche wie extreme Beispiele von Sprachthematisierungen finden sich im Werk Martin Heideggers:

(13) Das Bergende und Verbergende hat sein Wesen im Be-wahren, im Ver-wahren, eigentlich im Wahrenden. Die Wahr, das Wahrende, bedeutet anfänglich die Hut, das Hütende[62].

Die englische Übersetzung von »Sein und Zeit« bietet ein reiches Anschauungsmaterial für die Übersetzungsprobleme, die Heideggers Sprachspiele bieten, und für die Verfahren, die angewandt werden, um sie im Engl. wiederzugeben[63].

Die Einzelsprachspezifik dieser Sprachthematisierungen kann folgendes Beispiel beleuchten:
schwed. Svartsjukan är en svart sjuka[64].
Bei einer Übersetzung mit *Die Eifersucht ist eine schwarze Krankheit* geht nicht nur das Sprachspiel verloren (schwed. *svartsjukan* ist gebildet aus *svart* ›schwarz‹ und *sjukan* ›die Krankheit‹, zusammen also ›die schwarze Krankheit‹ = ›die Eifersucht‹), sondern der inhaltliche Zusammenhang selbst wird zerbrochen. In solchen Fällen bleibt dem Übersetzer nur die metasprachliche Kommentierung der AS-Formen: es muß in einer Fußnote darauf hingewiesen werden, daß der schwed. Ausdruck für ›Eifersucht‹ aus *svart* + *sjuka* gebildet ist.

Die Übersetzungsprobleme, die Sprachspiele stellen, und die Übersetzungsverfahren, die angewendet werden können, sind meines Wissens weder theoretisch und systematisch, noch in sprachenpaarbezogener Sicht untersucht worden[65]. Hier liegt ein wichtiges und schwieriges Untersuchungsfeld der Übersetzungswissenschaft.

6.2.8. Literarisch-ästhetische Formen

Im Bereich literarisch-poetischer Texte verschärft sich die Übersetzbarkeitsproblematik, wenn formale Qualitäten wie Metrum, metrische Formen, Rhythmus, Reim, Strophen- und Gedichtstrukturen, die in der ästhetischen Tradition einer Literatursprache stehen, konstitutiv für einen Text sind. Auf diese Probleme der poetischen Übersetzung auch nur andeutungsweise einzugehen, würde den Rahmen dieser »Einführung« sprengen. Gerade diese Probleme sind aber von literaturwissenschaftlicher Seite und von der Theorie der literarischen Übersetzung eingehend untersucht worden; es kann hier verwiesen werden auf die bibliographischen Angaben in Kap. 4.2. (insbesondere unter B.2., S. 99 f.).

7. Das Problem der Äquivalenz

7.0. Der Begriff der Äquivalenz spielt in zwei Wissenschaften, die es mit der Zuordnung von sprachlichen Einheiten zu tun haben, eine zentrale Rolle: in der kontrastiven Linguistik und in der Übersetzungswissenschaft[1]. In diesen Wissenschaften (oder in Teilbereichen dieser Wissenschaften) werden sprachliche Einheiten verschiedener Art und Größe (vom Phonem bis hin zum Satz und zu satzübergreifenden Konstruktionen) bzw. Äußerungen und Texte *(deskriptiv)* einander zugeordnet, oder auch: es wird *(präskriptiv)* angegeben, wie diese einander zugeordnet werden müssen. Als *Zuordnungskriterium* wird dabei häufig das der Äquivalenz verwendet. Für beide Wissenschaften gilt indessen, daß der Äquivalenzbegriff erst ansatzweise, unscharf oder heuristisch-tentativ definiert ist[2]. So wirft M. Hellinger (1975, S. 74) der *kontrastiven Sprachwissenschaft* vor, daß das Problem der Äquivalenz beim Sprachvergleich, wie ihn die kontrastive Linguistik betreibt, noch weitgehend ungelöst sei. Und für die *Übersetzungswissenschaft* stellt W. Wilss (1977) fest, daß es ihr bisher nicht gelungen sei, »ein hinlänglich detailliertes Faktoreninventar für die Meßbarkeit der Äquivalenz von ausgangs- und zielsprachlichem Text zu entwickeln und an die Stelle eines hypostasierten Äquivalenzbegriffes einen theoretisch explizierten, empirisch abgesicherten Äquivalenzbegriff zu setzen« (S. 157).

Der Äquivalenzbegriff wird in kontrastiven und übersetzungswissenschaftlichen Arbeiten höchst unterschiedlich verwendet, und auch in den vorangehenden Kapiteln tauchte er in verschiedenen Interpretationen auf, wobei darauf geachtet wurde, daß aus dem Textzusammenhang hervorging, was jeweils damit gemeint war (s. dazu das Stichwort ›Äquivalenz‹ im *Sachregister*). Im folgenden wird versucht, die Verwendung von ›Äquivalenz‹ in kontrastiver Linguistik und Übersetzungswissenschaft zu analysieren, die unterschiedlichen Ausgangspunkte und Zielsetzungen dieser Disziplinen zu beleuchten und den Begriff der Äquivalenz für die Übersetzungswissenschaft im besonderen zu explizieren.

7.1. Äquivalenz in der kontrastiven Linguistik

Die *Hauptzielsetzung* der kontrastiven Linguistik[3] ist nach G. Nickel (1973) die »Beschreibung sprachlicher Systeme mit Hilfe eines dafür ausgewählten Grammatikmodells«; Ergebnis dieser Beschreibung ist eine *Differentialgrammatik*, »die aus der Differenz zwischen Gemeinsamkeiten und Unterschieden sprachlicher Systeme und deren Untersystemen besteht« (S. 463). Nach K.H. Wagner (1966) stellt sich die kontrastive Sprachwissenschaft zur Aufgabe, »durch den systematischen Vergleich von zwei oder mehr Sprachen die Gemeinsamkeiten und Unterschiede dieser Sprachen auf allen Sprachebenen – Phonetik, Phonologie, Morphologie, Syntax, Semantik, Lexik – festzustellen und zu beschreiben« (S. 306).

Was setzen solche Vergleiche voraus in sprachtheoretischer, beschreibungstheoretischer und beschreibungspraktischer Hinsicht?

1. Sprachtheoretisch: Die Vergleichbarkeit von Sprachsystemen bzw. von Teilsystemen. Daß diese Vergleichbarkeit nicht ohne weiteres vorausgesetzt werden kann, kann hier nicht näher erörtert werden:

Eines der diffizilsten theoretischen Probleme der kontrastiven Linguistik ist die Explikation der Vergleichbarkeit. Objekte können nur dann kontrastiv verglichen werden, wenn sie Eigenschaften gemeinsam haben, die als Vergleichsgrundlage dienen können. Die Grundlage eines jeden Vergleichs sind Gemeinsamkeiten. (K. H. Wagner, 1974, S. 375)

Nach streng strukturalistischer Auffassung etwa, für die Systemelemente nur hinsichtlich ihres Stellenwerts in Strukturen definiert sind, ist der Vergleich von Einheiten unterschiedlich strukturierter Sprachsysteme theoretisch nicht möglich (zu Vergleichbarkeit und Übersetzbarkeit, s. o., S. 139 ff.).

2. Sprach- und beschreibungstheoretisch: unterstellt man, daß Vergleichbarkeit gegeben ist, so besteht bei jedem Vergleich die Notwendigkeit, auf ein bestimmtes Grammatikmodell zurückzugreifen:

A prerequisite of any attempt to compare the grammatical patterns of two languages is of course a description of the grammar of each language, written according to the same grammatical theory. (E. A. Levenston, 1966, S. 200)

3. Beschreibungstheoretisch und -praktisch: sprachliche Einheiten/Äußerungen in den zu vergleichenden Sprachen müssen auf die grammatischen Kategorien dieser Bezugsgrammatik bezogen und damit einander zugeordnet werden. Welches sind die Kriterien, die für die Zuordnung der Einheiten/Äußerungen gelten?

In Arbeiten zur kontrastiven Grammatik/Linguistik wurden vor allem die Punkte (2) und (3) problematisiert. So wird die Verwendbarkeit der traditionellen Grammatikkonzeption[4], taxonomisch-strukturalistischer Modelle[5], der Stratifikationsgrammatik[6], der Halliday'schen Grammatikkonzeption[7], der generativen Transformationsgrammatik[8] und der Kasusgrammatik[9] diskutiert; für die Beschreibung von Teilbereichen der Grammatik wurden diese Modelle auch angewendet. Trotz dieser Versuche stellen die Wahl des *Grammatikmodells* und die Verwendbarkeit vorliegender Grammatiken für die kontrastive Linguistik ein nach wie vor ungelöstes Problem dar, auf das G. Nickel (1973, S. 464) hinweist: eine

»komplette Beschreibung zweier sprachlicher Systeme nach ein und demselben Grammatikmodell« liegt nicht vor, ja solche Beschreibungen existieren nicht einmal für das System *einer* Sprache[10]. Wer aber, so stellt U. Engel (1974) aus der Erfahrung des Instituts für deutsche Sprache (Mannheim) mit kontrastiven Projekten fest, »kontrastive Grammatik treiben will, sollte auf brauchbare Beschreibungen der zu kontrastierenden Sprachen zurückgreifen können. Der Beschreibungsstand selbst der Kultursprachen muß aber als ganz unzureichend bezeichnet werden.« (S. 128f.).

Als weiteres Problem kommt hinzu, daß die kontrastive Linguistik immer (noch) unter einer spezifischen Zweckbestimmung bzw. den Ansprüchen einer bestimmten Praxis steht: der Praxis des *Fremdsprachenunterrichts* nämlich[11]. Dies bedeutet, daß nicht nur ihre Ergebnisse didaktisch vermittelt sein sollten, sondern daß sich auch ihre Problemstellungen und Lösungen an den praktischen Problemen des Fremdsprachenunterrichts orientieren müßten. Wenn nicht der Fremdsprachenlerner selbst, so mindestens der Lehrer oder der Textbuchautor sollten mit kontrastiven Beschreibungen etwas anfangen können (in diesen finden sich übrigens ganz unterschiedliche Angaben zu den präsumtiven »Benutzern«[12]) – immer vorausgesetzt natürlich, daß die auf der Basis kontrastiver Analysen beschriebenen und erklärten Phänomene des positiven bzw. des negativen *Transfers* tatsächlich eine entscheidende Rolle beim Fremdsprachenerwerb spielen[13]. Bei dieser Zweckbestimmung wird die kontrastive Linguistik letztlich auf Fehleranalyse reduziert bzw. mit Fehleranalyse gleichgesetzt (vgl. G. Nickel, 1971a; K.-R. Bausch, 1973).

Die Voraussetzung des Sprachvergleichs, die unter Punkt (3) formuliert wird, wirft ein Problem auf, das sich in der Frage fassen läßt: *Was* wird bei kontrastiven Beschreibungen *womit* verglichen, welche Einheiten der einen Sprache werden aufgrund welcher Kriterien welchen Einheiten der anderen Sprache zugeordnet?

He [der kontrastive Linguist] must choose what elements from each of the languages he is studying to juxtapose to and contrast with specific elements from the others, and he must decide what sort of equivalence should exist between those elements. (L.F. Bouton, 1976, S. 144)

Die Elemente und Strukturen der Sprachen, die man bei kontrastiven Analysen zueinander in Beziehung setzt, um zu einem Systemvergleich zu kommen, müssen also *äquivalent* sein. Was ist hier unter Äquivalenz zu verstehen? Wer liefert äquivalente Äußerungen? Und wie und von wem wird Äquivalenz beurteilt? Eine Antwort auf diese Fragen – wie auch auf die Frage nach dem kontrastiven Analysen zugrunde zu legenden Beschreibungsmodell – erwartet man von der *Theorie der kontrastiven Lin-*

guistik. Gerade in der Theoriebildung scheint aber eine Schwäche der kontrastiven Linguistik zu liegen, wenn man sich Stellungnahmen einiger ihrer Vertreter vergegenwärtigt. So ist K. H. Wagner (1974) der Auffassung, daß es beim gegenwärtigen Stand der kontrastiven Linguistik »nur Ansätze zu einer Theoriebildung« gebe:

Ein Grund für das Theoriedefizit der kontrastiven Linguistik ist sicher in ihrer relativ kurzen Geschichte zu suchen. Der Hauptgrund scheint jedoch zu sein, daß sie bisher weitgehend anwendungsorientiert und damit fremdbestimmt war. (S. 373)

Dieses Theoriedefizit[14] wirkt sich dahingehend aus, daß – wie U. Engel (1974) anmerkt – keine Einigkeit darüber bestehe, was eigentlich zu kontrastieren sei:

Vielfach wird diese Frage nicht einmal reflektiert, man stellt vielmehr ganz naiv einzelne Wörter oder Kategorien gegeneinander, und oft ist die einzige explizite Rechtfertigung für die Auswahl je einer Einheit aus Ausgangs- und Zielsprache die gemeinsame Benennung (z. B. »Genetiv«, »Artikel«, »Präsens« u. a.). (S. 130)

Immerhin gibt es auf die Frage nach der Grundlage der Zuordnung von Äußerungen und Strukturen in kontrastiven Untersuchungen einige Antworten, die im folgenden diskutiert werden sollen.

1. Beispiellieferant und Beurteilungsinstanz bei kontrastiven Analysen ist der *(ideal) zweisprachige Sprecher,* der in einer bestimmten Situation einen bestimmten Sachverhalt sowohl mit dem Ausdruck A in L_1 als auch mit dem Ausdruck Z in L_2 verbalisieren kann. Kontrastive Linguisten – etwa T. P. Krzeszowski (1971, S. 37) – berufen sich dabei auf J. C. Catfords Begriff der *textuellen Äquivalenz:*

The discovery of textual equivalents is based on the authority of a competent bilingual informant or translator. (J. C. Catford, 1965, S. 27)

Und ferner:

The SL [= Source Language] and TL [= Target Language] items rarely have ›the same meaning‹ in the linguistic sense; but they can function in the same situation. In total translation, SL and TL texts or items are translation equivalents when they are *interchangeable in a given situation.* This is why translation equivalence can nearly always be established at sentence-rank – the sentence is the grammatical unit most directly related to speech-function within a situation. (J. C. Catford, 1965, S. 49)

In kontrastiven Untersuchungen übernimmt häufig der Linguist selbst die Rolle des Informanten und des Beurteilers textueller Äquivalenz:

The informant's judgments are based on his intuition, which underlies his linguistic competence in the two languages. Most investigators in the area of contrastive studies rely on their own competence and use themselves as informants, only occasionally referring to the judgments of other competent persons. (T. P. Krzeszowski, 1971, S. 37)

Die Vergleichsbasis wird damit in die *Bezeichnungsrelation* gelegt, d. h. in die Relation sprachlicher Ausdruck – außersprachlicher Sachverhalt. Bei diesem Ausgangspunkt müßten aber sehr viele intralinguale wie interlinguale Paraphrasen einander zugeordnet werden: nämlich alle möglichen Verbalisierungen von Sachverhalten in einer Sprache allen möglichen Verbalisierungen in der anderen Sprache oder beliebigen anderen Sprachen. Man könnte sich – um D. Wunderlichs (1972, S. 123 ff., 151 ff.) beinahe berühmt gewordenes Beispiel zu verwenden – eine Situation vorstellen, in der für einen kompetenten Sprecher folgende Äußerungen durchaus austauschbar sind, weil sie dieselbe kommunikative Funktion haben: *Monika, mach das Fenster zu! / Monika, machst du mal das Fenster zu? / Monika, du kannst das Fenster zumachen. / Monika, es zieht!* etc. Einer kontrastiven Untersuchung aber, die dem dt. *Monika, das Fenster steht auf!* etwa das frz. *Monique, ferme la fenêtre, s'il te plaît* zuordnet, würde man mit Recht vorwerfen, daß sie Äußerungen kontrastiert, die man, wenn es um einen Systemvergleich geht, sinnvollerweise nicht kontrastieren sollte. Auf diesen Sachverhalt weist auch B. Kielhöfer (1975) hin – und er nennt als zusätzliches Kriterium, das bei kontrastiven Untersuchungen eine zentrale Rolle spielen muß, das der *formalen Ähnlichkeit*:

Ein Übersetzungsvergleich [d. h. der Vergleich von textuellen Äquivalenten im Sinne von J. C. Catford] ist nur dann sinnvoll, wenn eine formale Zuordnung der L_1- und L_2-Elemente möglich ist. (S. 118)

B. Kielhöfer ist übrigens der Auffassung, daß der in diesem Sinne *nicht* vergleichbare Bereich zweier Sprachen »relativ umfangreich« ist. Er führt dazu aus:

Das Französische realisiert zum Beispiel Sachverhalte der Außenwelt mit wesentlich anderen Elementen als das Deutsche: Unter sigmatischem Aspekt [= Relation Zeichen – bezeichnetes Objekt] beziehen sie sich auf denselben außersprachlichen Referenten, aber die L_1- und L_2-Realisationen sind vor allem subjektive mentale Widerspiegelung der Realität. Die sprachliche Darstellung der Außenwelt wird weitgehend vom jeweiligen Sprachsystem, dem sozio-kulturellen Hintergrund und auch von historischen Zufälligkeiten bestimmt.

L_1: er *schüttelte* den Kopf *über* K
L_2: il *désapprouvait* K
L_1: er ging zum Telefon und *wählte*
L_2: ...et *composa le numéro*

Hier sind Übersetzungsvergleiche[15] nicht mehr sinnvoll. Das gilt auch für folgenden Vergleich:
L_1: Ist das Ihr Ernst? L_2: sans blague?
    Im Ernst?
L_1: Es hat keinen Zweck! L_2: inutile!

Die formale Entsprechung *nutzlos* ist zwar in L_1 bildbar, sie wird aber vom deutschen Sprecher in einer kontextuell äquivalenten Situation nicht gebraucht. Die Auflagen der Sprachnorm sind beim Vergleich der Sprachsysteme zu berücksichtigen. (S. 119)

Damit sei keineswegs gesagt, daß ein onomasiologisches Vorgehen (Ausgangspunkt: Sachverhalte, Situationen, Handlungen in Kontexten, die verbalisiert werden) nicht gerade beim Fremdsprachenerwerb wertvoll sein kann. Lernprogramme im Fremdsprachenunterricht, die sich etwa an der Sprechakttheorie orientieren, gehen davon aus: es wird gelehrt und gelernt, wie man in bestimmten Situationen etwas erbittet, etwas erfragt, über etwas Auskunft gibt, wobei sich das *etwas* an den kommunikativen Bedürfnissen in relevanten Situationen des Fremdsprachengebrauchs orientiert. Für Aufbau und Ausbau der *kommunikativen Kompetenz* in der Fremdsprache dürfte dieser Ansatz von zentraler Bedeutung sein. Welche Funktion und welcher Stellenwert der kontrastiven Linguistik, insofern sie auf Systemvergleich zielt, bei dieser Ausrichtung des Fremdsprachenunterrichts zukommt, kann hier nicht diskutiert werden (s. die Überlegungen auf S. 185).

2. Die Kompetenz des (ideal) zweisprachigen Sprechers wird als *Beurteilungs- oder Kontrollinstanz* eingesetzt, und zwar in der Weise, daß er nur noch die Aufgabe hat, vom kontrastiven Linguisten selbst konstruierte und zugeordnete Sätze in L_1 und L_2 hinsichtlich ihrer Äquivalenz, Grammatikalität und gegebenenfalls auch Akzeptabilität zu beurteilen. Damit ist zwar sichergestellt, daß der kontrastive Linguist keine unvergleichbaren und ungrammatikalischen Äußerungen auswählt und kontrastiert – warum aber gerade diese und nicht andere bezeichnungsgleiche Äußerungen kontrastiert werden und welcher Äquivalenzbegriff der Wahl einer bestimmten Entsprechung zugrunde liegt, bleibt ungeklärt.

3. In Arbeiten, die kontrastive Beschreibung auf der Basis der *generativ-transformationellen Sprachtheorie* betreiben, wird der *intralinguale Paraphrasenbegriff* zur Explikation von interlingualer Äquivalenz verwendet. So führt K. H. Wagner (1974) aus:

In der generativen Grammatik wird die intralinguale semantische Äquivalenz von verschiedenen Ausdrücken durch die Theorie über die Begriffe »Tiefenstruktur« (semantische Struktur), »Transformation« und »Oberflächenstruktur« erklärt. Verschiedene Ausdrücke sind Paraphrasen voneinander, wenn sie aus einer gemeinsamen Tiefenstruktur durch generelle Transformationsregeln abgeleitet werden können. (S. 376)

Mit diesem Ansatz – der sich auch bei T. P. Krzeszowski (1971, 1972) und bei S. P. Corder (1973) findet – wird das Äquivalenzproblem aber keineswegs gelöst, sondern nur verschoben, und zwar auf den Begriff der Paraphrase und der Tiefenstruktur: Wann sind zwei Ausdrücke Paraphrasen voneinander? Wie findet man Paraphrasen? Welches ist das Kriterium für die Postulierung identischer Tiefenstrukturen? In welcher »Tiefe« sind Tiefenstrukturen verschiedener Sprachen identisch? Ganz abgesehen von der Ungeklärtheit dieser Fragen[16] hat L. F. Bouton (1976) mit überzeugenden Argumenten und Beispielen dargelegt, daß strukturell ähnliche Oberflächenstrukturen in AS (L_1) und ZS (L_2), bei denen es sich zudem im textuelle Äquivalente handelt, nicht auf eine gemeinsame Tiefenstruktur zurückgeführt werden können. Wenn aber schon strukturell ähnliche, synonyme Konstruktionen nicht auf eine solche gemeinsame Tiefenstruktur zurückgeführt werden können, wie soll dann dies erst für unterschiedliche, von kompetenten Sprechern aber als äquivalent beurteilte Strukturen möglich sein?

4. Das in theoretischen Äußerungen zur kontrastiven Linguistik am häufigsten angeführte (vgl. L. F. Bouton, 1976, S. 144 f.) und vielen kontrastiven Beschreibungen von Teilbereichen von Grammatiken explizit oder implizit zugrundeliegende Vergleichskriterium ist die *Übersetzungsäquivalenz*; verglichen werden sog. Übersetzungsäquivalente (vgl. die Beschreibung des Korpus des serbokroatisch-englischen Projekts bei R. Filipovič, 1971)[17]. So führt E. A. Levenston (1965) aus:

One way of presenting the syntactic differences between languages is what may be called a »translation-paradigm«. A grammatical category from language A is listed opposite all the categories in language B by which it may be translated. Whenever possible, the grammatical and contextual criteria governing the choice of one translation rather than another are listed in notes to the paradigm. The most frequent translation is listed first; where it is the unmarked equivalent, always chosen unless there are specific grammatical and/or contextual criteria dictating an alternative choice, no notes need be appended. (S. 221 f.)

Nun erweist sich der Begriff der Übersetzungsäquivalenz und die Verwendung von Übersetzungen als Basis kontrastiver Beschreibungen aus verschiedenen Gründen als problematisch. Ein Argument findet sich in der kritischen Auseinandersetzung von W. Nemser/T. Slama-Cazacu (1970) mit den theoretischen Grundlagen und praktischen Zielsetzungen und Ansprüchen der kontrastiven Linguistik:

A second methodological pitfall is the so-called translation approach, which assumes that the relevant relationships between B [= Base Language] and T [= Target Language] can be established on the basis of semantic equivalence alone (thus the English modal verbs, for example, would be identified with those Romanian forms which appeared as their translation equivalents). However, since translation (except in types of literature) normally seeks to abstract meaning from form, and learners most often apparently identify B and T elements on the *combined* basis of form and meaning, the yield of this approach is largely irrelevant to contrastive studies. (S. 115)

Wichtiger in unserem Zusammenhang scheinen mir folgende Argumente zu sein: Übersetzungsäquivalenz bezieht sich auf *parole*-Sprachvorkommen. Übersetzt werden immer Äußerungen und Texte, der Übersetzer stellt Äquivalenz her zwischen AS-Äußerungen/Texten und ZS-Äußerungen/Texten, nicht zwischen Strukturen und Sätzen zweier Sprachen. Kontrastive Linguistik zielt aber gerade auf Systemvergleich im Bereich von übereinstimmenden und divergierenden Strukturen; sie operiert auf der Ebene der *langue*. Der Schritt von unter dem Gesichtspunkt des Übersetzens äquivalenten und vergleichbaren Äußerungen und Texten in zwei Sprachen zur Beschreibung von äquivalenten und vergleichbaren Strukturen und Sätzen in zwei Sprachen bedeutet, daß der Kontrastivist von den vielen möglichen, in Übersetzungen vorkommenden Äquivalenten die zu vergleichenden unter Berücksichtigung anderer Kriterien auswählen muß. So etwa muß er unter den möglichen englischen Übersetzungsäquivalenten zu dt. *Steh auf!*: engl. *Stand up! Get up! Get on your feet! Up! Stand!* (vgl. L.F. Bouton, 1976, S. 145) dasjenige oder diejenigen auswählen, die bei einem systematischen Vergleich von Interesse sind. Es ist dabei nicht auszuschließen, daß die unter dem Aspekt des Systemvergleichs relevanten Äquivalente gerade *nicht* unter vorliegenden Übersetzungsäquivalenten zu finden sind. Wenn man sagt, daß der Übersetzer Äußerungen und Texte übersetzt, so meint man damit zunächst (dies wird zu relativieren sein), daß er in Übersetzungstexten, in denen es um »inhaltliche Äquivalenz« geht, Bezeichnungsgleichheit herzustellen versucht. Der gleiche Sachverhalt kann aber – sehr vorläufig gefaßt – in der Zielsprache wörtlicher oder freier wiedergegeben werden; für kontrastive Analysen von Interesse sind aber in erster Linie Entsprechungen, die der AS-Struktur so nahe wie möglich folgen. Äußerungen und Texte übersetzen dagegen bedeutet: den Bedingungen sprachlicher Kommunikation unterliegen. Und das heißt: die für bestimmte Textgattungen geltenden Formulierungskonventionen (Sprach- und Textnormen) einhalten, die Bedingungen des kommunikativen Hintergrunds berücksichtigen und den Empfängerbezug beachten.

7.2. Korrespondenz und Äquivalenz

Aus obiger Argumentation läßt sich die unterschiedliche Ausrichtung und Aufgabenstellung von kontrastiver Linguistik und Übersetzungswissenschaft ableiten. Die Übersetzungswissenschaft untersucht die Bedingungen von *Äquivalenz* und beschreibt die Zuordnungen von Äußerungen und Texten in zwei Sprachen, für die das Kriterium der Übersetzungsäquivalenz gilt; sie ist Wissenschaft der *parole*. Die *kontrastive Linguistik* dagegen untersucht Bedingungen und Voraussetzungen von *Korrespon-*

denz (formaler Ähnlichkeit) und beschreibt korrespondierende Strukturen und Sätze; sie ist Wissenschaft der *langue*. Eine ähnliche Unterscheidung ist bei D. Bolinger (1965/66) angelegt, der zwei Typen von Übersetzungen bzw. zwei Arten der linguistischen Verwendbarkeit von Übersetzungen unterscheidet:

Translation may be viewed amorphously as the rendition of a text from one language to another. This is translation from the standpoint of *la parole*: the text, the act of speech or writing, is the thing. Or it may be viewed as a systematic comparison of two languages: this is translation from the standpoint of *la langue*. (S. 130)

Diese Definition des Aufgabenbereichs der kontrastiven Linguistik impliziert eine starke Einschränkung von deren Untersuchungsfeld und Gegenstandsbereich: kontrastive Linguistik hat also nicht die Aufgabe, alle möglichen bezeichnungsgleichen ZS-Varianten zu beschreiben, wie sie unter unterschiedlichen situativen, sprach- und textnormativen oder individualstilistischen Bedingungen möglich sind und etwa in Übersetzungen vorliegen können oder von bilingualen Sprechern geliefert werden, sondern nur diejenigen, die strukturell mit den AS-Ausdrücken aufgrund des Korrespondenzkriteriums vergleichbar sind. Die Korrespondenzforderung bedeutet, daß bestimmten AS-Strukturen in regelhafter Weise bestimmte ZS-Strukturen zugeordnet werden, wobei diese korrespondierenden Strukturen entweder strukturisomorph, partiell-isomorph oder nicht-isomorph sind. Große Schwierigkeiten ergeben sich bei den nicht-isomorphen Strukturen:

A very important question is how long one can still claim that a correspondence of some kind exists. (V. Ivir, 1974, S. 96)

Hier wird die kontrastive Linguistik mit Korpora arbeiten müssen, die in der Weise statistisch ausgewertet werden, daß den systematisch möglichen Zuordnungen Vorkommenshäufigkeitsindizes und ggf. Textgattungsangaben beigefügt werden[18]. Für die heuristische Feststellung und Exemplifizierung von Strukturkorrespondenzen können dabei Übersetzungen durchaus herangezogen werden. Ich stimme V. Ivir (1974) zu, der die Verwendbarkeit von Übersetzungen und ihre Funktion in kontrastiven Analysen folgendermaßen umschreibt:

Translation equivalence serves merely to help us isolate items of structure with shared meanings in the two languages. And this is where the use of translation in contrastive analysis ends. After that point, the items of structure thus isolated are examined formally for their syntactico-semantic properties, which are then compared, to note the similarities and differences in the two languages. (S. 97 f.)

Die Beschreibung von Korrespondenzen – also Strukturübereinstimmungen, partiellen Übereinstimmungen und Unterschieden – setzt allerdings voraus, daß beide Sprachen auf der Basis desselben Grammatikmodells und mit denselben grammatischen Kategorien analysiert und kontrastiert werden. Daß hier entscheidende Probleme liegen, wurde oben erörtert. Beim jetzigen Stand der kontrastiven Linguistik und im Blick auf die Sprachen, die bisher hauptsächlich kontrastiert wurden (europäische Kultursprachen), scheint es immer noch die traditionelle Grammatik mit ihren allgemein bekannten, wenn auch umstrittenen Kategorien zu sein, die am ehesten als Beschreibungsgrundlage dienen kann.

Die kontrastive Grammatik, die den Begriff der (strukturellen) Korrespondenz ins Zentrum stellt und die nur mit einem schwachen, weitgehend intuitiven Kriterium der Bezeichnungsgleichheit operiert, liefert Beschreibungen, über deren Brauchbarkeit in der Praxis des Fremdsprachenunterrichts zunächst überhaupt nichts ausgesagt werden kann[19]. Ob kontrastive Analysen tatsächlich Lernschwierigkeiten beschreiben und Fehlerquellen voraussagen[20] oder auch nur erklären können[21], ist eine Frage, die von der kontrastiven Linguistik her selbst nicht beantwortet werden kann: das kann nur die Praxis des Fremdsprachenunterrichts und die Psychologie (Psycholinguistik) des Fremdsprachenerwerbs. Wenn diese Klärung stattgefunden hat, könnte man sich eine fremdsprachenerwerbsbezogene kontrastive Grammatik als die Beschreibung jener sprachlichen Strukturen vorstellen, die dem Lerner (der Lernergruppe) einer bestimmten Fremdsprache *erfahrungsgemäß* auf einer bestimmten Stufe hinsichtlich bestimmter Lernziele Lernschwierigkeiten bereitet und wo *erfahrungsgemäß* Transferprobleme (positiver Transfer, negativer Transfer/Interferenz) auftreten. Daß solche pädagogischen kontrastiven Beschreibungen, wenn sie den Lerner, dessen Motivation, das Niveau seiner Fremdsprachenkenntnisse und curriculare Faktoren berücksichtigen, wesentlich anders aussehen würden als theoretische kontrastive Beschreibungen, kann hier nur angedeutet werden.

Selbstverständlich hat die kontrastive Grammatik, die Fehler- und Interferenzlinguistik einen wichtigen Platz in dem Teil der Übersetzerausbildung, der sich auf den Aufbau und Ausbau der *fremdsprachlichen Kompetenz* der Übersetzer konzentriert. So gehört die Beschreibung von *faux amis* (s.o., S. 56 f.), oder allgemeiner: von lexikalischen, morphologischen und syntaktischen Interferenzerscheinungen, zum Aufgabenbereich der kontrastiven Linguistik. *Übersetzungskompetenz* ist aber, wie in Kap. 2 (s.o., S. 40 ff.) ausgeführt wurde, qualitativ etwas anderes als fremdsprachliche Kompetenz. Im Idealfall sollte sich der zukünftige Übersetzer diese fremdsprachliche Kompetenz, zu der das Erkennen und Vermeiden von interferenzbedingten Fehlern gehört, angeeignet haben, bevor die Übersetzungskompetenz ausgebildet wird – in der Ausbildungspraxis der Übersetzerinstitute werden sie im allgemeinen parallel aufgebaut.

7.3. Äquivalenz in der Übersetzungswissenschaft

7.3.0. Die Begriffe ›Äquivalenz‹, ›äquivalent zu‹ und ›das Äquivalent‹ erscheinen in Definitionen und Beschreibungen des Übersetzungsprozesses, wie sie insbesondere in linguistisch und kommunikationswissenschaftlich orientierten übersetzungswissenschaftlichen Arbeiten gegeben werden. Das gilt für die Definitionen des Übersetzungsprozesses von A. G. Oettinger (*equivalent elements*, s. o., S. 109), J. C. Catford (*equivalent textual material*, s. o., S. 110), W. Winter (*as equivalent as possible*, s. o., S. 110), E. A. Nida/Chr. R. Taber (*the closest natural equivalent*, s. o., S. 111), W. Wills (*möglichst äquivalenter zielsprachlicher Text*, s. o., S. 111) und G. Jäger (*kommunikativ äquivalent*, s. o., S. 111 f.). In diesen Definitionen wird der Äquivalenzbegriff ganz unterschiedlich gefaßt; noch vielfältiger und verwirrender wird das Bild, wenn man sich die verschiedenen näheren Bestimmungen zu Äquivalenz/Äquivalent vergegenwärtigt, wie sie in der übersetzungstheoretischen Literatur zu finden sind: inhaltliche Äquivalenz (oft auch: inhaltliche Invarianz), stilistische Äquivalenz, formale Äquivalenz, funktionelle Äquivalenz, textuelle Äquivalenz, kommunikative Äquivalenz, pragmatische Äquivalenz, wirkungsmäßige Äquivalenz. Von diesen verschiedenartigen Bestimmungen ausgehend soll im folgenden versucht werden, den Äquivalenzbegriff in der Übersetzungstheorie genauer zu umreißen.

(1.) Mit dem Begriff der Äquivalenz wird eine *Beziehung* zwischen AS-Text (bzw. Textelementen) und ZS-Text (bzw. Textelementen) postuliert. Der Begriff Äquivalenz sagt dabei noch nichts über die *Art der Beziehung* aus: diese muß zusätzlich definiert werden. Die bloße Forderung an die Übersetzung, sie habe äquivalent zu einem bestimmten Original zu sein, ist inhaltsleer. (Ebenso inhaltsleer ist es zu sagen, die Übersetzung habe *gleichwertig* zu sein – auch bei der Verwendung des Gleichwertigkeitsbegriffs kommt es darauf an, die Art und die Bezugspunkte der Gleichwertigkeit anzugeben.)

(2.) Die Art der Äquivalenzbeziehung wird dadurch bestimmt, indem man den *Rahmen und die Bedingungen* nennt, auf die man sich beim Gebrauch des Äquivalenzbegriffs bezieht. D. h. es ist – in diesem Sinne immer *normativ*[22] – anzugeben: Äquivalenz zwischen einem bestimmten AS-Text und einem bestimmten ZS-Text liegt dann vor, wenn der ZS-Text bestimmte Forderungen in bezug auf diese Rahmenbedingungen erfüllt. Die Bezugsbedingungen, die in den Adjektiven inhaltlich, formal, stilistisch, funktionell etc. zum Ausdruck kommen, sind: Inhalt, Form,

Stil, Funktion etc. Die Äquivalenz*forderung* läßt sich jeweils in die Formel bringen: *die Qualität(en) X des AS-Textes muß (müssen) gewahrt werden.* Das bedeutet, daß Inhalt, Form, Stil, Funktion etc. des AS-Textes im ZS-Text gewahrt werden müssen, oder daß zumindestens versucht werden muß, diese Qualitäten so weit wie möglich zu wahren.

Es gibt m. E. *fünf Bezugsrahmen,* die bei der Festlegung der Art der Übersetzungsäquivalenz eine Rolle spielen:

1. der *außersprachliche Sachverhalt,* der in einem Text vermittelt wird; den Äquivalenzbegriff, der sich am außersprachlichen Sachverhalt orientiert, nenne ich *denotative Äquivalenz* (in der übersetzungswissenschaftlichen Literatur wird meistens von »inhaltlicher Invarianz« oder »Invarianz auf der Inhaltsebene« gesprochen);

2. die im Text durch die *Art der Verbalisierung* (insbesondere: durch spezifische Auswahl unter synonymischen Ausdrucksmöglichkeiten) vermittelten *Konnotationen* bezüglich Stilschicht, soziolektale und geographische Dimension, Frequenz etc.: den Äquivalenzbegriff, der sich an diesen Kategorien orientiert, nenne ich *konnotative Äquivalenz* (in der übersetzungswissenschaftlichen Literatur wird von »stilistischer Äquivalenz« gesprochen);

3. die *Text- und Sprachnormen* (Gebrauchsnormen), die für bestimmte Texte gelten: die Äquivalenz, die sich auf solche textgattungsspezifische Merkmale bezieht, nenne ich *textnormative Äquivalenz* (in der übersetzungswissenschaftlichen Literatur »stilistische Äquivalenz«);

4. der *Empfänger* (Leser), an den sich die Übersetzung richtet (der den Text verstehen können soll) und auf den die Übersetzung etwa zur Erreichung einer bestimmten Wirkung »eingestellt« wird; die empfängerbezogene Äquivalenz nenne ich *pragmatische Äquivalenz* (in der übersetzungswissenschaftlichen Literatur auch »kommunikative Äquivalenz«);

5. bestimmte formal-ästhetische, sprachspielerisch-sprachthematisierende und individualstilistische Eigenschaften des AS-Textes (s. o., S. 170 ff.); den Äquivalenzbegriff, der sich auf solche Eigenschaften des Textes bezieht, nenne ich *formale Äquivalenz*[23] (in der Literatur insbesondere zur poetischen Übersetzung wird auch von »Äquivalenz im künstlerisch-ästhetischen Bereich«, »expressiver Äquivalenz« etc. gesprochen).

7.3.1. Übersetzen als *Herstellen denotativer Äquivalenz* stellt der Übersetzungswissenschaft die Aufgabe, sprachenpaarbezogen die potentiellen Äquivalenzbeziehungen zu beschreiben, wobei anzugeben ist, welche Faktoren textueller Art die Wahl eines bestimmten Äquivalents im konkreten Übersetzungsfall bestimmen (s. o., S. 116 ff.). Bei Eins-zu-viele-, Viele-zu-eins, Eins-zu-Null- und Eins-zu-Teil-Entsprechungen sind die Übersetzungsverfahren zu diskutieren, mit denen Bezeichnungsgleichheit zwischen AS- und ZS-Einheiten erreicht werden kann (s. o., S. 161 ff.). Hauptgegenstandsbereich der Beschreibung denotativer Äquivalenzbeziehungen ist die *Lexik* (Wörter und Syntagmen einer Sprache), weil hier die Sprachen am produktivsten sind bzw. sein müssen (insbesondere unter Ausnutzung bestehender oder neuer Wortbildungsmöglichkeiten), um den sich verändernden und sich ständig ausweitenden Kommunikationsbedürfnissen und -zwecken gerecht zu werden. Vom Übersetzungsstandpunkt aus ist davon auszugehen, daß denotative Äquivalenz prinzipiell erreicht werden kann, u. U. allerdings auf vom sprachlichen Aufwand her gesehen unökonomische Weise (s. dazu die differenziertere Betrachtungsweise in Kap. 6). »Prinzipiell« heißt hier: unter Absehung von anderen Kategorien, die beim Übersetzen eine Rolle spielen (Lesbarkeit und Verständlichkeit, Empfängerbezug, konnotative und formale Werte des Textes).

7.3.2. Konnotativ im Zusammenhang der Übersetzungsäquivalenz besagt, daß einzelne Ausdrücke in Textzusammenhängen wie auch ganze Texte nicht nur denotative Bedeutung haben, sondern daß mit der spezifischen Art der sprachlichen Erfassung des Denotats zusätzliche, insbesondere – in der Terminologie K. Bühlers (1934) – *symptomfunktionale Werte* vermittelt werden (s. o., S. 168 ff., s. u., S. 211 f.). Für den Ausdruck eines denotativ Gemeinten stehen unterschiedliche bezeichnungsgleiche (synonymische) Ausdrucksmöglichkeiten zur Verfügung:
essen : speisen : tafeln : fressen
ins Gras beißen : sterben
etwas durchführen : etwas zur Durchführung bringen
Wir sind die Schuldigen. : Die Schuldigen sind wir.

In übersetzungsrelevanter Sicht sind für das Dt. folgende *konnotative Dimensionen* zu berücksichtigen[24]:

(a) Konnotationen der Sprachschicht (konnotative Werte wie +gehoben, +dichterisch, +normalsprachlich, +umgangssprachlich, +Slang, +vulgär);

(b) Konnotationen sozial bedingten Sprachgebrauchs (soziolektale konnotative Werte wie +studentensprachlich, +soldatensprachlich, +Sprache der Arbeiterschicht, +Sprache des Bildungsbürgertums);

(c) Konnotationen der geographischen Zuordnung oder Herkunft (konnotative Werte wie +überregional, +schwäbisch, +österreichisch);

(d) Konnotationen des Mediums (konnotative Werte +geschriebensprachlich, +gesprochensprachlich);

(e) Konnotationen der stilistischen Wirkung (konnotative Werte wie +veraltet, +gespreizt, +papierdeutsch, +modisch, +euphemistisch, +anschaulich, +bildhaft);

(f) Konnotationen der Frequenz (konnotative Werte wie +gebräuchlich, +wenig gebräuchlich);

(g) Konnotationen des Anwendungsbereichs (konnotative Werte wie +gemeinsprachlich, +fachsprachlich, +medizinische Fachsprache);

(h) Konnotationen der Bewertung (konnotative Werte wie +positive Bewertung [eines Sachverhalts], +negative Bewertung, +ironisierende Bewertung);

(i) Konnotationen der Emotionalität (konnotative Werte wie +emotionalisiert [d.h. Darstellung eines Sachverhalts mit emotionalen Sprachmitteln], +sachlich-emotionslos).

Eine wichtige Aufgabe der Übersetzungswissenschaft besteht darin, die konnotativen Dimensionen in den Einzelsprachen zu charakterisieren (dabei kann sie sich auf Stilistiken dieser Sprachen stützen[25]), ihre Merkmale und Strukturelemente herauszuarbeiten, und diese in Beziehung zu den Konnotationsdimensionen der jeweiligen Zielsprachen zu setzen. Ferner sind die beim Übersetzen bestimmter Texte problematischen Fälle sowie die Übersetzungsverfahren im konnotativen Bereich zu beschreiben.

Die Herstellung konnotativer Äquivalenz gehört zu den schwierigsten und praktisch meist nur annäherungsweise lösbaren Problemen des Übersetzens; um so wichtiger sind korpusorientierte, sprach- und textbezogene Analysen einzelner konnotativ »geladener« lexikalischer und syntaktischer Bereiche[26].

7.3.3. Vertragstexte, Gebrauchsanweisungen, Geschäftsbriefe, naturwissenschaftliche Texte etc. folgen hinsichtlich der Auswahl und Verwendungsweise sprachlicher Mittel im syntaktischen und lexikalischen Bereich bestimmten sprachlichen Normen (Stilnormen), deren Einhaltung in der Übersetzung Herstellung *textnormativer Äquivalenz* bedeutet. W. Wilss (1974a) spricht – im Zusammenhang mit übersetzungskritischen Fragestellungen – von »Gebrauchsnormen«,

weil es im ausgangssprachlichen und im zielsprachlichen Raum vorgeprägte sprachliche Ausdrucksschemata, eingespielte sprachliche Verhaltensweisen und restriktive Regeln gibt, wo also der kommunikative Effekt der Übersetzung in der zielsprachlichen Aktualisierung ganz bestimmter, in ihren Grundstrukturen intralingualer und damit auch interlingual bis zu einem gewissen Grad konventionalisierter Performanzgesetzlichkeiten liegt, die korrelierbar sein müssen. (S. 37)

Die Beschreibung und Korrelierung solcher Sprachverwendungsmuster in einzelnen Textgattungen ist eine zentrale Aufgabe der sprachenpaar- und textbezogenen Übersetzungswissenschaft. Dabei können die Methoden und Ergebnisse der funktionalstilistischen Sprach- und Textanalyse, die sich mit den funktional differenzierten, verbindlichen Sprachverwendungsmustern in konkreten Kommunikationsbereichen und -situationen beschäftigt, fruchtbar gemacht werden (s. o., S. 130 f.).

7.3.4. Mit den Begriffen ›Gebrauchsnorm‹ und ›Funktionalstil‹ ist der pragmatische Gesichtspunkt eingebracht: indem man die Gebrauchsnormen für bestimmte Texte befolgt, wird man der sprachlichen/textuellen Erwartungsnorm, die der Leser bezüglich bestimmter Texte/Textgattungen hat, gerecht (s. o., S. 125 ff., zu den Empfängererwartungen). Nun liegt beim Übersetzen nicht selten der Sachverhalt vor, daß die Übersetzung eines bestimmten Textes – z. B. eines juristischen Textes – in der ZS gerade nicht den Gebrauchsnormen zu folgen hat, weil der ZS-Leserkreis nicht auf den eingeschränkten Kreis von Fachjuristen beschränkt sein soll. Der Text wäre in diesem Fall so zu übersetzen, d. h. sprachlich so zu bearbeiten, daß er den intendierten Empfänger erreichen kann, und das heißt: diesem verständlich ist. *Herstellung von pragmatischer Äquivalenz* bedeutet, den Text für einen bestimmten Leserkreis übersetzen[27]. Dadurch können bzw. müssen sich Abweichungen von der Forderung textnormativer, konnotativer, ja sogar denotativer Äquivalenz ergeben. Je nach intendiertem Käufer in der ZS-Kommunikationsgemeinschaft wird der Übersetzer eine Werbebotschaft unterschiedlich gestalten. Die Übersetzung eines politischen Kommentars, der etwa den Originalleser zu einem bestimmten politischen Handeln veranlassen will, hat in der Zielsprache meist eine andere Funktion und wendet sich an Leser mit anderen Verstehensvoraussetzungen[28].

Aufgabe der Übersetzungswissenschaft ist es, die für bestimmte Sprachenpaare und Texte hinsichtlich bestimmter Empfängergruppen geltenden kommunikativen Bedingungen zu analysieren und die Prinzipien und Verfahren der Herstellung pragmatischer Äquivalenz zu erarbeiten.

7.3.5. Herstellung *formaler Äquivalenz* im ZS-Text bedeutet – unter Ausnutzung der in der ZS vorgegebenen Gestaltungsmöglichkeiten, ggf. unter Schaffung neuer Gestaltungsformen – »Analogie der Gestaltung« in der Übersetzung. K. Reiß (1976) beschreibt diese Art von Äquivalenz wie folgt:

Sie [die Übersetzung] orientiert sich am Eigencharakter des Kunstwerks und nimmt den Gestaltungswillen des Autors zur Richtschnur. Lexik, Syntax, Stil und Aufbau werden so gehandhabt, daß sie eine dem expressiven Individualcharakter des AS-Textes analoge ästhetische Wirkung in der ZS erzielen können. (S. 21)

Aufgabe der Übersetzungswissenschaft ist es, die Möglichkeiten formaler Äquivalenz im Blick auf Kategorien wie Reim, Versformen, Rhythmus, besondere stilistische Ausdrucksformen in Syntax und Lexik, Sprachspiel, Metaphorik etc. zu analysieren. Von literaturwissenschaftlicher Seite[29] liegen hierzu einerseits eine Vielzahl von Einzeluntersuchungen zu literarischen Texten und Autoren vor, andererseits gibt es einige zusammenfassende Darstellungen zur Theorie der literarischen Übersetzung wie R. Kloepfer (1967), J. Levý (1969) und Th. Savory (1968).

7.3.6. R. W. Jumpelt weist in seiner Untersuchung zur »Übersetzung naturwissenschaftlicher und technischer Literatur« (1961) mit Recht auf die Erfahrungstatsache hin, »daß es keine globale und unterschiedslose Erhaltung aller Werte durch die Übersetzung gibt, sondern daß sie in sich stets die Notwendigkeit einer Wahl beschließt« (S. 46). Der Übersetzer, der eine solche Wahl bewußt vollzieht, hat bei jedem Text als Ganzes wie auch bei Textsegmenten die Aufgabe, eine *Hierarchie der in der Übersetzung zu erhaltenden Werte* aufzustellen, aufgrund derer er eine *Hierarchie der Äquivalenzforderungen* bezüglich des betreffenden Textes bzw. des betreffenden Textsegmentes ableiten kann. Der Aufstellung einer solchen Hierarchie der zu erhaltenden Werte muß eine *übersetzungsrelevante Textanalyse* vorausgehen (s. u., S. 211 ff.). In der Erarbeitung der Methodik und des begrifflichen Instrumentariums einer solchen Textanalyse wie auch in der Zusammenfassung und Systematisierung dieser Textanalysen in übersetzungsrelevanten Textmerkmalstypologien liegt eine vordringliche, bisher erst in Ansätzen gelöste Aufgabe der Übersetzungswissenschaft.

8. Aspekte der Übersetzungskritik

8.1. Krise der Übersetzungskritik und Krise der Übersetzung

Die Praxis der Übersetzungskritik – Übersetzungskritik im Feuilletonteil der Tages- und Wochenpresse, aber auch in Fachzeitschriften für Übersetzer – zeichnet sich dadurch aus, daß sie nur in Ausnahmefällen praktischen und theoretischen Ansprüchen zu genügen vermag. Übersetzungskritiken in der Presse beschränken sich meistens auf pauschale Urteile: eine Übersetzung wird als lesbar, kongenial, den Tonfall des Originals wahrend, holperig, stilistisch unausgeglichen etc. bezeichnet; gelegentlich werden einzelne Fehler herausgegriffen und angeprangert[1]. Genauere Analysen, deren Ergebnisse mit illustrativen Beispielen zusammenfassend dargestellt würden, sind selten – es sei denn, es handelt sich um eklatante Fälle von Verfälschungen oder Fälschungen, denen der Rezensent auf die Spur gekommen zu sein glaubt. Übersetzungskritiken in Zeitschriften wie *Babel, Fremdsprachen* und *Lebende Sprachen* wirft W. Wilss (1974a, S. 26; s. auch 1977, S. 281 f.) vor, daß sie »oft anekdotisch-vorwissenschaftlich mit heterogenen Maßstäben und damit ohne verbindliche Aussagekraft« argumentierten, was auf das »Fehlen eines geeigneten methodischen Bezugsrahmens« der Übersetzungskritik zurückgeführt wird.

Das Fehlen von *Methoden und Kriterien für die Übersetzungskritik* wird insbesondere auch von literaturwissenschaftlicher Seite hervorgehoben. A. Huyssen (1969, S. 14) spricht von der »Hilflosigkeit« der Übersetzungskritik; R. Borgmeier (1970, S. 11 f.) sieht sich zu der Feststellung gezwungen, daß von der einschlägigen Literatur zu Problemen des Übersetzens hinsichtlich Kriterien für die Beurteilung von Übersetzungen und methodischen Vorgehens bei der Übersetzungsanalyse »wenig praktische Hilfe« zu erwarten sei. Noch 1968 stellt K.-R. Bausch fest, »daß bis heute keine gültigen Prinzipien für eine allgemeine Übersetzungskritik erstellt worden sind« (S. 31). Inzwischen hat sich die Situation insofern geändert, als in den letzten Jahren eine Reihe von Arbeiten zu Theorie und Praxis der Übersetzungskritik erschienen sind: A. Popovič (1973), K. Reiß (1971), W. Wilss (1974a; 1977, Kap. XI: »Übersetzungskritik«), J. Klegraf (1974), W. Koller (1973, 1974a; 1978a), J. House (1977)[2]. In diesem Kapitel werden einerseits einige dieser Arbeiten zur theoretischen Fundierung der Übersetzungskritik vorgestellt, andererseits soll die eigene Konzeption der wissenschaftlichen Übersetzungskritik in Abgrenzung von anderen Typen von Übersetzungskritik entwickelt werden.

Nichts wäre notwendiger als fundierte Übersetzungskritik in großem Maßstab, wenn man sich vergegenwärtigt, daß die *Qualität* vieler Übersetzungen, nicht selten der gesamten Übersetzungsliteratur, als höchst unzureichend bezeichnet wird. Das gilt in erster Linie für die schöne Literatur. W. Widmer (1959) weist in seiner Untersuchung deutscher Übersetzungen französischer Klassiker auf eine Vielzahl von Übersetzungsfehlern und -schnitzern hin. Die Lage der Übersetzungsliteratur betrachtet er als katastrophal, es herrsche »ein Tohuwabohu schlimmster Art«:

Wer sich die Mühe nimmt, geduldig und sachkundig ein paar »berühmte« Übersetzungen mit dem Originaltext zu vergleichen, der entdeckt die unglaublichsten Schludereien am laufenden Band. (S. 22)

Der Schluß, den W. Widmer aus diesem Sachverhalt zieht, dürfte dem Leser, der die französischen Klassiker in jenen Übersetzungen kennen- und schätzengelernt hat, jedoch übertrieben erscheinen:

Ein unvorbereiteter Leser, der sich aus solchen Mißdeutungen seine Kenntnis über die Franzosen und ihre Literatur holt, wird sich ein völlig falsches Bild von Frankreich und seiner Kultur machen; er wird es nicht verstehen, wenn man ihm versichert, die französische Literatur sei groß, bedeutend, geistvoll, klar und tief. Er wird sie kaum mehr für lesens- und kennenswert halten können. (S. 24)

Mit diesen Äußerungen zur Krise der Übersetzung steht W. Widmer keineswegs allein. R. W. Leonhardt[3] beurteilt die Übersetzungen der Dramen von J. Osborne ins Deutsche allesamt als schlecht, und er betont die »Erfahrungstatsache«, daß die deutsche Gebrauchsliteratur zu drei Vierteln aus Übersetzungen besteht und daß weitaus die meisten dieser Übersetzungen schlecht seien. H. Gipper (1966, S. 67f.) stellt fest, daß die französischen Übersetzungen deutscher Romantiker so schlecht und uniform seien, daß sich die Gedichte Goethes, Schillers und Heines glichen »wie ein Ei dem anderen«, und auch aus der »Flut neuerer Übersetzungen« seien es nur wenige, die als überdurchschnittlich herausragten. Zu den Übersetzungen von Rimbauds »Illuminations« schreibt R. Kloepfer (1967):

Man hat sich daran gewöhnt, die Illuminationen als Vorspiel zu der »Saison« anzusehen, und entsprechend übersetzt man auch. Das Ergebnis ist ein mittelmäßiger, leicht absurder, uninteressanter Text einer kaum verfremdeten Alltäglichkeit in unserer gewohnten Sprache, bei dem man sich zu Recht fragt, wieso ein Autor, der so etwas Mittelmäßiges produziert, zu solcher Berühmtheit kommen kann. (S. 113f.)

Für die Verminderung der Übersetzungsqualität macht A. Huyssen (1969) das Anwachsen der Übersetzungsliteratur in unserer Zeit verantwortlich:

Die ständig wachsende Quantität übersetzter Werke beschwört eine Gefahr für das Übersetzen herauf, die gekennzeichnet ist durch eine allgemeine Inflation des Lesens [!], den Produktionszwang der Verlage und das durch diese beiden Faktoren bedingte Tempo, das dem Übersetzer bei seiner Arbeit abverlangt wird. (S. 14)

Als offen zutage liegende Gründe für die schlechte Qualität der Übersetzungen werden genannt: »der Mangel systematischer und gründlicher Ausbildung der Übersetzer, unzulängliche Bezahlung, Hilflosigkeit der Kritik, die fehlende Würdigung und Anerkennung der Übersetzungsarbeit und ähnliches mehr« (S. 14). In ähnlichem Sinne argumentiert R. Kloepfer (1967, S. 7ff.), wenn er feststellen zu können glaubt, daß die Qualität der praktischen (technischen, wissenschaftlichen etc.) Übersetzung gestiegen sei, während bei der Dichtung »aufs Ganze gesehen« ein Qualitätszerfall festgestellt werden müsse. Ursachen dafür seien die mangelhafte Ausbildung literarischer Übersetzer, das Fehlen einer Grundlage für eine konstruktive Übersetzungskritik und die Vernachlässigung der Übersetzung in der Literaturwissenschaft.

Auf den Sachverhalt, daß auch Texte im nicht-fiktiven Bereich, also etwa wissenschaftlich-technische Texte, dringend übersetzungskritisch analysiert werden müßten, wurde in Kap. 3.4. im Zusammenhang mit terminologischen Fragen hingewiesen. Zwei weitere Beispiele aus dem Bereich linguistischer Fachtexte: K. Ezawa[4] sieht sich in einer Besprechung der deutschen Übersetzung von N. Chomskys »Syntactic structures« zur – in der Tat – »verwunderlichen« Feststellung gezwungen, »daß sich der Übersetzer die Freiheit leistet, bei der Übersetzung mancher, z. T. geläufigster Termini vom Naheliegenden bzw. Üblichen abzuweichen«:

So bereits beim Titel des Buches; die Bevorzugung des nominalen statt des adjektivischen Attributs fällt auch sonst auf: ›Struktur-Bedeutung‹ (112), ›Konstruktions-Homonymität‹, ›Struktur-Uneindeutigkeiten‹ (103; ›structural ambiguity‹). Der Purismus, der im letzten Beispiel zum Ausdruck kommt, ist ebenfalls festzustellen in Übersetzungen wie ›Analyse unmittelbarer Bestandteile‹ (80; ›immediate constituent analysis‹), ›Findungs-Verfahren‹ (60; ›discovery procedure‹), ›freigestellte Transformation‹ (53; ›optional transformation‹), ›Sammlung‹ (60; ›corpus‹).

Einen besonders gravierenden Fall stellt nach U. Quasthoff[5] die deutsche Übersetzung von B. Bernsteins Aufsätzen dar: die schlechte Übersetzung verurteile »den Versuch der Klärung von Voraussetzungen im Sinne linguistischer Theorienbildung, den die Originaltexte in ihrem mangelnden Bezug zu vorhandenen linguistischen Schulen bereits sehr schwierig machen, vollends zum Scheitern«.

Es bleibt jedoch festzuhalten: selbst wenn viele Indizien für eine Krise der Übersetzung sprechen, so fehlt doch der genaue Nachweis, den erst Übersetzungskritik an einem großen Übersetzungsmaterial erbringen könnte – und solche Übersetzungskritiken würden ohne Zweifel zu einer viel differenzierteren Betrachtungsweise führen[6].

8.2. Übersetzungsvergleich und Übersetzungskritik

Übersetzungskritik setzt den Vergleich von Original und Übersetzung(en) voraus (zur AS-textunabhängigen Übersetzungskritik, s. 8.4.). Nicht jeder Vergleich von Originaltext und Übersetzung zielt jedoch auf Kritik der Übersetzung als Übersetzung. Dies zeigt sich bei *literaturwissenschaftlich-komparatistisch* und *geistesgeschichtlich* orientierten Arbeiten, die Übersetzung, Übersetzungsleistung und Übersetzerpersönlichkeit gewidmet sind. In ihnen steht nicht die Übersetzung als solche im Vordergrund, sondern der *Übersetzer,* dessen individueller Stil- und Interpretationswille die Übersetzung prägt (Typ: Hölderlin als Übersetzer), oder die Übersetzung als Wirkungs- und Einflußquelle auf einen Autor (und dessen Zeitgenossen) bzw. eine ganze Epoche (Typ: Shakespeare und Schlegel; Shakespeare in Deutschland). Es wird weniger die sprachlich-stilistische Ausgestaltung einer Übersetzung analysiert als vielmehr nach der Art und Weise gefragt, wie der fremde Text durch die Individualität eines Übersetzers (insbesondere eines übersetzenden Dichters) – eine Individualität, die zeit- und epochentypisch sein kann – »angeeignet« wird, wie die Übersetzung in die literatur- und geistesgeschichtlichen Zusammenhänge einzuordnen ist und wie und warum sie zu einem bestimmten Zeitpunkt ihre Wirkung entfaltet. G. Michels (1967) unterzieht in seiner Arbeit über die Dante-Übersetzungen Stefan Georges dessen Übersetzungstechnik einer eingehenden Analyse, aber nicht diese Analyse an sich ist das Ziel der Arbeit, sondern nur eine Vorstufe, geht es doch darum, »die Dante-Übertragung Stefan Georges vom Mittelpunkt seines dichterischen Selbstverständnisses aus zu erhellen« (S. 9). Der subjektiven Umgestaltung, die Substanz und Stil des Originals entscheidend verändert, dem persönlichen, ja »privaten« Charakter der Dante-Übersetzung gilt das Interesse:

Als George Ausschnitte aus der *Göttlichen Komödie* zu übertragen anfing, war sein Stilwille so weit ausgeprägt, daß er bei aller Bewunderung für Dante [sic!] nicht bereit sein konnte, um einer bloß [!] genauen Wiedergabe willen sein eigenes Stilideal zu verleugnen: denn ein Mensch wie George, der nur sich selbst gehören wollte, konnte nur eine schöpferische Bearbeitung in Form einer Umdichtung oder Nachdichtung geben, wobei die Wiedergabe des Fremden der Verwirklichung des eigenen Stilideals dienen sollte. (S. 23f.)

Freilich stellt sich bei Übersetzungen dieser Art die Frage, ob mit ihnen nicht der Übersetzungsbegriff überstrapaziert wird (zum Problem der »eigentlichen Übersetzung«, s. o., S. 89ff., 106ff.), was bedeuten würde, daß auch die Grenze der Möglichkeit der mit sprachlichen Befunden arbeitenden Übersetzungskritik erreicht, wenn nicht überschritten ist. Übersetzungskritik muß letztlich immer von der Voraussetzung ausgehen, daß es dem Übersetzer um eine möglichst »genaue Wiedergabe« der Originalwerte zu tun ist, wobei Äquivalenzforderungen und Werthierarchie des AS-Textes und der Übersetzungsbedingungen in der ZS erschlossen werden.

Rezeptionsgeschichtlich orientierte Vergleiche von Original und Übersetzung(en) beabsichtigen nicht primär die übersetzungskritische Analyse ubd Bewertung von AS- und ZS-Text; Übersetzungen stellten vielmehr literaturgeschichtliches Quellenmaterial dar (neben anderen Rezeptionszeugnissen wie Rezensionen), aufgrund dessen der Verstehenshorizont von Übersetzer(n) und Rezipienten rekonstruiert wird[7].

Daß Übersetzungsvergleiche nicht notwendig übersetzungskritisch ausgerichtet sein müssen, gilt auch für die *linguistisch-sprachenpaarbezogene Übersetzungswissenschaft*. Diese benutzt den Vergleich von Original und Übersetzung(en) als Mittel für (wie oben S. 98 ausgeführt wurde) die Beschreibung von potentiellen Äquivalenten zwischen einer bestimmten AS und einer bestimmten ZS. Ebenso geht die *Interlinguistik* M. Wandruszkas (1969, 1971) vom Übersetzungsvergleich aus. Sie hat aber keine übersetzungsrelevante Zielsetzung, vielmehr sollen auf der Basis des Vergleichs von Übersetzungen aus möglichst vielen Sprachen prinzipielle Merkmale natürlicher Sprachen herausgearbeitet werden. Schließlich benützt die *kontrastive Grammatik* Übersetzungsäquivalente als Materialgrundlage; die damit zusammenhängende Problematik wurde in Kap. 7 erörtert.

8.3. Die übersetzungskritischen Ansätze von A. Popovič, W. Wills und K. Reiß

Bei den Arbeiten von A. Popovič (1973), W. Wilss (1974a; 1977, Kap. XI) und K. Reiß (1971) handelt es sich um die m. E. wichtigsten Beiträge zur Begründung der wissenschaftlichen Übersetzungskritik. Sie sollen im folgenden in einigen wesentlichen Punkten vorgestellt und kritisch diskutiert werden.

8.3.1. A. Popovič geht in seinem Aufsatz »Zum Status der Übersetzungskritik« (1973) von einem Kommunikationsmodell der *literarischen Übersetzung* aus und beschreibt die von der Übersetzungskritik zu berücksichtigenden Komponenten. Diese Komponenten, die als postulative, analytische und operative Funktionen der Übersetzungskritik bezeichnet werden, zielen auf die Übersetzung in ihrem Bezug auf AS- und ZS-Literatur, auf den Text selbst, und auf den Leser der Übersetzung.

Aus der nicht immer ganz durchsichtigen Argumentation A. Popovičs lassen sich folgende drei übersetzungskritische Bereiche herausarbeiten:

1. Die Übersetzungskritik untersucht den betreffenden Text im *Kontext der ZS-Literatur und der AS-Literatur*, d. h. es geht um die Einordnung des literarischen Textes in die »Empfänger«- und »Sender«-Literatur. Aus der Perspektive der AS-Literatur wird insbesondere nach der Repräsentativität des übersetzten Werkes im Rahmen der AS-Literatur gefragt. Der Kritiker beurteilt die Normenkonformität/Originalität des Werkes hinsichtlich AS-Literatur und ZS-Literatur.

2. Die Übersetzungskritik untersucht die *Übersetzung als solche:* es geht also um die sprachlich-stilistische (»philologische«) Analyse von AS-Text und ZS-Text. Der Kritiker beurteilt die Übersetzung hinsichtlich der Adäquatheit der sprachlich-stilistischen Mittel und hinsichtlich der »Richtigkeit« der Übersetzerentscheidungen; u. a. werden philologische und sachliche Fehlleistungen herausgearbeitet.

3. Die Übersetzungskritik untersucht die *Rezeptionsbedingungen* der Übersetzung.

Wichtig scheinen mir an A. Popovičs übersetzungskritischem Modell folgende Punkte:

(1.) Die Übersetzungskritik situiert den übersetzten Text in AS-Literatur und ZS-Literatur und hinsichtlich der ZS-Empfänger.

(2.) Die Übersetzungskritik analysiert in einem ersten Schritt AS- und ZS-Text in sprachlich-stilistischer Hinsicht und vergleicht in einem zweiten Schritt AS- und ZS-Text hinsichtlich der sprachlich-stilistischen Mittel.

(3.) Die Herausarbeitung sprachlich-sachlicher Fehlleistungen stellt nur *einen* Aspekt der Übersetzungskritik dar.

8.3.2. W. Wilss beschäftigt sich in seinem Beitrag »Probleme und Perspektiven der Übersetzungskritik« (1974a; verändert übernommen in W. Wilss, 1977, Kap. XI) insbesondere mit der Frage nach der *Objektivität* der Übersetzungskritik; nach seiner Meinung ist der Übersetzungskritiker nur da auf »relativ festem Boden«, wo es um die Überprüfung der inhaltlichen Äquivalenz geht (S. 33)[8]. Bei konnotativ und stilistisch markierten Texten würden jedoch subjektiv-hermeneutische Faktoren eine so große Rolle spielen, daß eine objektive Beurteilung der Übersetzung durch den Übersetzungskritiker, der sich u. U. von einer anderen, ebenso subjektiven Interpretation leiten lasse, nicht möglich sei. W. Wilss geht allerdings nicht auf die Kriterien ein, die einer Analyse und Beurteilung der inhaltlichen Beziehungen zwischen AS-Text und ZS-Text zugrundeliegen müßten (bei landeskonventionellen Elementen stellt die Beurteilung der inhaltlichen Äquivalenz und der zu ihrer Erreichung eingesetzten Übersetzungsverfahren oft ein schwieriges Problem dar, s. o., S. 162 ff.), sondern er schlägt ein ZS-orientiertes *Norm-Abweichungsmodell*[9] als Grundlage einer objektiven Übersetzungskritik vor, das sich auf sprachlich-stilistische Oberflächenphänomene bezieht. Es werden vier übersetzungskritische Teilbereiche unterschieden:

1. das Verhältnis von Norm und Abweichung im *langue*-Bereich;
2. das Verhältnis von Norm und Abweichung im Bereich der sprachlichen Gebrauchsnorm;
3. das Verhältnis von Norm und Abweichung im Bereich der durch gesellschaftlichen Rollenzwang motivierten »Aktualisierungsmodalitäten« (K. Heger);
4. den Bereich der individuellen *parole*, wo sich Übersetzen als »Prozeß der Auswahl zwischen komplexen Variablen« (R. W. Jumpelt) abspielt. (S. 36)[10]

Übersetzungskritik im Bereich (1) betrachtet Wilss als problemlos, zugleich aber als unergiebig und banal, weil mit dem Begriffspaar falsch/richtig gearbeitet werden könne; zu individuell-subjektiv und einer objektiven Übersetzungskritik unzugänglich sei dagegen Bereich (4), weil dort »die zielsprachliche Textkonstituierung den Charakter kreativer Tätigkeit annimmt und sich als Prozeß stilistischer Innovation unter dem Einfluß subjektgebundener Stilpräferenzen vollzieht« (S. 37). Als entwicklungsfähig erscheint ihm der Bereich der *Gebrauchsnormen*, »weil es im ausgangssprachlichen und im zielsprachlichen Raum vorgeprägte sprachliche Ausdrucksschemata [...] gibt« (S. 37, s. o., S. 189).

Dagegen ist einzuwenden: wenn sich die Übersetzungskritik auf Grund eines solchen Objektivitätsanspruchs auf den Sprachbereich der Gebrauchsnormen beschränkt (und damit auf Texte, die diesen Gebrauchsnormen genügen), dann schließt sie alle jene Texte aus, die in AS und ZS nicht »vorgeprägten sprachlichen Ausdrucksschemata« folgen – also gerade jene Texte, die der Übersetzungskritik ganz besonders bedürfen. Eine solche Übersetzungskritik beschäftigt sich nur mit in ihrer Syntax und ihrer Lexik stark normierten Texten, bei denen die Übersetzungswahlmöglichkeiten gering sind. Die übersetzungskritischen Entscheidungen müßten letztlich – wenn man von Gebrauchsnormen und für bestimmte Textgattungen feststehenden Sprachnormen/Ausdrucksschemata ausgeht – ebenfalls in den Begriffen falsch/richtig oder im Begriff der Normabweichung faßbar sein; Übersetzungskritik in diesem Sinne wird zur *Fehlerkritik*. Damit sei keineswegs bestritten, daß die kontrastive Untersuchung von gebrauchs- und textgattungsspezifischen Sprachnormen eine zentrale übersetzungswissenschaftliche Aufgabe ist und daß die so erarbeiteten Normen als Bezugsrahmen der Übersetzungskritik im betreffenden Textbereich dienen können. Nur ist die Reichweite einer auf diese Aspekte beschränkten Übersetzungskritik relativ klein;

schon für die Beurteilung der inhaltlichen Äquivalenz von AS-Text und ZS-Text gibt sie keine ausreichende und zuverlässige Grundlage ab. W. Wilss, der diese Schwierigkeiten durchaus sieht, formuliert die grundsätzliche Problematik, in der sich eine nach Objektivität strebende Übersetzungskritik befindet, folgendermaßen:

> Die Aporie der Übersetzungskritik besteht also darin, daß ihr Objektivitätsanspruch nur da gesichert ist, wo sich Übersetzen als Aktualisierung situativ determinierter, subjektentbundener Ausdruckskonventionen mit begrenztem Modulationsspielraum vollzieht. Danach sieht es so aus, als ob ihr Geltungsbereich auf das Vorfeld genuiner übersetzungskritischer Bemühungen, sozusagen auf den erweiterten »Langue-Kontext« beschränkt bleiben müsse. (S. 38)[11]

8.3.3. K. Reiß geht es in ihrem Buch »Möglichkeiten und Grenzen der Übersetzungskritik« (1971) um die Erarbeitung von »objektiven Kriterien und sachgerechten Kategorien für die Beurteilung von Übersetzungen aller Art« (S. 7). Unter *Objektivität der Übersetzungskritik* ist dabei weniger ein wissenschaftlicher Anspruch gemeint, als vielmehr die *praktische* Forderung, daß »eine gute oder schlechte Beurteilung ausführlich zu begründen und mit Nachweisen zu belegen« ist (S. 12). Mit anderen Worten: die Objektivitätsforderung bezieht sich nicht auf die theoretischen Voraussetzungen und das *Wie* einer Begründung, sondern nur darauf, *daß* überhaupt begründet wird.

Zum Begriff der *Sachgerechtigkeit* wird ausgeführt, daß es bei der Kritik nicht darum gehe, »literarische Qualität, Einfallsreichtum des Verfassers, gedanklichen Tiefgang, wissenschaftliche Exaktheit, usw. oder deren Fehlen zu vermerken« (S. 13). *Sachgerechtigkeit* meine, daß die Übersetzung »als solche« zu kritisieren sei. Dieses Prinzip steht nun allerdings in Widerspruch zu dem, was zur Frage der »Verbesserung« des Originals in der Übersetzung ausgeführt wird (S. 67 f.). Hier wird nämlich dem Übersetzer inhaltsbetonter Texte das Recht zugestanden, offensichtliche Sachfehler, stilistische Mängel etc. auszumerzen. Der Übersetzungskritiker wird also (wie auch schon der Übersetzer) nicht darum herumkommen, zur inhaltlichen und/oder stilistischen Qualität des Originals Stellung zu nehmen. Sehr richtig wird außerdem darauf hingewiesen, daß eine Übersetzungskritik, die nicht mit dem Original vergleicht, »Mängel« des Originals unweigerlich dem Übersetzer anlastet – eine vergleichende Übersetzungskritik setzt damit die qualitative Bewertung auch des Originals voraus.

Dieser Begriff der Sachgerechtigkeit impliziert, daß eine rein an der Sprache orientierte Übersetzungskritik möglich ist, was voraussetzen würde, daß feste sprachliche Normen existieren, auf Grund derer eine Übersetzungsentscheidung als *richtig* oder *falsch* bzw. als *gut* oder *schlecht* beurteilt werden kann. Dieses nicht hinterfragte Normverständnis kommt insbesondere auch in den Ausführungen über die rein *zieltextabhängige Kritik* zum Ausdruck (darunter ist eine Übersetzungskritik verstanden, die ohne Vergleich mit dem Original operiert). Hier heißt es nämlich: »Ungelenke und falsche Verwendung der Zielsprache ist nun zweifellos ohne Vergleich mit dem Original feststellbar.« (S. 19). Der Begriff der *Ungelenkheit* setzt voraus, daß es so etwas wie eine stilistische Norm gibt, die es erlaubt, »ungelenken« Sprachgebrauch festzustellen; der Begriff der *Falschheit* wiederum bezieht sich auf eine grammatische Norm. Während nun schon der Begriff der *grammatischen Norm* (Norm auf der *langue*-Ebene) keineswegs unproblematisch ist, so ist es fragwürdig, von einer stilistischen Norm auszugehen, wenn man nicht genau definiert, worin sie besteht, wie sie festgelegt werden kann und auf welche Textbereiche sie sich bezieht. Der Hinweis auf das Ziel der Übersetzungskritik als einer Urteilsfindung hinsichtlich der Qualität der Übersetzung und der Hinweis auf Kategorien wie falsch/ungelenk deutet auf die Beschränkung der Reiß'schen Übersetzungskritik: es handelt sich um eine *Fehlerkritik*.

Ausgangspunkt der Theorie der Übersetzungskritik von K. Reiß ist die Feststellung, daß die traditionelle Diskussion über die Übersetzungsmethoden, bei der es im Anschluß an F. Schleiermachers Übersetzungsmethoden-Antithese[12] um die Alternative wörtliches Übersetzen/freies Übersetzen geht, die Texttypik außer acht läßt:

Ein starres Entweder-Oder bei der Übersetzungsmethode ist weder sachdienlich noch praktikabel. Vielmehr muß die Übersetzungsmethode sich ganz dem Texttyp anpassen. (S. 31)

Der Texttyp entscheide – so heißt es an anderer Stelle – »wesentlich über die Methode des Übersetzens und die Rangfolge des in der Zielsprache zu Bewahrenden« (S. 34).

Für die Texttypologisierung geht K. Reiß von den Sprachfunktionen K. Bühlers (1934) aus (s. u., S. 211 f.). Je nach dem Übergewicht einer Funktion im Text werden unterschieden: (1) inhaltsbetonte Texte (die Darstellungsfunktion der Sprache dominiert), (2) formbetonte Texte (die Ausdrucksfunktion dominiert), und (3) appelbetonte Texte (die Appellfunktion dominiert). Bei diesem Textfunktionsbegriff (Texte haben die Funktion, primär Sachverhalte darzustellen; primär Formen zu schaffen; primär an den Leser zu appellieren) ist allerdings nicht einzusehen, warum gerade diese und nur diese drei Funktionen angesetzt werden, wenn man an die vielen Funktionen denkt, die durchaus auf der gleichen Ebene anzusetzen sind wie die Darstellungs- oder Appelfunktion: Texte können etwa die Hauptfunktion haben, zu *überzeugen,* Sachverhalte weniger darzustellen als zu *bewerten,* zu *belehren,* zu *unterhalten,* zur *Reflexion anzu-*

regen usw. Gerade die Text*arten*, die dem Texttyp *inhaltsbetonte Texte* zugeordnet werden, machen die Problematik und die Beliebigkeit der Dreiteilung deutlich. So haben *Pressekommentare* unter Umständen auch die Funktion, über Sachverhalte zu informieren; ihre Hauptfunktion ist aber bekanntlich ebenso häufig, diese Sachverhalte (die in den Meldungen der Presseagenturen bereits vermittelt sind) zu *werten* und zu *bewerten*, um dem Leser damit eine bestimmte Einstellung zu vermitteln und ihn ggf. zu einem bestimmten politischen Handeln zu bewegen, indem er etwa aufgerufen wird, in einer Bürgerinitiative mitzumachen, an einer Demonstration teilzunehmen oder seinen Willen mit dem Wahlzettel zu demonstrieren. Damit aber ist aus dem Text, so inhaltsbetont er auf den ersten Blick zu sein scheint – um die Terminologie von K. Reiß zu verwenden – ein appellbetonter Text geworden, bei dem es in erster Linie um die »Erzielung eines außersprachlichen Effektes« geht (S. 33f.).

Nicht unproblematisch ist der *Form*begriff, den K. Reiß dem Texttyp *formbetonter Text* zugrundelegt: als Form läßt sie nur das gelten, was von einem konventionellen Begriff von »Literatur« aus als ästhetische Form verstanden wird. Das muß bei den stark formbetonten Texten des politischen Theaters von Peter Weiss zu Schwierigkeiten führen, weil bei ihm ja wohl – trotz aller Formbestimmtheit – der Inhalt die wesentliche Rolle spielt, der Inhalt aber wiederum durch die Form in entscheidendem Maße »transportiert« wird. Zugleich intendiert Weiss mit seinem Werk nicht nur die Darstellung von Sachverhalten (etwa der Verhältnisse in den portugiesischen Kolonien) in einer bestimmten (lese- und theater-) wirksamen Form, sondern es kommt ihm letztlich auf die »Erzielung eines außersprachlichen Effekts«, d.h. auf die Auslösung eines bestimmten politischen Handelns an.

Nun mag man einwenden, daß es sich hier um einen Einzelfall handelt (was es – und dies nicht nur im literarischen Bereich – kaum sein dürfte). Die Zuordnungsprobleme zu einem der drei Texttypen stellen sich bei ganzen *Textarten*. K. Reiß weist darauf hin, daß man bei der Zuordnung eines Textes zu einem der Texttypen nicht von literarischen Gattungsbezeichnungen ausgehen darf:

So muß beispielsweise die ganze Trivialliteratur dem inhaltsbetonten Texttyp zugeordnet werden, weil ihr ästhetische Gesichtspunkte und Formelemente fehlen oder doch nur in klischeehafter Form bei ihr vorkommen. Sie ist informationsbetont (= inhaltsbetont), wenngleich hier nur unechte – nämlich fiktive – Information geliefert – und gesucht wird. Sogenannte Unterhaltungsliteratur dagegen muß der untersten Schicht der formbetonten Texte zugewiesen werden. Wie Foltin schreibt, befriedigt sie – teilweise im Anschluß an hochliterarische Moden – gehobene Ansprüche. Anspruchsvollere Maßstäbe bei der Übersetzung und ihrer Beurteilung sind also notwendig und gerechtfertigt. (S. 41)

In dieser Äußerung kommt ein Formbegriff zum Ausdruck, der sich meines Erachtens gerade an herkömmlichen gattungspoetischen Formvorstellungen, Qualitäts- und Geschmacksurteilen orientiert. Nun läßt sich feststellen, daß die Heftchen-Literatur, etwa Arzt- oder Adels-Romane, in ihrer formalen und inhaltlichen Klischeehaftigkeit, in ihrer Bildersprache, in Syntax und Wortwahl stark formbetont ist; das gleiche gilt für Gebrauchsanweisungen, die Sprache von Urkunden und Verträgen etc. Ein Formbegriff, der sich von der Poesie her definiert, kann der Vielfalt und der Bedeutung der Komponente »Form« (aufgefaßt als gattungsspezifische Sprach- und Stilnorm) in *allen* Texten nicht gerecht werden und stellt daher kein Grundkriterium für die Texttypologisierung dar. Die Form-Kategorie liegt auf einer anderen Ebene als die Kategorien Appell und Darstellung. Alle Texte haben Form, wenn man unter Form die für einen Text bzw. eine Gattung spezifischen sprachlichen und stilistischen Mittel versteht. Die poetischen Texte stellen einen Fall unter anderen dar, der dadurch gekennzeichnet ist, daß unter Umständen ganz spezifische (ästhetisch hoch bewertete) Formelemente auftreten, die allerdings durchaus auch in anderen Textgattungen auftauchen können (z. B. in der Werbung).

Es sei mit dieser Kritik der Texttypologie von K. Reiß nicht gesagt, daß eine Analyse der Textfunktionen nicht wichtig ist; die Textfunktionen, die allerdings genauer bestimmt und besser differenziert werden müßten, stellen jedoch nur einen der Faktoren dar, die einer übersetzungskritisch relevanten Texttypologie bzw. -analyse zugrunde gelegt werden können und müssen.

Was wird im Buch von K. Reiß unter dem Begriff der *Übersetzungsmethode* verstanden, und wie sind diese Methoden aus den Texttypen ableitbar? Die traditionelle übersetzungsmethodische Diskussion, wie sie vor allem im 18. und 19. und mit Ausläufen im 20. Jahrhundert geführt wurde und immer noch geführt wird, läßt sich auf eine Reihe von Grundfragen zurückführen: *Wie* ist ein *literarischer Text* (literarisch so weit gefaßt, daß auch Bibel und philosophische Texte darunterfallen) zu übersetzen, damit die Übersetzung dem *Originaltext* und seiner Sprache, der Zielsprache und dem Leser in der ZS gerecht wird? Kann die Übersetzung überhaupt all diesen Beteiligten gerecht werden? Wie sind die Prioritäten zu setzen? Im Anschluß vor allem an die kategorischen Formulierungen von F. Schleiermacher wurde und wird das Problem auf die Alternative reduziert (s.o., S. 53f.): entweder wird so übersetzt, daß die Übersetzung die formale, sprachlich-stilistische Struktur und die inhaltliche Struktur des Originals so weit wie möglich »durchscheinen« läßt (unter Umständen auf Kosten der unmittelbaren Verständlichkeit und der Lesbarkeit in der ZS), oder die Übersetzung paßt sich in formaler, ggf. auch in inhaltlicher Hinsicht ganz den zielsprachlichen Gegebenheiten an. Die Wahl der Übersetzungsmethode basiert dabei auf einer Reihe von prinzipiellen Entscheidungen des Übersetzers, die auf Grund folgender Fragen getroffen werden: Welcher Status kommt einem Originaltext zu? Inwieweit ist er in seiner sprachlichen, stilistischen und inhaltlichen Struktur als autonomes, vom Standpunkt und dem Vorverständnis des Übersetzers und von dem mutmaßlichen Leser unabhängiges oder relativ unabhängiges Phänomen zu achten? Welches sind die entscheidenden Komponenten des Originals, die obligatorisch in der Übersetzung vermittelt werden müssen? Darf die Übersetzung gegen zielsprachliche Konventionen verstoßen? Inwieweit muß auf den zielsprachlichen Leser und dessen Verstehensmöglichkeiten und -voraussetzungen Rücksicht genommen werden? Ist das Verstehen in der Zielsprache und die Wirkung des Textes auf den Leser ins Zentrum zu stellen? Welche Zwecke und welche Funktion hat die Übersetzung des betreffenden Textes? An welchen Leserkreis richtet sie sich oder soll sie sich richten?

Nach K. Reiß sollte der Texttyp – d. h. die Entscheidung des Übersetzers, ob es sich bei dem Text um einen inhaltsbetonten, einen formbetonten oder einen appellbetonten Text handelt – die Übersetzungsmethode bestimmen:

> Ist diese Zugehörigkeit eines gegebenen Textes zum inhaltsbetonten Typ festgestellt, so ergibt sich daraus bereits eine wichtige erste Instruktion für die Übersetzungsmethode. Für inhaltsbetonte Texte ist bei der Übertragung die *Invarianz auf der Inhaltsebene* zu fordern. Der Kritiker wird sich also vor allem vergewissern, ob Inhalt und Information unverkürzt in der zielsprachlichen Version enthalten sind. Eine Konsequenz dieser obersten Forderung ist es, daß die sprachliche Gestaltung der Übersetzung sich ohne Vorbehalt den Gesetzen der Zielsprache anpaßt, anders gesagt: die sprachliche Gestaltung der Übersetzung ist hier wesentlich *zielsprachlich* orientiert. (S. 37)

Hier werden offensichtlich verschiedene Dinge unter den einen Hut ›Übersetzungsmethode‹ gebracht: bei der »Invarianz auf der Inhaltsebene« handelt es sich um eine *Forderung* an die Übersetzung bzw. um eine Vorentscheidung des Übersetzers, was bei einer Hierarchisierung der in der Übersetzung zu erhaltenden Werte an erste Stelle zu setzen ist. Als Übersetzungs*methode* würde man aber doch wohl nur bezeichnen, was angibt, *wie* diese Invarianz-Forderung eingelöst werden kann. Ein solches methodisches Prinzip wird im zweiten Teil des Zitates gegeben: die sprachliche Gestaltung habe sich den »Gesetzen der Zielsprache« anzupassen, und zwar »ohne Vorbehalt«. Das ist jedoch ein methodisches Postulat, das weder in begründeter Weise aus der übergeordneten Forderung und dem Texttyp abgeleitet wird, noch sich zwingend oder auch nur intuitiv einleuchtend daraus ableiten läßt. Zwischen der Forderung nach

Invarianz von »Inhalt und Information« und vorbehaltloser Anpassung an die Zielsprache kann meines Erachtens geradezu ein Widerspruch bestehen, wenn man an die Textarten denkt, die K. Reiß dem Texttyp inhaltsbetonte Texte zuweist. Inhaltsinvarianz wird bei der Übersetzung von Urkunden und Dokumenten oft nur dadurch erreicht, daß sie sich in syntaktischer, semantisch-lexikalischer und stilistischer Hinsicht so nahe wie möglich an die AS hält und sich gerade *nicht* den »Gesetzen der Zielsprache« anpaßt[13]. Andererseits ist nicht einzusehen, warum bei der Trivialliteratur, die dem inhaltsbetonten Texttyp zugeordnet wird, die Invarianz der Information so wichtig sein soll – ein Vergleich von Original und Übersetzung in diesem Bereich könnte in aller Anschaulichkeit zeigen, daß es hier keineswegs in erster Linie auf Invarianz des »Inhalts« ankommt[14].

Es kann nicht in gleicher Ausführlichkeit für den »formbetonten« und den »appellbetonten« Texttyp gezeigt werden, wie unzureichend dieser texttypologische Ausgangspunkt für eine Bestimmung der Übersetzungsmethode ist und wie apodiktisch auch hier Forderungen aufgestellt und Methoden als verbindlich erklärt werden. Nur noch ein Hinweis: für die formbetonten Texte wird die »verfremdende« Übersetzungsmethode, die sich an der AS orientiert, befürwortet. Gewiß sind aber auch hier ganz verschiedene Fälle zu unterscheiden: etwa ob in der ZS-Literatur formale Mittel und Möglichkeiten entwickelt sind, an die der Übersetzer anschließen kann, oder ob er diese Möglichkeiten erst entwickeln müßte.

Der Hauptvorwurf, der einer mit den Begriffen ›inhaltsbetont‹, ›formbetont‹ und ›appellbetont‹ arbeitenden Texttypologie gemacht werden muß, besteht darin, daß von entscheidenden Bedingungen des Textes abstrahiert wird: etwa davon, daß Texte in bestimmten Kommunikationssituationen stehen und daß sie unter unterschiedlichen Bedingungen rezipiert werden, daß sie *unterschiedliche kommunikative Funktionen* haben, die – wie wir angedeutet haben – mit den drei Reiß'schen Kategorien nicht abgedeckt sind, und daß sie sich immer an *bestimmte Lesergruppen* richten. Auf diese Bedingungen, die für die Übersetzung von zentraler Bedeutung sind, wird von K. Reiß erst im Kapitel »Grenzen der Übersetzungskritik« eingegangen – und dort anhand von Beispielen, die den Blick für die Problematik eher verstellen (u. a. Resümees, Inhaltsangaben, Rohübersetzungen, Schul- und Studienausgaben als Übersetzungen mit speziellem Zweck, Kinder- und Jugendausgaben als Übersetzungen mit speziellem Leserkreis). K. Reiß führt aus:

»Normalerweise«, so sagten wir, sind Texttyp, innersprachliche Instruktionen und außersprachliche Determinanten und ihre gewissenhafte Berücksichtigung ausschlaggebend für adäquates Übersetzen. Jedoch darf nicht übersehen werden, daß es in der Praxis auch von diesem normalen Vorgehen abweichende Verfahren der

Übertragung eines Ausgangstextes in eine Zielsprache gibt. Wichtigster Faktor, der *objektive* Abweichungen vom Ausgangstext nach sich zieht, ist die Außerachtlassung des Texttyps. Das geschieht immer dann, wenn die Übersetzung eine spezielle Funktion erfüllen soll. Eine solche Funktion ist denkbar von der Sache her: dann soll die Übersetzung – anders als das Original – einem speziellen Zweck dienen; und sie ist denkbar von der Person her: dann wendet die Übersetzung sich – im Unterschied zum Original – an einen speziellen Leserkreis. (S. 90)

Wir können diese Stelle nur so verstehen: es wird davon ausgegangen, daß sich ein »normaler« Text in der AS entweder an keinen »speziellen« Leserkreis richtet und keinen »speziellen Zweck« hat, oder daß der Text selbst den Leserkreis textimmanent definiert und einem – wie es heißt – »originalimmanenten Zweck« dient. Das scheint mir schon hinsichtlich Originaltexten problematisch zu sein, hinsichtlich Übersetzungen ist es – besonders was den Leserkreis anbelangt – unzutreffend. Die Übersetzung richtet sich als Übersetzung *immer an einen speziellen Leserkreis* bzw. an spezielle Leserkreise, die keineswegs »textimmanent« vorgegeben sind, sondern die von den Bedingungen der Übersetzung als Übersetzung (die sich an ein ZS-Publikum richtet, für das der AS-Text im allgemeinen nicht intendiert ist), vom Übersetzer (oder vom Verlag) bestimmt werden. Ähnliches gilt – in Abhängigkeit vom intendierten Leserkreis – auch vom Zweck der Übersetzung, der sich vom Zweck des Originals in wesentlichen Punkten unterscheiden kann. Ein politischer Kommentar etwa richtet sich in der politischen Öffentlichkeit der ZS an einen hinsichtlich Rezeptionsbedingungen und -voraussetzungen anderen Leserkreis als in der AS, und mit seiner Übersetzung dürften im Kontext der betreffenden Zeitung auch andere Zwecke verbunden sein als in der AS.

So problematisch mir die theoretische Fundierung der Übersetzungskritik bei K. Reiß erscheint, so nützlich ist ihr Buch für die Praxis einer fehlerorientierten Übersetzungskritik, die sich auf die Erörterungen zur *sprachlichen Kategorie* der Übersetzungskritik stützen kann. Unter dem Begriff der *innersprachlichen Instruktionen* faßt sie die semantischen, lexikalischen, grammatischen und stilistischen Merkmale des AS-Textes zusammen, deren Äquivalente in der ZS beurteilt werden müssen. Die semantischen Instruktionen betreffen den Inhalt, den »Sinn« des Textes:

Die Verkennung von Polysemien oder Homonymien, mangelnde Deckungsgleichheit zwischen ausgangs- und zielsprachlichen Übersetzungseinheiten, Falschinterpretation und eigenmächtige Änderungen am Original durch Zusätze oder Auslassungen sind größte Gefahrenquellen für den Übersetzer und demgemäß fruchtbare Ansatzpunkte für den Kritiker. (S. 58)

Aufgrund der Analyse der lexikalischen Instruktionen wird die Adäquatheit der ZS-Lexik beurteilt:

Das heißt etwa, daß zu beurteilen wäre, ob der Übersetzer mit den Problemen der Fachterminologien und Sondersprachen, der »faux amis«, der Homonyme, der »unübersetzbaren« Wörter, der Namen und Metaphern, der Wortspiele, idiomatischen Redewendungen und Sprichwörter, usw. auf adäquate Art fertig geworden ist. (S. 62)

Für die Beurteilung der grammatischen Instruktionen gilt das Kriterium der Korrektheit:

Die grammatikalische Korrektheit ist im übrigen gegeben, wenn die Übersetzung zielsprachlich korrekt gestaltet ist und die semantisch und stilistisch relevanten Aspekte der ausgangssprachlichen grammatischen Strukturen richtig erkannt und adäquat wiedergegeben sind. (S. 64)

Für die stilistische Seite schließlich gilt der Gesichtspunkt der Korrespondenz, bei deren Beurteilung Faktoren wie Sprachschicht/Stilschicht, Individual-/Zeitstil etc. zu berücksichtigen sind.

8.4. Ausgangstextunabhängige Übersetzungskritik

Der Begriff der AS-textunabhängigen Übersetzungskritik, bei K. Reiß (1971) zieltextabhängige Übersetzungskritik genannt, ist irreführend: es kann sich nicht um *Übersetzungs*kritik handeln, weil eine Übersetzung als Übersetzung nur im Vergleich mit dem Original kritisch analysiert und beurteilt werden kann. Man spricht deshalb besser von *ZS-Textkritik,* die Teil oder Vorstufe der eigentlichen Übersetzungskritik sein kann. Oder genauer gefaßt: die ZS-Textkritik ist ein Verfahren, das für die Feststellung der Leserreaktionen, den Bezug des Textes auf die ZS-Erwartungsnormen und die Herausarbeitung der übersetzungsrelevanten Textmerkmale eingesetzt werden kann. Dazu einige Präzisierungen:

1. Für die Feststellung empirischer Leserreaktionen versucht der Übersetzungskritiker, gleichsam in die Haut eines »durchschnittlichen« präsumtiven Lesers zu schlüpfen. Er stellt sich dabei Fragen wie: Versteht der präsumtive Leser den Text, d.h. kann er ihm die relevante Information entnehmen? Ist der Text lesbar, d.h. genügt er den Ansprüchen, die in sprachlich-stilistischer Hinsicht an Texte der betreffenden Textgattung gestellt werden? Diese Beurteilung der Übersetzung, so oberflächlich und subjektiv sie auch sein mag, gibt doch erste Anhaltspunkte für die Faktoren, die die Bewertung der Übersetzungsqualität mitbestimmen. Urteile dieser Art finden sich in Übersetzungsrezensionen in der Presse; auf deren pauschalen und problematischen Charakter wurde oben (S. 192) hingewiesen.

2. Der Übersetzungskritiker situiert den ZS-Text unter Absehung von dessen Status als Übersetzung im Kontext der ZS. Die ZS-Textanalyse

versucht dabei abzuklären, inwiefern der ZS-Text den *Empfängererwartungen* in der ZS gerecht wird und inwieweit er von diesen abweicht (s. o., S. 125 ff. 7. Leitfragen bei *literarischen Texten* sind folgendermaßen zu formulieren: Wie verhält sich der ZS-Text in seiner sprachlich-stilistischen und formal-ästhetischen Gestaltung hinsichtlich der in der ZS-Literatur geltenden literatursprachlichen Normen? Welche sprachlich-stilistischen, formal-ästhetischen oder thematischen Innovationen weist er auf? An welche Leser mit welcher »literarischen Kompetenz« richtet sich der Text? Bei *Werbetexten* wäre zu fragen: Stimmen die in der Werbebotschaft verwendeten Mittel mit den in der ZS im ZS-Kontext üblichen Werbestrategien überein? Wie wirkt der Werbetext? Bei *Bedienungsanleitungen* stellt sich die Frage, ob der Text so abgefaßt ist, daß die Instruktionen auf sprachlich eindeutige Weise vermittelt werden. Die *Ergebnisse* solcher Textanalysen können für die eigentliche Übersetzungskritik fruchtbar gemacht werden, indem auf ihrer Basis Leitfragen für die AS-Textanalyse, den Übersetzungsvergleich und die Übersetzungsbewertung gewonnen werden.

3. Hinweise auf übersetzungsrelevante sprachlich-stilistische Merkmale erhält der Übersetzungskritiker durch die sprachlich-stilistische Analyse des ZS-Textes. Das Gesamtinventar solcher Merkmale kann allerdings erst im Vergleich mit dem Original festgestellt werden, ausgehend von der AS-Textanalyse. Ebenso ist die Bewertung der sprachlich-stilistischen Ausformung der Übersetzung erst nach dem Vergleich mit dem Original, der Analyse der Äquivalenzforderungen, des Übersetzungszweckes etc. zulässig. Nur in eindeutigen Fällen übersetzerischer Fehlleistungen ist ein Qualitätsurteil ohne Vergleich mit dem AS-Text möglich. Allerdings ist auch bei diesen Fällen abzuklären, ob schon der Originaltext Fehler aufweist.

Folgende Beispiele zeigen, daß bestimmte Unzulänglichkeiten des ZS-Textes so offenkundig sein können, daß der Originaltext zur Feststellung reiner Übersetzungsfehler (oder -schnitzer) nicht herangezogen werden muß:

(a) Im Textheft zu einer Schallplattenkassette mit den Sonaten für Klavier und Violine von Ludwig van Beethoven schließt eine Würdigung Clara Haskils mit folgenden Sätzen:

Und oftmals, wenn sie mit Arthur Grumiaux zusammen musizierte, bedauerte Clara Haskil zutiefst, daß sie nicht gegenseitig die Instrumente austauschen konnten, ebenso wie es Thibaud und Enesco gelegentlich getan hatten – denn Arthur Grumiaux – das ist vielen nicht bekannt – ist nicht nur ein großer Geiger, sondern auch ein glänzender Pianist. Schon als Elfjähriger hatte man ihm auf dem Charleroi Conservatoire die ersten Preise für beide Instrumente gleichzeitig zuerkannt. Diese Möglichkeit ist rein spekulativer Natur. Mit ihrem Klavierspiel hat Clara

Haskil in genügendem Maß bewiesen, daß ihre Größe und Bedeutung als Interpretin und als Musikerin niemals vergessen werden wird.

Der letzte Abschnitt, der mit *Diese Möglichkeit* beginnt, kann nur mit Schwierigkeit mit dem vorangehenden Satz sprachlich und inhaltlich verknüpft werden (zum Mikroaufbau von Texten, s. o., S. 127 ff.). Von welcher Möglichkeit ist die Rede? Können Möglichkeiten überhaupt spekulativer Natur sein? Wenn auch der Sinn im Textzusammenhang nach kürzerem oder längerem Nachdenken klar wird, zeigt ein Blick auf die engl. oder frz. Fassung, daß wesentlich besser formuliert und übersetzt werden könnte:

engl. In later life she often regretted the fact that she was unable to exchange instruments with Grumiaux just as the great duo of Thibaud and Enesco sometimes did – for Arthur Grumiaux, unknown to most, is also a pianist of considerable artistry who carried off first prizes for both instruments at the Charleroi Conservatory when only 11 years old. The thought, however, is of merely academic interest. In her piano playing Clara Haskil left more than enough to ensure that her greatness as an interpreter and a total musician should never die.

frz. Plus tard elle en vint à regretter de ne pouvoir échanger son instrument contre celui de Grumiaux, comme le faisaient parfois les duos menés par Thibaud ou Enesco. Arthur Grumiaux, en effet, bien que cela soit peu connu, est également un pianiste émérite qui remporta de nombreux prix aux deux instruments alors même qu'il était encore, à onze ans, l'élève du Conservatoire de Charleroi. De telles évocations n'en sont pas moins inutilement platoniques et, en restant à son clavier, Clara Haskil a laissé plus qu'assez pour donner la certitude que son génie d'interprète et de musicienne ne sera jamais oublié.

(b) In Touristik-Prospekten finden sich nicht selten groteske Übersetzungsfehler. So liest man im Prospekt eines norwegischen Berghotels:

Vivelid Fjellstova beherbergt Durchreisende und feste Feriengäste, sowohl zu Ostern als auch in der Sommersaison. Der Ort eignet sich gut als Ausgangspunkt für kürzere oder längere Wanderungen in verschiedene Richtungen, zu Gipfeln mit weiter Rundschau oder friedlichen Tälern, wo niedergelegte Sennen ihre Geschichte aus vergangenen Zeiten erzählen.

Und im offiziellen Prospekt der Städte Minneapolis und St. Paul, Minnesota, USA, werden deutschen Touristen folgende Empfehlungen für die Bekleidung gegeben:

Bekleidung
Die Schwesternstädte sind informell, aber Herren tragen während des Sommers Krawatte und Anzug ins Büro, Damen sollten keine Shorts im Einkaufszentrum tragen. Im Winter wird warme Kleidung empfohlen, Überschuhe werden benötigt. Im Frühjahr und Herbst brauchen Damen Mäntel, Herren sollten eine leichten Übermäntel haben.

Sobald es der Übersetzungskritik aber um *Lokalisierung* und *Erklärung* von Fehlern und Fehlerursachen geht, ist auch bei diesen an sich eindeutigen Beispielen der Vergleich mit dem Original notwendig. Generell ist die AS-textunabhängige Textkritik als heuristische Vorstufe der eigentlichen wissenschaftlichen Übersetzungskritik zu betrachten.

8.5. Arten der Übersetzungskritik

Je nach Zweckbestimmung können verschiedene Arten der Übersetzungskritik unterschieden werden. Nach W. Wilss (1974a) zielt die Übersetzungskritik als »angewandte Wissenschaft« darauf ab, »den Denk- und Formulierungsprozeß beim Übersetzen als mehr oder minder geglückten interlingualen Synchronisationsversuch bewußt zu machen und daraus konkrete Arbeitsnormen für den Übersetzer im Sinne einer verstehenspsychologisch begründeten Übersetzungstechnik abzuleiten« (S. 41). Mit anderen Worten hat die Übersetzungskritik einerseits die Aufgabe, die Bedingungen für bestimmte Übersetzungsentscheidungen zu reflektieren, andererseits hat sie die Ergebnisse dieser Reflexion systematisch umzusetzen in die Beschreibung übersetzungstechnischer Verfahren.

K. Reiß (1971, S. 7f.) führt drei Argumente für übersetzungskritische Untersuchungen an:

(1.) Übersetzungskritik kann zur Verbesserung der Übersetzungsleistungen beitragen.

(2.) Übersetzungskritik schärft das »Sprachbewußtsein« des Übersetzungskritikers und trägt zur Erweiterung seines sprachlichen und außersprachlichen Horizontes bei.

(3.) Die bestehende Übersetzungskritik ist unzulänglich, deshalb ist die theoretische Beschäftigung mit Möglichkeiten und Grenzen einer objektiven Übersetzungskritik vonnöten.

Während (3.) ein Argument für die Notwendigkeit einer Theorie der Übersetzungskritik im Interesse einer Verbesserung der Praxis der Übersetzungskritik ist, bezieht sich (1.) auf die Funktion der Übersetzungskritik als *konstruktiver Fehlerkritik*[15]. Von dieser Zweckbestimmung her wird auch gesagt, *wie* eine solche Übersetzungskritik zu gestalten ist: jeder »negativen Kritik« sei eine bessere Lösung entgegenzustellen.

Die konstruktive Übersetzungskritik wird noch brauchbarer, wenn sie – über die mehr oder weniger atomistische Beschreibung von Unzulänglichkeiten und Fehlern hinausgehend – Fehlermöglichkeiten und -ursachen systematisch lokalisiert und erklärt. Wichtige Vorarbeiten für diese Art *erweiterter* konstruktiver Übersetzungskritik haben kontrastive Grammatik, Fehleranalyse und Interferenzlinguistik geleistet; allerdings sind diese Untersuchungen primär *langue*-bezogen und auf den Fremdsprachenerwerb ausgerichtet (s. o., S. 183 ff.). Mit Vorteil gehen Fehlerlokalisierung und -erklärung von einem Phasenmodell des Übersetzungsprozesses aus, wie es in Abb. 12, S. 123, skizziert ist: in jeder der drei Phasen sind Fehlleistungen möglich, wobei sich Fehler in Phase I auf Phase II, und von dieser auf Phase III übertragen[16]. Im Bereich einer solchen spezifisch übersetzungsbezogenen Fehleranalyse und -erklärung liegen m. W. noch keine (publizierten) Arbeiten vor.

Aus dem Argument (2.) von K. Reiß ist die Forderung nach einer Übersetzungskritik abzuleiten, die man *sprachdidaktische Übersetzungskritik* nennen könnte: die Übersetzungskritik dient der Erweiterung der fremdsprachlichen *und* der muttersprachlichen Kompetenz des Übersetzungskritikers. Es stellt sich jedoch die Frage, ob diese Art Übersetzungskritik theoretisch nicht eher im Rahmen der Theorie der Fremdsprachendidaktik entwickelt werden müßte[17].

Konstruktive Übersetzungskritik und sprachdidaktische Übersetzungskritik sind zu unterscheiden von einem Typ von Übersetzungskritik, wie er in Diplomarbeiten an den Universitätsinstituten für Übersetzen und Dolmetschen praktiziert wird: der Übersetzungskritiker vollzieht die Übersetzerentscheidungen anhand der Analyse ausgewählter Textsegmente kritisch nach. In diesem Nachvollzug gewinnt der Kritiker (= der zukünftige Übersetzer) Einsicht in Bedingungen, Probleme und Verfahren des Übersetzens. Die Zweckbestimmung dieser Art von Übersetzungskritik – ich spreche von *übersetzungsdidaktischer Übersetzungskritik* – deckt sich im wesentlichen mit den oben zitierten Überlegungen von W. Wilss.

8.6. Zur Methodik einer wissenschaftlichen Übersetzungskritik

8.6.0. Kennzeichnend für die in 8.5. erörterten Arten der Übersetzungskritik ist, daß sie *anwendungsorientiert* sind. Wissenschaftliche Übersetzungskritik, deren Methodik hier skizziert werden soll, hat zunächst keine spezifisch übersetzungsdidaktischen oder fehleranalytisch-konstruktiven Zielsetzungen; sie ist anwendungsneutral, kann aber als Grundlage und Ausgangspunkt für diese Spezialformen der Übersetzungskritik dienen. Insbesondere wird ›Kritik‹ in Übersetzungs*kritik* in diesem Zusammenhang nicht in einem eingeschränkten Sinn verstanden als Beurteilung einer Übersetzung in den Kategorien gut/schlecht oder falsch/richtig. Modelle der Übersetzungskritik, die als Modelle der Fehlleistungsanalyse angelegt sind, schränken Aufgabenstellung und Möglichkeiten der Übersetzungskritik unnötig ein. Das gilt etwa auch für die Arbeit von J. Klegraf (1974), der die Auffassung vertritt, daß Kritik »ihrem Wesen nach entweder positiv oder negativ« sei (S. 60), und der sich dann insbesondere mit zwei Fehlerquellen auseinandersetzt: den Fehlern bei der Dekodierung des AS-Textes und den Fehlern bei der Kodierung des ZS-Textes (S. 65 ff.). Die Wertung einer Übersetzung als Ganzes ist nur ein Teil der Übersetzungskritik; sie ergibt sich auf der Basis der Ergebnisse des Übersetzungsvergleichs, dem wiederum die übersetzungsrelevante Textanalyse voranzugehen hat.

Die *wissenschaftliche Übersetzungskritik* besteht also aus drei Teilen:
— der übersetzungsrelevanten Textanalyse,
— dem Übersetzungsvergleich,
— der Übersetzungsbewertung.

8.6.1. *Übersetzungsrelevante Textanalyse*

Die übersetzungsrelevanten Textmerkmale werden mittels eines übersetzungskritischen Fragenkatalogs festgestellt, der fünf Bereiche betrifft:
— die Sprachfunktion,
— inhaltliche Charakteristika,
— sprachlich-stilistische Charakteristika,
— formal-ästhetische Charakteristika,
— pragmatische Charakteristika.

Erste Hinweise auf die übersetzungsrelevanten Textmerkmale aus der Perspektive des ZS-Textes gibt die AS-textunabhängige Textkritik (s. o., S. 206 ff.).

1. Zur *Funktion der Sprache:* Eine erste grobe Textcharakterisierung ist gewonnen, wenn untersucht wird, wie die nach K. Bühler (1934) die Sprache kennzeichnenden Funktionen ›Darstellung‹, ›Ausdruck‹ und ›Appell‹ in einem Text auftreten und wie sie sprachlich-stilistisch realisiert sind. In konkreten Texten sind zwar im allgemeinen immer alle drei Funktionen relevant; eine oder zwei Funktionen können aber dominieren. Unter der Darstellungsfunktion (auch Symbolfunktion) wird die Zuordnung sprachlicher Zeichen zu Gegenständen/Sachverhalten verstanden; die Ausdrucksfunktion (auch Symptomfunktion) beruht auf der Abhängigkeit sprachlicher Zeichen vom Sprecher, dessen »Innerlichkeit« ausgedrückt wird. Die Appellfunktion (auch Signalfunktion) weist auf den Empfänger (Leser, Hörer), an den appelliert und dessen Verhalten gesteuert wird. Die Darstellungsfunktion der Sprache deckt sich mit der denotativen Funktion, wie sie oben S. 157 ff. und S. 187 f. behandelt wurde; die Ausdrucksfunktion ist weitgehend mit der konnotativen Funktion identisch, deren sprachliche Realisierungen S. 188 f. behandelt wurden.

Als Beispiele für die Dominanz einzelner Sprachfunktionen führt K. Bühler Wissenschaftssprache, Lyrik und Kommandosprache an:

Man müßte aus dem Leben konkrete Sprechereignisse herausgreifen, in denen das erstemal sichtbar wird, daß so gut wie alles abgesteckt und zugerüstet sein kann auf die Darstellungsfunktion der Sprachzeichen allein; das gilt sicher am ausgesprochensten für die wissenschaftliche Sprache und erreicht ihren Höhepunkt im Darstellungssystem der modernen Logistik. Was kümmert sich der reine Logiker um die Ausdrucksvalenzen der Zeichen, die er mit Kreide auf die Tafel malt? Er soll sich auch gar nicht darum kümmern; und doch würde vielleicht an dem und jenem Kreidestrich oder am Duktus der ganzen Zeilen ein geübter Graphologe seine Freude haben und seine Deutekunst nicht vergebens bemühen. Denn ein Rest von Ausdruck steckt auch in den Kreidestrichen noch, die ein Logiker oder Mathematiker an die Wandtafel malt. Man muß also nicht erst zum Lyriker gehen, um die Ausdrucksfunktion als solche zu entdecken; nur freilich wird die Ausbeute beim Lyriker reicher sein. Und wenn es ein ganz eigenmächtiger Lyriker ist, so schreibt er manchmal über seine Pforte, der Logiker soll draußen bleiben. Das ist dann wieder eine jener Übertreibungen, die man nicht ernst zu nehmen braucht. Auf das *dritte* hin, auf eine exakte Appellfunktion, ist alles zugerüstet, z. B. in der Kommandosprache; auf Appell und Ausdruck im Gleichgewicht bei Kose- und Schimpfwörtern. (S. 31 f.)

Auf die Fragwürdigkeit der Gleichsetzung von Darstellungsfunktion und Wissenschaftssprache, von Ausdrucksfunktion und Lyrik wurde bereits im Zusammenhang mit K. Reiß' Texttypologie hingewiesen (s. o, S. 200 ff.). Ebenso einseitig ist – wie es nicht selten geschieht – die Gleichsetzung von Werbesprache und Appellfunktion: Werbung will zwar an mögliche Käufer »appellieren«, deswegen braucht die Werbesprache selbst nicht appellativ zu sein. Es gibt durchaus Werbung, in der die Darstellungsfunktion der Sprache, die Information über ein Produkt, im Vordergrund stehen.

Die Hauptschwierigkeit des sprachfunktionalen Ansatzes besteht in der Zuordnung sprachlich-stilistischer Eigenschaften zu bestimmten Sprachfunktionen und Texttypen. Denn die meisten sprachlichen Ausdrucksmöglichkeiten finden sich – wenn auch mit unterschiedlicher Frequenz und unterschiedlicher textinterner Funktion – in den verschiedensten Texttypen: metaphorische Ausdrucksweise ist nicht auf die schöne Literatur beschränkt, sondern kommt auch in der Wissenschaftssprache und in der Werbung vor, der Nominalstil tritt nicht nur in wissenschaftlichen Texten in Erscheinung, sondern auch in Gebrauchsanweisungen, in Dokumentarromanen etc.

Ausgehend von der Gewichtung der Sprachfunktionen lassen sich verschiedene Texttypen unterscheiden: (1) Texte, in denen die Darstellungsfunktion der Sprache (denotative Funktion) dominiert; (2) Texte, in denen – in unterschiedlichem Maße – Darstellungsfunktion und Ausdrucksfunktion (denotative und konnotative Funktion) beteiligt sind; (3) Texte, in denen die Appellfunktion dominiert. Mit starken Vorbehalten lassen sich diesen drei Typen folgende Textgattungen zuordnen: zu (1) gehören wissenschaftlich-technische Texte, zu (2) literarische Texte, und zu (3) Werbetexte.

2. Zu den *inhaltlichen Charakteristika:* Als Haupttexttypen sind zu betrachten: (1) Texte, die auf keinen spezifischen AS-Kontext kultureller, historischer, ökonomischer etc. Art bezogen sind, sondern im Rahmen eines bestimmten Fach- und Sachgebietes allgemein kommunizierbare Sachverhalte behandeln; (2) Texte, die in einem spezifischen AS-Milieu verankert sind oder auf spezifische AS-Sachverhalte zielen, deren Verständnis die Kenntnis der AS-»Lebenswelt« voraussetzt; (3) Texte, die zwar kontextuell spezifisch AS-gebunden sind, diesen Kontext aber im Text vermitteln; (4) Texte, die implizit in einem bestimmten Kontext AS-spezifischer Art verankert sind; dieser Kontext läßt sich aus dem Textzusammenhang mehr oder weniger vollständig rekonstruieren. Beispiele für diese Texttypen: (1) wissenschaftlich-technische Texte; (2) »Heimatdichtung«; (3) Reiseberichte, landeskundliche Darstellungen; (4) ein großer Teil der schönen Literatur.

3. Zu den *sprachlich-stilistischen Charakteristika:* Folgende Erscheinungen und Faktoren sind bei der Textanalyse zu berücksichtigen:

— *Wortschatz und Phraseologie*
  Verwendung übereinzelsprachlicher Terminologie;
  Verwendung spezifisch AS-gebundener Terminologie;
  Verwendung spezifisch einzelsprachbezogener, kontextgebundener Ausdrücke;
  Verwendung spezifisch einzelsprachlich mehrdeutiger Wörter, deren Mehrdeutigkeit im Kotext nicht aufgehoben wird;
  AS-gebundene Metaphorik und Bildsprache;
  Verwendung spezifisch AS-gebundener Phraseologismen;
  Verwendung konnotativ geladener Ausdrücke in einer oder mehreren konnotativen Dimensionen (s.o., S.188f.).
— *Syntax*
  Spezifische syntaktische Merkmale des AS-Textes;
  Ausnützung spezifisch AS-gebundener syntaktischer Möglichkeiten.
— *Gebrauchsnormen*
  AS-Text hält sich im Rahmen der für die betreffenden Textgattungen geltenden Sprach- und Stilnormen;
  AS-Text weicht von diesen Normen ab.
— *Individualstilistische Merkmale des AS-Textes*

Aufgrund dieser Textanalyse dürften sich drei Haupttexttypen unterscheiden lassen: (1) Texte, die in hohem Maße sprachliche und stilistische Mittel verwenden, die spezifisch AS-gebunden sind; (2) Texte, die sich in einer sprachlich-stilistisch »neutralen« Lage bewegen; (3) Texte, die in abgestuftem Maße zwischen (1) und (2) anzusiedeln sind. Beispiele: (1) literarische Texte, die stark konnotativ markiert sind oder in denen die Sprachthematisierung eine wichtige Rolle spielt; (2) informative Texte in den verschiedensten Bereichen; (3) ein großer Teil der schönen Literatur.

4. Zu den *formal-ästhetischen Charakteristika:* Im Sinne der Ausführungen auf S. 190 f. zur formalen Äquivalenz sind zwei Texttypen zu unterscheiden: (1) Texte, die bestimmte formal-ästhetische Mittel verwenden (Reim, Rhythmus etc.) oder einen formalen Gestaltungswillen erkennen lassen; (2) Texte, die keine solche Mittel einsetzen. Zu Texttyp (1) gehört ein großer Teil der lyrischen Produktion und der Dramatik; zu (2) die große Masse der Prosaliteratur.

5. Zu den *pragmatischen Charakteristika:* Bei der Analyse des Empfängerbezugs eines Textes kann von A. Neuberts (1968) Übersetzungstypen ausgegangen werden. (1) »AS- und ZS-Text haben identische Zwecke, basierend auf gemeinsamen oder potentiell gemeinsamen Bedürfnissen. *Der AS-Text ist nicht spezifisch an ein AS-Publikum gerichtet.* Er interessiert – pragmatisch gesehen – in gleicher Weise die ZS-Sprecher und Leser.« (S. 30). (2) »Der AS-Text enthält Informationen [...], die einem *spezifischen* Bedürfnis der AS-Sprecher nachkommen, und zwar in einer jeweils besonderen historischen, ökonomischen, politischen, kulturellen und geographischen Situation. Der gemeinsame Bezugspunkt für die ZS-Sprecher fehlt zunächst. Es handelt sich um einen *spezifisch AS-gerichteten Text.*« (S. 30 f.). (3) Texte, die »in einer dialektischen Weise *zugleich AS-* und auch *nicht nur AS-gerichtet«* sind (S. 31). Diese Texte sind zwar in ihrer Entstehung gesellschaftlich bedingt, sie »transzendieren« aber diese Bedingtheit zugleich und können »allgemein menschliche Bedürfnisse« ausdrücken. (4) »Ein Text wurde in der AS verfaßt. Sein nahezu ausschließlicher Zweck ist jedoch, als Grundlage für die Übersetzung in die ZS zu dienen. [...] Es handelt sich also um einen von vornherein *ZS-gerichteten AS-Text.*« (S. 31). Zu Typ (1) gehört der Bereich der wissenschaftlich-technischen Literatur; zu (2) juristische Texte, die auf den AS-Kontext bezogen sind; zu (3) ein Teil der schönen Literatur; zu (4) Texte für die Auslandswerbung, touristische Prospekte.

Von dieser primären Textpragmatik ist eine *sekundäre Pragmatik* zu unterscheiden, die dann vorliegt, wenn die Übersetzung den AS-Text im Interesse bestimmter Lesergruppen auf eine Weise *bearbeitet,* daß u. U. nicht mehr von eigentlicher Übersetzung gesprochen werden kann (siehe dazu oben, S. 89 ff., S. 106 ff.). Dieser Fall liegt dann vor, wenn etwa Bücher, die sich in der AS nicht spezifisch an Kinder richten, für Kinder übersetzt werden sollen, oder wenn die Bibel auf Leser mit bestimmten kulturellen und religiösen Voraussetzungen zugeschnitten wird. Die sekundäre Pragmatik steht auch bei den sog. Bearbeitungsstufen der Übersetzung (Rohübersetzung und Arbeitsübersetzung) im Vordergrund.

Auf der Basis der übersetzungsrelevanten Textanalyse ist es möglich, die für einen Text oder für einzelne Textabschnitte geltenden *Äquivalenzforderungen* bzw. eine *Hierarchie von Äquivalenzforderungen und -teilforderungen* abzuleiten (s.o., S.191), von denen der Übersetzungsvergleich und die Übersetzungsbewertung ausgehen.

8.6.2. Übersetzungsvergleich

Der Vergleich der Übersetzung (der Übersetzungen) mit dem Originaltext gliedert sich in einen praktischen und einen theoretischen Teil. Im *praktischen Teil* werden Original und Übersetzung (bzw. repräsentative Textausschnitte) Übersetzungseinheit für Übersetzungseinheit miteinander verglichen, wobei die Übersetzungseinheit umfangmäßig vom Einzelwort bis zum Textabschnitt oder dem ganzen Text reichen kann (zum Problem der Übersetzungseinheit, s.o., S.116ff.). Es wird von der Frage ausgegangen, wie die in der übersetzungsrelevanten Textanalyse herausgearbeiteten Merkmale sprachfunktionaler, inhaltlicher, sprachlich-stilistischer, formal-ästhetischer und pragmatischer Art im ZS-Text realisiert sind und welcher Stellenwert diesen Realisierungen in der ZS zukommt. Zugleich werden die Verfahren dargestellt, die im ZS-Text angewendet werden, wenn Unterschiede zwischen AS-Textgegebenheiten und ZS-Sprach- und Stilmöglichkeiten überwunden werden müssen (s.o., S.157ff.).

Im *theoretischen Teil* geht es um die *Rekonstruktion der Äquivalenzforderungen* bzw. der Hierarchie von Äquivalenzforderungen, denen der Übersetzer in seiner Übersetzungsarbeit folgt: von welchen Prinzipien läßt er sich leiten, und wie wirken sie sich in der sprachlich-stilistischen Gestaltung des Textes aus? Bei dieser Rekonstruktion der Äquivalenzforderungen sind auch Vor- und Nachworte der Übersetzer in den übersetzten Texten zu berücksichtigen (s.o., S.55ff.), in denen sie sich zu Übersetzungsprinzipien, -methoden und -verfahren äußern. Das Vorverständnis des Übersetzers von seiner Aufgabe und seine Vorentscheidungen in prinzipieller (d.h. bezüglich der Äquivalenzforderungen) und methodischer Hinsicht (d.h. Entscheidungen, die die Umsetzung der Prinzipien in die sprachlich-stilistische Ausformung des ZS-Textes betreffen) sind vor allem bei der Übersetzungsbewertung zu berücksichtigen. Es kann nicht gleichgültig sein, was der Übersetzer unter freier, treuer, wörtlicher, wirkungsidentischer etc. Übersetzung versteht; ob es ihm darum zu tun ist, Fremdes zu adaptieren (»verdeutschen«) oder verfremdet wiederzugeben, oder ob er sich um eine Mittellinie bemüht. Der Übersetzungskritiker wird bei der Bewertung einzelner Übersetzerentscheidungen berücksichtigen müssen, ob nicht bestimmte sprachlich-stilistische Erscheinungen, die dem Kritiker inadäquat erscheinen, sich als Konsequenz solcher Vorentscheidungen ergeben. Die Kritik wird in solchen Fällen in erster Linie beim theoretischen Konzept des Übersetzers ansetzen. Der theoretische Teil des Übersetzungsvergleichs wird abgeschlossen mit dem *Vergleich* der Äquivalenzforderungen, wie sie sich aus der übersetzungsrelevanten Textanalyse ergeben, mit der Rekonstruktion der Äquivalenzforderungen, wie sie in der betreffenden Übersetzung gelten.

8.6.3. Übersetzungsbewertung

Die Übersetzungsbewertung geht von den Ergebnissen des Übersetzungsvergleichs aus und versucht, Aussagen über die *Adäquatheit* der Übersetzerentscheidungen zu machen. Der Begriff der Adäquatheit ist dabei immer auf die übersetzungsrelevanten Textmerkmale und die Äquivalenzforderungen zu beziehen. Zugleich muß der Übersetzungskritiker seine eigenen theoretischen Vorentscheidungen bezüglich des Adäquatheitskriteriums explizieren, oder anders gefaßt: er muß über die Übersetzungsnormen, die seiner Bewertung zugrundeliegen, Rechenschaft ablegen. Übersetzungsbewertung ist immer nur im Rahmen eines normativen Bezugssystems möglich; und so, wie sich Übersetzungssituation und Übersetzungen verändern (s.o., S. 124 ff.), verändern sich auch diese normativen Bezugssysteme.

Ich bin mir des teilweise fragmentarischen Charakters dieser Überlegungen zur wissenschaftlichen Übersetzungskritik bewußt. Es ist zu hoffen, daß ihre Prinzipien und ihre Methodik in der Anwendung, d. h. in der konkreten übersetzungskritischen Arbeit, verfeinert werden.

9. Anmerkungen

Zu Kapitel 0

[1] In die Kapitel 7 und 8 wurden folgende Aufsätze eingearbeitet: W. Koller (1973, 1978, 1978 a). Der Verf. dankt dem Julius Groos Verlag (Heidelberg), dem Langenscheidt-Verlag (Berlin) und der Nobel Foundation (Stockholm) für die Genehmigungen, diese Arbeiten zu benützen.

[2] O. Kade (1968, S. 33) führt als Oberbegriff für Übersetzen und Dolmetschen den Terminus *Translation* ein, der sich in der DDR und z.T. auch in der BRD durchgesetzt hat. Als *Translator* wird der Übersetzer/Dolmetscher bezeichnet, das *Translat* ist das Ergebnis des Translationsprozesses, d. h. der zielsprachliche Text.

[3] Vgl. die Definitionen von ›Übersetzen‹ und ›Dolmetschen‹ in O. Kade (1968):
»Wir verstehen daher unter *Übersetzen* die Translation eines fixierten und demzufolge permanent dargebotenen bzw. beliebig oft wiederholbaren Textes der Ausgangssprache in einen jederzeit kontrollierbaren und wiederholt korrigierbaren Text der Zielsprache.

Unter *Dolmetschen* verstehen wir die Translation eines einmalig (in der Regel mündlich) dargebotenen Textes der Ausgangssprache in einen nur bedingt kontrollierbaren und infolge Zeitmangels kaum korrigierbaren Text der Zielsprache.« (S. 35)

[4] Zu den unterschiedlichen kommunikativen Bedingungen von Übersetzen und Dolmetschen, s. H. Kirchhoff (1977, S. 281).

[5] Zur Dolmetschwissenschaft und zur Unterscheidung Übersetzen/Dolmetschen, s. H. Kirchhoff (1971, 1977); D. Seleskovitch (1974); O. Kade (1967); H. Van Hoof (1962).

Zu Kapitel 1

[1] Zitiert von P.-F. Caillé im ersten Heft der Zeitschrift *Babel* (1955, S. 3).

[2] Vgl. W. Wilss (1974; 1977, Kap. II: »Übersetzen als modernes Kommunikationsmittel«); Z. Stoberski (1972).

[3] Vgl. die Gründe, die J. Grimm dazu anführt, warum er »jede Bearbeitung eines Gedichts für eine Verletzung, also für schlecht und namentlich jede Übersetzung für unrecht, also ein Übel« hält (»Briefe der Brüder Grimm an Savigny«, hrsg. v. W. Schoof, Berlin 1953, Brief vom 20.5.1811, hier S. 101). Die Brüder Grimm stritten sich darüber, ob die Herausgabe altdeutscher Poesie in Form einer Übersetzung (Standpunkt Wilhelms) oder einer kritischen Textausgabe (Standpunkt Jacobs) erfolgen sollte.

[4] Vgl. L.L. Albertsen (1973), der behauptet, daß sich der »ständiger Konkurrenz ausgesetzte professionelle Übersetzer [literarischer Texte] auf eine skizzenhafte Arbeit beschränken [müsse], die die literarische Konsistenz und Substanz des Originals aushöhlt und auf die mitteilende Funktion, die Inhaltsseite, die Handlung konzentriert« (S. 217).

[5] Hierzu ist F. Schleiermachers Bemerkung zum »wahren geschichtlichen Zwekk des Uebersezens« (1813) zu stellen:
»Wie vielleicht erst durch vielfältiges Hineinverpflanzen fremder Gewächse

unser Boden selbst reicher und fruchtbarer geworden ist, und unser Klima anmuthiger und milder: so fühlen wir auch, daß unsere Sprache, weil wir sie der nordischen Trägheit wegen weniger selbst bewegen, nur durch die vielseitigste Berührung mit dem fremden recht frisch gedeihen und ihre eigne Kraft vollkommen entwikkeln kann. Und damit scheint zusammenzutreffen, daß wegen seiner Achtung für das fremde und seiner vermittelnden Natur unser Volk bestimmt sein mag, alle Schäze fremder Wissenschaft und Kunst mit seinen eignen zugleich in seiner Sprache gleichsam zu einem großen geschichtlichen Ganzen zu vereinigen, das im Mittelpunkt und Herzen von Europa verwahrt werde, damit nun durch Hülfe unserer Sprache, was die verschiedensten Zeiten schönes gebracht haben, jeder so rein und vollkommen genießen könne, als es dem Fremdling nur möglich ist.« (S. 69)

[6] Übersetzen als Test kann das Leseverstehen prüfen; vgl. dazu A.J. van Essen/J.P. Menting, Hrsg. (1975, S. 32 f.).

[7] H.W. Kleifeld (1977) weist darauf hin, daß der Verfasser eines technischen Textes meistens ein guter Ingenieur ist, der sich aber in den seltensten Fällen um einen guten Ausdruck bemüht. Die Verbesserung eines solchen in der Ausgangssprache unzulänglichen Textes setzt beim Übersetzer nicht nur die entsprechenden sprachlich-stilistischen Fähigkeiten, sondern insbesondere Sachkenntnisse voraus. Hier zeigt sich, wie wichtig für den zukünftigen Übersetzer Sach- und Fachkenntnisse sind. Vgl. dazu auch W. Kade (1968).

[8] Daß diese Weltsprache immer ausschließlicher das Englisch-Amerikanische ist, und daß dies entscheidende kultur- und wissenschaftspolitische Konsequenzen hat, sei nur am Rande angemerkt. Es ist jedoch davon auszugehen, daß etwa französische und deutsche wissenschaftlich-technische Literatur, aber auch die schöne Literatur dieser Sprachen in den nordischen Ländern je länger je mehr über englische Übersetzungen rezipiert wird.

[9] Der schwedische Strindberg oder der norwegische Ibsen sind nur einer kleinen Zahl von »Liebhabern« außerhalb Skandinaviens zugänglich. C. Roos (1962) bemerkt dazu:

»An der Weltliteratur, dem geistigen Gespräch der Völker, nehmen die kleineren Literaturen wesentlich durch Übersetzungen teil.« (Sp. 374)

[10] Vgl. dazu W. Koller (1971).

[11] Phraseologismen sind feste oder relativ feste Verbindungen von Wörtern in einer Sprache, z.B. *blinder Passagier, den Stier bei den Hörnern packen, jemanden links liegenlassen.*

[12] Vgl. dazu J. Häusermann (1977).

[13] Zur Geschichte der Übersetzung, vgl. den Abriß in W. Koller (1972, »Zu Rolle und Wert des Übersetzens und der Übersetzung in kulturgeschichtlicher Hinsicht«, S. 13 ff.); H. Pohling (1971, mit vielen Literaturhinweisen in den Anmerkungen); W. Fränzel (1914); K. Thieme/A. Hermann/E. Glässer (1956); E. A. Nida (1964, »The Tradition of Translation in the Western World«, S. 11 ff.); G. Radó (1967).«

[14] Nach W. Wilss (1977, S. 27).

[15] Vgl. K. Heger (1969).

[16] Wenn man die Zahlenangaben bei K. Katzner (1975), H.F. Wendt (1977), G. Décsy (1973), H. Haarmann (1975), in der »Brockhaus Enzyklopädie« und der »Encyclopaedia Britannica« etc. miteinander vergleicht, ergeben sich große Un-

terschiede. Ich führe die sehr runden Zahlen von K. Katzner an. – H.F. Wendt (1977, S. 355) nennt folgende 14 von mehr als 30 Mill. Sprechern gesprochene Sprachen: Chinesisch 750 Mill., Englisch 320, Hindi und Urdu 180, Spanisch 210, Russisch 145, Arabisch 130, Bengali 120, Portugiesisch 115, Japanisch 110, Deutsch 110, Französisch 80, Indonesisch 80, Italienisch 65, Ukrainisch 44.

[17] Vgl. dazu H. Kloss (1974).

[18] »Unesco Statistical Yearbook. Annuaire statistique 1975«, Paris 1976, S. 577ff., Book production, insbes. Tab. 11.1, 11.2.

[19] Vgl. dazu auch den »Index translationum«, Paris 1932ff.; Bd. I ff. der Neuen Serie, 1949ff. – Für die BRD, s. die Angaben im Kapitel »Übersetzungen« in der jährlich erscheinenden Schrift »Buch und Buchhandel in Zahlen«, hrsg. vom Börsenverein des deutschen Buchhandels, Frankfurt a.M.

[20] »Unesco Statistical Yearbook 1975«, hier Tab. 11.9.

[21] Ebd., Tab. 11.10.

[22] Ebd., Tab. 11.11.

[23] Ebd., Tab. 11.12.

[24] J.R. Firth (1964) verwendet den Ausdruck ›debabelization‹.

[25] Zu den philosophischen Universalsprachen, s. G. Steiner (1975, S. 198ff.); J.R. Firth (1964, S. 62ff.: »›Real character and universal languages.‹ Debabelization«); O. Funke (1929).

[26] Zum Latein als Weltsprache, s. H. Haarmann (1975, S. 211ff.: »Die sprachpolitische Geltung des Lateinischen vom Mittelalter bis in die Neuzeit«). Zur kurzen Information, s. auch »Encyclopaedia Britannica« (Vol. 15, S. 1036); »Brockhaus Enzyklopädie« (Bd. 11, S. 175f.).

[27] Vgl. R. Haupenthal (1971) und den von ihm herausgegebenen Sammelband (1976). – Die Interlinguistik in diesem Sinne ist nicht zu verwechseln mit der Linguistik des Sprach- und Übersetzungsvergleichs, die M. Wandruszka (1971) ebenfalls »Interlinguistik« nennt.

[28] H. Haarmann (1975) zählt allein in Europa 64 Einzelsprachen und 5 Kulturdialekte; s. auch G. Décsy (1973).

[29] Vgl. dazu P.G. Forster (1971) sowie die Esperantozeitschriften, die in der »Auswahlbibliographie« in G. Haupenthal, Hrsg. (1976, S. 364f.) aufgeführt sind.

[30] Nach H. Jacob (1948, S. 218).

[31] Kritisch äußert sich schon G. Meyer in »Weltsprache und Weltsprachen« (1891):

»Alle diese »Erfinder« oder »Entdecker« [von Universalsprachen] gehen eingestandenermaßen von der Anschauung aus, daß »Kulturvölker« nur die germanischen und romanischen seien. Abgesehen davon, daß dabei unter anderm das nicht ganz kleine und nicht ganz unkultivierte chinesische Reich mit seinen 400 Millionen Einwohnern vergessen ist, muß es als höchst töricht erscheinen, daß dabei die ungeheuer große russische Kulturwelt keine Berücksichtigung erfahren hat.« (S. 41)

[32] Esperanto ist sogar als Sprache der Dichtung empfohlen worden, und Werke von weltliterarischem Rang sind (mit Erfolg?) in diese Kunstsprache übersetzt worden, von dichterischen Originalproduktionen ganz zu schweigen. S. dazu die Stellungnahmen in R. Haupenthal, Hrsg. (1976, S. 8, 298, 319).

[33] Vgl. den Beitrag von G. Meyer (1891, S. 42f.); W. Porzig (1971, S. 233ff.);

V. Tauli (1968, Kap. VIII: »Interlinguistics«, S. 167 ff.); H. F. Wendt (1977, »Welthilfssprachen«, S. 355 ff.). – Hier nur einige sprachtheoretische Kritikpunkte an Universalsprachen, seien es nun logisch-philosophischer (*lingua universalis*) oder künstlich-sprachlicher Art wie Esperanto: 1. Das System einer Universalsprache setzt voraus, daß es eine gültige Klassifizierung der Wirklichkeit materieller wie geistiger Art gibt, die sich sprachlich eins-zu-eins abbilden läßt. 2. Wie lassen sich natürliche Sprachen in diese Kunstsprache übersetzen? Wie werden Bedeutungen in der Kunstsprache festgelegt? 3. Künstliche Sprachen sind geschichtslos, während sich natürliche Sprachen sowohl formal als auch in ihren Bedeutungen verändern. Wer legt aber die Veränderungen in der Kunstsprache fest? 4. Natürliche Sprachen denotieren nicht nur, d. h. sie beziehen sich nicht wertneutral auf Gegebenheiten der Wirklichkeit, sondern sie haben auch Konnotationen, enthalten z. B. Wertungen. Wie soll das Problem der Konnotationen in der Universalsprache gelöst werden? – Diese Fragen zeigen, daß Universalsprachen bestenfalls im Bereich der Technik und der Wissenschaft realisierbar wären.

[34] S. dazu A. Bormann (1959).

[35] Vgl. H. Haarmann (1973, S. 131 ff.), der ein vernichtendes Urteil fällt:

»In meiner Beurteilung ist die Kunstsprachenprojektion ein esoterisches Beschäftigungsfeld einzelner Intellektueller, deren Produkte sich in bestimmtem Umfang als Pseudokommunikationsmedien popularisieren mit dem Reiz eines phantastischen Universalitätsanspruchs, dem jegliche soziologische, sprachpolitische oder kommunikationsorientierte Grundlegung fehlt. Ich sehe meine Auffassung dadurch bestätigt, daß für keine der nach 1945 gebildeten supranationalen Vereinigungen die Einführungen einer künstlichen Weltsprache ernsthaft erwogen wurde. In keiner Weltorganisation fungiert eine künstliche Weltsprache als Amts- oder Arbeitssprache. Aufgrund verschiedener praktischer Erwägungen halte ich es für unangebracht, die Verwendung von Kunstsprachen in supranationalen Organisationen überhaupt in Betracht zu ziehen.« (S. 133)

[36] Zum Status des Irischen, s. H. Haarmann (1975, S. 137).

[37] S. allerdings K. Katzner (1975), der dem Englischen eine gute Chance gibt, Universalsprache zu werden:

»The tremendous increase in the use and study of English since World War II has led many to believe that English, rather than an artificial language, has the best chance of eventually becoming a universal tongue.« (S. 37)

Zum *Basic English*, einem künstlich auf 850 Wörter beschränkten Englisch, vgl. H. F. Wendt (1977, S. 355 f.); J. R. Firth (1964, S. 69 f.).

[38] Zur Stellung des Französischen, s. H. Haarmann (1975, S. 231 ff.); H. Kloss (1974).

[39] Eigenartig mutet die Spekulation von O. Kade (1968, S. 53) an, der davon ausgeht, daß beim »Sieg des Kommunismus im Weltmaßstab« günstige Voraussetzungen für die Ausbreitung einer einzigen Mittlersprache geschaffen wären – nämlich des Russischen! Dazu muß man sich die Sprecherzahlen vor Augen halten, wie sie für verschiedene Weltsprachen oben angeführt wurden (S. 17).

[40] Mit Recht stellte Arthur Schopenhauer fest:

»Mehrere neuere Sprachen wirklich inne haben und in ihnen mit Leichtigkeit lesen ist ein Mittel, sich von der Nationalbeschränktheit zu befreien, die sonst jedem anklebt.« (in *Störig 1963*, S. 104, Anm. 2).

[41] *Language and Machines* (1966). Auszüge aus diesem Bericht sind abgedruckt in *Übersetzen II* (1967, S. 218 ff.). Das von *National Academy of Sciences/National Research Council* einberufene Komitee kam nach zweijähriger Untersuchung über den Stand der maschinellen Übersetzung zum Schluß:

»We have already noted that, while we have machine-aided translation of general scientific text, we do not have useful machine translation. Further, there is no immediate or predictable prospect of useful machine translation.« (S. 32)

[42] Vgl. H. Stammerjohann, Hrsg. (1975) unter *Maschinenunterstützte Übersetzung;* F. Krollmann (1974); J. Schulz/H. Göricke (1977); R. Schmidt/O. Vollnhals (1974); K.-H. Brinkmann (1974).

[43] 1962 behauptete K. Steinbuch, daß in nicht allzu ferner Zukunft die Frage »Können Automaten Schrift ›lesen‹ und Sprache ›verstehen‹?« von jedem »Unvoreingenommenen« bejaht werden müsse:

»Die zukünftige Entwicklung der Automaten ebenso wie die logische Analyse geistiger Prozesse werden jedoch mit Sicherheit zu dem Ergebnis führen, daß Lesen und Verstehen logisch beschreibbare Prozesse sind, die von Menschen oder auch von Automaten ausgeführt werden können.« (S. 217)

R. Rothenhagen/O. Kade formulierten (in *Fremdsprachen,* 1967, S. 237 ff.) die Überzeugung: »Die Übersetzung durch die Maschine ist in greifbare Nähe gerückt.« (S. 239) Dagegen E. Agricola (1968):

»Anlaß und Ziel jeder sprachlichen Äußerung ist ein geschlossener kommunikativer Effekt; dessen Hauptanteil wird jedoch durch die lexikalischen Bedeutungen mit all ihren inkonsequenten, mehrdeutigen, widersprüchlichen Komponenten verursacht. Somit kann eine logische Beschreibung besonders dieser Effektanteile, jedoch zum Teil auch der mehr oder weniger von ihnen abhängigen syntaktischen Bedeutungen, immer nur den Charakter eines allgemeinen Modells oder einer – wenn auch graduell sehr unterschiedlichen – Annäherung haben. Denn die natürliche Sprache weist zwar in beträchtlichem Umfang Eigenschaften und Operationen auf, die algorithmisch nachgebildet werden können, sie hat zwar auf weite Strecken hin ein klar erkennbares, exaktes System, aber in ihrer Gesamtheit keine durchgängige mathematisch-logische Struktur.« (S. 47)

[44] Aus der Fülle der Literatur zur maschinellen Übersetzung hier nur einige Angaben, die den Einstieg in Stand und Problematik ermöglichen: A. D. Booth (1958); A. G. Oettinger (1960); E. Delavenay (1963); *Automatic Translation of Languages* (1966); *Übersetzen II* (1967); S. Nündel, G. Klimonow et al. (1969); U. Oomen (1969); K. Brockhaus (1971); I. Brand, G. Klimonow et al. (1972); P. L. Garvin (1972); A. Ljudskanov (1972, bes. Teil IV: »Einige Probleme der maschinellen Übersetzung«); R. Stachowitz (1973); R. Dietrich/W. Klein (1974); V. Ju. Rozencvejg (1974); B. Vauquois (1975); P. Toma (1976); P. L. Garvin (1976); W. Wilss (1977, Kap. XII: »Maschinelle Übersetzung«). – Eine umfassende Übersicht gibt H. Bruderer (1978).

[45] Zum Stand der maschinellen Übersetzung aus der Sicht der Computer-Technologie, s. die Anzeige von IBM mit dem Titel »*Über Computer.* Die Sprachlosigkeit der Denkmaschine.« (z. B. in der ZEIT vom 5. 9. 1975). Darin wird u. a. ausgeführt:

»Der elektronische Dolmetscher klebt an seinem eingegebenen Äquivalentschema. Der menschliche Dolmetscher aber programmiert sich täglich neu: indem er lebt und erlebt. Die Maschine arbeitet nach einer endlichen Zahl von Prämissen, die man ihr gibt. Woraus folgt, daß es eine unendliche Zahl von Schlüssen gibt, die nicht auf diesen Prämissen beruhen: die sie also nicht ziehen kann.

Sach- und Fach-Sprache kann die Übersetzungsmaschine bewältigen und damit in Wissenschaft, Verwaltung, Rechtsprechung und dergleichen international nützlich sein. Literatur- und Lebenssprache aber, also alle Sprache, die durch Stil, durch Pointe, durch Nicht-Gesagtes wirkt, die also nicht Mitteilung, sondern Ausdruck sein will, ist weit von ihr entfernt. Und dieser Abstand bleibt, auch wenn es gelingen sollte, sich ständig selbst adaptierenden Programme zu entwerfen.«

[46] S. dazu R. Maier, ebd.:

»Reduziert man dementsprechend die Ansprüche an die Qualität des Übersetzungsverfahrens und seiner Resultate, indem man etwa Vor- und Nachbereitung der Texte in Kauf nimmt, nur bestimmte Textsorten als Eingabe zuläßt und fehlerhafte, aber für Fachleute des entsprechenden Bereiches verständliche Übersetzungen akzeptiert, so lassen sich durchaus Übersetzungsverfahren entwickeln, die unter bestimmten Aspekten mit menschlichen Übersetzern konkurrieren können oder ihnen überlegen sind. Im Rahmen solcher Verfahren können auftretende Schwierigkeiten häufig mit Hilfe von ad-hoc-Methoden in für bestimmte praktische Zwecke ausreichender Form überwunden werden, ohne daß die zugrundeliegenden linguistischen Probleme gelöst werden müssen. Verfahren dieser Art lassen sich insbesondere dort einsetzen, wo es auf die schnelle Verfügbarkeit großer Textmengen ankommt und möglicherweise außerdem die Kosten von untergeordneter Bedeutung sind. Übersetzungsverfahren, die fehlerhafte, aber zu Informationszwecken verwertbare Resultate liefern, existieren für eine Reihe von Sprachpaaren und werden weiter entwickelt. Sie sind jedoch für theoretische linguistische Untersuchungen nur von eingeschränkter Bedeutung.« (S. 7)

[47] Ich sehe der Einfachheit halber bei diesem Beispiel davon ab, daß *Vater* im Dt. durchaus auch in Zusammenhängen gebraucht wird, wo die Bedeutungsangabe ›Mann, der ein oder mehrere Kinder gezeugt hat‹ nicht zutrifft: *der Vater der Bedrängten, die Stadtväter, Vater Staat, der liebe Vater im Himmel, der Heilige Vater.*

[48] Zum Problem der Unterscheidung von lexikalischer und grammatischer Bedeutung, s. H. E. Brekle (1972, S. 85 ff.); J. Lyons (1971, S. 445 ff.).

[49] S. dazu J. Collange-Fourcade (1971).

[50] Ich verdanke der Arbeit von E. Agricola (1968) bei der folgenden Darstellung viel. – Eine gute Einführung in die Ambiguitätsproblematik in natürlichen Sprachen gibt J. G. Kooij (1971).

[51] Eine Unterscheidung, die hier noch gemacht werden kann, ist die zwischen *Polysemie* (zwischen den Bedeutungsvarianten besteht ein unmittelbar einsichtiger semantischer Zusammenhang; bei *heiß* würde also Polysemie vorliegen, weil ein solcher Zusammenhang zwischen den drei Varianten relativ einfach herzustellen ist) und *Homonymie* (zwischen den Bedeutungsvarianten kann ein unmittelbarer Bezug nicht hergestellt werden, mindestens nicht in synchroner Hinsicht; bei *Schloß* würde man also von einem Homonym sprechen). – Geht man ausschließlich von der geschriebenen Form aus, sind auch Fälle wie *Rentier* (['rɛnti:r] und [rɛnti'eː]) oder *Band* ([bant] und [bɛnt]), also sog. *Homographen* (gleiche Schreibweise, aber verschiedene Aussprache), zu den lexikalisch mehrdeutigen Formen zu

rechnen. In beiden Beispielen kann übrigens der grammatikalische Kontext die Disambiguierung leisten, sei es nun der Artikel (DAS *Rentier*/DER *Rentier,* bzw. DER *Band*/DAS *Band*/DIE *Band*) oder sei es das Pluralmerkmal (Pluralmorphem) (*Rentier* – E/*Rentier* – S, in Verbindung mit dem Artikel DIE, bzw. *BÄnd* – E / *Band* – E / *BÄnd* – ER / *Band* – S). – Geht man von der gesprochenen Form aus, dann gehören auch *Homophone* (gleich lautende, aber verschieden geschriebene Ausdrücke) zu den lexikalisch mehrdeutigen Formen: [zɛks] für (DIE) *Sechs* und (DER) *Sex.*

[52] Bei der sprachenpaarbezogenen automatischen Übersetzung stellt die Mehrdeutigkeit nur dann ein Problem dar, wenn die zwei Sprachen hinsichtlich der Bedeutungsvarianten nicht miteinander übereinstimmen. Vgl. dazu:

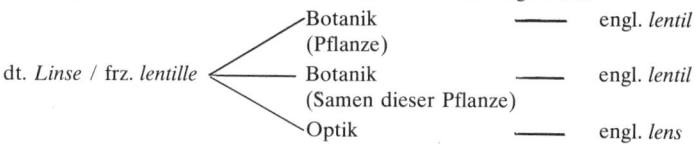

Die Übereinstimmung zwischen dem Dt. und Frz. betrifft allerdings nicht alle Bedeutungsvarianten:

dt. *Linse* – (Anatomie: im Auge) frz. *cristallin*

frz. *les lentilles* (ungebräuchlich, normal: *taches de rousseur*) – (Medizin) dt. *Sommersprossen*

[53] Vgl. auch frz. *avoir la tête chaude* (von *Robert* als *mod.* bezeichnet), *être une tête brûlée* ›ein Hitzkopf sein‹, *garder la tête froide* ›einen kalten Kopf bewahren‹; engl. *to be a hothead, to be hotheaded* für *ein Hitzkopf sein, hitzköpfig sein.*

[54] Zur lexikalischen und aktuellen Bedeutung und zum Kontextbegriff, s. W. Schmidt (1963); Th. Schippan (1975, S. 105 ff.).

[55] Beispiel aus E. Agricola (1968, S. 25).

[56] Über die (stilistische) Akzeptabilität dieses Satzes kann man geteilter Meinung sein.

[57] Wenig gebräuchlich ist engl. *a man of middle age.*

[58] Solche Bedeutungsunterschiede liegen auch in *Zusammensetzungen* vor: *braten + Pfanne* in *Bratpfanne* verhalten sich anders zueinander als *braten + Wurst* in *Bratwurst*. Während die Bratwurst eine Wurst ist, die dazu da ist, gebraten zu werden, gilt das nicht (oder nur in sehr ungewöhnlichen Situationen) von der Bratpfanne.

[59] Bei eindeutigem Kontext würde man für 18 (a) und (b) im Engl. normalerweise *Churchill's pictures* verwenden; die Formulierungen *the pictures by Churchill* und *the pictures of Churchill's* werden bei kontextfreien Sätzen dann gebraucht, wenn es darum geht, die unterschiedlichen Bedeutungen klar herauszustellen.

[60] Zur syntaktischen Mehrdeutigkeit siehe auch P. Eisenberg (1977). – R. Stachowitz (1973, S. 46 ff.) diskutiert Fälle von Mehrdeutigkeiten, die sich aus der Bezugsmehrdeutigkeit von Pronomen ergeben.

[61] Aus *Stern,* 5/1972.

[62] Auf eine weitere, freilich absurde Mehrdeutigkeitsinterpretation sei am Rande hingewiesen: *Kabinen* aufgefaßt nicht als Ort, wo man etwas anprobiert, sondern – parallel zu *das rote Kleid anprobieren* – als das, was man anprobiert.

[63] Gemeint ist hier das ausschließende *oder*. Wenn die Maschine allerdings auch Texte der Textsorte *Witz* übersetzen können müßte, müßte sie auch die Entscheidung für das nicht-ausschließende *oder (und/oder)* fällen können.

[64] Eindeutig wird dieser Satz auf die Interpretation (21 b) festgelegt, wenn man umstellt: *Könnte ich im Schaufenster das rote Kleid ausstellen?;* (stilistisch voll akzeptabel?) frz. *Puis-je exposer dans la vitrine la robe rouge?*

[65] Beispiel aus E. Agricola (1968, S. 71).

[66] Die Bezugsmehrdeutigkeit von *die* wird deutlicher, wenn man Subjekt und Objekt umstellt, was mir einen durchaus grammatischen (stilistisch vielleicht anfechtbaren) Satz zu ergeben scheint:
(23 a) Überschwemmungen haben 24 Tote gefordert, die kürzlich den indischen Staat Kerala heimsuchten.

[67] Beispiel aus E. Agricola (1968, S. 72). – Dieser Satz wirkt allerdings künstlich. Man würde erwarten: *...were married to/had married...*

[68] Üblich ist im Dt. die Gliedfolge *Frauen, Kinder und alte Männer,* die keine Mehrdeutigkeit aufweist. Ebenso verfährt das Engl.: *woman, children and elderly men*. Das Frz. setzt inhaltlich einen anderen Akzent:

les femmes,	*les enfants*	et *les vieillards*
↑	↑	↑
(jüngere) Frauen	Kinder	alte
		(Frauen und Männer)

[69] Beispiel aus E. Agricola (1968, S. 83).

[70] Aus *Nagels* Reiseführer »Frankreich« (1955), zit. bei E. Agricola (1968, S. 73).

[71] Die Interpretation als Adverb erscheint mir keineswegs grundsätzlich unplausibel, vgl. folgenden (konstruierten) Satz: [...] *dem Palast, in dem lange Reliquien zu sehen waren*. Hier löst der menschliche Übersetzer die Adverb/Adjektiv-Mehrdeutigkeit zugunsten des Adverbs auf.

[72] Oder als weitere Möglichkeit; er gibt Varianten an. Vgl. folgendes Beispiel:
»Finally a special debt is owed to B.C., without *whose* [Hervorhebung von mir] initial assistance the study could not have been carried out.«
(B. Bernstein, »Class, Codes and Control. Vol. 1. Theoretical Studies towards a Sociology of Language«, London 1971, S. 67)
In der dt. Ausgabe (B. Bernstein, 1972, S. 115) ist dies wiedergegeben mit
»Schließlich schulde ich B.C. speziellen Dank, ohne *dessen/deren* [Hervorhebung von mir] anfängliche Hilfe die Untersuchung nicht hätte ausgeführt werden können.«

[73] Ist sie Sprachwissenschaftlerin, die in der Rolle der Verkäuferin »teilnehmende Beobachtung« betreibt? Oder ist sie eine stellenlose oder vom Berufsverbot betroffene Deutschlehrerin, die ihren Lebensunterhalt als Verkäuferin verdient?

Zu Kapitel 2

[1] Zur Konkurrenzierung der ausgebildeten Übersetzer durch nicht spezifisch ausgebildete Übersetzer, s. den Artikel »Dolmetscher und Übersetzer: trotz internationalen Flairs kein Traumberuf« (in *analysen. Zeitschrift zur Wissenschafts- und*

Berufspraxis, Heft 8/9, 1974, S. 18–20). O. Kade (1971) vertritt die Auffassung, daß es, bei einer sachgerechten Ausbildung, die Alternative »Übersetzer oder Fachmann« nicht geben könne; er räumt allerdings ein, daß der Fachmann »bei entsprechender Vervollkommnung seiner sprachlich-sprachmittlerischen Qualifikation« (S. 17) ein Übersetzer werden könne. – S. dazu auch Anm. 2 zu Kap. 3.

[2] Auf diesen Sachverhalt wird auch von Dolmetschern aufmerksam gemacht, vgl. R. Willett (1974, S. 90). – Vgl. dazu auch G. Mounin (1963, S. 4 ff.) zum Übersetzen als »fait de bilinguisme très spécial« (S. 4).

[3] Vgl. K. Henschelmann (1974).

[4] O. Kade (1971) beschreibt die Sprachkenntnis des Übersetzers folgendermaßen:
»Er muß die QS-Zeichen (ihre formalen Eigenschaften, ihren semantischen Wert, ihre stilistischen Charakteristika) identifizieren; er muß den gesellschaftlichen Kontext einschätzen; er muß die QS-Zeichen [Quellensprache = AS] mit ZS-Zeichen in Beziehung setzen und das gesellschaftliche Milieu der potentiellen Empfänger des ZS-Textes beurteilen; er muß die Regeln der Verknüpfung der ZS-Zeichen anwenden; d. h., er muß die aus dem Wesen der Sprache als Mittel der Kommunikation resultierenden Zeichenbeziehungen wie die Beziehungen zwischen den (phonischen oder graphischen) Zeichenkörpern (= Formativen) und kognitiven Elementen (= semantischer Wert des Zeichens) oder die Beziehungen zwischen den Zeichen und deren Benutzern (= pragmatischer Wert des Zeichens) kennen und beim Übersetzen in allen Phasen (insbesondere bei der Auswahl der ZS-Äquivalente) nutzen. Fehlende oder mangelhafte Kenntnis dieser Zeichenbeziehungen läßt sich auch nicht durch Sachkenntnis auf dem Fachgebiet, von dem der betreffende Text handelt, kompensieren.« (S. 17f.)

[5] Vgl. O. Kade (1971):
»Sachkenntnis ist somit zu interpretieren als Spezialkenntnis auf mindestens einem, in der Regel jedoch mehreren Fachgebieten, d. h. auf bestimmten Teilgebieten der Gesellschafts- oder Naturwissenschaften bzw. der Technik. Es versteht sich, daß diese Spezialkenntnisse auf einer breiten polytechnischen Allgemeinbildung fußen sollten, wodurch günstige Voraussetzungen für eine speziellere Einarbeitung in ein neues Fachgebiet gegeben sind. Die Beherrschung der Methoden, die ein rationelles Erarbeiten eines Fachgebietes bis zur Erzielung des nötigen Sachverständnisses gestatten, zählen wir ebenfalls zu den Merkmalen dieser Qualifikationskomponente des Übersetzers.« (S. 16)

[6] S. dazu H.-E. Steffen (1974) und K. Henschelmann (1974).

[7] S. dazu das von F.-R. Weller herausgegebene Themenheft »Landeskunde« von *Die Neueren Sprachen* (3/1977).

[8] Am Rande sei darauf hingewiesen, daß in der DDR zur sprachlichen und sachlichen die politisch-ideologische Qualifikation hinzukommt, wobei diese Qualifikation den anderen beiden übergeordnet ist... (s. O. Kade, 1971, S. 15)

[9] Vgl. V. Kapp (1974), der die Übersetzungswissenschaft selbst für diese mangelnde Anerkennung bei den Praktikern verantwortlich macht:
»Wenn die neuere Übersetzungswissenschaft ein besseres Verständnis der theoretischen Implikationen des Übersetzungsvorgangs mit sich brachte, so wurde dieser Erkenntnisfortschritt mit einem schweren Preis erkauft: die zunehmende Abstraktheit der Wissenschaft führt zu einer Vergrößerung der Distanz zwischen

Theorie und Praxis. Die theoretischen Grundlagen des Übersetzens wurden zwar besser erfaßt, für die Praxis des Übersetzens sind aber diese Erkenntnisse bis jetzt kaum verwertbar.« (S. 11 f.)

Der Vorwurf ist nicht aus der Luft gegriffen: eine (oft unnötige) Verterminologisierung an sich durchaus allgemeinsprachlich faßbarer Sachverhalte stellt eine Schwelle dar, die theoretisch interessierten Praktikern ebenso abschreckend wie unüberwindbar erscheint.

[10] Siehe H. Vernay im Vorwort zu *Hartmann/Vernay 1970,* S. 8.

[11] Die Frage, welche Forderungen die Übersetzungspraxis gegenüber der Übersetzungswissenschaft hat, ist thematisiert in H. Hochmuth (1973).

Zu Kapitel 3

[1] S. die Literaturhinweise in Anm. 13 zu Kap. 1.

[2] Vgl. die Analyse der Arbeitsmarktsituation, des Einkommens und des Image von Übersetzern im in Anm. 1 zu Kap. 2 genannten Artikel, sowie W. Wilss (1971, 1972); H. Schwarz (1975); M. Herzog, »Übersetzer sind ganz arme Leute«, in *Die Welt,* 11.12.1976. Nach Abschluß des Manuskripts wurde ich hingewiesen auf S. Höfer (1977), die bisher detaillierteste Untersuchung zum beruflichen Aspekt, und auf das Gutachten des Arbeitsamtes Bonn: »Zur Lage des Teilarbeitsmarktes für Diplomdolmetscher und -übersetzer« (in *Mitteilungsblatt des BDÜ,* Jan./Febr. 1977).

[3] »Goethes Briefwechsel mit Thomas Carlyle«, hrsg. v. G. Hecht, Dachau o.J. Brief Goethes an Carlyle vom 20.7.1827, hier S. 17.

[4] »Klage eines Gedichtes« (1796), in »Klopstocks sämmtliche Werke«, Bd. IV, Leipzig 1854, S. 382.

[5] Siehe K. Reiß (1970); W. Koller (1972, Kap. 2: »Die Metaphorik in der Übersetzungstheorie«).

[6] Vgl. R. Kloepfer (1967, S. 49).

[7] Nach der Ausgabe des »Sendbriefes« von E. Arndt, Halle/Saale 1968, S. 32; in modernisierter Fassung in *Störig 1963,* hier S. 21.

[8] Vgl. dazu den Auszug aus H.-G. Gadamers »Wahrheit und Methode« (1960) in *Störig 1963,* dem sich Gadamer mit dem Übersetzen befaßt: der Übersetzer muß »den zu verstehenden Sinn in den Zusammenhang hinübertragen, in dem der Partner des Gespräches lebt«:

»Das heißt bekanntlich nicht, daß er den Sinn verfälschen darf, den der andere meinte. Der Sinn soll vielmehr erhalten bleiben, aber da er in einer neuen Sprachwelt verstanden werden soll, muß er in ihr auf neue Weise zur Geltung kommen. Jede Übersetzung ist daher schon Auslegung, ja man kann sagen, sie ist immer die Vollendung der Auslegung, die der Übersetzer dem ihm vorgegebenen Wort hat angedeihen lassen.« (in *Störig 1963,* S. 429)

[9] S. auch Fr.D.E. Schleiermacher, »Hermeneutik«, hrsg. von H. Kimmerle, Heidelberg 1959 (= Abhandlungen der Heidelberger Akademie der Wissenschaften, Phil.-hist. Klasse, Jg. 1959, 2. Abh.).

[10] F. Nietzsche, »Zeitgemäßes und Unzeitgemäßes«, ausgewählt und eingeleitet von K. Löwith, Frankfurt a.M./Hamburg 1956, S. 133.

[11] F. Nietzsche, »Beyond Good and Evil«, translated, with an introduction and commentary, by R. J. Hollingdale, Penguin Books, 1973, S. 14.

[12] F. Nietzsche, »Beyond Good and Evil«, S. 206.

[13] Helmut de Boor im »Nachwort« zu Hartmann von Aue, »Der arme Heinrich«, Frankfurt a. M./Hamburg 1963 (= Exempla classica, 84), S. 130.

[14] P. Wapnewski im »Nachwort« zu Walther von der Vogelweide, »Gedichte«, Frankfurt a. M./Hamburg ²1963 (= Exempla classica, 48), S. 281 f. – Die Ähnlichkeit von neuhochdeutschen und mittelhochdeutschen Ausdrücken kann dabei zu Fehlleistungen führen, die bisweilen grotesk sind. So heißt es in einer älteren Meister-Eckehart-Übersetzung an einer Stelle: ([...] *daß der Engel sich als unwürdig ansah), Gottes Mutter zum Weibe zu nehmen* für ... *daz er gotes muoter nemen sollte. nemen* bedeutet hier aber nicht ›nehmen‹, sonder ›nennen‹, d. h. es müßte heißen: [...] *daß er Gottes Mutter beim Namen nennen sollte.* (»Meister Eckehart. Deutsche Predigten und Traktate«, herausgegeben und übersetzt von J. Quint, München 1963, S. 535). – Zum Übersetzen aus dem Mittelhochdeutschen, s. F. Saran (1967).

[15] Die Analyse von Typen von *faux amis* und ihre sprachenpaarbezogene Beschreibung ist Aufgabe der kontrastiven Semantik und Lexikologie. In Richtung AS → ZS dürften sich folgende Hauptfälle unterscheiden lassen:

1. der ZS-Ausdruck hat eine gänzlich andere Bedeutung als der AS-Ausdruck;
2. der ZS-Ausdruck hat eine engere Bedeutung als der AS-Ausdruck (eingeschränkte Anwendungsbedingungen);
3. der ZS-Ausdruck hat eine weitere Bedeutung als der AS-Ausdruck (erweiterte Anwendungsbedingungen);
4. der ZS-Ausdruck hat einerseits eine engere, andererseits gleichzeitig eine weitere Bedeutung als der AS-Ausdruck.

Bei jedem der vier Fälle ist außerdem die Möglichkeit konnotativer Zusatzinformation zu berücksichtigen (vgl. frz. *visage* – dt. *Visage*).

[16] Lewis Carroll, »Alice im Wunderland. Englisch und Deutsch«, München o. J. (Goldmanns Gelbe Taschenbücher, 1631) (Übertragung von K. Schrey); L. C., »Alice im Wunderland. Eine Geschichte für Kinder«, Zürich/Köln 1972 (bt Kinder-Taschenbuch, 113) (Übersetzung von A. Zimmermann, bearbeitet von P. Kent); L. C., »Alice im Wunderland«, 1973 (insel taschenbuch, 42) (übersetzt und mit einem Nachwort von Ch. Enzensberger); L. C., »Alice im Wunderland«, München 1973 (dtv junior, 7100) (Prosa-Übersetzung von L. Remané, Nachdichtungen von M. Remané); L. C. »Alice im Wunderland. Alice hinter den Spiegeln. Zwei Romane«, Frankfurt a. M. 1963 (übersetzt und herausgegeben von Ch. Enzensberger).

[17] Lewis Carroll, »Alice im Wunderland«, übersetzt und mit einem Nachwort von Ch. Enzenberger, 1973, S. 137.

[18] D. Riesman, »Die einsame Masse«, aus dem Amerikanischen übertragen von R. Rausch, 1958 (= rowohlts deutsche enzyklopädie, 72/73), S. 321.

[19] N. Chomsky, »Aspekte der Syntax-Theorie«, Frankfurt a. M. 1969, S. 7.

[20] N. Chomsky, ebd., S. 8.

[21] ›Concatenation‹ ist die Aneinanderreihung zweier oder mehrerer sprachlicher Einheiten, oder allgemeiner: die Aneinanderreihung einer Menge von Symbolen. So spricht man etwa von der Verkettung der Nominalphase (z. B. *der Hund*) mit der Verbalphrase (z. B. *bellt*).

[22] Siehe W. Welte (1974), unter ›Konkatenation‹ und ›Verkettung‹; Th. Lewandowski (1976), unter ›Verkettung‹.

[23] Zur Definition dieser Begriffe, s. linguistische Wörterbücher wie W. Welte (1974); W. Ulrich (1972); Th. Lewandowski (1976).

[24] B. Bernstein, »Class, Codes and Control. Vol. 1. Theoretical Studies towards a Sociology of Language«, London 1971; dt. Übersetzung: B. Bernstein (1972, S. 39).

[25] A. V. Cicourel, »Sprache in der sozialen Interaktion«, München 1975, S. 243; engl. Original bei Penguin Education, Harmondsworth, Middlesex.

[26] A. V. Cicourel, ebd., S. 243.

[27] Ferdinand de Saussure, »Grundfragen der allgemeinen Sprachwissenschaft«, Berlin ²1967, S. III.

[28] Vgl. dazu die These von E. Coseriu (1971), »daß die dichterische Sprache die volle Funktionalität der Sprache darstellt, daß also die Dichtung der Ort der Entfaltung, der funktionellen Vollkommenheit der Sprache ist« (S. 185).

[29] Der Übersetzer wird sich gegenüber sachlichen Fehlleistungen im literarischen Originaltext anders verhalten als bei Fachtexten: er braucht auf diese Fehler in der Übersetzung nicht hinzuweisen oder sie zu beseitigen.

[30] Voltaire, »Candide«, neu übertragen von H. Studniczka, Hamburg 1957, S. 143 ff., hier S. 143. – Von besonderem Interesse ist H. Studniczkas »Bemerkung in eigener Sache« (S. 144 f.): der Übersetzer und der Verlag konnten sich nicht einigen bezüglich des Namens *Candide:* der Übersetzer hätte der Form *Candid* gegenüber der frz. Form *Candide* den Vorzug gegeben.

[31] Baudelaire, »Les Fleurs du Mal. Die Blumen des Bösen«, Frankfurt a. M./Hamburg 1962 (= exempla classica, 63), S. 281 ff.

[32] Ebd. S. 282.

[33] Vgl. z. B. Shakespeare, »Troilus und Cressida. Englisch und Deutsch«, in der Übersetzung von Schlegel und Tieck herausgegeben von L. L. Schücking, 1966 (= Rowohlts Klassiker der Literatur und der Wissenschaft), hier S. 200.

[34] Ebd., S. 202

[35] Edward Bond, »Gerettet. Die Hochzeit des Papstes. Zwei Stücke«, Frankfurt a. M. 1971, S. 15 f.

[36] Vgl. außerdem die Beiträge in den Sammelbänden *Arrowsmith/Shattuck 1961, Cary/Jumpelt 1963, Italiaander 1965, Kunst der Übersetzung 1963, Übersetzen I, 1967.*

[37] W. von Humboldt, »Einleitung zu ›Agamemnon‹« (1816), in *Störig 1963,* S. 71–96, wiedergegeben nach der Ausgabe in W. von Humboldts »Gesammelten Schriften«, 1. Abteilung, Bd. 8, Berlin 1909, S. 119–146.

[38] Man vergleiche dazu R. A. Brower (1966), der verschiedene »Agamemnon«-Fassungen miteinander vergleicht.

[39] Eine große Zahl von Arbeiten spricht denn auch von der »Kunst des Übersetzens« – und zwar in ganz verschiedenen Zusammenhängen: vgl. Th. Mommsen (1886); E. Ermatinger/R. Hunziker (1898); P. Cauer (1903); E. Luginbühl (1933); Th. Savory (1968); *Kunst der Übersetzung 1963;* H. Friedrich (1965). S. dazu W. Koller (1972, S. 46 ff.).

[40] Diese Unterscheidung wird übrigens auch von F. Schleiermacher (1813) gemacht (vgl. auch oben, S. 52 f.):

»Der Dolmetscher nämlich verwaltet sein Amt in dem Gebiete des Geschäftslebens, der eigentliche Uebersezer vornämlich in dem Gebiete der Wissenschaft und Kunst.« (S. 39)

[41] Cicero, »De optimo genere oratorum«, V. 14, in: »Op. rhet.«, vol. II, rec. G. Friedrich, Leipzig (1893); zit. nach H. Friedrich (1965, S. 7).

[42] W. Schadewaldts Arbeiten zur Übersetzung (»Das Problem des Übersetzens«, 1927; »Die Wiedergewinnung antiker Literatur auf dem Wege der nachdichtenden Übersetzung«, 1958; »Antike Tragödie auf der modernen Bühne. Zur Geschichte der Rezeption der griechischen Tragödie auf der heutigen Bühne«, 1955; »Hölderlins Übersetzung des Sophokles«, 1956) finden sich in W. Schadewaldt (1960). Vgl. ferner W. Schadewaldt (1966).

[43] Dieser Abschnitt (S. 122 ff.) ist von großem praktischen Nutzen für den Übersetzer.

[44] Nicht zuletzt darf daran erinnert werden, daß die Forschung im Bereich der Übersetzungswissenschaft die *Isolation nationaler Sprach- und Literaturbetrachtung* durchbricht, ja durchbrechen muß. Verständnis für die Probleme des Übersetzens bedeutet zugleich Verständnis für das Andere und Fremde. Und durch Konfrontation und Kontrastierung mit dem Fremden wiederum kann erst das Bekannte und Selbstverständliche in seiner Relativität und in seinen Wesenszügen erkannt werden.

[45] Zur Gattung der pragmatischen Übersetzung gehören: 1. Texte der Naturwissenschaften, 2. Texte der angewandten Wissenschaften, 3. Texte der Sozialwissenschaften und 4. einige spezielle Arten (Urkunden, diplomatische Texte, Handelskorrespondenz, Werbetexte etc.). Weitere Übersetzungsgattungen sind: die Gattung ästhetische (künstlerische) Übersetzung, die Gattung religiöse Übersetzung, die Gattung ethnographische Übersetzung, die Gattung sprachwissenschaftliche Übersetzung und schließlich die Gattung geisteswissenschaftliche Übersetzung. (R. W. Jumpelt, 1961, S. 25)

[46] S. dazu die Arbeiten von O. Kade, A. Neubert und G. Jäger, die im Literaturverzeichnis aufgeführt sind. Ein Verzeichnis der in der DDR publizierten Literatur zur Übersetzungsproblematik findet sich in *Neubert 1968, S. 181 ff.*

[47] Zu ›Kode‹ und ›Kodierung‹, s. die Artikel in Th. Lewandowski (1976).

[48] Unter ›langue‹ versteht man im Anschluß an F. de Saussure (1916) »das überindividuelle und konventionelle Sprachsystem als Inventar bzw. ›Wörterbuch‹ von Zeichen und Regeln, das der aktual-konkreten Rede (parole) zugrunde liegt« (Th. Lewandowski, 1976, unter ›langue‹).

[49] Zum Übersetzen als Kunst, s. o., Anm. 39.

[50] Zur Unterscheidung von Korrespondenz (Zuordnungsprinzip in der kontrastiven Analyse) und Äquivalenz (Zuordnungsprinzip in der Übersetzungswissenschaft), s. Kap. 7.

[51] Der Fortschritt der maschinellen Übersetzung hängt unmittelbar mit dem Fortschritt der linguistischen Übersetzungswissenschaft zusammen.

[52] S. dazu A. Neubert (1973, S. 19); J. Filipec (1973, S. 84 f.).

[53] Dies ist der Titel des berühmten Buches von C. K. Ogden/I. A. Richards (1923).

[54] Das gilt in besonderem Maße für Bibelübersetzungen. Die schwedische Bibelkommission, die die Prinzipien einer neuen schwed. Bibelübersetzung festzule-

gen hatte, kam zu dem Schluß, daß nicht eine, sondern zwei neue Bibelübersetzungen erforderlich seien:

»[...] one of them mainly for use in worship, philologically exact, with a concise, succinct language close to the traditional style of the Bible and the form of the original; the second, intended chiefly for private reading, for use in home and school, would be easier for modern readers to understand and in a freer rendering of the original without sacrificing faithfulness to the meaning.« (Zitiert nach B. Olsson, 1973, S. 423 f.)

[55] Bei diesen bearbeitenden Eingriffen stellt sich die Frage der Autonomie des zu übersetzenden Objekts, die beachtet und geachtet werden soll, s. u., Kap. 4.1. und 5.1.

[56] Zur Einteilung der Textgattungen bei R. W. Jumpelt, s. o., Anm. 45.

Zu Kapitel 4

[1] Zur Unterscheidung von Übersetzen und Dolmetschen und von Übersetzungswissenschaft und Dolmetschwissenschaft, s. o., S. 11 f.).

[2] Zur Problematik der Übersetzung von Kinderbüchern bzw. von Übersetzungen für Kinder, s. *Persson 1962,* R. Bamberger (1963), G. Klingberg (1977), *Klingberg/Ørvig/Amor 1978,* B. Hürlimann (1976). – Die mehr oder weniger gravierenden Eingriffe in Kinderbuchübersetzungen erfolgen aus verkaufstaktischen, pädagogischen, moralischen, politischen etc. Gründen. – Zu den »Lederstrumpf«-Bearbeitungen, s. R. Pasewald (1959), K. Rossbacher (1972).

[3] Vgl. die Arbeiten von A. Senger (1971), Th. Huber (1968) und W. Fränzel (1914). – Die Versuche, verschiedene Übersetzungstypen zu definieren, sind dargestellt in W. Koller (1972, S. 102 ff.).

[4] Bei der Übersetzung von Werbetexten ist die übergeordnete Äquivalenzforderung die *Wirksamkeit,* deren Erhaltung oft einschneidende Eingriffe in Form und Inhalt des Textes bedingt.

[5] Vgl. K.-R. Bausch (1970, S. 161); W. Wilss (1977, S. 68).

[6] S. dazu W. Koller (1971).

[7] [Han satte sig på ett källartrappsteg.] Han vecklade fram smörgåsen ur smörgåspapperet, [Schweizerost som pålägg.]

[8] Daß es nicht zu wortwörtlichen Entsprechungen kommt, hängt mit dem konnotativen Wert von *Stulle* zusammen, der im schwed. *smörgås* nicht gewahrt ist: *Stulle* ist norddt., bes. Berliner Sprachgebrauch. Zum Begriff der ›Konnotation‹, s. Kap. 6.2.6. und 7.

[9] 5. Eßlinger Gespräch des Verbandes deutschsprachiger Übersetzer (VDÜ) in der Akademie Bad Boll.

[10] Es handelt sich um eine Stelle aus dem 1971 erschienenen Kinderbuch »I stället för en pappa« (›Statt eines Vaters‹/›Statt eines Papas‹/›Auch ein Papa‹/›An Stelle eines Vaters‹ etc.) von K. Thorvall. Der den hier angeführten Übersetzungen zugrundeliegende schwed. Text lautet:

»Ingen annan av polarna hade en morsa som hade en kille som hade suttit inne. Dom andra hade vanliga pappor som kom hem halv sex från jobbet och gnuggade händerna i tamburen och sa: ›Vad har du lagat för gott idag då, lilla gumman?‹« (S. 3)

[11] Zum Problem, wie weit der Begriff ›Übersetzung‹ gefaßt werden kann, s. auch K. Reiß (1971, S. 90ff.).

[12] Zu den Begriffen ›retrospektive‹ und ›prospektive Übersetzungswissenschaft‹, s. W. Wilss (1977, S. 67, S. 194). – Zur Normproblematik in der Übersetzungstheorie, s. G. Toury (1978).

[13] S. die übersetzungswissenschaftlichen Bibliographien im Literaturverzeichnis, S. 243.

[14] Der Begriff ›Übersetzungswissenschaft‹ hat sich erst seit dem Buch von E. A. Nida (1964) eingebürgert.

[15] Vgl. A. Neubert (1973), der den eigentlichen wissenschaftlichen Problemkomplex der Übersetzungstheorie mit folgenden Fragen umschreibt: »Was macht Übersetzen möglich? Welche Gesetzmäßigkeiten liegen ihm zugrunde? Was sind die Invarianten dieses Prozesses?« (S. 13).

[16] Zur Definition von *Übersetzungsschwierigkeit*, s. G. Thiel (1976, S. 386).

[17] Die wissenschaftliche Analyse des Problems, inwieweit und in welcher Form Übersetzen im *Fremdsprachenunterricht* als Lehr- und Lernmethode in Betracht kommt, ist Aufgabe der Theorie des Fremdsprachenerwerbs und der Fremdsprachendidaktik; s. etwa den Beitrag von H. Kleineidam (1974) und die sich daran anschließende Diskussion in den *Linguistischen Berichten* 35, 39 (1975) und 49 (1977); J.-R. Ladmiral (1972); sowie das Themenheft »Übersetzen« von *Die Neueren Sprachen*, 5/6, 1977. Aus übersetzungswissenschaftlicher Sicht beschäftigen sich mit dem Problem E. A. Nida (1976, S. 61 ff.) und J. House (1977, Kap. VII: »Implications for foreign language teaching«).

[18] Wenn W. Wilss (1977, Kap. IX) die Didaktik des Übersetzens als angewandte Übersetzungswissenschaft betrachtet, so geschieht dies zum Teil sicher zu Recht, indem die Übersetzungswissenschaft bei der Erarbeitung einer solchen Didaktik eine wichtige Rolle spielt. Eine ebenso wichtige Rolle spielen aber diese anderen Disziplinen, so daß es geboten scheint, die Didaktik des Übersetzens als eigenständiges Teilgebiet der Übersetzungswissenschaft zu betrachten, das in entscheidendem Maße auf interdisziplinäre Zusammenarbeit angewiesen ist.

[19] Die maschinelle Übersetzung (s. dazu die Ausführungen in Kap. 1.5.3 und 1.6.) wird hier nicht unter den Teilgebieten der Übersetzungswissenschaft aufgeführt, weil ihr Status, insbesondere im Blick auf die sprachenpaarbezogene Übersetzungswissenschaft, die linguistische Datenverarbeitung und die Informatik, nicht klar ist. Die sprachenpaarbezogene Übersetzungswissenschaft beschreibt zwar die Äquivalenzbeziehungen zwischen je zwei Sprachen, sie tut dies aber nicht zum Zwecke einer computergerechten Verarbeitung, die andere Anforderungen an Sprachbeschreibung und Formalisierung stellt.

[20] Diese Basisformen werden ausführlicher charakterisiert in W. Wilss (1975).

[21] Vgl. auch R. W. Jumpelt (1961, S. 6 ff.).

[22] Widersprüchlich ist J. C. Catford (1965), der die Übersetzungstheorie als Zweig der vergleichenden Linguistik (S. 20) und zugleich als angewandte Sprachwissenschaft (S. 19) bezeichnet.

[23] S. auch G. Jäger (1968 a), wo das Verhältnis der Übersetzungswissenschaft zu den Disziplinen der vergleichenden Sprachwissenschaft ausführlich behandelt wird. – Zu den einzelnen Zweigen der vergleichenden Sprachwissenschaft, s. die entsprechenden Beiträge in H. P. Althaus/H. Henne/H. E. Wiegand, Hrsg. (1973):

Historiolinguistik (W. P. Lehmann), Areallinguistik (J. Goossens), Sprachtypologie (W. Dressler), kontrastive Linguistik (G. Nickel), Sprachmittlung (K.-R. Bausch).

[24] Zur Unterscheidung von kontrastiver Linguistik und Übersetzungswissenschaft, s. Kap. 7.

[25] »La traduction littéraire n'est pas une opération linguistique, c'est une opération littéraire.« Zit. nach G. Mounin (1963, S. 13).

[26] Vgl. den Untertitel »An Essay in Applied Linguistics« zu J. C. Catford (1965). – Bei den Kongressen der Gesellschaft für Angewandte Linguistik (GAL) gibt es eine Sektion Übersetzungswissenschaft (s. die von G. Nickel/A. Raasch herausgegebenen Kongreßberichte, Heidelberg 1971 ff.). – Im Artikel ›Angewandte Linguistik‹ im »Handbuch der Linguistik«, hrsg. v. H. Stammerjohann (1975), heißt es:

»*Angewandte Linguistik.* Umfaßt die Übersetzungswissenschaft [...], Bereiche der Kommunikationsforschung, der Datenverarbeitung [...], der Medizin (Sprachtherapie und Stimmschulung) u. a. m.« (S. 30)

[27] Vgl. K.-R. Bausch (1970). In Th. Ebneters Übersicht über die Gebiete der angewandten Linguistik (1976) fehlen Übersetzungswissenschaft wie auch linguistische Datenverarbeitung und maschinelle Übersetzung, »da deren Stellung in bezug auf theoretische und angewandte Sprachwissenschaft umstritten ist« (S. 15).

[28] S. dazu O. Back (1970), W. Kühlwein (1973), P. Strevens (1976), Th. Ebneter (1976).

Zu Kapitel 5

[1] Ch. Wulf, Hrsg., »Wörterbuch der Erziehung«, München 1974, S. 38.

[2] J. Habermas, »Technik und Wissenschaft als Ideologie«, Frankfurt 1968, S. 107.

[3] Vgl. dazu W. Koller (1972, Abschnitt 2.3: »Die Begriffsmetaphorik«).

[4] Es handelt sich um eine Information zu einer neuen empfängsnisverhütenden Spirale. Man muß sich allerdings fragen, ob der Patiententext tatsächlich so abgefaßt ist, daß er von der »Durchschnittspatientin« verstanden werden kann.

[5] Zur Funktion des intralingualen Neuformulierens in der Wissenschaft, s. A. Neubert (1975).

[6] Vgl. dazu H.-G. Gadamer (1960); G. Steiner (1975, Ch. 1: »Understanding as Translation«).

[7] Zur Übersetzung als »Dichtung der Dichtung«, s. R. Kloepfer (1967, S. 126).

[8] Das Beispiel verdanke ich Marianne Krause. Der frz. Text ist *Réalités*, 338/1974, der engl. *Newsweek*, 18.11.74 entnommen.

[9] S. dazu E. A. Nida (1964, 1969); E. A. Nida/Ch. R. Taber (1969); J. B. Walmsley (1970); O. Kade (1971a); D. Chitoran/A. Petrovanu (1971); R. Müller (1977).

[10] Vgl. K. Behr et al. (1973, S. 23); G. Klaus, Hrsg. (1969, unter ›Kommunikationskette‹); D. Breuer (1974, S. 44 ff.).

[11] Zur Einführung, s. H. Burger/B. Imhasly (1978).

[12] Vgl. den »langen Satz«, in den Regierungssprecher Bölling am 1.2.1978 das Rücktrittsargument von Verteidigungsminister Leber »verpackte«:
»Bundesminister Leber hat heute dem Kabinett vorgetragen, daß er die von ihm im Verlauf der Debatte über den Verteidigungshaushalt am 26. Januar 1978 vor dem Deutschen Bundestag abgegebene Erklärung, der Lauschmitteleinsatz des Militärischen Abschirmdienstes (MAD) in der Privatwohnung einer Mitarbeiterin sei der einzige dieser Art gewesen, nach seinem nunmehrigen tatsächlichen Kenntnisstand und aufgrund einer erneuten rechtlichen Beurteilung der Frage, ob unter bestimmten Umständen auch nicht zu Wohnzwecken dienende Räume im rechtlichen Sinne als Wohnung anzusehen seien, nicht aufrechterhalte.«
Kommentar dazu in der *Frankfurter Rundschau* vom 3.2.1978:
»Dieses Satz-Ungetüm hatte man im Kabinett zusammengebastelt, um den wahren Sachverhalt möglichst verdeckt zu halten und sich selbst nicht alle Rückzugsmöglichkeiten zu vermauern.«

[13] Vgl. A. Neubert (1968, S. 31) zum »von vornherein *ZS-gerichteten AS-Text*«.

[14] Die folgende Darstellung ist teilweise den Problemstellungen und Resultaten der Rezeptionsästhetik als der literaturwissenschaftlichen Richtung verpflichtet, die das Verhältnis von Text und Empfänger ins Zentrum des Interesses stellt. Zur Einführung, vgl. H. Link (1976) und den von R. Warning herausgegebenen Sammelband zur Rezeptionsästhetik (1975). – Zu Sprach-, Text- und Handlungsnormen, s. W. Koller (1974b); B. Sandig (1978); *Normen in der sprachlichen Kommunikation* (1977).

[15] Eine Probe aufs Exempel aus der 1974 unverändert nachgedruckten Übersetzung aus dem Jahre 1953 (H. Martinson, »Der Weg nach Glockenreich«/E. Johnson, »Zeit der Unruhe«, München 1974):
schwed. Original: Och skrattende åt våldtäktsrädslan som han berättade om, lät hon kläderna falla, reste sig naken mot honom, lade sig sedan bakåt och drog honom intill sig. Och likt en levande sax med utfällda skänklar gjorde hon det härligt skrevande upproret mot rädslan i våldtäktsrädslans land. [...] Hon gjorde allt för att ta rädslan ur den hapne luffaren; höll om hans fallos som om en rorkult och styrde honom av och an över golvet i sovkammaren. Och han följde uppjagad, lydig och förundrad med i svängarna, mer än en gång fast i den tanken att det hela bara var en könsdröm [...]. (S. 88)

Gedruckte Übersetzung
Und lachend über das Mißtrauen, von dem er erzählt hatte, ließ sie die Kleider fallen, stand nackend vor ihm und zog ihn zu sich.
[*Auslassungen*] [...]

Sie tat alles, um dem verdutzten Landstreicher seine Angst auszutreiben, und er fügte sich erhitzt, gehorsam und staunend ihren Einfällen, sich mehr als einmal bei dem Gedanken ertappend, das Ganze sei nur ein Traum des Begehrens [...]. (S. 138)

Übersetzung von mir [W. K.]:
Und lachend über die Vergewaltigungsangst, von der er erzählte, ließ sie ihre Kleider fallen, richtete sich nackt zu ihm auf, lehnte sich dann zurück und zog ihn an sich. Und wie eine lebende Schere mit offenen Schenkeln machte sie diesen herrlich spreizenden Aufruhr gegen die Angst im Lande der Verge-

waltigungsangst. [...] Und sie machte alles, um dem verdutzten Landstreicher die Angst zu nehmen; hielt sein Glied wie eine Ruderpinne und steuerte ihn damit auf dem Schlafzimmerboden hin und her. Und er hielt erregt, gehorsam und staunend mit; mehr als einmal ertappte er sich beim Gedanken, das ganze sei nur ein Geschlechtstraum [...].

[16] Illustrative Beispiele zu purifizierenden Eingriffen in Kinderbuchübersetzungen finden sich bei G. Klingberg (1977, S. 186 ff.).

[17] Vgl. E. Standop, »Die Form der wissenschaftlichen Arbeit«, Heidelberg ⁵1973.

[18] Sog. Briefsteller vermitteln formale und inhaltliche Normen der Textgattung *Brief* für alle Bereiche des öffentlichen, geschäftlichen und privaten Lebens. Vgl. etwa »Briefe, wie sie sein sollen. Ein Ratgeber für alle Gelegenheiten« (Humboldt Taschenbuch, 113); L. Mimaud, »Cher André...Cher Monsieur...Französische Privatbriefe mit deutschen Übersetzungen«, Berlin, München, Zürich 1973 (= Langenscheidts Musterbriefe).

[19] S. dazu H. Belke (1973); B. Sandig (1978).

[20] Die dt. und schwed. Übersetzungen von D. L. Sayers' »Murder Must Advertise« verfahren bezüglich Kapiteleinteilung und -überschriften unterschiedlich: die dt. Übersetzung (Goldmann Taschenkrimis) verzichtet auf Kapitelüberschriften, behält aber die Nummern bei, die schwed. Übersetzung (Delfinserien) behält die Titelüberschriften bei und verzichtet auf die Kapitelzahlen.

[21] Mit der Verknüpfung von Sätzen in Texten beschäftigt sich die Textlinguistik. Zur Einführung, vgl. W. Dressler (1972); E. Gülich/W. Raible (1977); E. Agricola (1972).

[22] Aus H. Wiesner, »Lapidare Geschichten«, München 1967, S. 18.

[23] S. dazu das Beispiel auf S. 207 f.

[24] Zur Funktionalstilistik, s. G. Michel et al. (1968), E. Riesel (1970), E. Riesel/E. Schendels (1975), W. Fleischer/G. Michel (1975).

[25] Stilelemente sind jene varianten Elemente der Sprache, »die auf Grund der synonymischen Möglichkeiten der Sprache in einer bestimmten Rede [d. h. im Text] ausgetauscht, weggelassen oder hinzugefügt werden können« (G. Michel et al., 1968, S. 32). Obligatorische Elemente sind keine Stilelemente. Vom Textautor aus betrachtet: Stilelemente werden – bewußt oder unbewußt – ausgewählt.

Er	starb / verschied / biß ins Gras		ich leb / du leb / er leb	e / st / t
	stilistische Varianten fakultativ = Stilelemente		von der Grammatik geforderte Elemente obligatorisch = keine Stilelemente	

[26] S. H.-R. Fluck (1976, Kap. 4: »Sprachliche Charakteristika der Fachsprachen«).

[27] Zum Textverstehen, vgl. E. Werlich (1975).

[28] Vgl. R. Warning, Hrsg. (1975); W. Iser (1976).

[29] Für F. Vodička (1976) ist die Übersetzung »nichts anderes als Konkretisation im Kontext einer anderen Sprache und einer anderen literarischen Tradition« (S. 124). Vgl. dazu F. Vodičkas Analyse von Jungmanns tschechischer Übersetzung von Chateaubriands »Atala« (S. 227 ff.).

[30] Auf vorbildliche Weise tut dies A. Bruns (1978), der den Stil einer Übersetzung aus dem »Zusammenspiel stilistischer Eigenschaften des Ausgangstextes mit literarischen und literatursprachlichen Normen auf Seiten des Übersetzers« (S. 20) zu verstehen sucht.

[31] Noch schwieriger und umstrittener ist die Übersetzungsproblematik bei Texteigenschaften, die in der AS keinen innovatorischen Charakter haben, bei ihrer Übersetzung jedoch gegen ZS-Normen verstoßen, weil die entsprechenden literatursprachlichen Normen und Möglichkeiten in der ZS (noch) nicht entwickelt sind. Die verfremdende Übersetzungsmethode bzw. das Prinzip der formalen Äquivalenz verlangen auch (und besonders) bei solchen AS-Texteigenschaften den weitestgehend möglichen Nachvollzug im ZS-Text (s. o., S. 53 f.).

[32] S. dazu F. Senn (1968, S. 368 ff.); W. Koller (1971). Es läßt sich nicht selten beobachten, daß eine Übersetzung dem ZS-Leser einen Text besser erschließt als dies für den muttersprachlichen Originalleser der Fall ist: die Übersetzung ist verständlicher als das Original (vgl. E. Boecker, 1973, S. 106).

Zu Kapitel 6

[1] Brief an A. W. Schlegel vom 23. Juli 1976, zit. nach *Hartmann/Vernay 1970*, S. 144.

[2] J. J. Breitinger, »Critische Dichtkunst«, 1740, Faksimiledruck Stuttgart 1966 (= Deutsche Neudrucke. Reihe Texte des 18. Jahrhunderts), Bd. 2, S. 138 f. (aus dem Abschnitt »Von der Kunst der Uebersetzung«).

[3] Eine historisch orientierte Darstellung der Übersetzbarkeitsproblematik findet sich in W. Koller (1972, Kap. 3.2.).

[4] Die von der *Stylistique comparée* von J.-P. Vinay/J. Darbelnet (1971, S. 46 ff.) und A. Malblanc (1968, S. 25 ff.) beschriebenen »procédés techniques de la traduction« (bei W. Wilss, 1977: »Übersetzungsprozeduren«) scheinen mir so heterogen und verwirrend unsystematisch zu sein, daß ich hier auf ihre Darstellung verzichte. Man vergleiche dazu auch die skeptische Beurteilung ihrer Brauchbarkeit durch W. Wilss (1977, S. 121). – Zur *Transposition,* die m. E. im Bereich der kontrastiven Grammatik und nicht der Übersetzungswissenschaft anzusiedeln ist, s. K.-R. Bausch (1968).

[5] Dies ist der Ausgangspunkt der Sprachanalyse in der linguistischen Anthropologie (bzw. in der anthropologisch orientierten Linguistik) und der Ethnolinguistik, vgl. J. J. Gumperz (1975, S. 91).

[6] Vor einem direkten Inbeziehungsetzen von sprachlichen Oberflächenerscheinungen und kulturellen/gesellschaftlichen Phänomenen sei nachdrücklich gewarnt, vgl. W. Koller (1974 b).

[7] Bezeichnend ist, daß Ausdrücke wie *sinnlich, erotisch, geschlechtlich* zusammen mit *tierisch* und *animalisch* in Wehrle/Eggers, »Deutscher Wortschatz«, Frankfurt a. M./Hamburg 1968 (= Fischer Handbücher) unter der Kategorie ›Unreinheit‹ (Nr. 961) geführt werden. – Ein erschreckendes Bild vermittelt im

Grunde genommen auch E. Bornemanns Wörtersammlung »Sex im Volksmund. Der obszöne Wortschatz der Deutschen«, Reinbek bei Hamburg 1974.

[8] Von einer solchen emanzipatorischen Zielsetzung aus ist die Schleiermachersche Forderung nach Befolgung der verfremdenden Übersetzungsmethode, nach der Hinführung des Lesers zum Originaltext (und nicht des Originaltextes zum Leser in der ZS) zu befürworten. Heute, wo es primär um den Massenabsatz der Bücher geht (und das heißt: jedes Buch muß potentiell ein Bestseller sein), sind verfremdende Texte, d. h. schwieriger lesbare, ja vielleicht sogar abweisende Texte nicht gefragt. Es kommt auf Lesbarkeit an, koste es, was es wolle. Und Lesbarkeit wird mit adaptierenden Methoden erreicht: man soll die Übersetzung lesen können, wie wenn sie von H. H. Kirst oder J. M. Simmel als deutsches Original geschrieben worden wäre. Die Themen Leserbevormundung in und durch Übersetzungen bzw. Stabilisierung sprachlich-stilistischer und ästhetischer literatursprachlicher Normen durch Übersetzungen warten auf ihre (literaturwissenschaftlichen) Bearbeiter.

[9] S. dazu die ersten zwei Bände von L. Weisgerbers vierbändigem Hauptwerk »Von den Kräften der deutschen Sprache« (L. Weisgerber, 1971, 1973). Zur Einführung, s. G. Helbig (1971, Kap. 4: »Die inhaltbezogene Grammatik«); C. Heeschen (1972, Abschnitt 3.2.: »Leo Weisgerber«); H. Hörmann (1970, Kap. XV: »Der Einfluß der Sprache auf die Weltansicht des Menschen«); R. L. Brown (1967); R. L. Miller (1968); H. Gipper (1974).

[10] S. dazu B. L. Whorf (1956); P. Henle, Hrsg. (1969); H. Gipper (1972); A. Schaff (1964, »Ethnolinguistik: Die Sapir-Whorf-Hypothese«, S. 61–93); H. Dürbeck (1975).

[11] Der zweite Band von L. Weisgerbers Hauptwerk trug in der 2. Aufl. von 1953/54 noch den Titel »Vom Weltbild der deutschen Sprache«.

[12] S. dazu den von L. Schmidt herausgegebenen Sammelband »Wortfeldforschung« (1973); H. Geckeler (1971); E. Leisi (1973, Kap. 6: »Vergleich englischer Wortbedeutungen mit ihren Nachbarn – Paradigmatische Semantik«).

[13] Nach H. Gipper (1972, S. 91) stellt jede Übersetzung »eine Transponierung aus den Perspektiven einer sprachlichen Weltansicht in diejenige einer anderen« dar; dabei gehe es nie ganz ohne »Veränderungen oder ›Metamorphosen‹« ab. Vgl. auch L. Weisgerber (1955).

[14] Nicht zuletzt von Anhängern der inhaltbezogenen Sprachauffassung ist L. Weisgerbers sprachtheoretischer Ausgangspunkt trivialisiert worden, vgl. etwa W. Porzig (1971, S. 214). Allerdings verleiten viele vage und »gefährliche« Formulierungen von L. Weisgerber selbst – insbesondere in älteren Arbeiten (s. L. Weisgerber, 1939) – dazu, seinen Ansatz auf die Formel Denken = Denken in der Muttersprache zu reduzieren. Das gilt auch für seinen Hinweis auf die Parallelität seiner Überlegungen mit denen B. L. Whorfs (L. Weisgerber, 1973, S. 45).

[15] Vgl. B. L. Whorf (1956, S. 147f.); P. Henle, Hrsg. (1969, S. 28f.).

[16] S. dazu die »Introduction« von J. B. Carroll zu B. L. Whorf (1956).

[17] Vgl. dazu die Ausführungen von E. Boecker (1973, S. 183) zum Ausdruck *Delta* in den Erzählungen W. Faulkners.

[18] Zur Übersetzungstheorie der Aufklärungszeit, s. W. Fränzel (1914); G. Fuchs (1936); Th. Huber (1968); A. Senger (1971). A. Senger (1971, S. 34ff.) weist darauf hin, daß die Überzeugung von der prinzipiellen Übersetzbarkeit die

Übersetzungstheorie(n) der Zeit der Aufklärung beherrscht. – Die folgenden vier Seiten stimmen im wesentlichen mit der Darstellung in W. Koller (1972, S. 89 ff.) überein.

[19] J. J. Breitinger, a. a. O. (Anm. 2), S. 138.

[20] Vgl. J. H. Greenberg (Hrsg. 1963; 1966); G. Helbig (1971, S. 306 ff.); W. Welte (1974, unter ›Universalien‹); Th. Lewandowski (1976, unter ›Universalien‹).

[21] S. dazu die Beiträge in H. Pilch/H. Richter, Hrsg. (1970).

[22] Vgl. die differenzierte Darstellung in G. Helbig (1971, S. 119 ff.) und die Arbeiten von A. Schaff (1964, 1969).

[23] Vgl. G. Klaus/M. Buhr, Hrsg. (1972, unter ›Sprache‹, ›Denken‹, ›Erkenntnis‹, ›Bewußtsein‹, ›Widerspiegelung‹, ›Abbildtheorie‹); W. Neumann u. Autorenkoll. (1976, Abschnitte 3.1.4. und 3.2.).

[24] Dieses Beispiel ist R. W. Jumpelt (1961, S. 44) entnommen.

[25] Zu den Begriffen ›Diversifikation‹ und ›Neutralisation‹, s. G. Jäger (1975, S. 135 ff.).

[26] Beispiel aus G. Jäger (1975, S. 135 ff.): tschech. *ženatý* wird gebraucht, wenn sich ›verheiratet‹ auf den Mann, *vdaná*, wenn es sich auf die Frau bezieht.

[27] ›Großvater‹ [+ mütterlicherseits] bzw. [+ väterlicherseits].

[28] Beispiel aus R. W. Jumpelt (1961, S. 44).

[29] Vgl. dazu S. Öhman (1959). *leka* wird verwendet, wenn es z. B. um das Spielen der Kinder geht, *spela* dagegen, wenn es sich um Aktivitäten wie z. B. Geigespielen handelt.

[30] Beispiel aus *Spitzbardt 1972*, S. 175.

[31] Diese semantische Differenzierung wird bei G. Leech (1974, S. 30) nicht weiter problematisiert; vgl. M. Wandruszka (1969, S. 37), der darauf hinweist, daß es sich um eine »Sprachregelung der Ämter und Schulen« handelt.

[32] Zu möglichen Unterschieden zwischen *morfar* und *farfar* im konnotativ-affektiven Bereich, s. S. Öhman (1951, S. 163 ff.).

[33] Zahlreiche Beispiele dieses Typs finden sich in N. Gamaleja (1968).

[34] Diese Verfahren sind in sprachgeschichtlicher (wortgeschichtlicher) Sicht gut untersucht. S. die Beiträge Nr. 54–58 in H. P. Althaus/H. Henne/H. E. Wiegand, Hrsg. (1973) mit der dort angeführten Literatur.

[35] S. dazu etwa S. Öhman (1951, Kap. VI: »Aus dem Wortschatz im Gebiete menschlicher Einrichtungen«); E. Boecker (1973, Ch. 2.3.: »Extralinguistic problems: Cultural distance«); O. Kade (1968, S. 71 ff.).

[36] »Griechisches ›joint venture‹ der Steyr-Daimler-Puch AG«, *Neue Zürcher Zeitung,* 13. 7. 1976.

[37] »In seinem Bestreben, die Isolation des Präsidialamtes zu bekämpfen [...], will er [Carter] periodisch zurück zu den Graswurzeln der Nation.« *Neue Zürcher Zeitung,* 19. 3. 1977.

[38] Beispiele aus C. M. Gruber, »Wörterbuch der Werbung und des Marketing. Dictionary of Advertising and Marketing«, München 1977.

[39] Auf die grundsätzlichen Probleme der Terminologienormung in nationaler und internationaler Perspektive kann hier nicht eingegangen werden. S. dazu H.-R. Fluck (1976, Kap. 6: »Fachsprachliche Normung«); R. W. Jumpelt (1961, Kap. 8/9: »Sinneinheiten der Fachsprachen (Terminologie)«); L. Drozd/W. Sei-

bicke (1973); L. Hoffmann (1976).

[40] Benennungsregeln des Normblatts DIN 2330, zit. nach H.-R. Fluck (1976, S. 119).

[41] Allerdings sind auch in denotativer Hinsicht die Verhältnisse komplizierter, umfaßt doch dt. *Metzger* frz. *boucher* und *charcutier*.

[42] Zum Sprachspiel, s. F.J. Hausmann (1974, mit Wortspielbibliographie); P. Farb (1974, Ch. 6: »Playing with Language«); K. Heger (1976, S. 55 ff.).

[43] Beispiel aus J. Joyces »Ulysses«, zit. nach F. Senn (1968, S. 367), der dazu ausführt:
»In keiner anderen Sprache ist Coffey einem Wort für Sarg (coffin) gleich. Coffey ist, nebenbei gesagt, der wirkliche Name des Priesters im Friedhof Glasnevin von 1904 – Joyce ist naturalistisch genau. Der Übersetzer, der die Assoziation glaubhaft machen will, ist auf einen Behelf angewiesen. Zum Beispiel eine Erklärung in einer Klammer: »Pater Coffey. Wußte doch, daß sein Name an coffin (Sarg) erinnert« (D 120). Die französische und die spanische Übersetzung entscheiden sich in derartigen Fällen meist für einen anderen Namen. Das Wort für Sarg (cercueil, ataúd) wird Grundlage für »Le Père Serqreux« (F 102) und »El padre Esaúd« (SP 138). Einen Mittelweg scheint die serbo-kroatische Übersetzung eingeschlagen zu haben, wo der Name »Otac Covey« noch immer einen irischen Einschlag aufweist (im Gegensatz zu Serqueux oder Esaud) und dennoch einem Wort »kovceg ähnlich sieht.«

[44] Eigenwerbung einer Tageszeitung, zit. nach W. Koller (1977, S. 184).

[45] Beispiel aus K. Heger (1976, S. 99).

[46] H. Wiesner, »Lapidare Geschichten«, München 1967, S. 53.

[47] Typ *Veni, vidi, vici; I like Ike.*

[48] G. Grass, »Die Blechtrommel. Roman«, Frankfurt a.M. 1962 (= Fischer Bücherei), S. 12; G. Grass, »The Tin Drum«, 1965 (Penguin Books), S. 15; G. Grass, »Le tambour«, 1969 (Editions du Seuil. Le livre de poche), Bd. I/II, hier I, S. 13.

[49] G. Grass, a.a.O., S. 19; engl. S. 23; frz. I, S. 25.

[50] G. Grass, a.a.O., S. 21; engl. S. 25; frz. I, S. 27.

[51] L. Carroll, »The Annotated Alice. Alice's Adventures in Wonderland *and* Through the Looking-Glass. With an Introduction and Notes by Martin Gardner«, 1965 (Penguin Books), hier S. 8f.

[52] L. Carroll, a.a.O., S. 50; dt. A = L.C., »Alice im Wunderland. Englisch und Deutsch«, München o.J. (Goldmanns Gelbe Taschenbücher), S. 41; dt. B = L.C., »Alice im Wunderland. Eine Geschichte für Kinder«, Zürich/Köln 1972 (bt Kinder-Taschenbuch), S. 44f.; dt. C = L.C., »Alice im Wunderland«, Frankfurt a.M. 1973 (insel taschenbuch), S. 32; L.C., »Les aventures d'Alice au pays des merveilles«, Paris 1970 (Bilingue Aubier Flammarion), S. 117.

[53] L. Carroll, a.a.O., S. 126f.; dt. A, S. 147; dt. B, S. 142; dt. C, S. 98; frz., S. 229.

[54] Vgl. B. Marfurt (1977).

[55] »Rire et Sourire. Französische Witze«, München 1975 (1967) (dtv zweisprachig), S. 14f.

[56] *Neue Zürcher Zeitung,* 21.10.1973.

[57] *Der Spiegel,* 1/2, 1976.

[58] *Neue Zürcher Zeitung,* 21.11.1975.

[59] *Die Zeit*, 21.11.1975.
[60] *Die Zeit*, 21.12.1973.
[61] R. Manheim, »Aus der Übersetzerküche«, in *Der Übersetzer*, 7/1971.
[62] M. Heidegger, »Was heißt Denken?«, Tübingen 1954, S. 97.
[63] M. Heidegger, »Being and Time«, Oxford 1973 (1962). Im Vorwort weisen die Übersetzer J. Macquarrie und E. Robinson u. a. auf folgende Übersetzungsschwierigkeiten hin:
»As long as an author is using words in their ordinary ways, the translator should not have much trouble in showing what he is trying to say. But Heidegger is constantly using words in ways which are by no means ordinary, and a great part of his merit lies in the freshness and penetration which his very innovations reflect. He tends to discard much of the traditional philosophical terminology, substituting an elaborate vocabulary of his own. He occasionally coins new expressions from older roots, and he takes full advantage of the ease with which the German language lends itself to the formation of new compounds. He also uses familiar expressions in new ways. Adverbs, prepositions, pronouns, conjunctions are made to do service as nouns; words which have undergone a long history of semantical change are used afresh in their older senses; specialized modern idioms are generalized far beyond the limits within which they would ordinarily be applicable. Puns are by no means uncommon and frequently a key-word may be used in several senses, successively or even simultaneously. He is especially fond of ringing the changes on words with a common stem or a common prefix. He tends on the whole to avoid personal constructions, and often uses abstract nouns ('Dasein', 'Zeitlichkeit', 'Sorge', 'In-der-Welt-sein', and so forth) as subjects of sentences where a personal subject would ordinarily be found. Like Aristotle or Wittgenstein, he likes to talk about his words, and seldom makes an innovation without explaining it; but sometimes he will have used a word in a special sense many times before he gets round to the explanation; and he may often use it in the ordinary senses as well. In such cases the reader is surely entitled to know what word Heidegger is actually talking about, as well as what he says about it; and he is also entitled to know when and how he actually uses it.« (S. 13f.)
Die engl. »Sein und Zeit«-Übersetzung bietet vorbildliches Anschauungs- und Analysematerial für Übersetzungsverfahren.
[64] S. Lidman, »Regnspiran«, Stockholm 1958, S. 106f.: »Den [svartsjukan] är en ond saft. En svart sjuka.« (Vgl. dazu im Dt. den Sinnspruch: »Eifersucht ist eine Leidenschaft, die mit Eifer sucht, was Leiden schafft.«) In der engl. Übersetzung (S.L., »The Rain Bird«, London 1963) bleibt diese Stelle unübersetzt: »A crack opened in the crust of her obedience, and jealousy – an evil juice – began to trickle out.« (S. 117).
[65] Nicht mehr berücksichtigt werden konnte die scharfsinnige Analyse von K. Henschelmann (1978).

Zu Kapitel 7

[1] Die weiteren Disziplinen, in denen sprachliche Einheiten einander zugeordnet und – mit unterschiedlichen Zielsetzungen – miteinander verglichen werden, wurden oben, S. 103 charakterisiert.

² Zur Geschichte des Äquivalenzbegriffs, s. W. Wilss (1977, S. 159 ff.).
³ Zur Einführung, s. M. Hellinger (1977). Gute Übersichten über die theoretischen Probleme der kontrastiven Linguistik, ausführliche Projektbeschreibungen sowie kontrastive Analysen von sprachlichen Teilbereichen enthalten die von H. Raabe (1974 und 1976) und U. Engel (1977) herausgegebenen Sammelbände.
⁴ Vgl. etwa G. Barth (1961).
⁵ Vgl. W. G. Moulton (1962).
⁶ Vgl. R. L. Snook (1971).
⁷ Vgl. E. A. Levenston (1965, 1966).
⁸ Vgl. C. James (1969); R. P. Stockwell/J. D. Bowen/J. W. Martin (1965); R. J. Watts (1976).
⁹ Vgl. E. Burgschmidt/D. Götz (1974).
¹⁰ In theoretischen Arbeiten zur kontrastiven Linguistik wird die generative Transformationsgrammatik häufig als die beschreibungsadäquateste Grammatik bezeichnet; auf ihrer Basis sind bisher aber erst Teilbereiche hauptsächlich des Deutschen und Englischen beschrieben worden – Teilbereiche, die nicht selten auch in den traditionellen Grammatiken gut erfaßt sind.
¹¹ K. H. Wagner (1974) bemerkt dazu:
»Die kontrastiv vergleichende Sprachwissenschaft hat eine geschichtlich bedingte Zweckbestimmung. Sie ist ein Nebenprodukt der Entwicklung des Fremdsprachenunterrichts auf dem theoretischen Hintergrund des taxonomischen Strukturalismus in Amerika.« (S. 372)
Vgl. auch J. S. Noblitt (1972, S. 319 f.) und G. Wienold (1971, S. 35).
¹² S. etwa W. G. Moulton (1962, S. vii); H. L. Kufner (1973, S. 27); E. König/G. Nickel (1970, S. 71, 79); R. P. Stockwell/J. D. Bowen/J. W. Martin (1965, S. viii).
¹³ Vgl. W. Nemser/T. Slama-Cazacu (1970, S. 104).
¹⁴ Zur Schwäche der theoretischen Fundierung der kontrastiven Linguistik, s. W. Nemser/T. Slama-Cazacu (1970, S. 108 ff., S. 115 ff.); K. Kohn (1974, S. 10 ff.); T. P. Krzeszowski (1972, S. 75).
¹⁵ Nach meiner Auffassung: sinnvoll ist hier der Vergleich unter dem Aspekt der Übersetzungsäquivalenz, nicht aber der Korrespondenz; s. Abschnitt 7.2.
¹⁶ Vgl. dazu E. Coseriu (1970).
¹⁷ S. dazu auch Ch. Schwarze (1975); H. W. Kirkwood (1966); M. Wandruszka (1969) und die Arbeiten zum multilateralen Übersetzungsvergleich (z. B. K.-R. Bausch, 1963; H. Must, 1972; R. Gäßler, 1973).
¹⁸ So könnten etwa die verschiedenen Wiedergabemöglichkeiten englischer Partizipialkonstruktionen im Deutschen mit solchen Indizes versehen werden; vgl. W. Wilss (1971 a).
¹⁹ Vgl. dazu K.-R. Bausch/H. Raabe (1978).
²⁰ Vgl. R. Filipović (1971, S. 107); K. H. Wagner (1974, S. 372); G. Wienold (1971, S. 35); C. James (1971).
²¹ Vgl. J. S. Noblitt (1972, S. 319 f.); R. L. Snook (1971, S. 18); G. Nickel (1971 a); C. Sanders (1976); Ch. Schwarze (1977).
²² Zur Normproblematik in der literarischen Übersetzungstheorie, s. G. Toury (1978).
²³ Ich bin mir bewußt, daß die Verwendung des Ausdrucks ›Form‹ für diese höchst unterschiedlichen qualitativen Eigenschaften von Texten unangemessen ist.

So plausibel es mir erscheint, daß diese fünfte Kategorie gegenüber den ersten vier Kategorien anzusetzen ist, so unbefriedigend ist es, daß sie in sich so heterogen ist. Eine Lösung dieser Probleme ist mir trotz langen Nachdenkens nicht geglückt.

[24] S. dazu H. Rossipal (1973); K. Baldinger (1968). Es sei darauf hingewiesen, daß unter meinen konnotativen Dimensionen jener besondere Typ assoziativer, soziokulturell bedingter Konnotationen fehlt, der mit folgenden Beispielen (aus J. Link, 1974, S. 70f.) illustriert werden kann:

(1) »Ich trinke Jägermeister, weil ich in der Blusen-Abteilung einfach nicht widerstehen konnte.« (Jägermeister-Reklame; Konnotation: ›Sünde‹).

(2) »Das Lächeln. Der Service. Die 747 B. Ein Geschenk des Himmels.« (Singapore Airlines Reklame; Konnotation: ›Sex‹).

[25] Für das Dt. etwa W. Fleischer/G. Michel (1975); B. Sowinski (1973); E. Riesel (1970); E. Riesel/E. Schendels (1975).

[26] Vgl. dazu die Analysen von E. Boecker (1973).

[27] Das Problem des Empfängerbezugs der Übersetzung wird von K. Heger (1976) wie folgt thematisiert:

»Der Übersetzer etwa einer technischen Beschreibung einer Maschinenanlage – im Rahmen etwa einer Ausschreibungsunterlage oder einer Patentschrift – kann davon ausgehen, daß er alle im Original in der Sprache S_1 gegebenen Informationen dem Adressaten in dessen Sprache S_2 übersetzen muß, darüberhinaus seiner Übersetzung aber keinerlei über diese im Original enthaltenen Informationen hinausgehenden zusätzlichen Informationen hinzuzufügen braucht. Im Gegensatz hierzu wird sich der Übersetzer etwa eines mythischen Textes dauernd vor dieser zusätzlichen Notwendigkeit und damit vor der Frage sehen, in welchem Ausmaß er dem Adressaten, der weder die Sprache S_1 beherrscht noch den kommunikativen Hintergrund C_1 der Kenntnis des betreffenden mythischen Universums besitzt, solche zusätzlichen Informationen liefern muß, um ihm die Rezeption der zu vermittelnden Informationen nicht nur in seiner Sprache S_2, sondern auch auf seinem kommunikativen Hintergrund C_2 zu ermöglichen. Seinerseits ist dieses zusätzliche Problem genau dasselbe, vor dem sich auch der Herausgeber sieht, der den gleichen mythischen Text einem Publikum zugänglich machen will, das zwar die Originalsprache S_1 dieses Textes beherrscht, jedoch den kommunikativen Hintergrund C_1 der Kenntnis des betreffenden mythischen Universums nicht besitzt.« (S.9).

[28] Vgl. dazu die Erörterungen zum Begriff der eigentlichen Übersetzung, s.o., S. 89ff.

[29] S. zur Einführung J. Link (1974); H. F. Plett (1975).

Zu Kapitel 8

[1] Übersetzungskritik in der Presse geht oft von sehr subjektiven Kriterien aus; einige willkürlich ausgewählte und aus dem Zusammenhang gerissene lexikalische oder stilistische Zweifelsfälle reichen dem Kritiker aus, eine ganze Übersetzung als ungenügend zu beurteilen. Ein Beispiel dafür liefert die Übersetzung von Paul Gomas Roman »Die Tür«, die in der *Zeit* vom 24.11.1972 und im *Tages-Anzeiger* (Zürich) vom 27.11.1972 »gewürdigt« wird. Der Kritiker in der *Zeit* kommt zu dem Schluß, daß die mangelnde literarische Qualität des Romans nicht zuletzt auf die »skandalöse« Übersetzung zurückzuführen sei; die Übersetzerin stelle sich mit

den einfachsten Ausdrücken und Wendungen »hilflos« an. Die Fußnoten der Übersetzerin werden als »überflüssigste Aussspracheerklärungen oder Entschlüsselungen, die entweder in den Text oder ans Ende des Buches gehört hätten«, charakterisiert. Ganz anders der Rezensent im *Tages-Anzeiger,* der zum gleichen Buch und zur gleichen Übersetzung bemerkt: »Jetzt ist im selben Verlag [...] ein zweiter Roman herausgekommen, »Die Tür«, von Marie-Thérèse Kerschbaumer wiederum, soweit ich das zu beurteilen vermag, brillant übersetzt und mit zahlreichen informativen Anmerkungen versehen.«

In der *Weltwoche* (Zürich) vom 29.11.1972 lesen wir schließlich: »Auch die Übersetzung, recht lesbar, hält manchmal Schritt mit den Schwächen des Buches. So gehört der von Goma reichlich verwendete Schimpfwortschatz im Rumänischen der vaginalen Sphäre an, im Deutschen dagegen der analen.« Wir können uns einen Kommentar zu dieser Art von Übersetzungskritik ersparen; es genüge der Hinweis, daß es sich keineswegs um ein isoliertes oder besonders extremes Beispiel handelt.

² Die Arbeit von J. House beschäftigt sich allerdings mit dem Übersetzen im Fremdsprachenunterricht.

³ R.W. Leonhardt, »Zeitnotizen«, München 1963, S. 100.

⁴ In *Germanistik* 2/1975, Nr. 2010.

⁵ U. Quasthoff, »Soziales Vorurteil und Kommunikation – Eine sprachwissenschaftliche Analyse des Stereotyps«, Frankfurt a.M. 1973, S. 157.

⁶ Die Geschichte der Übersetzungskritik – als Parallele zu A. Carlssons »Die deutsche Buchkritik von der Reformation bis zur Gegenwart«, Bern und München 1969 – ist noch zu schreiben.

⁷ S. dazu A. Bruns (1977).

⁸ Vgl. W. Wilss (1977, S. 288).

⁹ Vgl. auch P. Kußmaul (1974b), der die Normentsprechungs-/Normabweichungsproblematik in übersetzungsrelevanter Sicht untersucht.

¹⁰ Vgl. W. Wilss (1977, S. 289).

¹¹ Vgl. W. Wilss (1977, S. 292).

¹² Zur Schleiermacherschen Antithese, s.o., S.53f.

¹³ Ein illustratives Beispiel für dieses Verfahren stellen die Übersetzungen schwedischer hochschulpolitischer Texte dar in L. Fischer, »Die Produktion von Kopfarbeitern. Spätkapitalistische Bildungspolitik am Beispiel des schwedischen Hochschulwesens«, Westberlin 1974. L. Fischer schreibt in der »Vorbemerkung«: »Ich habe mich bemüht, so nahe wie irgend möglich am Original zu bleiben, vor allem auch, um den Eindruck des ›Kanzleischwedischen‹ in den offiziösen Texten bei der Übertragung ins Deutsche zu vermitteln.« (S. 7).

¹⁴ Man vergleiche etwa die französischen San Antonio-Kriminalromane mit ihren deutschen Übersetzungen bzw. Bearbeitungen.

¹⁵ G. Korlén (1966) sieht fruchtbare Möglichkeiten der konstruktiven Übersetzungskritik in der Zusammenarbeit des Übersetzungskritikers mit dem die betreffende Übersetzung herausgebenden Verlag.

¹⁶ Ein Versuch, die Störungsquellen in der Übersetzungskommunikation in den verschiedenen Phasen des Übersetzungsprozesses zu lokalisieren, liegt vor in W. Koller (1972, S. 72f.).

¹⁷ Vgl. dazu J. House (1977).

10. Literaturverzeichnis

10.1. Bibliographien zur Übersetzungswissenschaft

Bausch, K.-R./Klegraf, J./Wilss, W. (1970/1972): *The Science of Translation: An Analytical Bibliography*, Vol. I (1962–69), Vol II (1970–71), Tübingen (= Tübinger Beiträge zur Linguistik, 21/33).

Hoof, H. Van (1973): *Internationale Bibliographie der Übersetzung*, Pullach bei München (= Handbuch der internationalen Dokumentation und Information, 11).

Nida, E. A. (1964): *Toward a Science of Translating*, Leiden, S. 265–320.

Bibliographische Hinweise außerdem in den Zeitschriften *Babel, Lebende Sprachen, Fremdsprachen, Meta*, sowie in der *Bibliographie linguistique*.

10.2. Sammelwerke zur Übersetzungsproblematik (ohne maschinelle Übersetzung)
[in eckigen Klammern die abgekürzte Zitierweise]

Arrowsmith, W./Shattuck, R., Hrsg. (1961): *The Craft and Context of Translation*. A Symposium, Austin/Texas. [*Arrowsmith/Shattuck 1961*]

Aspects of Translation (1958), London (= Studies in Communication, 2) (The Communication Research Centre, University College, London). [*Aspects of Translation 1958*]

Bausch, K.-R./Gauger, H.-M., Hrsg. (1971): *Interlinguistica*. Sprachvergleich und Übersetzung. Festschrift zum 60. Geburtstag von Mario Wandruszka, Tübingen. [*Bausch/Gauger 1971*]

Beiträge zur Übersetzungswissenschaft (1973), Leipzig (= Linguistische Arbeitsberichte, 7). [*Beiträge 1973*]

Brislin, R. W., Hrsg. (1976): *Translation*. Applications and Research, New York/London/Sidney/Toronto. [*Brislin 1976*]

Brower, R. A., Hrsg. (1966): *On Translation*, New York (1. Ausg. 1959). [*Brower 1966*]

Cary, E./Jumpelt, R. W. Hrsg. (1963): *Quality in Translation*. Proceedings of the IIIrd Congress of the International Federation of Translators (FIT), 1959, Oxford. [*Cary/Jumpelt 1963*]

Drescher, H. W./Scheffzek, S., Hrsg. (1976): *Theorie und Praxis des Übersetzens und Dolmetschens,* Bern/Frankfurt a. M. (= Publikationen des Fachbereichs Angewandte Sprachwissenschaft der Johannes Gutenberg-Universität Mainz in Germersheim, Reihe A, Bd. 6). [*Drescher/Scheffzek 1976*]

Grähs, L./Korlén, G./Malmberg, B., Hrsg. (1978): *Theory and Practice of Translation,* Bern/Frankfurt a. M./Las Vegas (= Nobel Symposium, 39). [*Grähs/Korlén/Malmberg 1978*]

Hartmann, P./Vernay, H., Hrsg. (1970): *Sprachwissenschaft und Übersetzen,* München (= Commentationes Societatis Linguisticae Europaeae, 3). [*Hartmann/Vernay 1970*]

Holmes, J. S., Hrsg. (1970): *The Nature of Translation.* Essays on the Theory and Practice of Literary Translation, The Hague/Paris. [*Holmes 1970*]

Holmes, J. S./Lambert, J./Van den Broeck, R., Hrsg. (1978): *Literature and Translation:* New Perspectives in Literary Studies, Leuven. [*Holmes/Lambert/Van den Broeck 1978*]

Italiaander, R., Hrsg. (1965): *übersetzen.* Vorträge und Beiträge vom Internationalen Kongreß literarischer Übersetzer in Hamburg 1965, Frankfurt am Main/Bonn. [*Italiaander 1965*]

Kapp, V., Hrsg. (1974): *Übersetzer und Dolmetscher.* Theoretische Grundlagen, Ausbildung, Berufspraxis, Heidelberg. [*Kapp 1974*]

Klingberg, G./Ørvig, M./Amor, St., Hrsg. (1978): *Children's Books in Translation.* The Situation and the Problems, Stockholm [*Klingberg/Ørvig/Amor 1978*]

Die Kunst der Übersetzung (1963), München (= Achte Folge des Jahrbuchs Gestalt und Gedanke). [*Kunst der Übersetzung 1963*]

Neubert, A., Hrsg. (1968): *Grundfragen der Übersetzungswissenschaft,* Leipzig (= Beihefte zur Zeitschrift Fremdsprachen, II). [*Neubert 1968*]

Neubert, A./Kade, O., Hrsg. (1973): *Neue Beiträge zu Grundfragen der Übersetzungswissenschaft,* Frankfurt a. M. (= Athenäum-Skripten Linguistik, 12. [*Neubert/Kade 1973*]

Persson, L.-Ch., Hrsg. (1962): *Translation of children's books,* Lund (Bibliotekstjänst). [*Persson 1962*]

Spitzbardt, H., Hrsg. (1972): *Spezialprobleme der wissenschaftlichen und technischen Übersetzung,* Halle (Saale) (= Linguistische Studien). [*Spitzbardt 1972*]

Störig, H. J., Hrsg. (1963): *Das Problem des Übersetzens,* Darmstadt (^{2}1969). [*Störig 1963*]

Studien zur Übersetzungswissenschaft (1971), Leipzig (= Beihefte zur Zeitschrift Fremdsprachen, III/IV). [*Studien 1971*]

Übersetzen I (1967) (= Sprache im technischen Zeitalter, 21). [*Übersetzen I, 1967*]

Übersetzen II. Sprache und Computer (1967) (= Sprache im technischen Zeitalter, 23). [*Übersetzen II, 1967*]

Wilss, W., Hrsg. (1975): *Kongreßbericht der 6. Jahrestagung der Gesellschaft für Angewandte Linguistik, Bd. I: Übersetzungswissenschaft*, Heidelberg (= IRAL-Sonderband). [*Wilss 1975*]

Wilss, W./Thome, G., Hrsg. (1974): *Aspekte der theoretischen, sprachenpaarbezogenen und angewandten Sprachwissenschaft*, Saarbrücken. [*Wilss/Thome I, 1974*]

Wilss, W./Thome, G., Hrsg. (1974a): *Aspekte der theoretischen, sprachenpaarbezogenen und angewandten Übersetzungswissenschaft II*, Heidelberg. [*Wilss/Thome II, 1974*]

10.3. Verwendete bzw. zitierte Literatur

Agricola, E. (1968): *Syntaktische Mehrdeutigkeit (Polysyntaktizität) bei der Analyse des Deutschen und des Englischen*, Berlin (= Schriften zur Phonetik, Sprachwissenschaft und Kommunikationsforschung, 12).

Agricola, E. (1972): *Semantische Relationen im Text und im System*, The Hague/Paris (= Janua Linguarum, Series Minor, 113).

Albertsen, L.L. (1973): Zwischen philologischer Akribie und souveräner Metamorphose. Probleme der literarischen Übersetzung und ihrer Analyse, in *Orbis Litterarum*, S. 216–227.

Albrecht, J. (1973): *Linguistik und Übersetzung*, Tübingen (= Romanistische Arbeitshefte, 4).

Althaus, H.P./Henne, H./Wiegand, H.E., Hrsg. (1973): *Lexikon der Germanistischen Linguistik*, Tübingen.

Amos, F.R. (1920): *Early Theories of Translation*, New York.

Atlatis, J.E., Hrsg. (1968): *Report of the 19th Annual Round Table Meeting in Linguistics and Language Studies.* Contrastive Linguistics and Its Pedagogical Implications, Washington D.C.

Automatic Translation of Languages (1966). Papers presented at NATO Summer School held in Venice, July 1962, London/New York.

Back, O. (1970): Was bedeutet und was bezeichnet der Ausdruck »angewandte Sprachwissenschaft«? in *Die Sprache*, S. 21–53.

Baldinger, K. (1968): La synonymie – problèmes sémantiques et stylistiques, in W.Th. Elwert, Hrsg., *Probleme der Semantik*, Wiesbaden (= Zeitschrift für französische Sprache und Literatur, Beihefte, N.F., 1), S. 41–61.

Bamberger, R. (1963): *Bedeutung und Umfang der Übersetzung von Jugendbüchern*, Wien (= Schriftenreihe des Buchklubs der Jugend, 17).

Barth, G. (1961): *Recherches sur la fréquence et la valeur des parties du discours en français, en anglais et en espagnol*, Paris (= Bibliothèque de stylistique comparée, III).

Bausch, K.-R. (1963): *Verbum und verbale Periphrase im Französischen und ihre Transposition im Englischen, Deutschen und Spanischen*, Tübingen.

Bausch, K.-R. (1968): Die Transposition. Versuch einer neuen Klassifikation, in *Linguistica Antverpiensia*, S. 29–50.

Bausch, K.-R. (1970): Übersetzungswissenschaft und angewandte Sprachwissenschaft. Versuch einer Standortbestimmung, in *Lebende Sprachen*, S. 161–163.

Bausch, K.-R. (1973): Kontrastive Linguistik, in W.A. Koch, Hrsg., *Perspektiven der Linguistik*, Bd. I, Stuttgart, S. 159–182.

Bausch, K.-R. (1973a): Sprachmittlung, in H.P. Althaus/H. Henne/H.E. Wiegand, Hrsg., *Lexikon der Germanistischen Linguistik*, Tübingen, S. 610–615.

Bausch, K.-R./Raabe, H. (1978): Zur Frage der Relevanz von kontrastiver Analyse, Fehleranalyse und Interimsprachenanalyse für den Fremdsprachenunterricht, in *Jahrbuch Deutsch als Fremdsprache*, 4, S. 56–75.

Becher, J.J. (1661): *Zur mechanischen Sprachübersetzung*. Ein Programmierversuch aus dem Jahre 1661. J.J. Becher, Allgemeine Verschlüsselung der Sprachen (Character, pro Notitia Linguarum Universali). Mit einer interpretierenden Einleitung von Prof. Dr. W.G. Waffenschmidt, Stuttgart 1962 (= Veröffentlichungen der Wirtschaftshochschule Mannheim, Reihe I, Bd. 10).

Behr, K. et al. (1973): *Sprachliche Kommunikation*. Grundkurs für Deutschlehrer, Weinheim und Basel (2. Aufl., ¹1972).

Belke, H. (1973): *Literarische Gebrauchsformen*, Düsseldorf (= Grundstudium Literaturwissenschaft, 9).

Benjamin, W. (1923): Die Aufgabe des Übersetzers, in *Störig 1963*, S. 182–195.

Bernstein, B. (1972): *Studien zur sprachlichen Sozialisation*, Düsseldorf (= Sprache und Lernen, 7) (engl. Ausgabe 1971).

Betti, E. (1962): Die Hermeneutik als allgemeine Methodik der Geisteswissenschaften, in *Philosophie und Geschichte* 78/79, Tübingen.

Bierwisch, M. (1967): Einige semantische Universalien in deutschen Adjektiven, in H. Steger, Hrsg., *Vorschläge für eine strukturale Grammatik des Deutschen,* Darmstadt 1970, S. 269–318.

Bloomfield, L. (1935): *Language,* London (New York [1]1933).

Boecker, E. (1973): *William Faulkner's later novels in German.* A study in the theory and practice of translation, Tübingen (= Linguistische Arbeiten, 10).

Bolinger, D. (1965/66): Transformulation: Structural translation, in *Acta Linguistica Hafniensia. International Journal of Structural Linguistics,* S. 130–144.

Booth, A. D. (1958): The History and Recent Progress of Machine Translation, in *Aspects of Translation 1958,* S. 88–104.

Borgmeier, R. (1970): *Shakespeares Sonett ›When forty winters‹ und die deutschen Übersetzer.* Untersuchungen zu den Problemen der Shakespeare-Übertragung, München (= Bochumer Arbeiten zur Sprach- und Literaturwissenschaft, 4).

Bormann, A. (1959): Grundzüge der Interlinguistik, in: R. Haupenthal, Hrsg., *Plansprachen.* Beiträge zur Interlinguistik, Darmstadt 1976, S. 278–296.

Bouton, L. F. (1976): The problem of equivalence in contrastive analysis, in *International Review of Applied Linguistics,* S. 143–163.

Brand, I./Klimonow, G. et al. (1972): *Automatische Sprachübersetzung II.* Russisch-Deutsch/Englisch-Deutsch, Berlin.

Brekle, H. E. (1972): *Semantik.* Eine Einführung in die sprachwissenschaftliche Bedeutungslehre, München (2. Aufl.).

Breuer, D. (1974): *Einführung in die pragmatische Texttheorie,* München.

Brinkmann, K.-H. (1974): Überlegungen zum Aufbau und Betrieb von Terminologie-Datenbanken als Voraussetzung der maschinenunterstützten Übersetzung, in *Nachrichten für Dokumentation,* 25, Nr. 3.

Brockhaus, K. (1971): *Automatische Übersetzung.* Untersuchungen am Beispiel der Sprachen Englisch und Deutsch, Braunschweig (= Schriften zur Linguistik, 2).

Brower, R. A. (1966): Seven Agamemnons, in *Brower 1966,* S. 173–195.

Brown, R. L. (1967): *Wilhelm von Humboldt's conception of linguistic relativity,* The Hague/Paris (= Janua Linguarum, Series Minor, 65).

Bruderer, H. E. (1978): *Handbuch der maschinellen und maschinenunterstützten Sprachübersetzung*. Automatische Übersetzung natürlicher Sprachen und mehrsprachige Terminologiedatenbanken, München.

Bruns, A. (1977): *Übersetzung als Rezeption*. Deutsche Übersetzer skandinavischer Literatur von 1860 bis 1900, Neumünster (= Skandinavistische Studien, 8).

Buber, M. (1954): Zu einer neuen Verdeutschung der Schrift, in *Störig 1963*, S. 348–388.

Bühler, K. (1934): *Sprachtheorie*. Die Darstellungsfunktion der Sprache, Stuttgart (2. Aufl. 1965).

Bühler, K. (1976): *Die Axiomatik der Sprachwissenschaften*. Einleitung und Kommentar von E. Ströker, Frankfurt a. M. (2. Aufl., zuerst in *Kant-Studien*, 38, 1933).

Burger, H./Imhasly, B. (1978): *Formen sprachlicher Kommunikation*. Eine Einführung, München (= Schwerpunkte der Soziologie).

Burgschmidt, E./Götz, D. (1974): *Kontrastive Linguistik Deutsch/Englisch*. Theorie und Anwendung, München.

Buzzelli, G. E. (1969): General Problems in Scientific and Technical Translation, in *Babel*, S. 140–146.

Cary, E. (1956): *La traduction dans le monde moderne*, Genf.

Cassirer, E. (1953): *Philosophie der symbolischen Formen*. Erster Teil: Die Sprache, Darmstadt (2. Aufl.).

Catford, J. C. (1965): *A Linguistic Theory of Translation*. An Essay in Applied Linguistics, London (= Language and Language Learning).

Cauer, P. (1903): *Die Kunst des Übersetzens*. Ein Hilfsbuch für den lateinischen und griechischen Unterricht, Berlin (3. Aufl., [1]1894).

Chitoran, D./Petrovanu, A. (1971): Some Aspects of Translation in the Light of Generative Grammar, in *Revue roumaine de linguistique,* S. 379–399.

Chomsky, N. (1965): *Aspects of the Theory of Syntax,* Cambridge, Mass. (dt. *Aspekte der Syntax-Theorie,* Frankfurt a. M. 1969).

Chomsky, N. (1966): *Cartesian Linguistics*. A Chapter in the History of Rationalist Thought, New York/London (dt. *Cartesianische Linguistik*. Ein Kapitel in der Geschichte des Rationalismus, Tübingen 1971 [= Konzepte der Sprach- und Literaturwissenschaft, 5]).

Collange-Fourcade, J. (1971): Les polysémies et leur résolution dans la traduction automatique, in *Etudes de linguistique appliquée*, 2, S. 11–14.

Corder, S.P. (1973): *Introducing Applied Linguistics*, Harmondsworth.

Coseriu, E. (1970): Über Leistung und Grenzen der kontrastiven Grammatik, in H. Moser, Hrsg., *Probleme der kontrastiven Grammatik*, Düsseldorf, S. 9–30.

Coseriu, E. (1971): Thesen zum Thema ›Sprache und Dichtung‹, in W.-D. Stempel, Hrsg., *Beiträge zur Textlinguistik*, München (= Internationale Bibliothek für allgemeine Linguistik, 1), S. 183–188.

Czochralski, J. (1966): Grundsätzliches zur Theorie der kontrastiven Grammatik, in *Linguistics*, 24, S. 17–28.

Dagut, M.B. (1976): Can »Metaphor« Be Translated? in *Babel*, S. 21–33.

Dalitz, G. (1968): Entmetaphorisierte Paraphrasen von Sprichwörtern – eine semantische Parallele zum abstrakten grammatischen Satz, in *Neubert 1968*, S. 115–118.

Décsy, G. (1973): *Die linguistische Struktur Europas*. Vergangenheit – Gegenwart – Zukunft, Wiesbaden.

Dedecius, K. (1961): Slawische Lyrik – übersetzt – übertragen – nachgedichtet, in *Störig 1963*, S. 468–488.

Delavenay, E. (1963): *La Machine à Traduire*, Paris (=Que sais-je? 834).

Diagne, M.K. (1971): De l'équivalence à l'adaptation, in *Meta*, S. 153–159.

Dietrich, R./Klein, W. (1974): *Computerlinguistik*. Eine Einführung, Stuttgart/Berlin/Köln/Mainz.

Di Pietro, R.J. (1968): Contrastive analysis and the notions of deep and surface grammar, in J.E. Atlatis, Hrsg., *Report of the 19th Annual Round Table Meeting in Linguistics and Language Studies*, Washington D.C., S. 65–80.

Di Pietro, R.J. (1971): *Language Structures in Contrast*, Rowley (Mass.).

Draper, J.W. (1921): The Theory of Translation in the Eighteenth Century, in *Neophilologus*, S. 241–254.

Dressler, W. (1972): *Einführung in die Textlinguistik* (= Konzepte der Sprach- und Literaturwissenschaft, 13).

Drozd, L./Seibicke, W. (1973): *Deutsche Fach- und Wissenschaftssprache*. Bestandesaufnahme – Theorie – Geschichte, Wiesbaden.

Duden. Grammatik der deutschen Gegenwartssprache, 3. Aufl., Mannheim 1973.

Dürbeck, H. (1973): Neuere Untersuchungen zur Sapir-Whorf-Hypothese, in *Linguistics,* 145, S. 5–45.

Ebneter, Th. (1976): *Angewandte Linguistik.* Eine Einführung, Bd. 1: Grundlagen, Bd. 2: Sprachunterricht, München.

Eisenberg, P. (1977): Zum Begriff der syntaktischen Mehrdeutigkeit, in *Linguistische Berichte,* 48, S. 28–46.

Engel, U. (1974): Unvorgreifliche Gedanken zur kontrastiven Grammatik, in G. Nickel/A. Raasch, Hrsg., *Kongreßbericht der 4. Jahrestagung der Gesellschaft für Angewandte Linguistik,* Heidelberg (= IRAL-Sonderband), S. 128–136.

Engel, U., Hrsg. (1977): *Deutsche Sprache im Kontrast,* Mannheim (= Forschungsberichte des Instituts für deutsche Sprache, 36).

Engelen, B. (1970): Das Präpositionalobjekt im Deutschen und seine Entsprechungen im Englischen, Französischen und Russischen. Eine kontrastive Studie im Bereich der lexikalischen Felder, in *Forschungsberichte des Instituts für deutsche Sprache,* 4, Tübingen, S. 3–30.

Engelke, H. (1975): Zur strukturellen Synonymie in der Phraseologie des Russischen, in *Fremdsprachen,* S. 103–112.

Ermatinger, E./Hunziker, R. (1898): *Antike Lyrik in modernem Gewande.* Mit einem Anhang: Die Kunst des Übersetzens fremdsprachlicher Dichtungen, Frauenfeld.

Essen, A.J. van/Menting, J.P., Hrsg. (1975): *The Context of Foreign-Language Learning,* Assen.

Faiß, K. (1972): Übersetzung und Sprachwissenschaft – eine Orientierung, in *International Review of Applied Linguistics,* S. 1–20.

Farb, P. (1974): *Word Play.* What Happens When People Talk, New York.

Filipec, J. (1973): Der Äquivalenzbegriff und das Problem der Übersetzbarkeit, in *Neubert/Kade 1973,* S. 81–87.

Filipovič, R. (1971): The Yugoslav Serbo-Croation – English Contrastive Project, in G. Nickel, Hrsg., *Papers in Contrastive Linguistics,* Cambridge, S. 107–114.

Fingerhut, M. (1970): *Racine in deutschen Übersetzungen des neunzehnten und zwanzigsten Jahrhunderts,* Bonn (= Romanistische Versuche und Vorarbeiten, 29).

Finlay, I. F. (1971): *Translating,* London (= Teach Yourself Books).

Firth, J. R. (1964): *The Tongues of Men & Speech,* London (= Language and Language Learning).

Fleischer, W./Michel, G. (1975): *Stilistik der deutschen Gegenwartssprache,* Leipzig.

Fleischmann, E. (1971): Die Übersetzung lexikalischer Substandardismen, in *Studien 1971,* S. 67–98.

Fleischmann, E. (1976): Zu einigen Fragen der Erarbeitung eines Katalogs von Übersetzungsproblemen, in *Linguistische Arbeitsberichte* (Leipzig), 14, S. 14–29.

Fluck, H.-R. (1976): *Fachsprachen.* Einführung und Bibliographie, München.

Forster, P. G. (1971): Esperanto als soziale und linguistische Bewegung, in R. Kjolseth/F. Sack, Hrsg., *Zur Soziologie der Sprache,* Opladen (= Kölner Zeitschrift für Soziologie und Sozialpsychologie, Sonderheft 15), S. 238–250.

Fränzel, W. (1914): *Geschichte des Übersetzens im 18. Jahrhundert,* Leipzig (= Beiträge zur Kultur- und Universalgeschichte, 25).

Friederich, W. (1965): Ist Übersetzen lehrbar? in *Lebende Sprachen,* S. 97–100.

Friederich, W. (1969): *Technik des Übersetzens.* Englisch und Deutsch, München.

Friedrich, H. (1965): *Zur Frage der Übersetzungskunst,* Heidelberg (= Sitzungsberichte der Heidelberger Akademie der Wissenschaften. Philosophisch-historische Klasse, 3. Abh.).

Fuchs, G. (1936): *Studien zur Übersetzungstheorie und -praxis des Gottsched-Kreises,* Freiburg/Schweiz.

Funke, O. (1929): *Zum Weltsprachenproblem in England im 17. Jahrhundert,* Heidelberg (= Anglistische Forschungen, 69).

Gadamer, H.-G. (1960): *Wahrheit und Methode.* Grundzüge einer philosophischen Hermeneutik, Tübingen (daraus ein Abschnitt in *Störig 1963,* S. 428–435).

Gamaleja, N. (1968): Zum Deckungsverhalten der Termini, in *Neubert 1968,* S. 123–129.

Garvin, P. L. (1972): *On Machine Translation.* Selected Papers, The Hague/Paris (= Janua Linguarum, Series Minor, 128).

Garvin, P.L. (1976): Machine Translation in the Seventies, in F. Papp/G. Szépe, Hrsg., *Papers in computational linguistics*, The Hague/Paris (= Janua Linguarum, Series Maior, 91), S. 445–459.

Gäßler, R. (1973): *Vom Satz zum Wort: ein englisch-deutsch-französisch-italienischer Übersetzungsvergleich.* Transformation und Polymorphie, Göppingen (= Göppinger Akademische Beiträge, 68).

Gebhardt, P. (1970): *A. W. Schlegels Shakespeare-Übersetzung.* Untersuchungen zu seinem Übersetzungsverfahren am Beispiel des Hamlet, Göttingen (= Palaestra, 257).

Geckeler, H. (1971): *Strukturelle Semantik und Wortfeldtheorie,* München.

Gehman, H.S. (1914): *The Interpreters of Foreign Languages Among the Ancients.* A Study Based on Greek and Latin Sources, Lancaster, Pa.

Gerbert, M. (1972): Technische Übersetzungen und das Problem des Fachwissens, in *Spitzbardt 1972,* S. 59–72.

Gipper, H. (1966): *Sprachliche und geistige Metamorphosen bei Gedichtübersetzungen.* Eine sprachvergleichende Untersuchung zur Erhellung deutsch-französischer Geistesverschiedenheit, Düsseldorf (= Wirkendes Wort, Schriftenreihe, 1).

Gipper, H. (1972): *Gibt es ein sprachliches Relativitätsprinzip?* Untersuchungen zur Sapir-Whorf-Hypothese, Frankfurt a.M. (= Conditio humana).

Gipper, H. (1974): Inhaltbezogene Grammatik, in H.L. Arnold/V. Sinemus, Hrsg., *Grundzüge der Literatur- und Sprachwissenschaft.* Band 2: Sprachwissenschaft, München, S. 133–150.

Giroday, V. de la (1978): *Die Übersetzertätigkeit des Münchener Dichterkreises,* Wiesbaden (= Athenaion Literaturwissenschaft, 13).

Goffin, R. (1968): La terminologie multilingue et la syntagmatique comparée au service de la traduction technique, in *Babel,* S. 132–141.

Gossing, G. (1968): Zum Problem der Übersetzungswörterbücher, in *Neubert 1968,* S. 133–138.

Gravier, M. (1973): La traduction des textes dramatiques, in *Etudes de linguistique appliquée,* 12, S. 39–49.

Greenberg, J.H., Hrsg. (1963): *Universals of Language,* Cambridge, Mass. (^{2}1966).

Greenberg, J.H. (1966): *Language Universals,* The Hague (= Janua Linguarum, Series Minor, 59).

Grünbeck, B. (1976): *Moderne deutsch-französische Stilistik auf der Basis des Übersetzungsvergleichs.* Teil I, Heidelberg (= Sammlung romanischer Elementar- und Handbücher, Reihe 5, Bd. 12).

Gülich, E./Raible, W. (1977): *Linguistische Textmodelle.* Grundlagen und Möglichkeiten, München.

Gumperz, J.J. (1975): *Sprache,lokaleKultur und soziale Identität,* Düsseldorf (= Sprache und Lernen, 48).

Güttinger, F. (1963): *Zielsprache.* Theorie und Technik des Übersetzens, Zürich.

Haarmann, H. (1973): *Grundfragen der Sprachenregelung in den Staaten der Europäischen Gemeinschaft,* Hamburg.

Haarmann, H. (1975): *Soziologie und Politik der Sprachen Europas,* München.

Haarmann, H. (1976): *Grundzüge der Sprachtypologie.* Methodik, Empirie und Systematik der Sprachen Europas, Stuttgart/Berlin/Köln/Mainz.

Hartmann, P. (1971): Texte als linguistisches Objekt, in W.-D. Stempel, Hrsg., *Beiträge zur Textlinguistik,* München (= Internationale Bibliothek für allgemeine Linguistik, 1), S. 9–29.

Haupenthal, R. (1971): Was ist und zu welchem Zweck betreibt man Interlinguistik? in *Linguistische Berichte,* 15, S. 48–52.

Haupenthal, R., Hrsg. (1976): *Plansprachen.* Beiträge zur Interlinguistik, Darmstadt.

Häusermann, J. (1977): *Phraseologie.* Hauptprobleme der deutschen Phraseologie auf der Basis sowjetischer Forschungsergebnisse, Tübingen (= Linguistische Arbeiten, 47).

Hausmann, F.J. (1974): *Studien zu einer Linguistik des Wortspiels.* Das Wortspiel im »Canard enchaîné«, Tübingen (= Beihefte zur Zeitschrift für romanische Philologie, 143).

Heeschen, C. (1972): *Grundfragen der Linguistik,* Stuttgart/Berlin/Köln/Mainz.

Heger, K. (1969):»Sprache« und »Dialekt« als linguistisches und soziolinguistisches Problem, in *Folia Linguistica,* III, S. 46–67.

Heger, K. (1976): *Monem, Wort, Satz und Text,* Tübingen (2. Aufl., ^{1}1971) (= Konzepte der Sprach- und Literaturwissenschaft, 8).

Helbig, G. (1971): *Geschichte der neueren Sprachwissenschaft.* Unter dem besonderen Aspekt der Grammatik-Theorie, München (Leipzig).

Hellinger, M. (1975): Möglichkeiten und Grenzen der Fehleranalyse, in *Linguistische Berichte,* 36, S. 73–83.

Hellinger, M. (1977): *Kontrastive Grammatik Deutsch/Englisch,* Tübingen (= Anglistische Arbeitshefte, 14).

Henle, P., Hrsg. (1969): *Sprache, Denken, Kultur,* Frankfurt a. M. (= Theorie, 2) (amerik. Ausgabe 1958).

Henschelmann, K. (1974): Die Ausbildung des Übersetzers, in *Kapp 1974,* S. 72–86.

Henschelmann, K. (1977): *Kausalität im Satz und im Text.* Semantisch-vergleichende Studien zum Französischen und Deutschen, Heidelberg (= Studia Romanica, 31).

Henschelmann, K. (1978): Texttypologie und Übersetzen, in Festschrift H. Vernay, Tübingen, S. 53–70.

Hjelmslev, L. (1968): *Die Sprache.* Eine Einführung, Darmstadt (dän. Ausgabe 1963).

Hochmuth, H. (1973): Was erwartet die Sprachmittlungspraxis von der Übersetzungswissenschaft? in *Neubert/Kade 1973,* S. 217–221.

Hockett, Ch. F. (1958): *A Course in Modern Linguistics,* New York.

Höfer, S. (1977): *Berufsausbildung und Berufsausübung von Diplom-Dolmetschern und Diplom-Übersetzern.* Eine empirische Studie, Frankfurt/Bern.

Hoffmann, L. (1976): *Kommunikationsmittel Fachsprache.* Eine Einführung, Berlin (= Sammlung Akademie-Verlag, 44).

Hoof, H. Van (1962): *Théorie et pratique de l'interprétation,* avec application particulière à l'anglais et au français, München.

Hörmann, H. (1970): *Psychologie der Sprache,* Berlin/Heidelberg/New York.

Hornung, W./Kretschmar, E./Ortmann, H./Wüsteneck, H. (1974): *Die Übersetzung wissenschaftlicher Literatur aus dem Russischen ins Deutsche.* Ein Leitfaden, Leipzig.

House, J. (1977): *A Model for Translation Quality Assessment,* Tübingen (= Tübinger Beiträge zur Linguistik, 88).

Huber, Th. (1968): *Studien zur Theorie des Übersetzens im Zeitalter der deutschen Aufklärung 1730–1770,* Meisenheim am Glan (= Deutsche Studien, 7).

Hürlimann, B. (1976): *Europäische Kinderbücher in drei Jahrhunderten,* Zürich (3. Aufl.).

Huyssen, A. (1969): *Die frühromantische Konzeption von Übersetzung und Aneignung.* Studien zur frühromantischen Utopie einer deutschen Weltliteratur, Zürich (= Zürcher Beiträge zur deutschen Literatur- und Geistesgeschichte, 33).

Irmen, F. (1971): Das Problem der Textarten in übersetzungsrelevanter Sicht, in *Kongreßbericht der 2. Jahrestagung der Gesellschaft für Angewandte Linguistik,* Heidelberg (= IRAL-Sonderband), S. 49–55.

Iser, W. (1976): *Der Akt des Lesens.* Theorie ästhetischer Wirkung, München.

Ivir, V. (1974): Remarks on contrastive analysis and translation, in H. Raabe, Hrsg., *Trends in kontrastiver Linguistik,* Bd. I, Tübingen, S. 93–104.

Jacob, H. (1948): Sprachplanung, in R. Haupenthal, Hrsg., *Plansprachen.* Beiträge zur Interlinguistik, Darmstadt 1976, S. 217–233.

Jäger, G. (1968): Elemente einer Theorie der bilingualen Translation, in *Neubert 1968,* S. 35–52.

Jäger, G. (1968a): Übersetzungswissenschaft und vergleichende Sprachwissenschaft, in R. Růžička, Hrsg., *Probleme der strukturellen Grammatik und Semantik,* Leipzig (= Linguistische Studien), S. 209–222.

Jäger, G. (1975): *Translation und Translationslinguistik,* Halle (Saale) (= Linguistische Studien).

Jakobson, R. (1959): On Linguistic Aspects of Translation, in *Brower 1966,* S. 232–239.

James, C. (1969): Deeper contrastive study, in *International Review of Applied Linguistics,* S. 83–95.

James, C. (1971): The exculpation of contrastive linguistics, in G. Nickel, Hrsg., *Papers in Contrastive Linguistics,* Cambridge, S. 53–68 (dt. in G. Nickel, Hrsg., *Reader zur kontrastiven Linguistik,* Frankfurt a. M. 1972).

Jumpelt, R. W. (1961): *Die Übersetzung naturwissenschaftlicher und technischer Literatur.* Sprachliche Maßstäbe und Methoden zur Bestimmung ihrer Wesenszüge und Probleme, Berlin-Schöneberg.

Kade, O. (1964): Qualitätsstufen der Übersetzung, in *Fremdsprachen,* S. 250–260.

Kade, O. (1967): Zu einigen Besonderheiten des Simultandolmetschens, in *Fremdsprachen,* S. 8–17.

Kade, O. (1968): *Zufall und Gesetzmäßigkeit in der Übersetzung,* Leipzig (= Beihefte zur Zeitschrift Fremdsprachen, I).

Kade, O. (1968 a): Kommunikationswissenschaftliche Probleme der Translation, in *Neubert 1968,* S. 3–19.

Kade, O. (1971): Zur Rolle des Sachverständnisses beim Übersetzen, in *Fremdsprachen,* S. 14–27.

Kade, O. (1971 a): Zum Verhältnis von Translation und Transformation, in *Studien 1971,* S. 7–26.

Kade, O. (1971 b): Das Problem der Übersetzbarkeit aus der Sicht der marxistisch-leninistischen Erkenntnistheorie, in *Linguistische Arbeitsberichte* (Leipzig), 4, S. 13–28.

Kade, W. (1968): Die Auswirkung von Fehlleistungen im Original auf die Translation, in *Neubert 1968,* S. 73–77.

Kapp, V. (1974): Probleme von Theorie und Praxis in der Ausbildung zum Übersetzer und Dolmetscher, in *Kapp 1974,* S. 7–13.

Katz, J. J./Fodor, J. A. (1963): Die Struktur einer semantischen Theorie, in H. Steger, Hrsg., *Vorschläge für eine strukturale Grammatik des Deutschen,* Darmstadt 1970, S. 202–268.

Katzner, K. (1975): *The Languages of the World,* New York.

Kielhöfer, B. (1975): *Fehlerlinguistik des Fremdsprachenerwerbs.* Linguistische, lernpsychologische und didaktische Analyse von Französischfehlern, Kronberg/Ts. (= Skripten Linguistik und Kommunikationswissenschaft, 14).

Kirchhoff, H. (1971): Das Simultandolmetschen als Gegenstand der Übersetzungswissenschaft, in G. Nickel/A. Raasch, Hrsg., *Kongreßbericht der 2. Jahrestagung der Gesellschaft für Angewandte Linguistik,* Heidelberg (= IRAL-Sonderband), S. 43–47.

Kirchhoff, H. (1977): Die Grundformen der Translation, in *Imago Linguae.* Festschrift für F. Paepcke, München, S. 279–287.

Kirkwood, H. W. (1966): Translation as a basis for contrastive linguistic analysis, in *International Review of Applied Linguistics,* S. 175–182.

Klamerth, P. (1974): Übersetzungsbezogene Analyse eines Textabschnitts aus

Tennessee WILLIAMS, *The Important Thing,* in *Wilss/Thome II, 1974,* S. 124–137.

Klaus, G., Hrsg. (1969): *Wörterbuch der Kybernetik,* Frankfurt a.M./Hamburg.

Klaus, G./Buhr, M., Hrsg. (1972): *Marxistisch-leninistisches Wörterbuch der Philosophie,* Reinbek bei Hamburg (Leipzig 1970).

Klegraf, J. (1974): Einige Bemerkungen zu übersetzungskritischen Fragen, in *Wilss/Thome I, 1974,* S. 56–73.

Kleifeld, H.W. (1977): Warum nur das übersetzen, was man verstanden hat? in *Fremdsprachen,* S. 138–140.

Klein, H.-W. (1975): *Schwierigkeiten des deutsch-französischen Wortschatzes.* Germanismen – Faux Amis, Stuttgart.

Kleineidam, H. (1974): Für und wider das Übersetzen. Zur Rolle der Übersetzung in der Ausbildung zukünftiger Fremdsprachenlehrer, in *Linguistische Berichte,* 32, S. 80–92.

Klingberg, G. (1977): *Att översätta barn- och ungdomsböcker.* Empiriska studier och rekommendationer, Pedagogiska institutionen, Lärarhögskolan i Mölndal (mit einer engl. Zusammenfassung).

Kloepfer, R. (1967): *Die Theorie der literarischen Übersetzung.* Romanisch-deutscher Sprachbereich, München (= Freiburger Schriften zur romanischen Philologie, 12).

Kloss, H. (1974): Die den internationalen Rang einer Sprache bestimmenden Faktoren. Ein Versuch, in H. Kloss, Hrsg., *Deutsch in der Beziehung mit anderen Sprachen,* Tübingen (= Forschungsberichte des Instituts für deutsche Sprache, 20), S. 7–77.

Kohn, K. (1974): *Kontrastive Syntax und Fehlerbeschreibung,* Kronberg/Ts. (= Skripten Linguistik und Kommunikationswissenschaft, 10).

Koller, W. (1969): Eine linguistische Theorie des Übersetzens, in *Moderna språk,* S. 264–270.

Koller, W. (1971): Übersetzen, Übersetzung und Übersetzer, in *Babel,* S. 3–11.

Koller, W. (1971a): Zur Übersetzungswissenschaft auf literaturwissenschaftlicher Basis, in *Moderna språk,* S. 323–332.

Koller, W. (1971b): Übersetzungswissenschaft, in *Folia linguistica,* V, S. 194–221.

Koller, W. (1972): *Grundprobleme der Übersetzungstheorie*. Unter besonderer Berücksichtigung schwedisch-deutscher Übersetzungsfälle, Bern und München (= Stockholmer Germanistische Forschungen, 9).

Koller, W. (1972 a): Probleme, Problematik und Theorie des Übersetzens, in *Stockholm Studies in Modern Philology*, 4, S. 131–162.

Koller, W. (1972 b): Goethes »Faust« in schwedischer Übersetzung, in *Moderna språk*, S. 258–266.

Koller, W. (1972 c): Zu einigen schwedisch-deutschen Übersetzungsschwierigkeiten, in *Der Übersetzer*, 11.

Koller, W. (1972 d): Översättning som forskningsobjekt, in *En bok om böcker*, Stockholm, S. 449–458 (mit G. Korlén).

Koller, W. (1973): Zu Stand und Problemen der Übersetzungskritik, in *Lebende Sprachen*, S. 25–28, 54–59.

Koller, W. (1973 a): Prolegomena zu einer Typologie schwedisch-deutscher Übersetzungsprobleme, in *Neubert/Kade 1973*, S. 89–98.

Koller, W. (1974): Intra- und interlinguale Aspekte idiomatischer Redensarten, in *Skandinavistik*, S. 1–24.

Koller, W. (1974 a): Anmerkungen zu Definitionen des Übersetzungs»vorgangs« und zur Übersetzungskritik, in *Wilss/Thome I, 1974*, S. 35–45.

Koller, W. (1974 b): Überlegungen zu Sprach-, Text- und Handlungsnormen, in Ö. Dahl, Hrsg., *Papers from the First Scandinavian Conference of Linguists*, Göteborg, S. 183–201.

Koller, W. (1977): *Redensarten*. Linguistische Aspekte, Vorkommensanalysen, Sprachspiel, Tübingen (= Reihe Germanistische Linguistik, 5).

Koller, W. (1978): Äquivalenz in kontrastiver Linguistik und Übersetzungswissenschaft, in *Grähs/Korlén/Malmberg 1978*, S. 69–92.

Koller, W. (1978 a): Kritik der Theorie der Übersetzungskritik, in *International Review of Applied Linguistics*, S. 89–107.

Koller, W. (1978 b): Angloamerikanismen in der DDR-Zeitungssprache, in *Deutsche Sprache*, S. 306–322.

Koller, W. (1978 c): Rezension von A. Bruns, *Übersetzung als Rezeption*, in *Skandinavistik*, S. 155–159.

Koller, W., Red. (1978 d): *Zur Beherrschung des Deutschen als Fremdsprache auf der Universitätsstufe* (= Schriften des Deutschen Instituts der Universität Bergen, 4).

König, E./Nickel, G. (1970): Transformationelle Restriktionen in der Verbalsyntax des Englischen und Deutschen, in H. Moser, Hrsg., *Probleme der kontrastiven Grammatik*, Düsseldorf, S. 70–81.

Kooij, J. G. (1971): *Ambiguity in natural language. An investigation of certain problems in its linguistic description*, Amsterdam/London (= North-Holland Linguistic Series, 3).

Korlén, G. (1966): Konstruktive Übersetzungskritik als Aufgabe der schwedischen Universitätsgermanistik, in *Babel*, S. 26–31.

Koschmieder, E. (1953): Das Gemeinte, in E. K., *Beiträge zur allgemeinen Syntax*, Heidelberg 1965, S. 101–106.

Koschmieder, E. (1955): Das Problem der Übersetzung, in E. K., *Beiträge zur allgemeinen Syntax*, Heidelberg 1965, S. 107–115.

Krause, M. (1978): *Pragmatische Aspekte der Analyse von Werbetexten in sprachvergleichender Sicht*, Heidelberg (Masch., Fachgruppe Angewandte Sprachwissenschaft).

Krollmann, F. (1974): Data processing at the translator's service, in *Babel*, S. 121–129.

Kruk, R. (1976): Early Arabic Translators.Their Methods and Problems, in *Babel*, S. 15–20.

Krzeszowski, T. P. (1971): Equivalence, congruence and deep structure, in G. Nikkel, Hrsg., *Papers in Contrastive Linguistics*, Cambridge, S. 37–48.

Krzeszowski, T. P. (1972): Kontrastive Generative Grammatik, in G. Nickel, Hrsg., *Reader zur kontrastiven Linguistik*, Frankfurt a. M., S. 75–84.

Kuepper, K. J. (1977): Literary Translation and the Problem of Equivalency, in *Meta*, S. 243–251.

Kufner, H. L. (1973): Kontrastive Grammatik und dann...?, in G. Nickel, Hrsg., *Angewandte Sprachwissenschaft und Deutschunterricht*, München, S. 17–31.

Kühlwein, W. (1973): Applikation der Linguistik, in H. P. Althaus/H. Henne/H. E. Wiegand, Hrsg., *Lexikon der Germanistischen Linguistik*, Tübingen, S. 561–571.

Kußmaul, P. (1974): Good-bye, my love, good-bye! Zur Übersetzung Kontext-determinierter Ausdrücke, in *Linguistische Berichte*, 31, S. 47–53.

Kußmaul, P. (1974a): Übersetzungsbezogene Analyse eines Textabschnitts aus Lawrence DURRELL, *Stiff Upper Lip*, in *Wilss/Thome II, 1974*, S. 107–117.

Kußmaul, P. (1974b): Die Bedeutung von Texttypen, Normentsprechungen und Normabweichungen für das Übersetzen, in *Lebende Sprachen*, S. 88–92.

Kutschera, F. v. (1971): *Sprachphilosophie*, München.

Ladmiral, J.-R. (1972): La traduction dans l'institution pédagogique, in *Langages*, 28, S. 8–39.

Language and Machines (1966). Computers in Translation and Linguistics. A Report by the Automatic Language Processing Advisory Committee, National Academy of Sciences/National Research Council, Washington.

Larwill, P. H. (1935): *La théorie de la traduction au début de la Renaissance*, München.

Leech, G. N. (1966): *English in Advertising*. A Linguistic Study of Advertising in Great Britain, London (= English Language Series).

Leech, G. (1974): *Semantics*, Harmondsworth.

Leisi, E. (1971): *Der Wortinhalt*. Seine Struktur im Deutschen und Englischen, Heidelberg (4. Aufl., ^{1}1952).

Leisi, E. (1973): *Praxis der englischen Semantik*, Heidelberg.

Lenneberg, E. H. (1972): *Biologische Grundlagen der Sprache*, Frankfurt a. M. (amerik. Ausgabe 1967).

Levenston, E. A. (1965): The »translation-paradigm«. A technique for contrastive syntax, in *International Review of Applied Linguistics*, S. 221–225.

Levenston, E. A. (1966): A classification of language differences, in *International Review of Applied Linguistics*, S. 199–206.

Levý, J. (1969): *Die literarische Übersetzung*. Theorie einer Kunstgattung, Frankfurt a. M./Bonn.

Lewandowski, Th. (1976): *Linguistisches Wörterbuch*, Heidelberg (2. Aufl.).

Liedloff, H. (1965): *Steinbeck in German Translation*. A Study of Translational Practices, Edwardsville.

Link, H. (1976): *Rezeptionsforschung*. Eine Einführung in Methoden und Probleme, Stuttgart/Berlin/Köln/Mainz.

Link, J. (1974): *Literaturwissenschaftliche Grundbegriffe*. Eine programmierte Einführung auf strukturalistischer Basis, München.

Ljudskanov, A. (1972): *Mensch und Maschine als Übersetzer*, Halle (Saale)/München.

Luginbühl, E. (1933): *Studien zu Notkers Übersetzungskunst*, Weida i. Thür. (Nachdruck Berlin 1970).

Lyons, J. (1971): *Einführung in die moderne Linguistik*, München (engl. Original: *Introduction to Theoretical Linguistics*, Cambridge 1968).

Maier, R. (1976): Stand der Projektarbeiten – April 1976, in *Forschungsbericht 1.11.1973 – 31.3.1976, Teil I: Das Übersetzungssystem SALAT,* Sonderforschungsbereich 99 Linguistik (Univ. Konstanz) – Teilprojekt A2 – Automatische Übersetzung (Univ. Heidelberg), S. 5–44.

Maillot, J. (1974): André Gide Traducteur de Conrad, in *Babel,* S. 63–71.

Malblanc, A. (1968): *Stylistique comparée du français et de l'allemand.* Essai de représentation linguistique comparée et Etude de traduction, Paris (4. Aufl.) (= Bibliothèque de stylistique comparée, II).

Malinowski, B. (1923): The Problem of Meaning in Primitive Languages, in C. K. Ogden/I. A. Richards, *The Meaning of Meaning,* London, Supplement I, S. 296–336.

Malinowski, B. (1930): *Das Geschlechtsleben der Wilden in Nordwest-Melanesien.* Liebe/Ehe und Familienleben bei den Eingeborenen der Trobriand-Inseln/Britisch Neu-Guinea, Leipzig und Zürich.

Marfurt, B. (1977): *Textsorte Witz*. Möglichkeiten einer sprachwissenschaftlichen Textsorten-Bestimmung, Tübingen (= Linguistische Arbeiten, 52).

Mathews, J. (1966): Third Thoughts in Translating Poetry, in *Brower 1966,* S. 67–77.

Maurer, K. (1976): Die literarische Übersetzung als Form fremdbestimmter Textkonstitution, in *Poetica,* 8, S. 233–257.

McCormick, E. A. (1953): *Die sprachliche Eigenart von Walt Whitmans »Leaves of Grass« in deutscher Übertragung.* Ein Beitrag zur Übersetzungskunst, Bern (= Sprache und Dichtung, 79).

Meyer, G. (1891): Weltsprache und Weltsprachen, in R. Haupenthal, Hrsg., *Plansprachen*. Beiträge zur Interlinguistik, Darmstadt 1976, S. 27–45.

Michel, G. et al. (1968): *Einführung in die Methodik der Stiluntersuchung,* Berlin.

Michels, G. (1967): *Die Dante-Übertragungen Stefan Georges.* Studien zur Übersetzungstechnik Stefan Georges, München.

Miller, R. L. (1968): *The Linguistic Relativity Principle and Humboldtian Ethnolinguistics,* The Hague/Paris (= Janua Linguarum, Series Minor, 67).

Mommsen, Th. (1886): *Die Kunst des Übersetzens fremdsprachlicher Dichtungen ins Deutsche,* Frankfurt a.M. (2. Aufl., ^{1}1858).

Moser, H., Hrsg. (1970): *Probleme der kontrastiven Grammatik,* Düsseldorf (= Sprache der Gegenwart, 8).

Moser, H., Hrsg. (1971): *Fragen der strukturellen Syntax und der kontrastiven Grammatik,* Düsseldorf (= Sprache der Gegenwart, 17).

Moulton, W. G. (1962): *The sounds of English and German.* A systematic analysis of the contrasts between the sound systems, Chicago/London (= Contrastive Structure Series).

Moulton, W. G. (1968): The use of models in contrastive linguistics, in J. E. Atlatis, Hrsg., *Report of the 19th Annual Round Table Meeting in Linguistics and Language Studies,* Washington D.C., S. 27–38.

Mounin, G. (1963): *Les problèmes théoriques de la traduction,* Gallimard (= Bibliothèque des idées).

Mounin, G. (1967): *Die Übersetzung.* Geschichte, Theorie, Anwendung, München.

Müller, B. (1977): *Zum Problem des Empfängerbezugs,* am Beispiel von Kinderbuchübersetzungen, Heidelberg (Masch., Fachgruppe Angewandte Sprachwissenschaft).

Müller, R. (1977): Die Tiefenstruktur als Basis der Übersetzung, in G. Drachmann, Hrsg., *Akten der 2. Salzburger Frühlingstagung für Linguistik,* Tübingen (= Salzburger Beiträge zur Linguistik, 3), S. 43–59.

Mund, A. (1968): La traduction lyrique. Art, science et technique, in *Babel,* S. 144–151, 165.

Must, H. (1972): *Der Relativsatz im Französischen, Deutschen, Englischen und Italienischen.* Transformationsregeln und Transformationsprogramme, Göppingen (= Göppinger Akademische Beiträge, 57).

Naumann, H.-P. (1970): *Goethes »Faust« in schwedischer Übersetzung,* Göteborg (= Göteborger Germanistische Forschungen, 10).

Nemser, W./Slama-Cazacu, T. (1970): A contribution to contrastive linguistics (A psycholinguistic approach: contact analysis), in *Revue Roumaine de Linguistique,* S. 101–128.

Neubert, A. (1968): Pragmatische Aspekte der Übersetzung, in *Neubert 1968,* S. 21–33.

Neubert, A. (1973): Invarianz und Pragmatik, in *Neubert/Kade 1973,* S. 13–25.

Neubert, A. (1973 a): Theorie und Praxis für die Übersetzungswissenschaft, in *Beiträge 1973,* S. 120–144.

Neubert, A. (1975): Verständlichkeit, Verstehbarkeit, Übersetzbarkeit, in A. Neubert/R. Růžička, *Verständlichkeit, Verstehbarkeit, Übersetzbarkeit,* Berlin (= Sitzungsberichte der Akademie der Wissenschaften der DDR, Jg. 1973, No. 18), S. 5–17.

Neumann, R. (1966/1967): Zur französisch-deutschen Übersetzungstechnik, in *Lebende Sprachen,* 1966/S. 166 f., 1967/ S. 8 f., 44–47.

Neumann, W. und Autorenkollektiv (1976): *Theoretische Probleme der Sprachwissenschaft,* Berlin (= Reihe Sprache und Gesellschaft, 9).

Newmark, P. (1973): An Approach to Translation, in *Babel,* S. 3–19.

Newmark, P. (1976): The Theory and the Craft of Translation, in *Language Teaching and Linguistics,* S. 5–26.

Newmark, P. (1977): The translation of proper names and institutional and cultural terms, in *The Incorporated Linguist,* S. 59–63.

Nickel, G., Hrsg. (1971): *Papers in Contrastive Linguistics,* Cambridge.

Nickel, G. (1971 a): Kontrastive Sprachwissenschaft und Fehleranalyse, in H. Moser, Hrsg., *Fragen der strukturellen Syntax und der kontrastiven Grammatik,* Düsseldorf, S. 210–217.

Nickel, G., Hrsg. (1972): *Reader zur kontrastiven Linguistik,* Frankfurt a. M.

Nickel, G. (1973): Kontrastive Linguistik, in H. P. Althaus/H. Henne/H. E. Wiegand, Hrsg., *Lexikon der Germanistischen Linguistik,* Tübingen, S. 462–469.

Nickel, G., Hrsg. (1973 a): *Angewandte Sprachwissenschaft und Deutschunterricht,* München.

Nida, E. A. (1964): *Toward a Science of Translating*. With Special Reference to Principles and Procedures Involved in Bible Translating, Leiden.

Nida, E. A. (1969): Science of Translation, in *Language,* S. 483–498.

Nida, E. A. (1976): Translation as Communication, in G. Nickel, Hrsg., *Proceedings of the Fourth International Congress of Applied Linguistics,* Vol. 2, Stuttgart, S. 61–82.

Nida, E. A./Taber, Ch. R. (1969): *The Theory and Practice of Translation,* Leiden (dt. *Theorie und Praxis des Übersetzens,* unter besonderer Berücksichtigung der Bibelübersetzung, Weltbund der Bibelgesellschaften, 1969).

Noblitt, J. S. (1972): Pedagogical Grammar: Towards a Theory of Foreign Language Materials Preparation, in *International Review of Applied Linguistics,* S. 313–331.

Normen in der sprachlichen Kommunikation (1977). Berlin (= Reihe Sprache und Gesellschaft, 11).

Nossack, H. E. (1965): Übersetzen und übersetzt werden, in *Italiaander 1965,* S. 9–18.

Nündel, St./Klimonow, G. et al. (1969): *Automatische Sprachübersetzung Russisch-Deutsch,* Berlin.

Oettinger, A. G. (1960): *Automatic Language Translation*. Lexical and Technical Aspects, with Particular Reference to Russian, Cambridge/Mass. (= Harvard Monographs in Applied Science, 8).

Ogden, C. K./Richards, I. A. (1923): *The Meaning of Meaning*. A Study of the Influence of Language upon Thought and of the Science of Symbolism, London (^{10}1949) (dt. Übersetzung der 10. Aufl.: *Die Bedeutung der Bedeutung,* Frankfurt a. M. 1974).

Öhman, S. (1951): *Wortinhalt und Weltbild*. Vergleichende und methodologische Studien zu Bedeutungslehre und Wortfeldtheorie, Stockholm.

Öhman, S. (1959): Der Sinnbezirk von ›Spiel‹ im Deutschen und im Schwedischen an Hand von Huizingas Homo Ludens, in *Sprache – Schlüssel der Welt*. Fs. für Leo Weisgerber, Düsseldorf, S. 332–353.

Olsson, B. (1973): A new Bible translation for Sweden – ten years of preparation, in *The Bible Translator,* S. 422–430.

Oomen, U. (1969): Der Übersetzungsprozeß und seine Automatisierung, in *Folia Linguistica,* III, S. 153–166.

Osswald, P. (1977): *Wortfeldtheorie und Sprachvergleich:* Französisch *campagne* und deutsch *Landschaft,* Tübingen (2. Aufl.) (= Tübinger Beiträge zur Linguistik, 4).

Pasewald, R. (1959): Die Problematik der »Lederstrumpf«-Bearbeitung in den westdeutschen Ausgaben, in K. Langosch, Hrsg., *Studien zur Jugendliteratur,* Ratingen (H. 5), S. 3–35.

Pause, E. (1974): Einzelsprache und Interlingua. Einige Aspekte zum Aufbau einer Übersetzungsgrammatik, in *Linguistische Berichte,* 32, S. 1–14.

Pedersen, V. H. (1975): Some Modern Concepts of Translation Theory, in *Copenhagen School of Economics and Business Administration, Language Department,* Publication No. 3, S. 7–26.

Pelz, H. (1963): *Das französische qualifizierende Adverb und seine Übersetzung ins Englische und Deutsche,* Tübingen.

Pergnier, M. (1973): Traduction et théorie linguistique, in *Etudes de linguistique appliquée,* 12, S. 26–38.

Petr, P. (1961): Die deutsche Übersetzung der *Abenteuer des braven Soldaten Schwejk,* in *Philologica Pragensia,* S. 160–173.

Pilch, H./Richter, H., Hrsg. (1970): *Theorie und Empirie in der Sprachforschung,* Basel/München/Paris/New York (= Bibliotheca Phonetica, 9).

Plett, H. F. (1975): *Textwissenschaft und Textanalyse.* Semiotik, Linguistik, Rhetorik, Heidelberg.

Pohling, H. (1971): Zur Geschichte der Übersetzung, in *Studien 1971,* S. 125–162.

Popovič, A. (1973): Zum Status der Übersetzungskritik, in *Babel,* S. 161–165.

Porzig, W. (1971): *Das Wunder der Sprache.* Probleme, Methoden und Ergebnisse der Sprachwissenschaft, Bern und München (5. Aufl., ¹1950).

Raabe, H., Hrsg. (1974): *Trends in kontrastiver Linguistik.* Band I, Tübingen (= Forschungsberichte des Instituts für deutsche Sprache, 16).

Raabe, H., Hrsg. (1976): *Trends in kontrastiver Linguistik.* Band II, Tübingen (= Forschungsberichte des Instituts für deutsche Sprache, 28).

Radecki, S. von (1963): Vom Übersetzen, in *Kunst der Übersetzung 1963,* S. 40–74.

Radó, G. (1967): Approaching the History of Translation, in *Babel,* S. 169–173.

Reich-Ranicki, M. (1965): Verräter, Brückenbauer, Waisenkinder, in *Italiaander 1965*, S. 69–73.

Reiß, K. (1970): Das Jahrhundert der Übersetzungen, oder: Die Übersetzung in Bildern und Vergleichen, in *Linguistica Antverpiensia*, S. 175–195.

Reiß, K. (1971): *Möglichkeiten und Grenzen der Übersetzungskritik*. Kategorien und Kriterien für eine sachgerechte Beurteilung von Übersetzungen, München.

Reiß, K. (1974): Ist Übersetzen lehrbar? in G. Nickel/A. Raasch, Hrsg., *Kongreßbericht der 4. Jahrestagung der Gesellschaft für Angewandte Linguistik*, Heidelberg (= IRAL-Sonderband), S. 69–82.

Reiß, K. (1974a): Didaktik des Übersetzens. Probleme und Perspektiven, in *Le Langage et l'Homme*, S. 32–40.

Reiß, K. (1975): Zur Bestimmung des Schwierigkeitsgrades von Übersetzungen aus didaktischer Sicht, in *Le Langage et l'Homme*, S. 37–48.

Reiß, K. (1976): *Texttyp und Übersetzungsmethode*. Der operative Text, Kronberg/Ts. (= Monographien Literatur + Sprache + Didaktik, 11).

Riesel, E. (1970): *Der Stil der deutschen Alltagsrede*, Leipzig.

Riesel, E./Schendels, E. (1975): *Deutsche Stilistik*, Moskau.

Rohdenburg, G. (1974): Äquivalenzprobleme bei sprachspezifischen Subjektivierungen und Objektivierungen, in *Wilss/Thome I, 1974*, S. 74–87.

Roos, C. (1962): Die nordischen Literaturen in ihrer Bedeutung für die deutsche, in W. Stammler, Hrsg., *Deutsche Philologie im Aufriß*, Bd. III, Berlin/Bielefeld/München, S. 374–406.

Rosenzweig, F. (1926): Die Schrift und Luther, in *Störig 1963*, S. 220–248.

Rossbacher, K. (1972): *Lederstrumpf in Deutschland*. Zur Rezeption James Fenimore Coopers beim Leser der Restaurationszeit, München.

Rossipal, H. (1973): Konnotationsbereiche, Stiloppositionen und die sogenannten »Sprachen« in der Sprache, in *Germanistische Linguistik*, 4, S. 1–87.

Rozencvejg, V. Ju. (1974): *Machine Translation and Applied Linguistics*, Frankfurt (= Linguistische Forschungen, 16/17).

Rülker, K. (1971): Zur Rolle der Pragmatik in der zweisprachigen Kommunikation, in *Studien 1971*, S. 99–112.

Sanders, C. (1976): Recent developments in contrastive analysis and their relevance to language teaching, in *International Review of Applied Linguistics*, S. 67–73.

Sandig, B. (1978): *Stilistik*. Sprachpragmatische Grundlegung der Stilbeschreibung, Berlin/New York.

Sapir, E. (1921): *Language*. An Introduction to the Study of Speech, New York.

Saran, F. (1967): *Das Übersetzen aus dem Mittelhochdeutschen*, neubearbeitet von Bert Nagel, Tübingen (5. Aufl.).

Saussure, F. de (1916): *Cours de linguistique générale*, Lausanne/Paris.

Savel'eva, G. N. (1976): Zur Untersuchung linguistischer Fakten auf translatorischer Grundlage (am Beispiel französischer Nominalisierungen), in *Linguistische Arbeitsberichte* (Leipzig), 14, S. 68–73.

Savory, Th. (1968): *The Art of Translation*, Boston (London 1957).

Schade, W. (1971): Die Binomina des Russischen und Möglichkeiten ihrer Übersetzung ins Deutsche. Versuch einer übersetzungswissenschaftlichen Studie, in *Studien 1971*, S. 27–66.

Schadewaldt, W. (1960): *Hellas und Hesperien*. Gesammelte Schriften zur Antike und zur neueren Literatur, Zürich/Stuttgart.

Schadewaldt W. (1966): Aus der Werkstatt meines Übersetzens, in *Schweizer Monatshefte*, 46, S. 851–859.

Schaff, A. (1964): *Sprache und Erkenntnis*, Wien/Frankfurt/Zürich.

Schaff, A. (1969): *Einführung in die Semantik*, Frankfurt a. M.

Schifko, P. (1967): *Subjonctif und Subjuntivo*. Zum Gebrauch des Konjunktivs im Französischen und Spanischen, Wien/Stuttgart (= Wiener Romanistische Arbeiten, 6).

Schippan, Th. (1975): *Einführung in die Semasiologie*, Leipzig (2. Aufl., ^{1}1972).

Schleiermacher, F. (1813): Ueber die verschiedenen Methoden des Uebersezens, in *Störig 1963*, S. 38–70.

Schmidt, K. (1969): Aufgaben und Probleme einer Übersetzungstheorie, in *Beiträge zur Linguistik und Informationsverarbeitung*, 15, S. 50–64.

Schmidt, L., Hrsg. (1973): *Wortfeldforschung*. Zur Geschichte und Theorie des sprachlichen Feldes, Darmstadt.

Schmidt, W. (1963): *Lexikalische und aktuelle Bedeutung.* Ein Beitrag zur Theorie der Wortbedeutung, Berlin (Leipzig) (^{2}1967).

Schmidt, R./Vollnhals, O. (1974): Der Einsatz des lexikographischen Zweigs eines Datenbanksystems zur Herstellung eines phraseologischen Fachglossars, in *Lebende Sprachen,* S. 1–12.

Scholz, F. (1968): Zu einigen Transpositionen bei der Übersetzung naturwissenschaftlicher und technischer Literatur aus dem Russischen ins Deutsche, in *Fremdsprachen,* S. 115–124, 183–189.

Schröter, K. (1972): Zur Entwicklung der Fachterminologie im Zusammenhang mit der Erweiterung der Fachkenntnisse und daraus resultierende Probleme der Fachübersetzung (dargestellt an Beispielen aus dem Bereich der Geowissenschaften), in *Spitzbardt 1972,* S. 161–171.

Schulz, J./Göricke, H. (1977): The Dictionary in the Computer, in *Babel,* S. 29–33.

Schwarz, H. (1975): Der Status des Übersetzers, in *Babel,* S. 5–15.

Schwarz, W. (1944): Translation into German in the fifteenth century, in *Modern Language Review,* S. 368–373.

Schwarz, W. (1945): The theory of translation in sixteenth-century Germany, in *Modern Language Review,* S. 291–299.

Schwarze, Ch. (1972): Grammatiktheorie und Sprachvergleich, in *Linguistische Berichte,* 21, S. 15–29.

Schwarze, Ch. (1975): Empirische Probleme des Sprachvergleichs, in *Linguistische Berichte,* 35, S. 10–24.

Schwarze, Ch. (1977): Beispiel einer kontrastiven Grammatik: Der unbestimmte Agens im Deutschen und im Italienischen, in *Zielsprache Deutsch,* 4, S. 18–32.

Sdun, W. (1967): *Probleme und Theorien des Übersetzens in Deutschland vom 18. bis zum 20. Jahrhundert,* München.

Searle, J. R. (1971): *Sprechakte.* Ein sprachphilosophischer Essay, Frankfurt a. M. (engl. Ausgabe 1969).

Seleskovitch, D. (1974): Zur Theorie des Dolmetschens, in *Kapp 1974,* S. 37–50.

Senger, A. (1971): *Deutsche Übersetzungstheorie im 18. Jahrhundert (1734–1746),* Bonn (= Abhandlungen zur Kunst-, Musik- und Literaturwissenschaft, 97).

Senn, F. (1968): »Ulysses« in der Übersetzung, in *Sprache im technischen Zeitalter,* S. 346–375.

Smith, C. (1977): Bilingual lexicography as an aid to translation, in *The Incorporated Linguist,* S. 64 f.

Snook, R. L. (1971): A stratificational approach to contrastive analysis, in G. Nikkel, Hrsg., *Papers in Contrastive Linguistics,* Cambridge, S. 17–36.

Sowinski, B. (1973): *Deutsche Stilistik,* Frankfurt a. M. (= Fischer Handbücher).

Spillner, B. (1971): Kontrastive Semantik: Inhaltsfaktorenvergleich und Übersetzung, in *Kongreßbericht der 2. Jahrestagung der Gesellschaft für Angewandte Linguistik,* Heidelberg (= IRAL-Sonderband), S. 35–41.

Stachowitz, R. (1973): *Voraussetzungen für maschinelle Übersetzung: Probleme, Lösungen, Aussichten,* Frankfurt a. M. (= Athenäum-Skripten Linguistik, 8).

Stammerjohann, H., Hrsg. (1975): *Handbuch der Linguistik.* Allgemeine und angewandte Sprachwissenschaft, München.

Steffen, H.-E. (1974): Die Landeskunde in der Ausbildung der Übersetzer und Dolmetscher, in *Kapp 1974,* S. 122–134.

Steinbuch, K. (1962): Können Automaten Schrift »lesen« und Sprache »verstehen«? in H. Frank, Hrsg., *Kybernetik.* Brücke zwischen den Wissenschaften, Frankfurt a. M. (6. Aufl. 1966), S. 215–217.

Steiner, G. (1975): *After Babel.* Aspects of Language and Translation, New York/London.

Stoberski, Z. (1972): The Role of Translations in the Development of World Culture, in *Babel,* S. 21–28.

Stockwell, R. P. (1968): Contrastive analysis and lapsed time, in J. E. Atlatis, Hrsg., *Report of the 19th Annual Round Table Meeting in Linguistics and Language Studies,* Washington D. C., S. 11–26.

Stockwell, R. P./Bowen, J. D./Martin, J. W. (1965): *The grammatical structures of English and Spanish,* Chicago/London (= Contrastive Structure Series).

Strevens, P. (1976): On Defining Applied Linguistics, in G. Nickel, Hrsg. *Proceedings of the Fourth International Congress of Applied Linguistics,* Vol. 1, Stuttgart, S. 81–84.

Suerbaum, U. (1969): Der deutsche Shakespeare. Übersetzungsgeschichte und Übersetzungstheorie, in *Festschrift Rudolf Stamm,* Bern, S. 61–80.

Tauli, V. (1968): *Introduction to a Theory of Language Planning,* Uppsala (= Studia Philologiae Scandinavicae Upsaliensia, 6).

Theato, E. (1974): Sinn und Zweck terminologischer Arbeiten, in *Kapp 1974,* S. 160–173.

Thiel, G. (1974): Ansätze zu einer Methodologie der übersetzungsrelevanten Textanalyse, in *Kapp 1974,* S. 174–185.

Thiel, G. (1976): Beobachtungen bei der Übersetzung einiger Satzkonnektoren in Texten französischer Ausgangssprache, in G. Nickel, Hrsg., *Proceedings of the Fourth International Congress of Applied Linguistics,* Vol. 2, Stuttgart, S. 385–398.

Thieme, K./Hermann, A./Glässer, E. (1956): *Beiträge zur Geschichte des Dolmetschens,* München (= Schriften des Auslands- und Dolmetscherinstituts der Johannes Gutenberg-Universität Mainz in Germersheim, 1).

Thome, G. (1975): Die Übersetzungsprozeduren und ihre Relevanz für die Ermittlung des translatorischen Schwierigkeitsgrads eines Textes, in *Wilss 1975,* S. 39–51.

Thome, G. (1976): »La mise en relief« und ihre Wiedergabe im Deutschen, in G. Nickel, Hrsg., *Proceedings of the Fourth International Congress of Applied Linguistics,* Vol. 2, Stuttgart, S. 399–411.

Toma, P. (1976): An Operational Machine Translation System, in *Brislin 1976,* S. 247–260.

Toury, G. (1978): The Nature and Role of Norms in Literary Translation, in *Holmes/Lambert/Van den Broeck 1978,* S. 83–100.

Trier, J. (1931): *Der deutsche Wortschatz im Sinnbezirk des Verstandes.* Die Geschichte eines sprachlichen Feldes, Heidelberg (= Germanische Bibliothek) (Auszug in L. Schmidt, Hrsg. *Wortfeldforschung,* Darmstadt 1973, S. 1–38).

Truffaut, L. (1975): *Grundprobleme der deutsch-französischen Übersetzung,* München (5. Aufl.).

Tscharner, E.H. von (1932): Chinesische Gedichte in deutscher Sprache. Probleme der Übersetzungskunst, in *Störig 1963,* S. 268–298.

Ulrich, W. (1972): *Linguistische Grundbegriffe.* Wörterbuch, Kiel.

Vauqois, B. (1975): *La traduction automatique à Grenoble* (= Documents de linguistique quantitative, 24).

Vernay, H. (1974): Elemente einer Übersetzungswissenschaft, in *Kapp 1974*, S. 26–37.

Vinay, J.-P./Darbelnet, J. (1971): *Stilistique comparée du français et de l'anglais. Méthode de traduction* (nouvelle édition revue et corrigée, 1. Aufl. 1958), Paris (= Bibliothèque de stylistique comparée, I).

Vodička, F. (1976): *Die Struktur der literarischen Entwicklung,* München (= Theorie und Geschichte der Literatur und der schönen Künste, 34).

Vogt, U. (1973): Ricerche sulla traduzione nel Novecento, in *Studi urbinati di storia, filosofia e letteratura,* XLVII, S. 503–535.

Vossler, K. (1925): *Geist und Kultur der Sprache,* Heidelberg (Auszug in *Störig 1963,* S. 196–219).

Wagner, K. H. (1966): Probleme der kontrastiven Sprachwissenschaft, in *Sprache im technischen Zeitalter,* 32, S. 305–326.

Wagner, K. H. (1974): Kontrastive Linguistik, in H. L. Arnold/V. Sinemus, Hrsg., *Grundzüge der Literatur- und Sprachwissenschaft.* Bd. 2: Sprachwissenschaft, München, S. 370–386.

Walmsley, J. B. (1970): Transformation Theory and Translation, in *International Review of Applied Linguistics,* S. 185–199.

Wandruszka, M. (1967): Die maschinelle Übersetzung und die Dichtung, in *Poetica,* 1, S. 3–7.

Wandruszka, M. (1969): *Sprachen – vergleichbar und unvergleichlich,* München.

Wandruszka, M. (1971): *Interlinguistik:* Umrisse einer neuen Sprachwissenschaft, München.

Warning, R., Hrsg. (1975): *Rezeptionsästhetik.* Theorie und Praxis, München.

Watts, R. J. (1976): *Lokative Präpositionen im Deutschen, Englischen und Zürichdeutschen,* Bern (= Schweizer Anglistische Arbeiten, 87).

Weinrich, H. (1966): *Linguistik der Lüge,* Heidelberg.

Weinrich, H. (1970): Erlernbarkeit, Übersetzbarkeit, Formalisierbarkeit, in H. Pilch/H. Richter, Hrsg., *Theorie und Empirie in der Sprachforschung,* Basel/München/Paris/New York, S. 76–80.

Weisgerber, L. (1939): *Die volkhaften Kräfte der Muttersprache,* Frankfurt (Auszug in L. Schmidt, Hrsg., *Wortfeldforschung,* Darmstadt 1973, S. 193–225).

Weisgerber, L. (1955): Das Dolmetschen und die sprachliche Verwandlung der Welt, in *Babel*, S. 7–9.

Weisgerber, L. (1971): *Grundzüge der inhaltbezogenen Grammatik*, Düsseldorf (4. Aufl.) (= Von den Kräften der deutschen Sprache, I).

Weisgerber, L. (1973): *Die sprachliche Gestaltung der Welt*, Düsseldorf (4. Aufl.) (= Von den Kräften der deutschen Sprache, II).

Welte, W. (1974): *Moderne Linguistik: Terminologie/Bibliographie*. Ein Handbuch und Nachschlagewerk auf der Basis der generativ-transformationellen Sprachtheorie, München.

Wendt, H. F. (1977): *Sprachen*, Frankfurt a. M. (2. Aufl.) (= Das Fischer Lexikon, 25).

Werlich, E. (1975): *Typologie der Texte*. Entwurf eines textlinguistischen Modells zur Grundlegung einer Textgrammatik, Heidelberg.

West, C. B. (1932): La théorie de la traduction au XVIIIe siècle par rapport surtout aux traductions françaises d'ouvrages anglais, in *Revue de littérature comparée*, 12, S. 330–355.

Whorf, B. L. (1956): *Language, Thought, and Reality*. Selected Writings, Cambridge/Mass. (dt. Teilübersetzung: *Sprache, Denken, Wirklichkeit*. Beiträge zur Metalinguistik und Sprachphilosophie, Reinbek bei Hamburg 1963).

Widmer, W. (1959): *Fug und Unfug des Übersetzens*. Sachlich-polemische Betrachtungen zu einem literarischen Nebengeleise, Köln/Berlin.

Wienold, G. (1971): Einige Überlegungen zur Theorie der kontrastiven Grammatik, in *Folia Linguistica*, V, S. 35–43.

Willett, R. (1974): Die Ausbildung zum Konferenzdolmetscher, in *Kapp 1974*, S. 87–109.

Wilss, W. (1971): Betrachtungen zum Verhältnis von Angebot und Nachfrage bei Diplomübersetzern und Diplomdolmetschern, in *Lebende Sprachen*, S. 2–7.

Wilss, W. (1971 a): Englische Partizipialkonstruktionen und ihre Wiedergabe im Deutschen, in *Bausch/Gauger 1971*, S. 555–568.

Wilss, W. (1972): Die Situation der Übersetzer und Dolmetscher in der gewerblichen Wirtschaft, in *Lebende Sprachen*, S. 97–100.

Wilss, W. (1974): Die Bedeutung des Übersetzens und Dolmetschens in der Gegenwart, in *Kapp 1974*, S. 13–25.

Wilss, W. (1974a): Probleme und Perspektiven der Übersetzungskritik, in *International Review of Applied Linguistics,* S. 23–41.

Wilss, W. (1975): Übersetzen, in H. Stammerjohann, Hrsg., *Handbuch der Linguistik,* München, S. 515–537.

Wilss, W. (1977): *Übersetzungswissenschaft.* Probleme und Methoden, Stuttgart.

Winter, W. (1961): Impossibilities of Translation, in *Arrowsmith/Shattuck 1961,* S. 68–82.

Wirl, J. (1958): *Grundsätzliches zur Problematik des Dolmetschens und des Übersetzens,* Wien/Stuttgart.

Worstbrock, F. J. (1970): Zur Einbürgerung der Übersetzung antiker Autoren im deutschen Humanismus, in *Zeitschrift für deutsches Altertum und deutsche Literatur,* 99, S. 45–81.

Wunderlich, D. (1972): Sprechakte, in U. Maas/D. Wunderlich, *Pragmatik und sprachliches Handeln,* Frankfurt a. M. (= Athenäum-Skripten Linguistik, 2), S. 69–188.

Wuthenow, R.-R. (1969): *Das fremde Kunstwerk.* Aspekte der literarischen Übersetzung, Göttingen (= Palaestra, 252).

Yassin, A. F. (1978): Translation between two models: The Whorfian hypothesis and the Chomskyan paradigm, in *The Incorporated Linguist,* 17, S. 17–20, 25.

Zabrocki, L. (1970): Grundfragen der konfrontativen Grammatik, in H. Moser, Hrsg., *Probleme der kontrastiven Grammatik,* Düsseldorf, S. 31–52.

Zimmermann, K. (1978): *Erkundungen zur Texttypologie,* Tübingen (= Forschungsberichte des Instituts für deutsche Sprache, 39).

11. Namenregister

Agricola, E. 34, 38, 221 ff., 234
Albertsen, L. L. 217
Albrecht, J. 98
Althaus, H. P./Henne, H./Wiegand, H. E. 237
Altmann, K. 49
Amos, F. R. 101
Arnauld, A./Lancelot, C. 148
Arndt, E. 226
Äschylus 68

Back, O. 232
Baldinger, K. 241
Bamberger, R. 230
Barth, G. 240
Baudelaire, Ch. 66
Bausch, K.-R. 98, 178, 192, 230, 232, 235, 240
Bausch, K.-R./Raabe, H. 240
Bauch, K.-R./Klegraf, J./Wilss, W. 96
Becher, J. J. 149
Behr, K. et al. 232
Belke, H. 234
Benjamin, W. 51, 54
Bernstein, B. 63, 145, 194, 224
Bierwisch, M. 150
Bloomfield, L. 134
Blyton, E. 20
Boecker, E. 100, 235 ff., 241
Bohlen und Halbach, A. von 145
Bolinger, D. 184
Böll, H. 20
Bölling, K. 233
Bond, E. 67
Boor, H. de 227
Booth, A. D. 221
Borgmeier, G. 100, 192
Bormann, A. 220
Bornemann, E. 236
Bouton, L. F. 178, 182 f.
Brand, I./Klimonow, G. et al. 221
Brecht, B. 20
Breitinger, J. J. 134, 148

Brekle, H. E. 222
Breuer, D. 232
Brinkmann, K.-H. 221
Brislin, R. W. 48
Brockhaus, K. 221
Brower, R. A. 68, 228
Brown, R. L. 236
Bruderer, H. 221
Bruns, A. 99, 101, 235, 242
Buber, M. 71
Bühler, K. 188, 200, 211
Burger, H./Imhasly, B. 232
Burgschmidt, E./Götz, D. 240
Buzzelli, G. E. 99

Caillé, P.-F. 217
Carlsson, A. 242
Carroll, J. B. 236
Carroll, L. 59, 171, 173
Cary, E. 47, 104
Cassirer, E. 21
Catford, J. C. 98, 110, 179 f., 186, 231 f.
Cauer, P. 228
Cervantes 50
Chitoran, D./Petrovanu, A. 232
Chomsky, N. 21, 61 f., 145, 148 f., 164, 194
Christie, A. 20
Cicero 71, 73
Cicourcel, A. V. 63
Collange-Fourcade, J. 222
Cooper, J. F. 89
Corder, S. P. 181
Coseriu, E. 228, 240
Croce, B. 71

Dagut, M. B. 99
Dalgarno, G. 21
Dalitz, G. 99
Dante 72, 195
Décsy, G. 218 f.
Dedecius, K. 68
Delavenay, E. 221

Descartes, R. 21, 148
Diagne, M. K. 99
Diderot, D. 71
Dietrich, R./Klein, W. 221
Dirschauer, K. 137
Dostojewski, F. M. 20
Draper, J. W. 101
Dressler, W. 232, 234
Drozd, L./Seibicke, W. 237f.
Dürbeck, H. 236

Ebneter, Th. 232
Eckehart (Meister) 227
Eisenberg, P. 223
Engel, U. 178f., 240
Engelen, B. 98
Engelke, H. 99
Engels, F. 20
Enzensberger, Ch. 59
Ermatinger, E./Hunziker, R. 228
Essen, A. J. van/Menting, J. P. 218
Ezawa, K. 194

Faiß, K. 98
Farb, P. 238
Faulkner, W. 236
Filipec, J. 229
Filipovič, R. 182, 240
Fingerhut, M. 101
Firth, J. R. 219f.
Fischer, L. 242
Fleischer, W./Michel, G. 234, 241
Fleischmann, E. 98
Fluck, H.-R. 234, 237f.
Forster, P. G. 219
Fränzel, W. 101, 218, 230, 236
Friederich, W. 98, 101
Friedrich, H. 104, 228f.
Fuchs, G. 101, 148, 236
Funke, O. 219

Gadamer, H.-G. 226, 232
Gamaleja, N. 237
Gardner, M. 171
Garvin, P. L. 221
Gäßler, R. 98, 240
Gebhardt, P. 100f., 120

Geckeler, H. 236
Gehman, H. S. 101
Gentile, G. 71
George, St. 195
Gerbert, M. 43
Gipper, H. 100, 142, 146, 193, 236
Giroday, V. de la 101
Goethe, J. W. von 13, 20, 49, 71, 73, 193
Goffin, R. 100
Goma, P. 241f.
Goossens, J. 232
Gorjan, Z. 68
Gossing, G. 100
Grass, G. 42, 65, 173, 238
Gravier, M. 100
Greenberg, J. H. 237
Grimm, J. 20, 217
Grimm, W. 20, 217
Gruber, C. M. 237
Grünbeck, B. 98
Gülich, E./Raible, W. 234
Gumperz, J. J. 235
Güttinger, F. 98

Haarmann, H. 23f., 218ff.
Habermas, J. 232
Hallyday, M. A. K. 177
Hamann, J. G. 71
Hartmann, P. 147
Hartmann von Aue 227
Haug, J. Ch. F. 49
Haupenthal, R. 219
Häusermann, J. 218
Hausmann, F. J. 238
Heeschen, C. 236
Heger, K. 198, 218, 238, 241
Heidegger, M. 174
Heine, H. 193
Helbig, G. 236f.
Hellinger, M. 176, 240
Henle, P. 236
Henschelmann, K. 98, 225, 239
Herzog, M. 226
Hieronymus 71, 73
Hjelmslev, L. 152
Hochmuth, H. 226

275

Hockett, C. F. 57
Höfer, S. 226
Hoffmann, L. 238
Holmes, J. S. 68
Homer 68
Hoof, H. Van 217
Hörmann, H. 236
Hornung, W. et al. 70, 100
House, J. 100, 192, 231, 242
Huber, Th. 101, 230, 236
Humboldt, W. von 53, 68 ff., 134
Hürlimann, B. 230
Huyssen, A. 101, 192 f.

Ibsen, H. 218
Irmen, F. 99
Iser, W. 234
Ivir, V. 184

Jacob, H. 219
Jäger, G. 11, 79, 90, 92 f., 98, 103 f., 107, 111 f., 186, 231, 237
Jakobson, R. 153
James, C. 240
Joyce, J. 68, 238
Jumpelt, R. W. 11, 70, 76 f., 88, 100, 104, 191, 198, 229, 231, 237

Kade, O. 11, 79 ff., 93 f., 98, 103 f., 112, 116 f., 123, 135, 154 ff., 169, 217, 220, 225, 232, 237
Kade, W. 218
Kafka, F. 68
Kant, I. 14
Kapp, V. 225
Katz, J. J./Fodor, J. A. 150
Katzner, K. 16, 218 ff.
Keller, G. 125, 131
Kemp, F. 66
Kielhöfer, B. 180
Kirchhoff, H. 217
Kirkwood, H. W. 240
Klamerth, P. 99
Klaus, G. 232
Klaus, G./Buhr, M. 237
Klegraf, J. 100, 192, 210
Kleifeld, H. W. 218

Klein, H.-W. 98
Kleineidam, H. 231
Klingberg, G. 230, 234
Kloepfer, R. 67, 70 ff., 75 f., 100, 104, 191, 193 f., 226, 232
Klopstock, F. G. 49
Kloss, H. 219 f.
Kohn, K. 240
Koller, W. 98, 100, 173, 192, 218, 226, 228, 230, 232 f., 235, 237 f., 242
König, E./Nickel, G. 240
Kooij, J. G. 222
Korlén, G. 100, 126, 242
Koschmieder, E. 114
Krause, M. 232
Krollmann, F. 221
Kruk, R. 101
Krzeszowski, T. P. 179, 181, 240
Kufner, H. L. 240
Kuh, E. M. 49
Kühlwein, W. 232
Kußmaul, P. 99, 242

Ladmiral, J.-R. 231
Larwill, P. H. 101
Leech, G. N. 107, 166, 237
Lehmann, W. P. 232
Leibniz, G. W. 21, 148
Leisi, E. 167, 236
Lenin, W. I. 20
Lenneberg, E. H. 144, 153 f.
Leonhardt, R. W. 193
Levenston, E. A. 177, 182, 240
Levý, J. 11, 70, 72 ff., 100, 191
Lewandowski, Th. 228 f., 237
Lidman, S. 239
Liedloff, H. 100
Lindgren, A. 20
Link, H. 233
Link, J. 241
Ljudskanov, A. 221
Lortholary, A. 50
Luginbühl, E. 228
Luther, M. 48, 51, 55, 64, 71, 73
Lyons, J. 222

Maclean, A. 20
Macquarrie, J./Robinson, E. 239
Maier, R. 26f., 222
Maillot, J. 101
Malblanc, A. 98f., 116, 165, 235
Malinowski, B. 57ff.
Manheim, R. 239
Marfurt, B. 238
Martinsson, H. 126
Marx, K. 20
May, K. 20
Meyer, G. 24, 219
Michel, G. et al. 234
Michels, G. 101, 195
Miller, R. L. 236
Mimaud, L. 234
Mommsen, Th. 228
Moulton, W. G. 240
Mounin, G. 11, 70, 98, 149, 225, 232
Müller, B. 126
Müller, R. 232
Mund, A. 99
Must, H. 98, 240

Napoleon 126
Naumann, H.-P. 100
Nemser, W./Slama-Cazacu, T. 182, 240
Neubert, A. 11, 79, 98, 100, 103, 214, 229, 231ff.
Neumann, R. 99
Neumann, W. et al. 237
Newmark, P. 98f.
Nickel, G. 176ff., 232, 240
Nickel, G./Raasch, A. 232
Nida, E. A. 11, 51, 54, 60, 83ff., 98, 118ff., 125, 128, 144, 218, 231f.
Nida, E. A./Taber, Ch. R. 98, 111, 186, 232
Nietzsche, F. 55
Noblitt, J. S. 240
Nossack, H. E. 47
Nündel, S./Klimonow, G. et al. 221

Oettinger, A. G. 109, 186, 221
Ogden, C. K./Richards, I.A. 229

Öhman, S. 237
Olsson, B. 230
Oomen, U. 221
Ortega y Gasset, J. 71, 73
Osborne, J. 193
Osswald, P. 141

Pannwitz, R. 71
Pasewald, R. 230
Pause, E. 98
Pedersen, V. H. 98
Pelz, H. 98
Pergnier, M. 98
Petr, P. 99
Pilch, H./Richter, H. 237
Platon 52
Plautus 72
Plett, H. F. 241
Plutarch 50
Pohling, H. 101, 165, 218
Popovič, A. 100, 192, 196f.
Porzig, W. 24, 219, 236
Proust, M. 68
Puschkin, A. S. 68

Quasthoff, U. 194
Quint, J. 227

Raabe, H. 240
Radecki, S. von 48
Radó, G. 101, 218
Rausch, R. 227
Reichert, K. 67
Reiß, K. 11, 99ff., 190, 192, 196, 199ff., 209f., 212, 226, 231
Riesel, E. 234, 241
Riesel, E./Schendels, E. 234, 241
Riesman, D. 60f.
Rimbaud, A. 72
Rohdenburg, G. 98
Roos, C. 218
Rosenzweig, F. 71, 73
Rossbacher, K. 230
Rossipal, H. 129, 241
Rothenhagen, R./Kade, O. 221
Rozencvejg, V. Ju. 221
Rülker, K. 99

Russell, B. 83

Sachs, G. 145
San-Antonio 126, 242
Sanders, C. 240
Sandig, B. 233 f.
Sapir, E. 142
Saran, F. 106, 227
Saussure, F. de 64, 229
Savel'eva, G. N. 98
Savory, Th. 98, 191, 228
Sayers, D. L. 234
Schade, W. 99
Schadewaldt, W. 71, 73, 229
Schaff, A. 236 f.
Schifko, P. 98
Schiller, F. 193
Schippan, Th. 223
Schlegel, A. W. 47, 120, 235
Schlegel/Tieck 66
Schleiermacher, F. 51 ff., 60 f., 71, 73 f., 104, 125, 144, 200, 202, 217, 226, 228, 236
Schmidt, K. 98
Schmidt, L. 236
Schmidt, W. 223
Schmidt, R./Vollnhals, O. 221
Scholz, F. 99
Schopenhauer, A. 50, 73, 220
Schröter, K. 42
Schücking, L. L. 66
Schulz, J./Göricke, H. 221
Schwarz, H. 226
Schwarz, W. 101
Schwarze, Ch. 98, 240
Sdun, W. 101
Searle, R. J. 151 ff.
Seleskovitch, D. 217
Senger, A. 101, 230, 236
Senn, F. 99, 235, 238
Shakespeare, W. 48, 66, 120
Simenon, G. 20
Smith, C. 100
Snook, R. L. 240
Sowinski, B. 241
Spillner, B. 98
Spitzbardt, H. 99

Stachowitz, R. 79, 221, 223
Stammerjohann, H. 221, 232
Standop, E. 234
Steffen, H.-E. 225
Steinbuch, K. 221
Steiner, G. 16, 98, 219, 232
Stoberski, Z. 101
Stockwell, R. P./Bowen, J. D./Martin, J. W. 240
Störig, H. J. 67
Storm, Th. 125, 131
Strevens, P. 232
Strindberg, A. 218
Studniczka, H. 66
Suerbaum, U. 101

Tauli, V. 220
Theato, E. 100
Thiel, G. 98 f., 231
Thieme, K./Hermann, A./Glässer, E. 101, 218
Thome, G. 98 f.
Thorvall, K. 230
Tolstoi, L. N. 20
Toma, P. 221
Toury, G. 231, 240
Trier, J. 140 f.
Truffaut, L. 98
Tscharner, E. H. von 67 f.
Tytler, A. F. 73

Ulrich, W. 62, 228

Valéry, P. 68, 71, 73
Vauquois, B. 221
Vernay, H. 98, 226
Verne, J. 20
Villon, F. 74
Vinay, J.-P./Darbelnet, J. 98 f., 116, 165, 235
Vodička, F. 235
Vogt, U. 101
Voltaire 66
Vossler, K. 47

Wagner, K. H. 176 f., 179, 181, 240
Walmsley, J. B. 101, 119, 232

Walther von der Vogelweide 227
Wandruszka, M. 98, 134, 196, 219, 237, 240
Wapnewski, P. 56
Warning, R. 233 f.
Watts, R. J. 240
Wehrle/Eggers 235
Weinreich, U. 62
Weinrich, H. 110, 152, 157
Weisgerber, L. 53, 140 ff., 236
Weiss, P. 201
Weisshuhn, F. A. 49
Weller, F.-R. 225
Welte, W. 62, 228, 237
Wendt, H. F. 16, 218 ff.
Werlich, E. 234
West, C. B. 101
Weyrauch, G. 91

Whorf, B. L. 83, 140, 142 ff., 236
Widmer, W. 193
Wienold, G. 240
Wiesner, H. 234, 238
Wilkins, J. 21
Willett, R. 225
Wilss, W. 11, 48, 88, 98, 100 ff., 111 f., 114, 176, 186, 189, 192, 196 ff., 209, 217 f., 221, 226, 230 f., 235, 240
Winter, W. 50, 110, 186
Wirl, J. 98
Wittgenstein, L. 83
Wolff, Ch. 148
Worstbrock, F. J. 101
Wulf, Ch. 232
Wunderlich, D. 180
Wuthenow, R.-R. 70, 101

12. Sachregister

Adaptation → Übersetzungsverfahren
Ähnlichkeit, formale → Korrespondenz
Akzeptabilität 181
ALPAC-Bericht 26
Analyse → Übersetzen
Äquivalent
- aktuelles 88, 92, 95, 98, 113, 119
- potentielles 88, 92, 94f., 98, 113, 117, 158
- textuelles 158, 182
Äquivalenz 98, 109ff., 176ff.
- denotative 162, 187f.
- dynamische 51f., 60, 85, 107, 125
- expressive 187
- formale 51, 54, 85, 125, 144, 186f., 190f.
- funktionelle 186
- inhaltliche 77, 183, 186f., 197, 199
- interlinguale 181
- kommunikative 90f., 111f., 186f.
- konnotative 187ff.
- in der kontrastiven Linguistik 176ff.
- und Korrespondenz 183ff.
- als normativer Begriff 186f.
- pragmatische 166, 186f., 190
- Rahmen und Bedingungen 186ff.
- stilistische 186f.
- stilistisch-ästhetische 120
- textnormative 187, 189f.
- textuelle 179, 186
- Übersetzungsäquivalenz 182ff.
- in der Übersetzungswissenschaft 186ff.
- wirkungsmäßige 186
Äquivalenzbeziehungen 83, 87f., 98, 104f., 113
- Objektivierbarkeit 81, 88
- potentielle 81, 116, 187, 196
Äquivalenzforderungen 40f., 78, 89, 95, 106ff., 112, 120, 187
- Hierarchie 169, 191, 215f.

- Rekonstruktion 64, 215f.
Äquivalenztypen 81, 85
Assoziation 121, 124
Ausdruck/Inhalt-Beziehung 114f.
Auslegung/Interpretation (s. auch unter *Übersetzung*) 60, 132
automatische Übersetzung → Übersetzung, maschinelle
Autonomie des Originaltextes → Originaltext
Autoren, meistübersetzte 20
Axiome
- der Ausdrückbarkeit 151ff., 155
- der Erlernbarkeit 151
- der Formalisierbarkeit 151
- der Übersetzbarkeit 151ff.
- der Unübersetzbarkeit 141, 143

Babel 16
Basic English 220
Bearbeitung → Übersetzung
Bearbeitungsstufen (Qualitätsstufen) der Übersetzung 93f., 214f.
- Arbeitsübersetzung 94
- druckreife Übersetzung 94
- Rohübersetzung 94
Bedeutung 121
- aktuelle 30, 38
- grammatische (strukturelle) 28, 38
- lexikalische 28, 38, 113
- potentielle 30
- Satzbedeutung 113
- syntaktische 32
- Wortklassenbedeutung 28
- wörtliche/übertragene 170
Bedeutungsvarianten 58
Bezeichnungsgleichheit 183, 185, 187f.
Bezeichnungsrelation 180
Bibelübersetzung 22, 59, 65f., 214, 229f.
Bilingualismus 40, 138
Buchproduktion 17f.

280

Datenverarbeitung, linguistische 231 f.
decodability 86
Dekodierung 80, 120, 122
Disambiguierung → Mehrdeutigkeit/Unbestimmtheit
Diversifikation 159, 161
Dolmetschen (s. auch *Übersetzen*) 12, 112, 114
Dolmetschwissenschaft 12

Emission 121
Empfänger → Sender/Empfänger, → Übersetzung
Empfängererwartungen 123 ff., 207
– Makroaufbau 127
– Mikroaufbau 127 ff., 208
– sprachlich-stilistische Gestaltung 130 f.
– Textfunktion 129 f.
– Textverständnis und -interpretation 131 f.
– thematischer Bereich 125 f.
Enkodierung 80, 120, 122
Entsprechungstypen 158 ff., 187
– denotative/konnotative Dimension 161
– Eins-zu-eins-Entsprechung 158, 160 f.
– Eins-zu-Null-Entsprechung 160, 162 ff.
– Eins-zu-Teil-Entsprechung 146, 160, 166 ff.
– Eins-zu-viele-Entsprechung 158 f., 161 f.
– Viele-zu-eins-Entsprechung 159, 162
Erwartungshorizont/-normen 123 ff., 190, 206
Esperanto 22 ff.

Fachterminologie → Terminologie
Farbbezeichnungen 140, 166
faux amis 185, 227
– diachronisch intralinguale 56
– synchronisch interlinguale 56 f.
Feedback 12, 121

Fehleranalyse/-linguistik 178, 209
Feld, sprachliches 140 f., 167
Floskeln 117
Form/Inhalt 27 f., 52, 81 f., 118, 120, 173, 201
Form(en), literarisch-ästhetische 175, 190 f., 201 f.
Formeln 117
Fremdsprachenunterricht/-erwerb 14, 25, 103, 178, 181, 185, 209 f., 231
Fußnote → Übersetzungsverfahren

Gebrauchsnormen 78, 130 f., 170, 187, 189 f., 198, 213
das Gemeinte 114
Genitiv 32 ff.
Gleichwertigkeit 186
Grammatik (s. auch *Linguistik*)
– allgemeine 148
– generative Transformationsgrammatik 21 f., 118 f., 148, 177, 181 f.
– Halliday'sche Grammatikkonzeption 177
– Kasusgrammatik 177
– Stratifikationsgrammatik 177
– strukturalistische 177
– traditionelle 177, 185
Grammatikalität 181
Grammatikmodell 177 ff., 185

Hermeneutik 52, 70, 109
Homographie 222
Homonymie 222
Homophonie 223

Index translationum 219
Informatik 231
Information 122
Informationstheorie 70, 120
Instruktionen
– grammatische 206
– innersprachliche 205
– lexikalische 205 f.
– semantische 205
– stilistische 206

Intention des Originaltextes → Originaltext
Interferenz/Interferenzlinguistik 185, 209
Interlinguistik → Linguistik
Interpretation → Neukodierung
Invarianz
- des Informationsgehaltes 80 f.
- inhaltliche 76, 120, 186, 203 f.
- der Wirkung 54, 60, 73 ff.

Kode 79 f.
- elaborierter/restringierter 145
Kodewechsel 79 f., 83, 149
Kommunikation
- Blockschaltbild 120 f.
- interlinguale 85, 87
- intralinguale 85, 87
- menschliche 121 f.
- sprachliche 80, 183
- telegraphische 120
- zweisprachige 122 f.
Kommunikationssituation 84
kommunikativer Effekt 59
kommunikativer Hintergrund/Zusammenhang 60, 78, 92 f., 110, 121, 123 f., 137 ff., 143, 165, 183
kommunikativer Wert 90
Konkretisation → Text, → Übersetzung
Konnotation/Konnotationsdimension/konnotativer Wert 122, 144, 157, 161, 168 ff., 187 ff., 211 ff.
- des Anwendungsbereich 169, 189
- assoziative 241
- der Bewertung 189
- der Emotionalität 189
- der Frequenz 169, 189
- geographische 169, 188, 230
- Hierarchie 168
- des Mediums 188
- soziolektale 188
- der Sprachschicht 168, 188
- der stilistischen Wirkung 188
- übersetzungsrelevante/-irrelevante 168

Kontext 30 ff., 213
- und Kotext 30, 34
- situativer 30 f.
- sprachlicher → Kotext
Korrespondenz (s. auch *Äquivalenz*) 180, 183 ff.
Kotext 30 ff., 58, 115, 161 f., 167

landeskonventionelle Elemente 146, 151, 162, 197 f.
language and culture-Forschung 83
langue/parole 80, 110, 116, 183 f., 209
Latein 22
Lexik (s. auch *Lücken im lexikalischen System*) 53, 188, 213
- Kultur- und Einzelsprachgebundenheit 57 f., 137
Leserreaktionen 206
Lingua universalis → Sprache(n)
Linguistik
- angewandte 101, 105
- Areallinguistik 103
- einzelsprachliche 105
- Fehlerlinguistik → Fehleranalyse
- historisch-vergleichende 103
- inhaltsbezogene 139 ff., 149, 154
- Interferenzlinguistik → Interferenz
- Interlinguistik$_1$ 22
- Interlinguistik$_2$ (Wandruszka) 196, 219
- kontrastive 82, 103, 105, 176 ff., 196, 209
- Psycholinguistik 12, 101, 112
- Soziolinguistik 145
- Sprachtypologie 103
- strukturalistische 70
- Textlinguistik 234
- vergleichende 103 f.
Lokalkolorit 164
Lücken im lexikalischen System 153 f., 160
- echte 162 ff.
- unechte 161 f.

Mehrdeutigkeit/Unbestimmtheit

- Aufhebung (Disambiguierung) 30 ff.
- grammatische 31 ff.
- lexikalische (s. auch *Polysemie*, *Homonymie*) 29 ff., 213
- in literarischen Texten 131 f.
- morphologische 31
- sprachlicher Formen 28 ff.
- syntaktische 32 ff.
- von Texten 93
- der Wortklassen 31 f.

message 84, 111
- Länge 87
- Schwierigkeitsgrad 87

Metaphorik 212 f.
Metasprache 85
Modell 114
Modulation → Übersetzungsverfahren
mutal intelligibility 16

Nachricht 120
Nachrichtentechnik 120
Neukodierung (Interpretation) 113 f.
Neutralisation 159

Oberflächenstruktur/Tiefenstruktur 21 f., 118, 148 ff., 181 f.
Organisationen, internationale 17
- Sprachenregelung 23 f.

Originaltext
- Autonomie 89, 107, 126 f., 132, 203, 230
- Intention 132
- Qualität 199
- sprachlich-stilistische und ästhetische Identität 153, 174

Paraphrase, intralinguale/interlinguale 180 f.
Paraphrasieren, intralinguales 107, 110
parole → *langue/parole*
Perzeption 121
Phraseologie 15, 213
Phraseologismen 117, 213
Polysemie 170, 174, 222

Pragmatik 84

Rauschen 121
Realia → landeskonventionelle Elemente
receptor language 111
Redensarten 117
Relativitätsprinzip, sprachliches (linguistisches) 53, 140, 142 f., 154 f.
Rezeptionsgeschichte 131 f.
Rezeptionstheorie/-ästhetik 233
Rohübersetzung → Bearbeitungsstufen
Rücktransformation 118
Rückübersetzung 90 f.

Sachwissen → Übersetzer
SAE-Sprachen (*Standard Average European*) 143, 145 f.
Sapir-Whorf-Hypothese → Relativitätsprinzip, sprachliches
Satz 116 f., 147
Segmentation 166
Semantik 79, 83 ff., 150 f.
- allgemeine 83
Sender/Empfänger 84 f., 120 f., 123
Sinneinheit 116
Sprachbarrieren 16, 20, 22
Sprache(n)
- Amtssprache 23 f.
- Arbeitssprache 23 f.
- Ausdrucksmöglichkeiten 129 f.
- und Denken/Erkenntnisprozeß 136, 141 ff., 148, 154 f.
- und Dialekt 16
- Geschichtlichkeit 53
- Heterogenität 144 f., 168
- als Teil des *human behaviour* 83 f.
- »kleine« und »große« Sprachen 14 f.
- Kreativität 154 f.
- und Kultur 136 f., 145 f.
- *Lingua universalis* 21 f., 148, 151
- und Logik 144
- Mittlersprache 20
- Muttersprache 140, 143
- natürliche Sprache 152

- als Nomenklatur 150
- Plansprachen/Intersprachen 22
- individuelle/gruppenspezifische Sprachverwendung 121
- Übersetzungssprache 17
- Universalsprache 21 f., 149
- Veränderbarkeit/Erweiterungsfähigkeit 143, 151 f., 155
- Verkehrssprachen, internationale 24 f.
- Weltbild/Weltansicht 140, 144 f.
- Welthilfssprachen 21 ff.
- Weltsprachen 14 f., 20
- und Wirklichkeitsinterpretation/Wirklichkeit 136 ff., 143 f., 154
- Zwischenwelt, geistige/sprachliche 140

Sprachenregelungen → Organisationen, internationale
Sprachenstatistik 16 f.
Spracherwerb 136
Sprachfunktion(en)
- Appellfunktion (Signalfunktion) 200, 211 f.
- ästhetische Funktion 76, 122
- Ausdrucksfunktion (Symptomfunktion) 188, 200, 211 f.
- Darstellungsfunktion (Symbolfunktion) 76, 153, 200, 211 f.
- denotative Funktion 153, 161, 211
- konnotative Funktion → Konnotation
- Kontaktfunktion 122
- metakommunikative 144

Sprachgemeinschaft 123 f., 145 f.
Sprachlehr- und -lernforschung 101
Sprachmittlung
- kommunikativ äquivalente 90, 92, 93
- kommunikativ heterovalente 90, 92, 107, 114
- Irreversibilitätskriterium 90 f.

Sprach-/Stilnormen 99, 130 f., 183, 187, 189, 199 f., 202
Sprachphilosophie des Rationalismus 21, 148

Sprachschichten 14
Sprachspiel 114, 170 ff.
Sprachstufen 14, 56, 106
Sprachthematisierung 122, 174
Sprachtheorie
- modern rationalistische 148, 151
- marxistisch-leninistische 148
Sprachvergleich/Systemvergleich 29, 141, 167, 176 ff.
Sprachverwendung (s. auch unter *Sprache*) 130, 143
Sprachwissenschaft → Linguistik
Sprechakttheorie 191
Sprecher, (ideal) zweisprachiger 179 ff.
Sprichwort 117
Stil 118, 133, 169, 200
- allgemeinsprachlicher 107
- fachsprachlicher 107, 169
- Funktionalstil 130 f., 190
Stilelemente/-mittel 130
Stilistik 189 f.
stilistische Bearbeitung 119
Stilschicht 107
Stilnormen → Sprach-/Stilnormen
Strukturalismus der Prager Schule 72 f.
stylistique compareé 165, 235
Substitution$_1$ → Übersetzungsverfahren
Substitution$_2$ → Umkodierung
Synonymie 32 f., 160, 188
Syntagma 28, 117, 170
Syntax 84, 213
Synthese (Rekonstruktion) → Übersetzen

Terminologie/Fachterminologie 22, 25, 40, 53, 61 ff., 77, 117, 129, 164, 194
Terminologienormung 164
Text (s. auch *Texte/Textgattungen/Übersetzungsgattungen*) 78, 99, 110, 115 ff., 123 ff., 147, 152 f., 161
- Fiktionalität 82
- Funktion → Empfängererwartungen, → Textfunktionen

- implizite/explizite Verknüpfung 127f.
- innovativer 132f., 207
- Konkretisation 131f.
- Makroaufbau → Empfängererwartungen
- Mikroaufbau → Empfängererwartungen
- normgerechter/-abweichender 123f., 132f.
- Sachbezogenheit 82
- sprachlich-stilistische Gestaltung (s. auch unter *Empfängererwartungen*) 118, 129
- Verständnis und Interpretation → Empfängererwartungen

Textanalyse 38, 206f.
- inhaltliche 38
- pragmatische 38
- sprachlich-stilistische 38, 207
- übersetzungsrelevante 45, 68, 99, 191, 211ff.

Textarten 201, 204
Textbedeutung 38f.
Textcharakteristika 133
- formal-ästhetische 151, 157, 174f., 187, 214
- individualstilistische 151, 187, 213
- inhaltliche 213
- pragmatische 214
- sprachfunktionale 211f.
- sprachlich-stilistische 129, 213f.

Texte/Textgattungen/Übersetzungsgattungen 99f.
- appellbetonte Texte 200f., 204
- Auslandswerbung 123, 214
- Briefe 189, 234
- dramatische Texte 214
- fiktive Texte 65f., 82
- formbetonte Texte 82, 200f., 204
- Gebrauchsanweisungen 41, 125, 129f., 147, 189, 202, 207, 212
- Gebrauchstexte 127
- inhaltsbetonte Texte 199ff.
- juristische Texte 40, 190, 214
- Kinderbücher 59, 89, 126, 214
- landeskundliche Texte 213
- literarische/poetische Texte 13, 15, 25, 39f., 53, 65ff., 81, 88, 91, 104, 117f., 122, 127, 129ff., 153, 164f., 170, 173ff., 193f., 196f., 202, 207, 212ff.
- Lyrik 114, 126, 211f., 214
- philosophische Texte 53
- politische Texte 39, 88, 130, 190
- pragmatische Texte 76, 81f., 88
- Pressekommentare 201, 205
- religiöse Texte 88
- Reparaturanleitungen 41
- Sach-/Fachtexte 65f., 82
- Trivialliteratur 25, 147, 202, 204
- Urkunden/Verträge 189, 202, 204
- Werbung 39f., 88, 118, 124f., 129, 132, 166, 173, 190, 207, 213, 230
- wissenschaftliche und technische Texte 15, 39f., 76ff., 88, 103f., 129ff., 147, 169, 189, 194, 211ff.
- Witze 34, 39, 172

Texteingriffe 126f.
Textfunktion(en) (s. auch unter *Empfängererwartungen*)
- ästhetische 129
- Belehren 200
- Bewerten 200
- Hierarchie 130
- Informieren 129
- Instruieren 129
- primäre/sekundäre 129
- Überzeugen 129, 200
- Unterhalten 129, 200

Textmerkmale, übersetzungsrelevante (s. auch *Textcharakteristika*) 191, 206f.
Textnormen 183, 187
Textpragmatik, primäre/sekundäre 214f.
Textproduktion/-rezeption 124
Textsituierung 197, 206f.
Texttyp(en) 65f., 99, 200ff.
Textverstehen (s. auch *Verstehen*) 131f., 147
Textzusammenhang → Kotext
Tiefenstruktur → Oberflächenstruktur/Tiefenstruktur

285

Transfer 185
Transkription 106
Translat 217
Translation 217
Translationslinguistik 79 f.
Translationswissenschaft 12
Translator 217
Transliteration 106
Transposition → Übersetzungsverfahren

Übersetzbarkeit 22, 53, 69, 110, 134 ff.
- absolute 135, 138
- absolute Unübersetzbarkeit 135, 138
- aufklärerische Auffassung 148 f.
- im denotativen Bereich 135, 157, 166, 188
- in der Sicht der inhaltbezogenen Sprachwissenschaft 139 ff.
- auf der Kodierungsseite/Dekodierungsseite 156 f.
- in marxistisch-leninistischer Sicht 154 ff.
- prinzipielle 148 ff.
- progressive 154
- in modern rationalistischer Sicht 151 ff.
- relative 143 ff., 154
- sprachlich-stilistische 157 ff., 169
- teilweise 138 f.
- des Textes 147, 152 f., 157
- und Verstehbarkeit 85, 156
- einzelner Wörter 144, 146 f., 167
Übersetzen (s. auch *Übersetzung* und *Übersetzungsprozeß*)
- als Analyse und Synthese 112, 115 f., 118 f.
- als Prozeß der Aneignung 63
- Definitionen 108 ff., 186
- Didaktik 101, 119
- und Dolmetschen$_1$ (mündlich) 12
- und Dolmetschen$_2$ (Schleiermacher) 52, 70, 104
- Ethik 126, 165
- Fehlerquellen → Übersetzungsfehler/-fehlleistungen

- als fragwürdiges Geschäft 48 ff.
- im Fremdsprachenunterricht (s. auch *Fremdsprachenunterricht*) 14, 242
- relatives Gelingen 147
- Gesetzmäßigkeiten 77
- ersten und zweiten Grades 120
- Grundproblem 80
- als hermeneutischer Prozeß 52, 109
- Hilfsmittel (Handbücher, Wörterbücher etc.) 83, 97, 164
- interlinguales und intralinguales 52, 106, 110
- als Kodewechsel → Kodewechsel
- als Kommunikationsakt 83 ff.
- als Kunst 70
- als linguistisches Phänomen 78, 83, 88, 104
- als linguistisch-kommunikationswissenschaftliches Phänomen 83 ff.
- als literarisch-poetischer Prozeß 104
- Methoden → Übersetzungsmethoden
- negativer Effekt 13
- Notwendigkeit 13 ff.
- Rolle und Wert 47 ff.
- als schöpferisch-künstlerischer Prozeß 75, 109, 133
- semantische Probleme → Übersetzungsprobleme
- zwischen historischen Sprachstufen → Sprachstufen
- und Transliteration/Transkription 109, 149
- Verfahren → Übersetzungsverfahren
- und Verstehen (s. auch *Verstehen*) 14, 41, 52, 63, 86 f.
- Vollzugsarten → Neukodierung, → Umkodierung
- als Wahl- und Entscheidungsprozeß 119 f.
- Zweck 48
Übersetzer
- Arbeitsmarktsituation 224, 226

- Ausbildung → Übersetzerausbildung
- als Bearbeiter des Originaltextes 126
- Entscheidungen 87, 215 f.
- und Fachmann 40 ff.
- Kompetenz (s. auch *Übersetzungskompetenz*) 40 ff.
- als Mittler und Vermittler 15, 47
- Rechenschaftsberichte 51 ff.
- Rolle und Funktion im Übersetzungsprozeß 125
- Sachwissen 37, 41 f., 113
- als Sender und Empfänger 123, 125
- Sprachkenntnis/Sprachkompetenz und Sachkenntnis 42, 225
- Status 48
- als Umkodierer 123
- Unterschätzung/Überschätzung der Leser 128
- Verantwortung 65
- Welt-/Erfahrungswissen 33 ff.

Übersetzerausbildung 40 ff., 94
- fachlich-sachlicher Aspekt 41 f.
- Inhalte 41 ff.
- Landeskunde 42
- Notwendigkeit 40 f.
- sprachlich-übersetzerischer Aspekt 41
- theoretische Fundierung 43 ff.
- »Verwissenschaftlichung« 43

Übersetzung(en) (s. auch *Übersetzen*)
- Adäquatheit 56, 216
- und Auslegung (s. auch *Auslegung/Interpretation*) 51
- und Bearbeitung 59, 87, 89 ff., 214 f.
- Bearbeitungsstufen → Bearbeitungsstufen
- historische Bedingtheit und Veränderlichkeit 69
- eigentliche 89 ff., 106 ff., 153, 165, 195 f., 214
- Eingriffe in den Originaltext 126, 165
- als Emanzipation 137
- Empfängerbezug 59, 78, 85 f., 93, 119, 123 ff., 164, 187, 190, 204 f., 206
- Empfängererwartungen → Empfängererwartungen
- formal-ästhetische Komponente 65, 81
- doppelte Gerichtetheit 111
- Geschichte 15 f., 101
- Hierarchie der zu erhaltenden Werte 169, 173, 191
- als Interpretation (s. auch *Auslegung/Interpretation*) 60, 63 f., 93
- Kanalgerechtheit 87
- als Konkretisation 132
- Länge 86 f.
- Lesbarkeit/Verstehbarkeit 59, 90, 202 f., 206, 236
- als Lese- und Verständnishilfe 59, 66
- linguistische Verwendbarkeit 183 f.
- als Gegenstand der Literaturwissenschaft 195 f.
- maschinelle (automatische) 20, 26 ff., 78 f., 88, 109, 149, 229, 231 f.
- maschinenunterstützte 26 f.
- mehrere Übersetzungen zu einem AS-Text 69, 86, 91 f., 119 f., 132
- Normen 75, 87, 112, 216, 231
- und Paraphrase 87
- als Prozeß und Produkt 75, 89, 97
- Qualität/Qualitätsforderungen 26 f., 40, 93 f., 192 ff.
- Rezeption/Rezeptionsbedingungen 90, 99
- und Rezeptions-/Wirkungsgeschichte 101, 195 f.
- Sonderformen 89
- als Gegenstand der Sprachwissenschaft 76, 78 ff.
- als Textkritik 14
- Unidirektionalität 91
- Vor- und Nachworte 55 ff., 215
- Zweck 93, 205, 214, 217 f.
- in zweisprachigen Textausgaben 59, 66, 130

Übersetzungsbegriff 106 ff.
- Relativität 89 ff.
- Verwendungsweisen 106 ff.

Übersetzungsbewertung 207, 216

Übersetzungseinheit 116 ff., 215

Übersetzungsfehler/-fehlleistungen 65, 98, 197, 207 ff.

Übersetzungsgrammatik 81

Übersetzungskommunikation 123 ff., 143
- Phasen 123

Übersetzungskompetenz 42, 45, 112, 131
- und Sprachkompetenz 40 ff., 185

Übersetzungskritik 64, 126, 131 f.
- als angewandte Wissenschaft 209
- Arten 209 f.
- Aufgaben 209 f.
- ausgangstextunabhängige (Textkritik) 206 ff., 211
- als (konstruktive) Fehlerkritik 198, 200, 205, 209
- Geschichte 242
- Krise 192 ff.
- Norm-/Abweichungsmodell 198
- Notwendigkeit 192 ff.
- Objektivität/Objektivierbarkeit 100, 197 ff.
- Sachgerechtigkeit 199
- sprachdidaktische 210
- sprachliche Kategorie 205
- sprachlich-stilistische Analyse 197
- Textsituierung → Textsituierung
- übersetzungsdidaktische 210
- wissenschaftliche 45, 100, 169, 210 ff.
- zieltextabhängige 200, 206

Übersetzungsmethode(n)/-prinzip(ien) 51 ff., 71 ff., 87, 200, 202 ff., 215
- adaptierende 73 f., 125, 236
- antiillusionistische 73 f.
- dokumentarische 71
- freie 71, 73, 200
- funktionelle 73
- illusionstische 73 f.
- künstlerische 73
- naturalisierende 165
- philologische 73
- realistische 73
- treue 64, 71
- verdeutschende 51, 73, 165
- verfremdende 54, 73, 125, 144, 164, 204, 236
- wörtliche 64, 71, 73 f., 200

Übersetzungspraxis (s. auch unter *Übersetzungswissenschaft*) 13 f., 88, 105, 135, 145, 147
- theoretische Reflexion 47

Übersetzungsprinzipien → Übersetzungsmethode(n)/-prinzip(ien)

Übersetzungsprobleme/-schwierigkeiten 45, 86, 97 f., 128 f., 157, 167
- bei den verschiedenen Entsprechungstypen 160 ff.
- linguistische 26 ff., 109
- bei Namen 74, 170
- semantische 83 ff.
- sprachschichtbedingte 67
- bei Sprachspielen (s. auch *Sprachspiel*) 173 ff.
- terminologische 26, 61

Übersetzungsproduktion 18 f.

Übersetzungsprozeduren 114, 235

Übersetzungsprozeß (s. auch *Übersetzen* und *Übersetzung*) 108 ff.
- Bedingungen und Faktoren 59, 77 f., 97, 108 ff., 114 ff.
- Definitionen → Übersetzen
- Initialphase 38
- als mentaler Prozeß 112
- Modelle 114 ff.
- Phasen 74 f., 111 f., 115 f., 120, 123, 210

Übersetzungssituation 90 f., 112, 123, 210

Übersetzungstheorie(n) (s. auch *Übersetzungswissenschaft*) 97 f., 102 f.
- allgemeine 70, 81
- Aufgaben 97 f.
- Geschichte 100
- Grundfragen 97 f.

- kommunikationswissenschaftliche 120
- linguistische 104
- für literarische Texte 67, 70ff., 175, 191
- Relevanz 43ff.
- textgattungsbezogene 70ff., 82, 99
- und Übersetzungspraxis 43, 46
- als Teilgebiet der Übersetzungswissenschaft 45f.
- für wissenschaftlich-technische Texte 76ff.

Übersetzungstypen 230
Übersetzungsverfahren 58ff., 81, 99, 135, 144, 153, 162ff., 187ff., 215
- Adaptation 165f.
- Anmerkung 164
- Fremdwort 62f.
- Fußnote 128, 164
- kompensatorisches 173
- Lehnübersetzung 163
- metasprachliches 167ff., 174
- Modulation 76
- Substitution 74
- Transkription 74
- Transposition 76f., 235
- definitorische Umschreibung 163f.
- Wort-für-Wort 28, 85
- Zitatwort 59, 163
- Zusatz/Kommentar 128

Übersetzungsvergleich 195f., 215f.
- praktischer Teil 215
- theoretischer Teil 215f.

Übersetzungswissenschaft
- allgemeine 45, 102f.
- angewandte 100, 102
- als angewandte Sprachwissenschaft 105
- Aufgaben 95ff., 102ff., 183
- Begründung 83
- Bibliographien 10, 96
- als deskriptive Wissenschaft 88, 112
- deskriptiv-prospektive 95
- deskriptiv-retrospektive 95
- didaktische Komponente 101
- Gegenstand 89ff., 102
- Gliederung 97ff.
- als Hilfsdisziplin der maschinellen Übersetzung 78f.
- interdisziplinärer Charakter 102
- als Kommunikationswissenschaft 83, 96
- Legitimationskrise/-zwang 10, 43ff.
- Leipziger Schule 79, 82, 103
- linguistische 80f., 96
- als linguistische Teildisziplin 79
- linguistisch-sprachenpaarbezogene 45, 94, 98f., 102f., 189, 196
- literaturwissenschaftlich orientierte 96
- als normative Wissenschaft 92, 95, 112
- pragmatische 86
- Selbstverständnis 10, 44f., 96
- soziolinguistische 86
- spezielle 81, 103
- text-/textgattungsbezogene 45, 88, 99f., 102, 189
- theoriegeschichtliche Komponente 67, 100
- als Translationslinguistik 79, 96, 103f.
- und Translationswissenschaft 11f.
- und Übersetzungspraxis 97, 100
- übersetzungs- und rezeptionsgeschichtliche Komponente 16, 101
- und vergleichende Sprachwissenschaft 103f.

Übersetzungswörterbuch 83, 100, 105
Übertragungskanal 120f.
Umkodierung (Substitution) 113f.
Universalien 149
Universalität, sprachliche 154

Verbesserung des Originals in der Übersetzung 14, 199
Verdeutschen → Übersetzungsmethode(n)
Verfremden → Übersetzungsmethode(n)

Verstehen/Verstehbarkeit/Verstehensprobleme 85, 87, 121 f., 127 f. 131 f., 147
Verwandtschaftsbezeichnungen 140
Vielsprachigkeit 16

Weltbild/Weltansicht → Sprache(n)
Weltliteratur und nationale Literaturen 15
Wirklichkeitsinterpretation → Sprache(n)
Wirkungsgleichheit → Invarianz
Wort 116 f., 147
– unübersetzbares → Übersetzbarkeit

Wortfeld → Feld, sprachliches
Wortspiel → Sprachspiel

Zeichen 80
– sprachliches 84 f., 114 f.
Zeichenrepertoire 80, 120 ff.
Zeichenverwendung 121 f.
Zitatwort → Übersetzungsverfahren
Zuordnungen, feste
– institutionelle 114
– terminologische 114
Zwischenwelt, geistige/sprachliche → Sprache(n)

UTB

Uni-Taschenbücher GmbH
Stuttgart

Band 200/201/300
Linguistisches Wörterbuch 1/2/3
Von Professor Dr. Theodor Lewandowski
3., verbesserte und erweiterte Auflage. Band 1/2: 426/312 Seiten, DM 19,80/18,80; Band 3: ca. 320 Seiten, ca. DM 18,80
ISBN 3-494-02020-5/2021-3/2050-7 (Quelle & Meyer)

Band 886
Begründen, Erklären, Argumentieren
Modelle zu einer Theorie der Metakommunikation
Von Dr. Paul-Ludwig Völzing
262 Seiten, DM 22,80
ISBN 3-494-02100-7

Band 716
Einführung in die praktische Semantik
Von Professor Dr. Hans Jürgen Heringer, Dr. Günther Öhlschläger, Dr. Bruno Strecker und Dr. Rainer Wimmer
328 Seiten, zahlreiche Abbildungen, DM 26,80
ISBN 3-494-02083-3 (Quelle & Meyer)

Band 95
Der Wortinhalt
Seine Struktur im Deutschen und Englischen
Von Professor Dr. Ernst Leisi
5. Auflage, 141 Seiten, DM 12,80
ISBN 3-494-02010-8 (Quelle & Meyer)

Band 824
Paar und Sprache
Linguistische Aspekte der Zweierbeziehung
Von Professor Dr. Ernst Leisi
167 Seiten, DM 13,80
ISBN 3-494-02094-9 (Quelle & Meyer)

UTB

Uni-Taschenbücher GmbH
Stuttgart

Band 328
Textwissenschaft und Textanalyse
Semiotik, Linguistik, Rhetorik
Von Professor Dr. Heinrich F. Plett
2., verbesserte Auflage, 354 Seiten, DM 22,80
ISBN 3-494-02030-2 (Quelle & Meyer)

Band 144
Elemente eines emanzipatorischen Sprachunterrichts
Von Professor Dr. Bernhard Weisgerber
2., durchgesehene und erweiterte Auflage, 223 Seiten, DM 12,80
ISBN 3-494-02012-4 (Quelle & Meyer)

Band 329
Theorie der Sprachdidaktik
Von Professor Dr. Bernhard Weisgerber
244 Seiten, 6 Abbildungen, 6 Tabellen, DM 16,80
ISBN 3-494-02031-0 (Quelle & Meyer)

Band 545
Linguistik im Sprachunterricht
Von David A. Wilkins. Aus dem Englischen von Rurik von Antropoff
317 Seiten, DM 22,80
ISBN 3-494-02059-0 (Quelle & Meyer)

Band 325
Übersetzer und Dolmetscher
Theoretische Grundlagen, Ausbildung, Berufspraxis
Hrsg. von Professor Dr. Volker Kapp
218 Seiten, DM 13,80
ISBN 3-494-02032-9 (Quelle & Meyer)